D1753549

Peter Kirchner und Jan Hiller

Lernen mit der Region

Unterrichtsmaterialien Heilbronn-Franken

verlag regionalkultur

Impressum

Titel:	Lernen mit der Region – Unterrichtsmaterialien Heilbronn-Franken
Herausgeber:	Pakt Zukunft Heilbronn-Franken gGmbH
Autoren:	Peter Kirchner und Jan Hiller
Bilder:	Soweit nicht anders angegeben, stammen die Bilder von den Autoren
Herstellung:	WALTER Medien GmbH, 74336 Brackenheim
Satz:	Christiane Schickner und Patrik Becker
Umschlaggestaltung:	Christiane Schickner (Bild Vorderseite: Blick auf Heilbronn vom Staufenberg, Bilder Rückseite: Qbig Bürogebäude im Schwabenpark Heilbronn, Gewerbegebiet Seehof in Windischbuch)

ISBN 978-3-89735-986-4

Bibliographische Information der Deutschen Bibliothek
Die Deutsche Bibliothek verzeichnet diese Publikation in der Deutschen Nationalbibliographie, detaillierte bibliographische Daten sind im Internet über http://dnb.ddb.de abrufbar.

Diese Publikation ist auf alterungsbeständigem und säurefreiem Papier (TCF nach ISO 9706) gedruckt entsprechend den Frankfurter Forderungen.

Verlag regionalkultur
Ubstadt-Weiher • Heidelberg • Neustadt a. d. W. • Basel

Korrespondenzadresse:
Bahnhofstraße 2 • D-76698 Ubstadt-Weiher
Tel. 07251 36703-0 • Fax 07251 36703-29
E-Mail kontakt@verlag-regionalkultur.de • Internet www.verlag-regionalkultur.de

Inhaltsverzeichnis

Grußwort 4

Projektpartner 5

1. Einleitung 7
2. Porträt der Region Heilbronn-Franken 10
3. Lernen mit der Region, lernen über die Region, lernen in der Region 34
4. 60 Arbeitsblätter zur Region Heilbronn-Franken 39
   - Themenübersicht 39
   - Methodisch-didaktische Hinweise 41
   - Arbeitsblätter zur Region Heilbronn-Franken (AB 1-14) 58
   - Arbeitsblätter zur Stadt Heilbronn (AB 15 - 20) 86
   - Arbeitsblätter zum Landkreis Heilbronn (AB 21-30) 98
   - Arbeitsblätter zum Hohenlohekreis (AB 31-40) 118
   - Arbeitsblätter zum Landkreis Schwäbisch Hall (AB 41-50) 138
   - Arbeitsblätter zum Main-Tauber-Kreis (AB 51-60) 158
5. Unternehmensfallstudie Tekrob GmbH 179
6. Kommentierte Auswahlbibliographie zur Region Heilbronn-Franken 189

Grußwort

Heilbronn-Franken ist eine vielfältige Region. Als das „Ländle im Ländle" besitzt es eine starke Wirtschaft, eine reichhaltige Kultur, lebenswerte Landschaften und liebenswerte Menschen.

Die Region Heilbronn-Franken bietet also mannigfaltige Themenfelder, um landschaftliche, gesellschaftliche, kulturelle, wirtschaftliche und politische Zusammenhänge zu verstehen und zu begreifen. Oftmals werden regionale Aspekte im schulischen Unterricht nur stiefmütterlich behandelt. Diese Lücke gilt es zu schließen.

Der Lösungsansatz kommt von Peter Kirchner. Als Wissenschaftler kennt er die Region wie seine Westentasche. Und als Pädagoge weiß er, wie Lehren und Lernen funktioniert. Eine ideale Mischung aus forschendem Lernen und lernendem Forschen. Bereits im Jahr 2010 haben wir gemeinsam nachgedacht, wie ein aktives Lernen mit der Region, über die Region und in der Region gestaltet werden kann.

Zur Umsetzung der Idee fanden sich rasch die passenden Kooperationspartner: die Industrie- und Handelskammer Heilbronn-Franken als Projektträger, die Akademie für Innovative Bildung und Management Heilbronn-Franken gemeinnützige GmbH als Bildungspartner, der Regionalverband Heilbronn-Franken als Wissenspool, die Pakt Zukunft Heilbronn-Franken gemeinnützige GmbH als Multiplikator und die Pädagogische Hochschule Ludwigsburg als Realisator.

Das Format ist so einfach wie genial. Hinter dem sperrigen Begriff Unterrichtsmaterialen verbergen sich 60 durchdachte und wohlstrukturierte Arbeitsblätter für den Unterricht. Die Themen der Unterrichtsmaterialien sind breit gefächert und reichen von der Geologie und Flussmorphologie über Bevölkerung, Siedlung und Unternehmensfallstudien bis hin zum Pilgertourismus.

Neben der Gesamtregion stehen Materialen für die Stadt Heilbronn und die vier Landkreise Heilbronn, Hohenlohekreis, Main-Tauber-Kreis und Schwäbisch Hall bereit. Das Ganze steht online und kostenfrei zur Verfügung.

Das gesamte Paket ist mit didaktischen Hinweisen versehen und in eine wissenschaftliche Begleitforschung eingebettet. Jan Hiller forscht hierzu, wie zukünftig die Wirtschaftsgeographie regional und akteurszentriert vermittelt werden kann. Die Welt als Bühne und die Menschen als Rollenspieler, diese Shakespeare'sche Metapher lässt sich aus wirtschaftsgeographischer Sicht wohl auch auf Schülerinnen und Schüler übertragen.

Lernen mit der Region betrifft nicht nur Schülerinnen und Schüler sowie Lehrerinnen und Lehrer. Angesprochen sind auch Auszubildende, Studierende und Erwachsene. Bei Jung und Alt soll die Neugierde auf Heilbronn-Franken geweckt und das Verständnis für die Entwicklungen, Strukturen und Funktionen der Region vertieft werden.

Damit das Lernen, Leben und Arbeiten in Heilbronn-Franken lebenslang Freude macht.

Peter Schweiker
Heilbronn, im Oktober 2016

Projektpartner

Industrie- und Handelskammer Heilbronn-Franken

Pakt Zukunft Heilbronn-Franken gemeinnützige GmbH

Ferdinand-Braun-Str. 20
74074 Heilbronn
Tel.: 07131 9677-0
Fax: 07131 9677-199
www.heilbronn.ihk.de
www.paktzukunft.de

Akademie für Innovative Bildung und Management Heilbronn-Franken gemeinnützige GmbH

Bildungscampus 7
74076 Heilbronn
Tel.: 07131 39097-0
Fax: 07131 39097-399
info@aim-akademie.org
www.aim-akademie.org

Regionalverband Heilbronn-Franken

Frankfurter Straße 8
74072 Heilbronn
Tel.: 07131 6210-0
Fax: 07131 6210-29
info@rvhnf.de
www.rvhnf.de

Pädagogische Hochschule Ludwigsburg Abteilung Geographie

Reuteallee 46
71634 Ludwigsburg
Tel.: 07141 140-398
Fax.: 07141 140-406
umathnf@ph-ludwigsburg.de
www.ph-ludwigsburg.de/geographie

Heilbronner Becken von der Heuchelberger Warte

1. Einleitung

Lernen mit der Region ist der theoretische und praktische Ansatz, der diesem Buch zugrunde liegt. Dieser Ansatz kann nur durch eine konkrete Region lebendig werden.

Das Lernen mit der Region Heilbronn-Franken soll in Anlehnung an die traditionelle Länderkunde in der Geographie einen zwischen zwei Buchdeckeln zusammengefassten Überblick zur Region Heilbronn-Franken aus verschiedenen Perspektiven ermöglichen. Die dafür ausgewählten und ausgearbeiteten Themen- und Raumbeispiele spiegeln die Expertise und Einschätzungen der Projektpartner sowie der Autoren und Autorinnen wider. Die Auseinandersetzung mit der Region als aktiver Lernprozess ist nur möglich, wenn entsprechende Lernmaterialien zur Verfügung stehen. Für wichtige Themen und Raumbeispiele der Region Heilbronn-Franken wurden deshalb didaktisch aufbereitete Arbeitsblätter konzipiert. Das Arbeitsblattformat bietet im Gegensatz zum Fließtext einer klassischen Länderkunde die Aufteilung des Wissens über die Region in eine Vielzahl kleiner überschaubarer Einheiten. So kann man sich einen schnellen, kompakten und durch Aufgabenstellungen auch aktiven Zugang zu den Facetten der Region Heilbronn-Franken verschaffen.

Häufig lassen sich zur Erreichung der Bildungsstandards anstelle von Schulbuchdoppelseiten auch regionale und lokale Fallbeispiele einsetzen. In der Regel fehlen dafür jedoch geeignete Arbeitsmaterialien. Die angebotenen Unterrichtsmaterialien wollen diese Lücke füllen und sollen eine verstärkte schulische Auseinandersetzung mit der Region Heilbronn-Franken ermöglichen.

Primäre Zielgruppen sind die gesellschaftswissenschaftlichen Fächer aller Schularten der Sekundarstufe I und II (Geographie, Wirtschaft, Gemeinschaftskunde, Geschichte) sowie außerschulische Bildungs- und Ausbildungseinrichtungen. Es werden alle Werkrealschulen, Realschulen, Gemeinschaftsschulen sowie Gymnasien angesprochen, aber auch berufliche Schulen und Weiterbildungseinrichtungen in und außerhalb der Region. Darüber hinaus haben die Materialien einen Bildungswert für alle Erwachsenengruppen mit einem Interesse an den dominanten Strukturen, Funktionen und Entwicklungen der Region Heilbronn-Franken.

Neben Materialien zur Gesamtregion (AB1-14) bilden Arbeitsblätter zur Stadt Heilbronn (AB15-20) einen Schwerpunkt der ersten Lieferung, die im Jahr 2012 erstellt wurde. In den folgenden Jahren entstanden jeweils 10 weitere Arbeitsblätter zu den Landkreisen Heilbronn (AB21-30), Hohenlohekreis (AB31-40), Schwäbisch Hall (AB41-50) und dem Main-Tauber-Kreis (AB51-60).

Die Struktur der Arbeitsblätter folgt einem wiederkehrenden zweiseitigen Aufbau und ist für den Einsatz in einer Einzelstunde konzipiert. Auf der ersten Seite finden sich für die Schülerinnen und Schüler im Auftaktmaterial Bilder, Karten und Texte, die sich für einen Einstieg in das Thema eignen. Die weiteren Materialien dienen der selbständigen Erarbeitung und sind mit Erschließungsfragen versehen. Manche Arbeitsblätter liefern aber auch Impulse für die projektartige Ausweitung des Themas. Bilder, Karten und Grafiken der einzelnen Arbeitsblätter werden als separate Datei geliefert, damit eine Projektion und Nutzung z. B. mit einem interaktiven Whiteboard möglich ist. Die zweite Seite ist zunächst für die Lehrerinnen und Lehrer gedacht. Sie enthält Zusatzmaterialien für eine Vertiefung oder Erweiterung des Themas sowie Lösungshinweise zu den einzelnen Aufgaben.

Durch ihre Kompetenzorientierung, kooperativen Methoden und differenzierenden Aufgabenstellungen ermöglichen die Arbeitsblätter einen zeitgemäßen Unterricht in den gesellschaftswissenschaftlichen Schulfächern. Die Materialien stehen online unter *www.ph-ludwigsburg.de/heilbronn-franken* zum kostenlosen Download zur Verfügung. Neben den 60 Arbeitsblättern findet man unter dieser Internetadresse auch eine digitale Übersichts- und Themenkarte der Region. Damit ist für alle Lehrerinnen und Lehrer ein flexibler und praktischer Zugang möglich.

Dass zusätzlich zu der Online-Version jetzt auch ein Buch mit allen Arbeitsblättern vorgelegt wird, lässt sich mit den Vorteilen eines traditionellen Printmediums begründen. Bücher sind dauerhafter als Internetseiten mit ihren kurzen Halbwertszeiten. Sie halten einen erreichten Wissensstand nachhaltig fest. Über seinen aktuellen Gebrauchswert hinaus soll dieses Buch in der Zukunft eine Retroperspektive auf die Region Heilbronn-Franken ermöglichen. Das Blättern in einem Buch mit festem Einband und farbigem Druck auf festem Papier ist nach wie vor ein ästhetisches Erlebnis. Dieses Blättern ist offline möglich. Es soll Lehrerinnen und Lehrern eine Inspiration für ihren Unterricht sein sowie alle Interessierten an der Region Heilbronn-Franken zum Schmökern einladen.

Über die Unterrichtsmaterialien der Online-Version (Kapitel 4) hinaus bietet das Buch eine Reihe weiterer Angebote zur Auseinandersetzung mit der Region Heilbronn-Franken. Ein reich bebildertes Porträt der Region in Kapitel 2 dient als kompakte Einführung und schlägt über entsprechende Hinweise im Text eine Brücke zu einer Vertiefung der angerissenen Themen in den Arbeitsblättern.

Das Kapitel 3 erläutert, warum man in der Region, mit der Region und über die Region Heilbronn-Franken wertvoll lernen kann. Dazu wird zunächst der Regionsbegriff aus geographischer Sicht definiert. Darauf baut eine Zusammenfassung der Bedeutung der Region im Unterricht auf. Schließlich geht es um die Lernchancen, die das Lernen mit der Region eröffnet.

Mit der Fallstudie wird in Kapitel 5 ein wichtiger methodischer Zugang zum Lernen mit der Region vorgestellt. Nach einer kurzen theoretischen Einführung der Fallstudiendidaktik wird die Entstehung und Entwicklung der Firma Tekrob als Fallstudie mit entsprechenden Arbeitsmaterialien aufbereitet. Die Tekrob GmbH ist ein Spezialunternehmen für die Programmierung von Industrierobotern in Neckarsulm.

Den Abschluss des Buches bildet eine kurze kommentierte Auswahlbibliographie in Kapitel 6. Sie dient dazu, bestimmte Themen gezielt zu vertiefen.

Die verschiedenen Angebote für das Lernen mit der Region Heilbronn-Franken möchten zwei Ziele erreichen. Sie sollen helfen, die eigene Region besser kennenzulernen. Sie sollen durch die regionalen Beispiele aber auch ein Verständnis für grundsätzliche Prozesse und Strukturen ermöglichen. Im Idealfall lässt sich das am Beispiel der Region Heilbronn-Franken erworbene Wissen auch auf andere Regionen und Zusammenhänge übertragen. Insofern können auch Leserinnen und Leser von außerhalb der Region Heilbronn-Franken nachhaltig mit diesem Buch lernen.

Industriepark Böllinger Höfe

2. Porträt der Region Heilbronn-Franken

Verwaltungsgliederung, Raumplanung und Verkehr

Die Region Heilbronn-Franken ist mit 4.765 km² die nach der Fläche größte Region in Baden-Württemberg. Sie untergliedert sich in den Stadt- u. Landkreis Heilbronn, die Landkreise Hohenlohekreis, Schwäbisch Hall und den Main-Tauber-Kreis. Bei der Bevölkerungsdichte liegt der Landkreis Heilbronn in etwa im Landesdurchschnitt von 300 Einwohnern/km², während die in weiten Teilen ländlich geprägten Landkreise Hohenlohekreis, Schwäbisch Hall und Main-Tauber-Kreis mit z. T. deutlich weniger als 140 Einwohnern/km² sehr dünn besiedelt sind.

Das Oberzentrum Heilbronn bildet den Mittelpunkt des einzigen Verdichtungsraumes der Region Heilbronn-Franken. Wegen ihrer dezentralen Lage im Südwesten der Region Heilbronn-Franken übt die Großstadt Heilbronn nur wenig Anziehungskraft auf die nördlichen und östlichen Teilregionen aus. Für weite Teile des Main-Tauber-Kreises z. B. ist die mainfränkische Metropole Würzburg das besser erreichbare Oberzentrum. Um die beiden Städte Schwäbisch Hall und Crailsheim im Landkreis Schwäbisch Hall konnte sich in den vergangenen Jahrzehnten ein Verdichtungsbereich entwickeln.

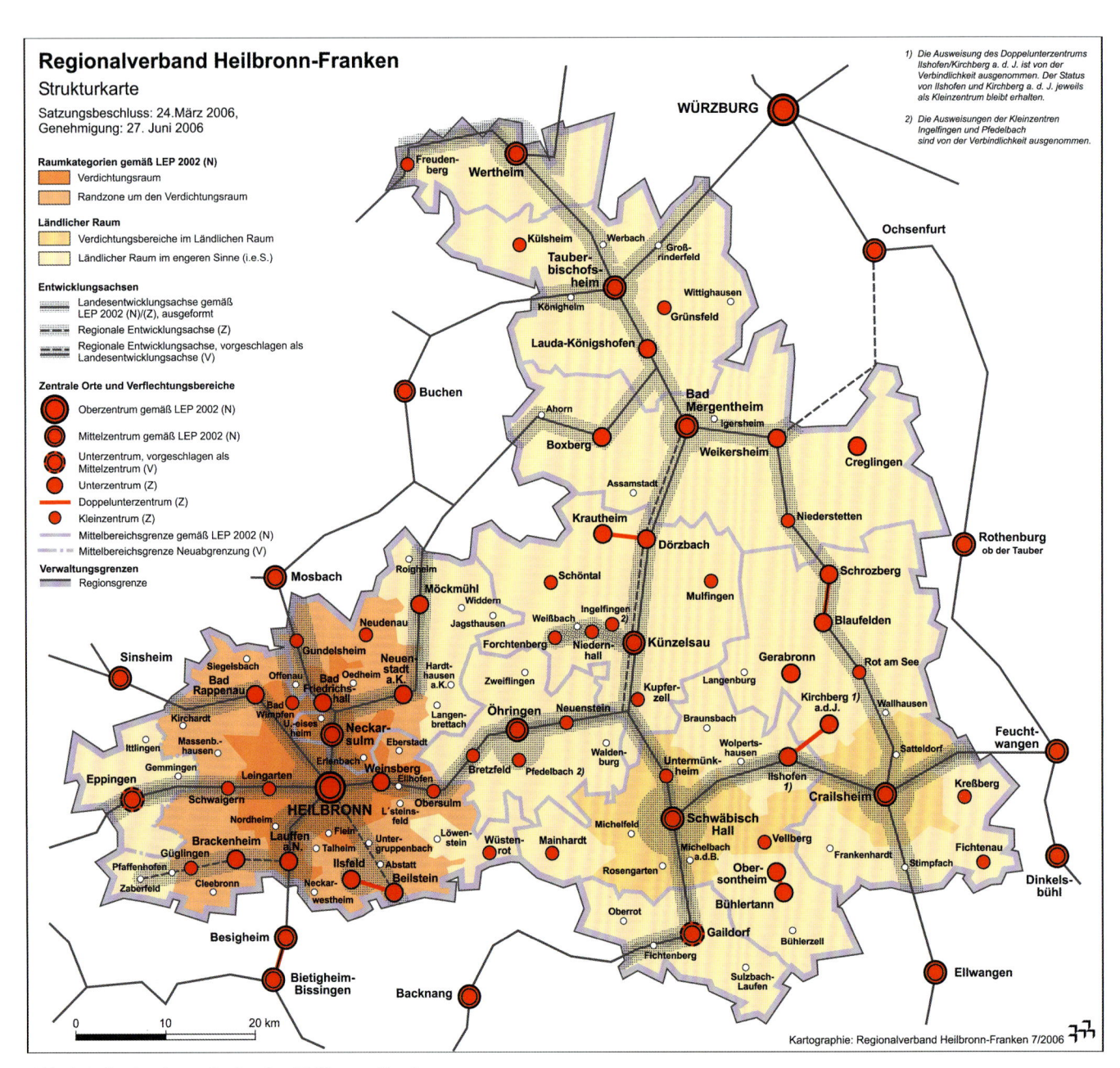

Abb. 2.1: Strukturkarte der Region Heilbronn-Franken

Abb. 2.2: Übersichts- und Verkehrskarte der Region Heilbronn-Franken

Diese Entwicklung wurde auch durch den Bau der Bundesautobahn A6 begünstigt, die nach 1989 zu einer europäischen West-Ost-Transversale geworden ist. Die nördlich des Weinsberger Kreuzes deutlich weniger befahrene Bundesautobahn A81 verbindet die Region mit der Landeshauptstadt Stuttgart und Würzburg. Die nur im äußersten Südosten die Region querende Bundesautobahn A7 hat durch das Autobahnkreuz Feuchtwangen insbesondere in Crailsheim einen wichtigen Entwicklungsschub durch die Ansiedlung von transportintensiven Industrieunternehmen wie den Konsumartikelhersteller Procter&Gamble oder den Nahrungsmittelhersteller Bürger ausgelöst.

Deutlich schlechter ist die Schienenverkehrsanbindung in der Region. Einzig Crailsheim verfügt über einen IC-Halt (→AB14).

Mit Wertheim und Heilbronn verfügt die Region über zwei Binnenhäfen. Der Wertheimer Mainhafen wurde 1967 unterhalb von Bestenheid gebaut. Die größten Umschlagposten im Heilbronner Hafen bilden der Versand von Steinsalz durch die Südsalz GmbH im Salzhafen und der Empfang von Steinkohle durch das Kraftwerk Heilbronn im Stromhafen. Beide Massengüter machen zusammen etwa zwei Drittel des Gesamtumschlages aus (→AB16).

Landschaften

Die Region Heilbronn-Franken liegt in einem tektonisch ruhigen Gebiet, in dem es derzeit kaum Bewegungen in der Erdkruste gibt. Die Südwestdeutsche Schichtstufenlandschaft mit ihren nach Südosten einfallenden Gesteinsschichten verändert sich nicht in ihrer tektonisch-geologischen Struktur, sondern nur in Form der Rückverlagerung der Schichtstufen durch rückschreitende Erosion. Diese Abtragungsprozesse in der Landschaft gehen so langsam vonstatten, dass sie in der menschlichen Wahrnehmung keine Rolle spielen. Die Flüsse als Hauptgestalter der Landschaft verfügen wegen ihrer Zähmung durch Staustufen nicht mehr über ihre ursprüngliche Erosionskraft. Die Kombination aus tektonischer Ruhe, gedämpfter Wassererosion und der Plombierung der Landschaft durch ein flächendeckendes Pflanzenkleid bewahrt weitgehend die bestehenden Landschaftsformen in der Region Heilbronn-Franken.

Nur die in der Regel in den Sommermonaten niedergehenden Unwetter verändern mit ihren oberflächlich abfließenden Wassermassen auch für das menschliche Auge sichtbar die Landschaft. Nach Starkregen können sich vollgesaugte steile Hänge in Form eines Erdrutsches in Bewegung setzen. Für die Abspülung von lockerem Oberboden auf Äckern reicht schon ein geringes Gefälle.

Abb. 2.3: Bodenerosion in einem Kartoffelfeld westlich von Kleingartach im Juni 2016

Die Landschaften Heilbronn-Frankens lassen sich in dreifacher Hinsicht durch einen Dreiklang charakterisieren. Aus naturräumlicher Sicht folgen auf die fast durchgängige Kette der Schwäbisch-Fränkischen Waldberge im Süden die weitflächigen Neckar- und Tauber-Gäuplatten sowie die Mainfränkischen Platten. Dieser Naturraum der Gäulandschaften umfasst mehr als Dreiviertel der Region Heilbronn-Franken. Ganz im Nordwesten schließt nördlich einer Linie zwischen Külsheim und Werbach sowie westlich der Tauber der Sandstein-Spessart die Region ab.

Ein weiterer Dreiklang ergibt sich durch die drei Gesteinsschichten im geologischen System der Trias. Von Norden nach Süden, von alt nach jung und in der Regel von unten nach oben folgt auf den Buntsandstein im Sandstein-Spessart die Gesteinsformation des Muschelkalks in den Neckar- und Tauber-Gäuplatten. Die Schwäbisch-Fränkischen Waldberge sind aus der jüngsten der drei triassischen Gesteinsformationen, dem vielfältigen Keuper aufgebaut.

Der dritte Dreiklang bezieht sich auf die Höhengliederung der Region in drei Stockwerke. Die bewaldeten Mittelgebirge der Schwäbisch-Fränkischen Waldberge mit einer Höhe von über 500 Metern heben sich mit einer Sprunghöhe von bis zu 200 Metern über den vorgelagerten Gäulandschaften deutlich ab. In die Gäulandschaften selbst haben sich die Flüsse ebenfalls um bis zu 200 Meter tief eingeschnitten. Die dadurch tiefergelegten Talsohlen bilden das dritte, für die Siedlungs- und Wirtschaftsentwicklung lange Zeit wichtigste Stockwerk.

Naturräumliche Gliederung

Die drei Dreiklänge bedingen sich gegenseitig und werden im Folgenden einer detaillierteren Betrachtung unterzogen. Die Region Heilbronn-Franken gehört großräumig betrachtet zum Südwestdeutschen Schichtstufenland. Die markanteste Schichtstufe bilden die Ausläufer der Schwäbisch-Fränkischen Waldberge sowie des Strom- und Heuchelbergs im Süden. Östlich des Neckars lassen sich diese Ausläufer in die Löwensteiner Berge, den Mainhardter Wald, die Limpurger Berge und die Ellwanger Berge gliedern. Östlich von Crailsheim schließt die zur Südlichen Frankenhöhe gehörende Crailsheimer Hardt die Region ab. Die vom Kieselsandstein gebildete Keuperstufe ist hier durch die Lage an der Europäischen Wasserscheide von Rhein und Donau stark zergliedert und niedriger (→AB41). An manchen Stellen erhebt sich die Keupersandsteinstufe um bis zu 200 Meter über die nördlich vorgelagerte Hohenloher-Haller Ebene.

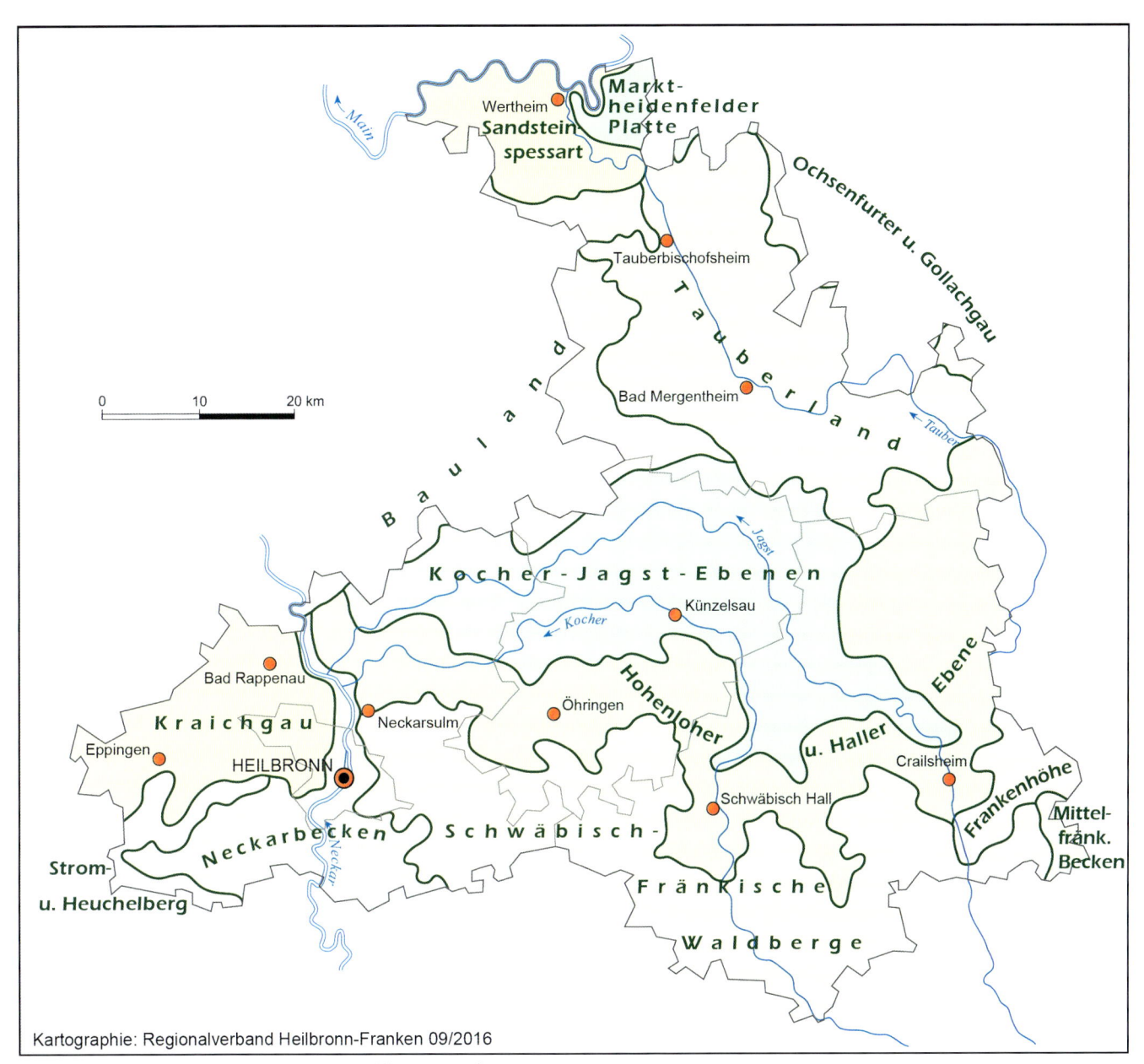

Abb. 2.4: Naturräumliche Gliederung von Heilbronn-Franken

Der Keuperstufenrand ist keine durchgängige Linie, sondern durch weit in die Stufe eingeschnittene Talbuchten, Sporne, Auslieger und Zeugenberge stark zerfurcht und zerlappt. Ursache für diese Zerschneidung sind Flusssysteme, die sich durch rückschreitende Erosion in den Stufenkörper hineingesägt haben. Die Erosion und Abtragung findet bei der rückschreitenden Erosion entgegen der Fließrichtung der Gewässer statt. Die Waldenburger Berge sind durch das Gewässernetz der Ohrn von Norden und das Gewässernetz der Bibers von Süden bereits fast vollständig durchtrennt worden. Am Nordrand der Waldenburger Berge bilden der Stubensandstein und der Kieselsandstein zwei deutliche Schichtstufen (→AB3).

Abb. 2.5: Keuperschichtstufe östlich von Waldenburg

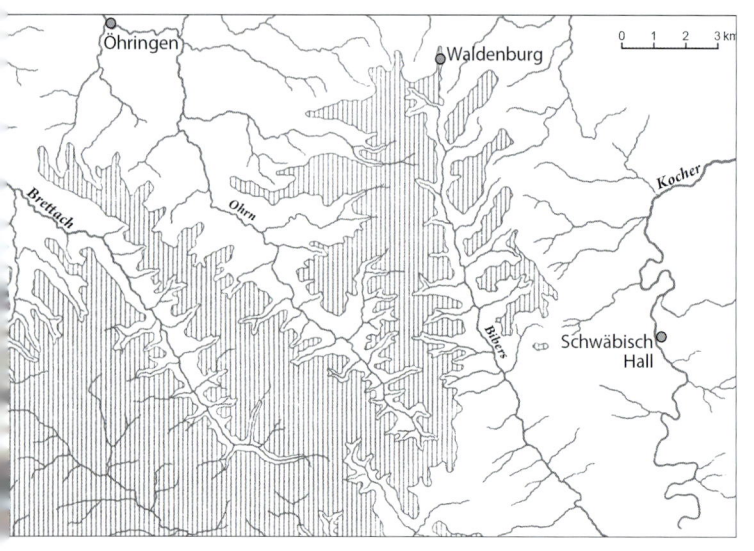

Abb. 2.6: Zerschneidung und Rückverlagerung der Waldenburger Berge durch die Flüsse Brettach, Ohrn und Bibers. (Verändert nach Gradmann, Robert (1964): Süddeutschland, Bd. 1, S 27. Kartographische Überarbeitung: Regionalverband Heilbronn-Franken 2016)

Westlich des Neckars findet die Keuperstufe mit dem Strom- und Heuchelberg eine durch Reliefumkehr entstandene inselhafte Fortsetzung. Durch deren Lage in der Fränkischen Mulde waren ihre zunächst tiefer liegenden Keuperschichten vor der Abtragung geschützt und überragen heute als Zeugenbergkomplex die Gäulandschaften des Kraichgaus um bis zu 200 Meter. Genau wie bei den Ausläufern des Schwäbisch-Fränkischen Waldes ist auch der Strom- und Heuchelberg stark zerlappt. Durch die größte Talbucht des Zabergäus öffnet sich der Strom- und Heuchelbergkomplex V-förmig zum Heilbronner Neckar hin (→AB21, →AB31).

Nördlich der Stufe der Schwäbisch-Fränkischen Waldberge folgen die Neckar- und Tauber-Gäuplatten. Westlich des Neckars reicht die Region in den Kraichgau und östlich vom Neckar zieht sich zunächst die Hohenloher-Haller Ebene bis an die bayrische Grenze. Nördlich daran schließen sich die Kocher-Jagst-Ebenen und schließlich das Tauberland an. Im Westen geht das Tauberland in das Bauland über, im Osten in die Mainfränkischen Platten.

Der Kraichgau ist eine tektonische Mulde zwischen dem Odenwald im Norden und dem Schwarzwald im Süden. Die flachwellige Hügellandschaft mit ihren weitläufigen Tälern besteht weitgehend aus Muschelkalk, der mit einem dicken Lössteppich überzogen ist. Durch das Einfallstor des Kraichgaus trugen die Westwinde während der Eiszeiten den Löss aus den Schotterflächen des Oberrheinischen Tieflandes in die Neckar- und Tauber-Gäuplatten. Lösse sind von einer Kalkhaut umhüllte Sandkörner, deren Verwitterung zu fruchtbaren Lösslehmböden führt. Innerhalb des Kraichgaus bildet das Eppinger Gäu im äußersten Westen der Region eine besonders fruchtbare Landschaft.

Östlich des Neckars verläuft die Hohenloher-Haller Ebene als schmaler Streifen, der von Westen nach Osten von etwa 200 bis in die Haller Ebene allmählich auf über 400 Meter ansteigt. Die Lössteppiche über dem Muschelkalk und Lettenkeuper sind hier weniger mächtig als im Kraichgau und werden nach Osten hin zusehends lückenhafter. Die fruchtbare Hohenloher-Haller Ebene ist weitgehend als flachwellige Hochfläche ausgeprägt.

Dieser Hochflächencharakter setzt sich in den nördlich anschließenden Kocher-Jagst-Ebenen fort. Durch die tief eingegrabenen Talnetze der Zwillingsflüsse Kocher und Jagst sind sie aber im Gegensatz zur Hohenloher-Haller Ebene in schmale langgestreckte Rücken, sogenannte Riedel, zerteilt.

Das Tauberland umfasst die stark zertalte Muschelkalklandschaft im Einzugsgebiet der mittleren Tauber zwischen Creglingen und Werbach. Noch deutlicher als in den Kocher-Jagst-Ebenen haben die Tauber und ihre Zuflüsse die angrenzenden Hochflächen des Baulandes im Westen und der Mainfränkischen Platten im Osten zergliedert. Nordwestlich von Tauberbischofsheim ist die Muschelkalkschichtstufe durch mehrere kuppenförmige Zeugenberge wie den Apfelberg aufgelöst. Im Gegensatz zu der markanten Keuperschichtstufe im Süden der Region ist die Schichtstufe des Unteren Muschelkalks über den großen Heidberg östlich von Külsheim und das Bauholz nördlich von Eiersheim weniger deutlich ausgeprägt.

Die flachwellige Muschelkalkhochfläche des Baulandes liegt westlich des Tauberlandes und wird im Norden durch den Buntsandsteinspessart und im Süden durch das Jagsttal begrenzt. Östlich der Tauber geht das Tauberland in die Mainfränkischen Platten über. Östlich von Tauberbischofsheim erstrecken sich die lössbedeckten Ausläufer des fruchtbaren Ochsenfurter und Gollachgaus. Nördlich daran schließt sich die westliche Ausbuchtung der Marktheidenfelder Platte an, die nur wenige Lössinseln über dem Muschelkalk aufweist.

Im äußersten Nordwesten reicht der Sandsteinspessart über den Main in die Region hinein und bildet dort seinen südlichen Abschluss. Wie auch schon in den Muschelkalk-Gäulandschaften der Kocher-Jagst-Ebenen ist die Landschaft durch den Gegensatz zwischen den tief in die Gesteinsschichten eingegrabenen Flüssen und Hochebenen gekennzeichnet.

Geologie

Mit Ausnahme der eiszeitlichen Lösseinwehungen stammen alle Gesteinsschichten der Region Heilbronn-Franken aus der Trias-Zeit. Trias bedeutet Dreiheit und fasst die drei zwischen ca. 250 und 200 Millionen Jahren vor unserer Zeit entstandenen Gesteinsformationen Buntsandstein, Muschelkalk und Keuper zusammen. In diesem Zeitraum lag Südwest-Deutschland in einem mitteleuropäischen Senkungsraum, dem sogenannten Germanischen Becken. Dort bildeten sich mit oder ohne Meeresbedeckung eine Vielzahl von horizontal geschichteten Ablagerungsgesteinen (Sedimentgesteine) in Form von Sandsteinen, Kalk- und Salzgesteinen sowie Mergeln (Ton- und Kalkgestein). Die Sande und Tone wurden von umliegenden Gebirgen wie z. B. dem London-Brabanter Massiv im Westen und dem Vindelizisch-Böhmischen Land im Osten durch Flüsse in das Germanische Becken transportiert und dort abgelagert. Kalke und Salzgesteine entstanden durch abgestorbene Meerestiere bzw. durch die Verdunstung von Meerwasser (→AB2).

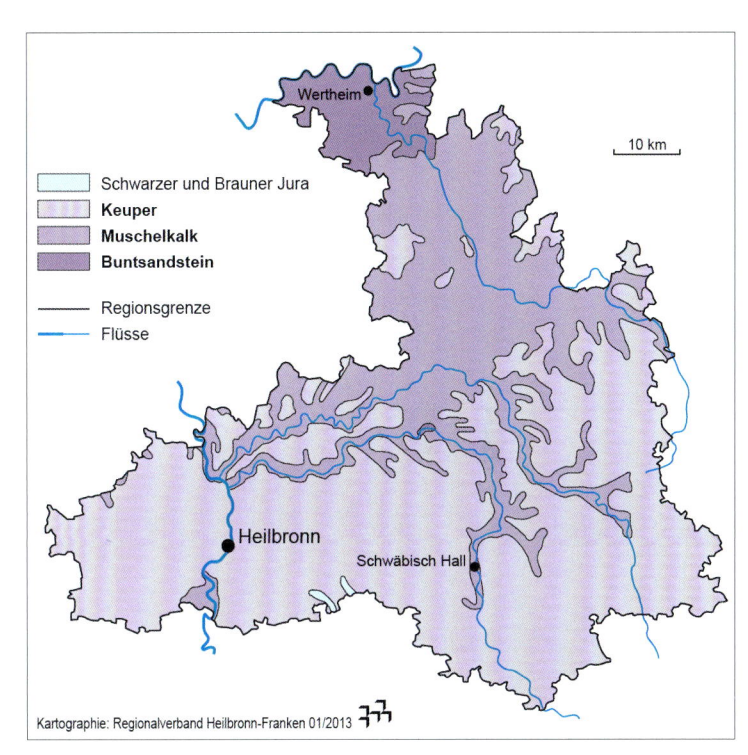

Abb. 2.7: Germanische Trias in Heilbronn-Franken

Der mehrere Hundert Meter mächtige Buntsandstein als älteste Formation besteht überwiegend aus rotgefärbten Quarzkörnern. Im Main- und Taubertal streichen die Schichten des Mittleren Buntsandsteins in großen Mächtigkeiten aus. Diese dickbankigen Bausandsteinschichten wurden früher in zahlreichen Steinbrüchen abgebaut. Der Obere Buntsandstein ist im Kembachtal sehr gut aufgeschlossen. Von den ehemals zahlreichen Steinbrüchen dort wird nur noch im Steinbruch am östlichen Rand von Dietenhan Plattensandstein gebrochen (→AB51).

Abb. 2.8: Buntsandsteinbruch der Firma Franz Zeller in Dietenhan

Abb. 2.11: Kindergarten aus Buntsandstein in Niklashausen

Abb. 2.9: Muschelkalksteinbruch der Firma bmk in Weißlensburg

Abb. 2.12: Wohnhaus aus Muschelkalk in Wiesenbach

Abb. 2.10: Schilfsandsteinbruch in Mühlbach

Abb. 2.13: Kilianskirche aus Schilfsandstein in Heilbronn

In der Muschelkalkzeit entstanden in einem Nebenmeer des Urmittelmeeres (Thetys) Kalke, Dolomite und Salzgesteine. Die im Mittleren Muschelkalk abgelagerten Steinsalze werden im Raum Heilbronn in 200 Metern Tiefe bergmännisch abgebaut. In noch ca. 20 Muschelkalksteinbrüchen werden in der Region vorwiegend aus dem Oberen Muschelkalk Schotter für den Straßenbau, Natursteinquader für den Garten-, Wasser- und Landschaftsbau, Düngerkalk sowie Kalke für die Zement- und Betonherstellung gewonnen.

Die Keuperformation ist durch eine Wechselfolge vielfältiger und häufig bunt gefärbter Gesteinsschichten geprägt. Die Palette im Unterkeuper (Lettenkeuper) reicht von grau-schwarzen Kalksteinen und gelben Dolomiten über gelbe und grüne Tonsteine und Mergel bis zu feinkörnigen grünen Sandsteinen und ist teilweise reich an Fossilien (→AB36). Der Mittelkeuper beginnt mit dem ähnlich vielfältigen und bunten Gipskeuper. Darüber wechseln sich Sandsteinschichten mit Schichten der Bunten Mergel ab. Die unterste Sandsteinschicht ist der Schilfsandstein, der sich sehr gut als Bausandstein eignet. Auf die Unteren Bunten Mergel folgt der Kieselsandstein und auf die Oberen Bunten Mergel schließlich der Stubensandstein. Der Rätsandstein als einzige Schicht des Oberkeupers kommt nur noch inselhaft in den Löwensteiner Bergen vor.

Eine lange Tradition hat der Schilfsandsteinabbau im Steinhauerdorf Mühlbach bei Eppingen. Dort werden von drei Natursteinwerken Schilfsandsteine gebrochen und verarbeitet. Das vierte dort ansässige Unternehmen bezieht seine Schilfsandsteine aus dem Steinbruch Winterhaldenbau bei Heilbronn. Das Hauptgeschäftsfeld ist die Restaurierung von historischen Schilfsandsteingebäuden (→AB2).

Stockwerksgliederung

Waldenburg als Balkon über der Hohenloher Ebene ist nur einer von vielen Aussichtspunkten, die vom höchsten Stockwerk der Schwäbisch-Fränkischen Waldberge Panoramen auf die darunter liegenden Gäulandschaften eröffnen. Weitere auf einem Bergsporn gelegene Panorama-Balkone oder Aussichtspunkte sind z. B. der Einkorn bei Schwäbisch Hall, das Hörnle und die Heuchelbergwarte am Heuchelberg sowie der Burgberg westlich von Crailsheim. Das oberste Stockwerk der Region ist von einer weitgehend geschlossenen Walddecke überzogen, die nur von den planmäßig gerodeten Waldhufendörfern inselhaft durchbrochen ist. Vom Waldenburger Balkon führt ein durch die Verebnung der Kieselsandsteinstufe unterbrochener Hang hinunter in das nächste Stockwerk. Wegen der Steilheit der Hänge tritt an die Stelle des Ackerbaus die Nutzung als Grünland oder Streuobstwiesen. Besonders stark in Zeugenberge aufgelöst sind die westlichen Ausläufer der Löwensteiner Berge. Deren Nutzung ist durch eine Bergasymmetrie gekennzeichnet. Auf den trockenen südexponierten Hängen dominiert der Weinanbau, die schattigen Nordseiten sind bewaldet. Schöne Beispiele sind der Schemelsberg nördlich von Weinsberg und der Lindelberg zwischen Öhringen und Bretzfeld.

Unterhalb der Schwäbisch-Fränkischen Waldberge liegt das zweite Stockwerk der Hochebenen der Gäulandschaften. Auf dem geologischen Untergrund von Muschelkalk, Lettenkeuper und Löss haben sich fruchtbare Böden entwickelt und zusammen mit dem flachwelligen Relief schon immer den Getreideanbau begünstigt. Vereinfacht lässt sich dieses Stockwerk als Korngäu charakterisieren. Die Gliederung dieser offenen und nur mit wenigen Waldinseln versehenen Landschaft geschieht durch die Eintiefung der Flussnetze.

Wie schon bei den Schwäbisch-Fränkischen Waldbergen bieten die in die Flusstäler hineinreichenden Sporne als Balkone wunderschöne Aussichten in das dritte Stockwerk der Talsohlen von Jagst, Kocher, Neckar, Tauber und Main sowie ihren Nebenflüssen. Auf einigen Spornen entwickelten sich kleine Städte, die durch den Bau von Schlössern am Spornende in den Stand von Residenzstädten gehoben wurden. Schöne Beispiele dafür sind Vellberg an der Bühler, Bartenstein an der Ette sowie Kirchberg und Langenburg an der Jagst.

Abb. 2.14: Bergasymmetrie am Schemelsberg

Abb. 2.17: Kirchberg an der Jagst

Abb. 2.15: Blick auf die Hohenloher Ebene von Waldenburg

Abb. 2.18: Weitläufiges Taubertal zwischen Impfingen und Werbach

Abb. 2.16: Jagsttal zwischen Großforst und Hürden

Abb. 2.19: Jagst mit Galeriewald südlich von Mulfingen

Abb. 2.20: Heilbronner Becken mit Schweinsberg (Vordergrund rechts) und Wartberg (Hintergrund mitte-rechts)

Von diesen Balkonen kann man gut erkennen, dass die Flüsse nicht gerade verlaufen, sondern in Flussschlingen, sogenannten Mäandern. Manchmal sind die Ufer von einem Galeriewald gesäumt. Die Auen werden als Grünland genutzt. Besonders breite Talauen schuf die Tauber zwischen Königshofen und Lauda sowie zwischen Impfingen und Werbach. Dort konnten die durch tektonische Sättel angehobenen weichen Röttone des Oberen Buntsandsteins leicht ausgeräumt werden. In den überwiegend von Osten nach Westen fließenden Zwillingsflüssen Jagst und Kocher herrscht eine Talasymmetrie bei der Nutzung der Hänge vor. Während auf den nordexponierten Hängen Wald vorherrscht, werden die südexponierten Hänge für Streuobstwiesen und z. B. in Ingelfingen für den Weinbau genutzt (→AB3).

Eine Sonderrolle im niedrigsten Stockwerk nimmt das Heilbronner Becken ein, weil hier von Osten das oberste Stockwerk durch den Wartberg und Schweinsberg als Ausläufer der Löwensteiner Berge direkt angrenzt. Der Neckar durchschneidet südlich von Heilbronn mit dem Hessigheimer Sattel eine Aufwölbung in der Erdkruste. Er zersägte diese Barriere aus hartem Oberen Muschelkalk in dicht aufeinanderfolgenden Talmäandern, darunter auch die heute trocken gefallene Mäander bei Lauffen (→AB4). Das Neckartal ist hier durch steilwandige Prallhänge und flach ansteigende Gleithänge gekennzeichnet. In der muldenförmigen Senke des Heilbronner Beckens floss der Neckar viel gemächlicher in den weicheren Gesteinsschichten des Gips- und Unterkeupers durch eine breite Talaue. Während der Eiszeiten kam es im Heilbronner Becken zur Ablagerung von Kiesen und Sanden, die heute als sogenannte Hochterrassenschotter an den Rändern des Beckens zu finden sind, z. B. im Naturschutzgebiet Frankenbacher Schotter. Die bis 10 Zentimeter mächtigen, zu Konglomerat verfestigten Schotter in Klingenberg zeugen von der Transportkraft der Neckarzuflüsse während der Eiszeiten.

Abb. 2.21: Konglomerat in Klingenberg

Meilensteine der Siedlungsgeschichte

Die ältesten Siedlungsspuren stammen aus der älteren Jungsteinzeit (Neolithikum) im 5. Jahrtausend vor Christus, als die Menschen durch die Domestikation von Tieren und den Ackerbau sesshaft wurden und die ersten dauerhaften Siedlungen gründeten. Auf einer lössbedeckten Hochfläche nördlich von Lauffen entwickelten sich damals mehrere weilerartige Siedlungen mit einer Gruppe von langgestreckten und in den Boden eingetieften Häusern. Diese erste Bauernkultur in der Region trägt wegen ihrer wellenförmig mit Linien und Bändern verzierten Tongefäße die Bezeichnung Bandkeramiker. Bandkeramische Siedlungen gab es darüber hinaus auch auf den Hochflächen beiderseits des Kochers oberhalb von Schwäbisch Hall.

Eine wichtige durch zahlreiche Fundstellen ebenfalls auf der Lauffener Gemarkung belegte Siedlungsepoche ist die Keltenzeit in den acht vorchristlichen Jahrhunderten. In diese Zeit fällt die Ausdifferenzierung der Gesellschaft durch Herrschaftsstrukturen in Person von Keltenfürsten. Die Bestattung der reichen Vertreter dieser Gesellschaft erfolgte in mit Keramik, Schmuck und Waffen gefüllten Grabhügeln.

Bei der Ankunft der Römer kurz vor der christlichen Zeitenwende hatten sich die keltischen Siedlungen durch Abwanderung in den Süden ausgedünnt. Begünstigt durch die Klima- und Bodengunst in der Umgebung von Lauffen legten die Römer dort eine Reihe von landwirtschaftlichen Gutshöfen an (villa rustica). Von den zahlreichen landwirtschaftlichen Neuerungen war die Einführung des Weinbaus die bedeutsamste. Eine zweite wichtige Form römischer Besiedlung bildeten die Kastelle als Knotenpunkte in der Verteidigungsanlage des Limes. Solche Kastelle gab es z. B. in Bad Wimpfen, Heilbronn-Böckingen und Öhringen. Um die Kastelle entwickelten sich römische Händler- und Handwerkersiedlungen. Der schnurgerade durch Hohenlohe, auf Höhe von Öhringen verlaufende Limes blühte im Rahmen der Landesgartenschau in Öhringen 2016 noch einmal auf (→AB22, →AB32).

Der von den Römern über zwei Jahrhunderte aufgebaute hohe Zivilisationsstand konnte durch die ab dem 3. Jahrhundert einfallenden Alemannen und die ab dem 5. Jahrhundert in den Südwesten schwappende Besiedlungswelle der Franken nicht bewahrt werden. Für diesen Zivilisationsrückschritt hat sich die Bezeichnung vom dunklen Mittelalter eingebürgert. Ein wichtiger Entwicklungsschub setzte erst wieder mit den hochmittelalterlichen Stadt-, Pfalz- und Klostergründungen ein.

Im 12. Jahrhundert beginnt die urkundlich belegte Geschichte der Stadt Wertheim mit dem Bau der Wertheimer Burg auf dem Bergsporn zwischen Main und Tauber. In der Folgezeit konnte sich Wertheim im Spannungsfeld der konkurrierenden benachbarten geistlichen Herrschaften des Kurfürstentums Mainz und des Fürstbistums Würzburg zu einer reichsunmittelbaren Grafschaft mit einem beträchtlichen Territorium entwickeln. Im späten Mittelalter führte die verkehrsgünstige Lage am Main zu einem Aufblühen des Wein- und Tuchhandels.

Um 1150 erfolgte die Stiftung des Zisterzienserklosters in Bronnbach, das im Laufe seines 650-jährigen Wirkens die Landwirtschaft, das Handwerk und den Handel maßgeblich gefördert hat. Dies trifft besonders auf den Weinanbau im Taubertal zu (→AB52).

Abb. 2.22: Historischer Weinberg am Satzenberg beim Kloster Bronnbach mit Trockenmauern aus Buntsandstein

Um 1200 entstand auf dem Berg in Bad Wimpfen die bis heute größte erhaltene Pfalzanlage nördlich der Alpen. Die Stadt erlebte durch ihr fruchtbares Kraichgauer Hinterland sowie den Anschluss an den Neckar als Verkehrsweg eine hochmittelalterliche Blütephase (→AB6).

Porträt der Region Heilbronn-Franken

1219 traten die Brüder Heinrich, Andreas und Friedrich von Hohenlohe in den Deutschen Orden ein und machten mit der Schenkung ihrer Burg und großer Ländereien Bad Mergentheim zu einer Niederlassung des Deutschen Ordens. Nach dem Verlust des Ordensstaates Preußen wurde Bad Mergentheim 1525 zur Residenz des Hoch- und Deutschmeisters des Deutschen Ordens. Von hier aus erfolgte bis 1809 die Verwaltung des Ordensbesitzes und der Krankenhäuser (Spitäler). In diesen drei Jahrhunderten bestimmte der Deutschorden in besonderem Maße die Entwicklung der Stadt Mergentheim und ihres Umlandes (→AB53).

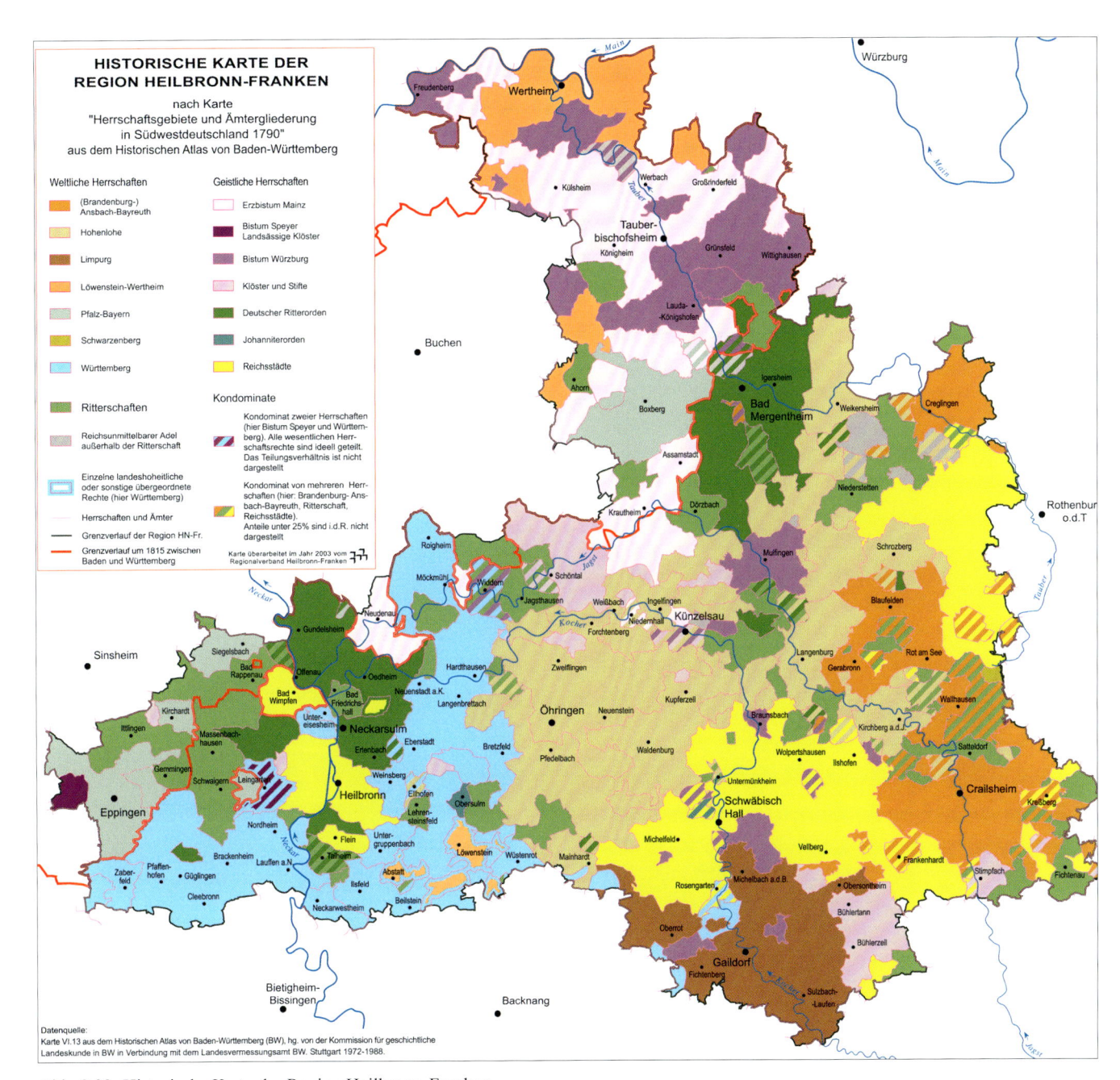

Abb. 2.23: Historische Karte der Region Heilbronn-Franken

Im 14. Jahrhundert vollendeten Bad Wimpfen, Heilbronn und Schwäbisch Hall ihre Entwicklung zur Reichsstadt. Durch die königliche Verleihung des Neckarprivilegs an Heilbronn im Jahr 1333, mit dem der Ausbau zur Binnenhafen- und Handelsstadt beflügelt wurde, kam die nur 10 Kilometer flussabwärts gelegene Reichsstadt Bad Wimpfen immer mehr ins Hintertreffen. In Schwäbisch Hall gründete die Entwicklung zu einer wohlhabenden und einer der territorial größten Reichsstädte Süddeutschlands auf der Gewinnung von und dem Handel mit dem weißen Gold Salz.

Am Beispiel der Hohenloher Dynastie lässt sich die Entstehung der für die Neuzeit typischen Kleinstaaterei des Deutschen Reiches im Allgemeinen und des Gebietes der heutigen Region Heilbronn-Franken im Besonderen aufzeigen. Die im 12. Jahrhundert im Tauberland in Weikersheim und Pfitzingen ansässigen Edelherren übernahmen von der heute nicht mehr existierenden Burg Hohenloch oder Hohlach beim mittelfränkischen Uffenbach den Namen. Nach verschiedenen territorialen Zugewinnen erfolgte die endgültige Erhebung der Edelherren von Hohenlohe in den Reichsgrafenstand und die Übernahme des Burg- und Familiennamens für die Grafschaft.

Aufgrund der Ausübung des Realerbteilungsrechtes kam es Mitte des 16. Jahrhunderts zur Hauptlandesteilung in die beiden Hauptlinien Hohenlohe-Neuenstein und Hohenlohe-Waldenburg. Durch weitere Erbteilungen entstanden mehrere parallel existierende hohenlohische Grafschaften mit jeweils eigenen Residenzen in den Städten Bartenstein, Kirchberg, Künzelsau, Langenburg, Öhringen und Pfedelbach (→AB33).

Nach dem endgültigen Ende der Adelsherrschaft 1918 ist die Bedeutung Hohenlohes als dynastischer Begriff in den Hintergrund getreten und durch einen kulturgeographischen Begriff ersetzt worden. Im engeren Sinne umfasst Hohenlohe heute den Landkreis Hohenlohekreis. Im weiteren Sinne gehören zum historischen Hohenlohe aber auch der südöstliche Main-Tauber-Kreis ab Weikersheim und der nordwestliche Landkreis Schwäbisch Hall bis Kirchberg und Schrozberg.

Die kleinstädtische Struktur in Hohenlohe und der Gesamtregion Heilbronn-Franken blieb bis zum Zweiten Weltkrieg erhalten. Außer Heilbronn mit 80.000 und Schwäbisch Hall mit 15.000 Einwohnern lagen alle anderen Städte bei deutlich unter 10.000 Einwohnern. Die massiven Flüchtlings- und Vertriebenenwellen nach dem Zweiten Weltkrieg führten dann aber zu einem beträchtlichen Wachstumsschub, dem man nur durch den Bau neuer Stadtteile Herr werden konnte. Der Neckarsulmer Stadtteil Amorbach z. B. entstand durch den Bau einer Bundesmustersiedlung auf der grünen Wiese bis 1955 mit 800 Wohnungseinheiten (→AB23, →AB59).

In Wertheim waren gleich drei neue Stadtteile notwendig, um die Flüchtlingswelle zu bewältigen. In unmittelbarer Nähe der sich in Wertheim neu formierenden Thüringer Laborglasindustrie wurde 1950 die Glashüttensiedlung errichtet. 1951 begann der Bau einer Bundessiedlung mit 372 Wohnungen sowie von 11 einstöckigen Ladengeschäften und einer Volksschule in der Nachbarschaft der Glashüttensiedlung. In der Folgezeit verschmolzen die Glashütten- und Bundessiedlung zum neuen Wertheimer Stadtteil Bestenheid.

Etwa zeitgleich begannen auf dem Gleithang zwischen der Wertheimer Altstadt und Eichel die Bauarbeiten für den neuen Stadtteil Hofgarten. Die anhaltend hohe Wohnungsnachfrage führte in der zweiten Hälfte der 1960er Jahre zum Bau des Bundesdemonstrativbauvorhabens Wartberg mit über 800 Wohneinheiten. Wegen der geringen Fläche wurden auch 11 achtgeschossige Punkthäuser und ein 15-geschossiges Hochhaus gebaut, das die Wertheimer „Weißer Riese" nennen. Die Neubausiedlung auf dem Wartberg ist ein Beispiel für das Wachstum der Städte aus ihren engen Tallagen auf die benachbarten Hochflächen hinauf. Weitere Beispiele findet man im Kochertal mit der Tullauer Höhe in Schwäbisch Hall oder dem durch eine Bergbahn mit der Kernstadt verbundenen Neubaugebiet Taläcker in Künzelsau. Das Niedernhaller Wohngebiet Giebelheide auf der südlichen Hochebene über dem Kocher übertrifft die Fläche der Altstadt mittlerweile um das Vierfache.

Einen wichtigen Eingriff in die ländlichen Siedlungsstrukturen der Region brachte der landwirtschaftliche Strukturwandel der 1960er Jahre mit sich. Immer mehr landwirtschaftliche Betriebe stellten vom Voll- auf Nebenerwerb um und bezogen ihr Haupteinkommen fortan als Arbeitskräfte für die wachsende Industrie. Die immer weniger werdenden Vollerwerbsbetriebe konnten durch erhebliche finanzielle Förderung und Flächenaufstockung zur Aussiedlung ihrer Hofstelle in die Flur außerhalb der Dörfer bewegt werden.

Heute gibt es kaum noch Vollerwerbslandwirte in den Dörfern der Region. Damit wurde das im Anerbenland Hohenlohe mit seinen zahlreichen Dörfern und Weilern schon seit Jahrhunderten praktizierte Prinzip der kurzen Wegezeiten zu den Feldern auch auf die anderen Teile der Region übertragen. Der Preis dafür ist die Zersiedelung der Landschaft.

Abb. 2.24: Aussiedlerhof auf der Klosterhöhe oberhalb des Klosters Bronnbach

Anfang der 1990er Jahre sorgte die Ankündigung des Abzugs der US-Garnisonen in den Städten Wertheim, Crailsheim, Schwäbisch Hall, Neckarsulm und Heilbronn zunächst für einen Schock. Nach Jahrzehnten des Zusammenlebens hatten sich eine deutsch-amerikanische Freundschaft und ein kultureller Austausch auf verschiedenen Ebenen entwickelt. Die vielen Tausend amerikanischen Soldaten brachten eine enorme Kaufkraft in die Garnisonsstädte und in den Barracks selbst gab es viele zivile Arbeitsplätze. Schon bald zeigten sich aber die Möglichkeiten für eine nachhaltige Stadtentwicklung durch die Konversion der ehemaligen Militärareale. In Wertheim boten die Peden Barracks mit einer großen Wohnanlage, Schulen, Sport- und Freizeitanlagen sowie Verkehrs- und Versorgungsinfrastruktur die besten Grundlagen für die Umwandlung in den neuen Stadtteil Reinhardshof. Die Freiflächen wurden zu einem großen Gewerbegebiet entwickelt.

Wohnen und Arbeiten waren auch die Leitlinien für die Konversion der McKee-Barracks zwischen der Crailsheimer Kernstadt und dem Stadtteil Roßfeld. Aus verschiedenen militärischen Flächen entstand dort das Gewerbegebiet Hardt (→AB47). Aus den ehemaligen Dolan Barracks auf der Hochfläche östlich von Schwäbisch Hall ging der mehr als 100 ha Fläche umfassende Solpark hervor. Über eine kleine Neubausiedlung hinaus hat sich das ehemalige Kasernengelände vor allem zu einem großflächigen Gewerbegebiet entwickelt, mit dem Adolf Würth Airport in unmittelbarer Nachbarschaft. Das Gelände der ehemaligen Artillery Kaserne auf Neckarsulmer Gemarkung entwickelte die Stadt zum Gewerbegebiet Stiftsberg, in dem u. a. die Firma Lidl angesiedelt ist.

In Heilbronn fielen gleich zwei ehemalige US-Garnisonen in die Hände der Stadt. Von dem Gebäudebestand der Wharton Barracks im Süden Heilbronns sind nur drei ehemalige Mannschaftsquartiere entlang der Stuttgarter Straße übrig geblieben. Dort residieren heute die Polizei und ein Staatliches Seminar für Didaktik und Lehrerbildung. Neben einer Reihenhausbebauung überwiegen auf der ehemaligen Kasernenfläche Handelsbetriebe. Im Businesspark Schwabenhof mit seinen modernen Bürogebäuden haben sich u. a. IT-Unternehmen und die Industrie- und Handelskammer angesiedelt. Die ehemalige US-Kaserne Badener Hof am Westrand der Stadt wurde komplett abgerissen und durch ein Neubaugebiet ersetzt.

Eine zweite Kasernenschließungswelle erfasste die Region um 2005. Dieser Welle fielen die Bundeswehrstandorte Külsheim mit der Prinz-Eugen-Kaserne, Tauberbischofsheim mit der Kurmainz-Kaserne und Lauda-Königshofen mit der Tauberfranken-Kaserne zum Opfer. 1993 war bereits die Deutschorden-Kaserne in Bad Mergentheim geschlossen worden. Lediglich der Heeresflugplatz in Niederstetten blieb erhalten. Der Schwerpunkt an den vier Konversionsstandorten liegt in der Gewerbeansiedlung. Ein Glücksfall war der Erwerb des kompletten Kasernenareals auf dem Drillberg bei Bad Mergentheim durch die Würth Gruppe im Jahr 1998. Dort siedelte sich die neu gegründete Unternehmenssparte Würth Industrie Service an und wuchs dort auf über 1.300 Beschäftigte. Die Mitarbeiterzahl übersteigt damit deutlich die Zahl von zuletzt 1.000 Soldaten in der Deutschorden-Kaserne. Aber auch die anderen drei Konversionsstandorte können bei der Ansiedlung von einheimischen Unternehmen Erfolge verzeichnen.

Abb. 2.25: Moderne Bürogebäude im Businesspark Schwabenhof

Abb. 2.26: Neubauwohnsiedlung auf dem ehemaligen Gelände der Kaserne Badener Hof in Heilbronn

Der Abzug der US-Armee hat wegen der dadurch frei werdenden innenstadtnahen Kasernenareale zu einer durchweg erfolgreichen Konversion mit neuen Siedlungs- und Gewerbeflächen geführt. Die Bilanz für die geschlossenen Bundeswehrstandorte fällt gemischt aus. Mit Ausnahme von Bad Mergentheim bleibt die Konversion für die Städte Külsheim, Tauberbischofsheim und Lauda-Königshofen weiterhin eine Herausforderung.

Landwirtschaftliche Reminiszenzen

Über weite Teile ist die Region Heilbronn-Franken nach wie vor ländlich geprägt. Das bäuerliche Leben ist allerdings weitgehend aus den Dörfern verschwunden. Die meisten der ausgesiedelten Höfe widmen sich längst nicht mehr nur der Pflanzen- und Tierproduktion, sondern haben durch den Bau von Photovoltaik- und Biogasanlagen ein zweites Standbein dazubekommen. Landwirte sind heute oft auch Energiewirte. Mit der Kulturlandschaftspflege kommt den Bauern eine dritte wichtige Aufgabe zu. In den Dörfern verschwinden zusehends die durch eine Verschränkung von Wohnen und Arbeiten gekennzeichneten baulichen Strukturen einer meist kleinbäuerlichen Vergangenheit. Immer seltener trifft man noch auf die typischen quergeteilten Einhäuser, die traufseitig etwa in der Mitte in einen Wohn- und einen Wirtschaftsteil getrennt waren (→AB6).

Nur noch in den wenigsten Dörfern stehen gemeinschaftlich genutzte Gebäude wie das Backhaus, die Milchsammelstelle (Milchhäusle) oder die Dreschhalle. Traditionelle Handwerksbetriebe wie Küfer, Wagner und Schmied sind ganz verschwunden oder haben sich zu Kfz-Betrieben und Schlossereien in neuen Betriebsgebäuden am Ortsrand weiterentwickelt. Die wohlhabenderen Bauern errichteten Gehöfte mit mehreren Gebäuden. Viele Stall- und Scheunengebäude aus Naturstein- und Fachwerkmauern sind in den Dorfkernen noch erhalten. In Eppingen und den Dörfern des Eppinger Gäus zieren noch viele vierseitige Gehöfte mit großen Rundbogentoreinfahrten die Durchfahrten und zeugen vom Wohlstand der damaligen Großbauern. Die Kraichgaudörfer weisen auch noch eine Vielzahl von Trockenscheunen für die mittlerweile aufgegebene Sonderkultur des Tabaks, sogenannte Tabakschopfen auf. Der Tabak war in der ersten Hälfte des 20. Jahrhunderts die dominierende Sonderkultur im Kraichgau und bot den Kleinbauern einen sehr hohen Flächenertrag.

Porträt der Region Heilbronn-Franken

Abb. 2.27: Quergeteiltes Einhaus in Stockheim

Abb. 2.30: Steinriegel zwischen Ober- und Niederstetten

Abb. 2.28: Modernes Milchhäusle (Milchautomat) in Oberwinden

Abb: 2.31: Streuobstwiese bei Dörmenz

Abb. 2.29: Alte Gemeinschafts-Tabakschopfen in Bad Wimpfen

Abb. 2.32: Grünkerndarre bei Dainbach

Die existenzielle Abhängigkeit von der Landwirtschaft brachte in historischer Zeit eine viel stärkere Nutzung der Talhänge mit sich. Über das Taubertal zwischen Wertheim und Bronnbach erstreckte sich ein fast durchgängiges Weinanbaugebiet. Davon zeugen noch die durch rote Sandsteintrockenmauern gestützten ehemaligen Weinbergterrassen. Mittlerweile sind sie längst wieder vom Wald zurückerobert oder mit Streuobst bestockt. Wichtigstes Kennzeichen der früher viel intensiver genutzten Talhänge im Kocher- und Jagsttal sind die zahlreichen Steinriegel (→AB50). Im Gegensatz zu den Trockenmauern verlaufen die Steinriegel als Lesesteinstränge aus Muschelkalk senkrecht zum Hang. Sie dienten als Grundstücksbegrenzung für die im Ober-, Mittel- und Unterhang durch den unterschiedlichen geologischen Untergrund und die unterschiedliche Intensität der Sonneneinstrahlung variierenden Anbauqualitäten. Aus Weinbauperspektive fasst man diese Wachstumsbedingungen als Terroir zusammen.

Trotz einer beträchtlichen Schrumpfung nehmen die Streuobstwiesen in den z. T. sehr breit terrassierten Talhängen immer noch große Flächen in der Region ein. Im Gegensatz zu den großen Obsthöfen mit Selbstvermarktung im eigenen Hofladen nimmt die Erntebereitschaft auf den Streuobstwiesen aber immer mehr ab. Während die kommerziellen Obsthöfe durch Kühlhäuser fast ganzjährig eigenes Obst anbieten können, verfaulen viele Früchte auf den Streuobstwiesen. In manchen Jahren brechen die Äste unter der Last der nicht geernteten Früchte ab. Früher ließ man den Apfelsaft zu Most als wichtigstes alkoholisches Getränk in der bäuerlichen Subsistenzwirtschaft vergären und kochte Äpfel, Birnen und Kirschen ein, um sie für den Winter haltbar zu machen. Pflaumen und Zwetschgen wurden zum selben Zweck zu Dörrobst getrocknet (→AB35).

Eine regionale Besonderheit stellt der Grünkernanbau im südwestlichen Main-Tauber-Kreis dar. Beim Grünkern handelt es sich um die vor der vollständigen Reife geerntete Getreideart Dinkel. Früher wurden die noch grünen Körner in eigenen Dörrhäuschen, den sogenannten Darren, außerhalb der Dörfer über einem Holzfeuer getrocknet (→AB55).

Städte und Dörfer

Der Vorstellung von einer Stadt als einer zusammenhängenden Siedlung entspricht in der Region Heilbronn-Franken nur die Großstadt Heilbronn. Lediglich die beiden eingemeindeten Ortschaften Kirchhausen und Biberach im Nordwesten von Heilbronn sind durch Acker- und Wiesenfluren von den übrigen Stadtteilen getrennt. Von den 120.000 Einwohnern Heilbronns sind ca. 60.000 in der eigentlichen Großstadt konzentriert. Die nächstgrößeren Städte der Region sind mit deutlichem Abstand Schwäbisch Hall mit 39.000 und Crailsheim mit 34.000 Einwohnern. Zu den Großen Kreisstädten mit mehr als 20.000 Einwohnern zählen Wertheim, Bad Mergentheim, Öhringen, Neckarsulm, Bad Rappenau und Eppingen. Alle diese Städte bilden mit ihren zahlreichen Stadtteilen und eingemeindeten Ortschaften ein Netzwerk mit demselben räumlichen Muster. Im Zentrum liegt die Kernstadt mit den zentralen Verwaltungs- und Versorgungsfunktionen. Dicht um die Kernstadt liegen die Stadtteile und in mehr oder weniger großer Entfernung die eingemeindeten Ortschaften. Den weitesten Weg von mehr als 11 Kilometern müssen z. B. die Einwohner von Kembach in ihre Kernstadt Wertheim und die Einwohner von Herbsthausen in ihre Kernstadt Bad Mergentheim zurücklegen. Mit 17 Stadtteilen und eingemeindeten Ortschaften ist Schwäbisch Hall die am stärksten fragmentierte Große Kreisstadt in der Region.

Die Kernstädte selbst haben längst Konkurrenz durch großflächigen und mit einem großzügigen Parkplatzangebot versehenen Einzelhandel auf der grünen Wiese bekommen. Beispiele dafür sind die Haller Straße zwischen den Hirtenwiesen und dem Roßfeld in Crailsheim sowie das Gewerbegebiet Kerz auf der südlichen Hochfläche von Schwäbisch Hall. Demgegenüber behauptet sich das besondere Flair eines Erlebniseinkaufs auf den historischen Marktplätzen in den vielen erhaltenen mittelalterlichen Innenstädten der Region (→AB46).

Abb. 2.33: Historisches Gebäudeensemble auf dem Schwäbisch Haller Marktplatz

Abb. 2.34: Fachwerkhaus in der Hauptstraße in Bad Wimpfen

Oft säumen noch stattliche Fachwerkhäuser die Marktplätze und Altstadtgassen. Sie zeugen mit ihren Fassaden nicht nur von der mittelalterlichen und frühneuzeitlichen Fachwerkbauweise über einem Natursteinsockel, sondern belegen über die unterschiedlichen Tür- und Fensterfronten auch die frühere funktionale Dreiteilung der Häuser. Im Erdgeschoss waren die Handwerker oder Kaufleute über großen Auslagen mit den Kunden verbunden. In den mittleren Stockwerken wohnten die Handwerks- und Kaufmannsfamilien mit ihren Gesellen und dem Gesinde. Die Stockwerke im Giebel dienten als Speicher- und Lagerräume und waren mit einem straßenseitigen Seilzug ausgestattet.

Der Versuch, ein durch Fachwerk stilisiertes fränkisches Stadtbild nachzuzeichnen, wurde beim Bau des Factory Outlet Centers Wertheim Village unternommen. Die Bezeichnung dieses überregional sehr gut nachgefragten Einkaufszentrums als Dorf ist durch seine Lage weit außerhalb der Kernstadt von Wertheim berechtigt (→AB58).

Während die schmucken Kleinstädte ihre historischen Kerne bewahren und über ihr Dienstleistungs- und Einzelhandelsangebot hinaus auch touristisch immer attraktiver werden, sind viele Dorfkerne dem Verfall preisgegeben. Das liegt nicht immer an der Schrumpfung der Bevölkerung, sondern vielmehr an einer Zentrum-Peripherie-Bewegung von den dicht bebauten Dorfkernen an die Dorfränder. Fast alle nachfolgenden Generationen bevorzugen den großzügigen Neubau im Neubaugebiet auf der grünen Wiese gegenüber der aufwändigen Altbausanierung ehemaliger kleinbäuerlicher Gehöfte und Einhäuser im Ortskern.

Auch die mit staatlichen Mitteln geförderten Projekte „Unser Dorf soll schöner werden" und das „Modellprojekt zur Eindämmung des Landschaftsverbrauchs durch Aktivierung innerörtlicher Potenziale" (MELAP) konnten diese Entwicklung nicht aufhalten. Trotz der guten Sanierungsbeispiele wie z. B. in Münster bei Creglingen, prägen häufig verlassene und zerfallende Gebäude die Ortsmitte vieler Dörfer. Stattdessen wachsen die Dörfer in den Neubaugebieten durch großzügige Einfamilienhäuser, die sich oft kettenförmig aneinanderreihen, achsenförmig in die Flur. Im Grundriss ähneln die im Ortskern verdichteten Haufendörfer heute einem Spinnennetz. In Ortsrandlage findet man vereinzelt noch zusammenhängende Kleingartenflächen. Diese sogenannten Krautgärten wurden aus Platznot im Ortskern außerhalb der Dörfer angelegt und dienen dem Anbau von Gemüse und Beerenobst.

Abb. 2.35: Factory Outlet Center Wertheim Village im Wertheimer Ortsteil Bettingen (Bildquelle: Stadt Wertheim)

Abb. 2.36: Dorfkern von Engelhardshausen

Einwanderungswellen und räumlich unterschiedliche Bevölkerungsentwicklungen

Die Bevölkerung der Region Heilbronn-Franken ist durch zwei Zuwanderungswellen nach dem Zweiten Weltkrieg stark gewachsen und zählte im Jahr 2014 etwa 877.000 Einwohner. Die erste Welle erfasste die Region zwischen 1945 und dem Anfang der 1950er Jahre, als verschiedene Flüchtlings-, Evakuierten- und Vertriebenenströme zu bewältigen waren. Zwischen 1989 und 1995 erlebte die Region mit dem starken Zustrom von Spätaussiedlern eine zweite Einwanderungswelle. Zusammen mit einem höheren Niveau bei den Geburtenüberschüssen ließ diese Welle die Einwohnerzahl in den 1990er Jahren um 120.000 Einwohner wachsen. Nach einem Höhepunkt mit etwa 877.000 Einwohnern im Jahr 2005 setzte bis 2011 ein Schrumpfungsprozess auf 864.000 Einwohner ein. Seither wächst die Bevölkerung in der Region wieder, abermals gespeist von einem Wanderungsüberschuss. Im Jahr 2014 überstieg die Zahl der Zugewanderten die der Abgewanderten um mehr als 8.000. Der Blick in die Zukunft der Entwicklung der Gesamtbevölkerung geht in Richtung einer stabilen Größenordnung um die 900.000 Einwohner. Problematisch ist jedoch, dass die Zahl junger Menschen mit einer akademischen Ausbildung in der Region unterrepräsentiert ist. Viele Junge verlassen die Region für ihr Studium und kommen dann nicht mehr zurück. Ein weiteres Problem ist die ungleiche Einwohnerentwicklung in den Gemeinden der Region. Während z. B. weite Teile des Main-Tauber-Kreises an Einwohnern verlieren, entwickelt sich im Landkreis Heilbronn um die Großstadt Heilbronn ein „Speckgürtel" (→AB5).

Dynamische Wirtschaftsentwicklung

Bis zum Zweiten Weltkrieg bildete das Städtepaar Heilbronn und Neckarsulm mit der Papierverarbeitung, der Nahrungsmittelindustrie sowie dem Fahrzeug- und Maschinenbau das einzige Industriezentrum in der Region. Die übrigen Landstriche blieben bis dahin weitgehend landwirtschaftlich geprägt. Einen enormen Industrialisierungsschub erlebten nach dem Zweiten Weltkrieg die unversehrt gebliebenen Kleinstädte an Tauber und Kocher durch die Verlagerung von ausgebombten Industrieunternehmen aus den großen Städten sowie von Flüchtlingsunternehmen aus Thüringen, Sachsen, Schlesien und dem Sudetenland (→AB8).

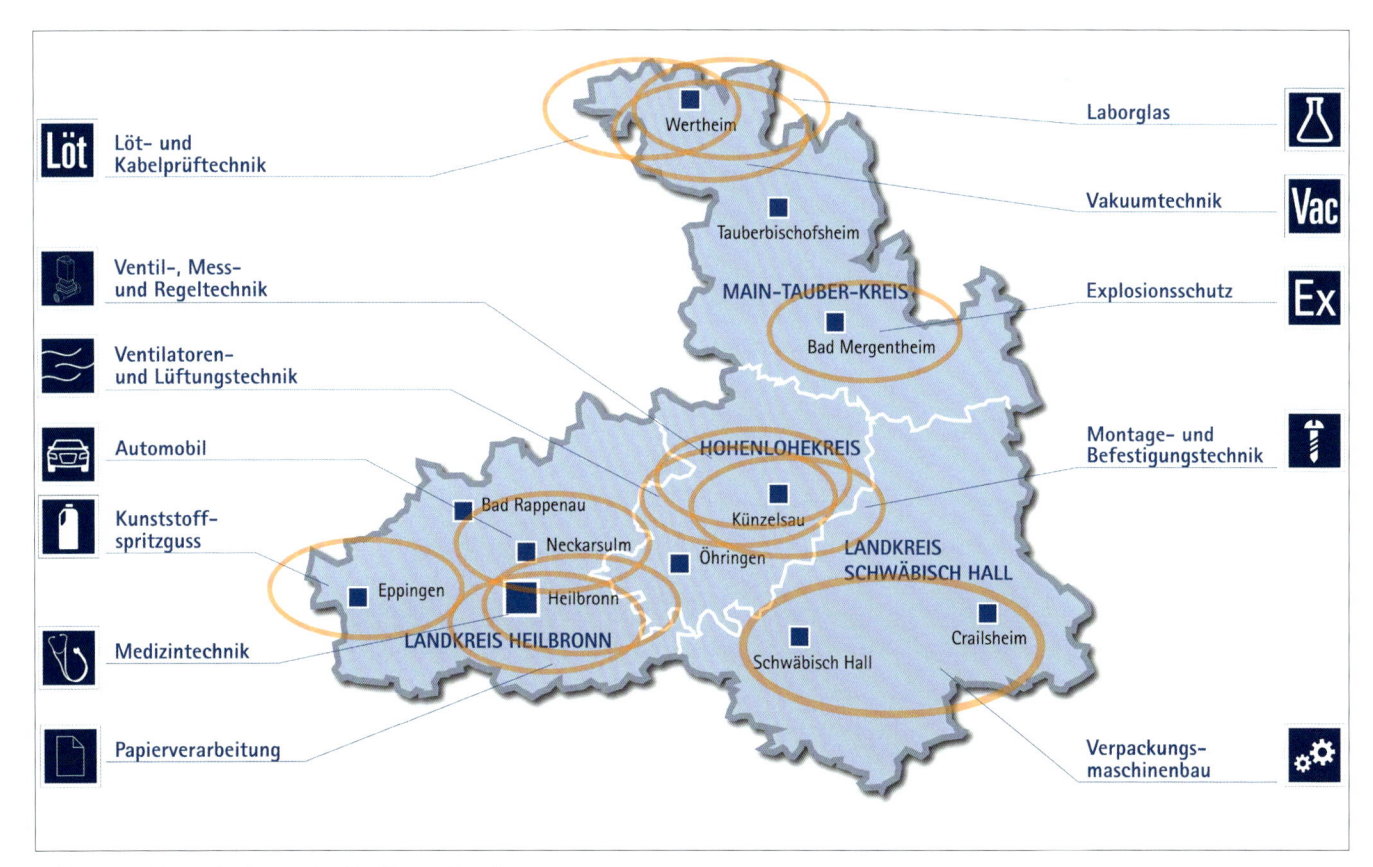

Abb. 2.37: Cluster in der Region Heilbronn-Franken

Seither hat sich die Wirtschaft in der Region sehr dynamisch in den Industriesektoren und unternehmensnahen Dienstleistungen wie z. B. der Logistik und der Informations- und Kommunikationstechnologie entwickelt. Neben anderen Indikatoren unterstreicht die auf über 50 % angewachsene Exportquote die Leistungsfähigkeit der regionalen Wirtschaft. Repräsentanten für die Exportstärke sind ca. 100 Weltmarktführer in der Region. Auf die Einwohnerzahl bezogen weisen die Landkreise Hohenlohekreis und Main-Tauber-Kreis eine besonders hohe Weltmarkführerdichte auf (→AB9).

Abb. 2.38: Gewerbepark Hohenlohe unterhalb von Waldenburg

Häufig gehören die Weltmarktführer einem sogenannten Cluster an. Insbesondere nach dem Zweiten Weltkrieg hat sich in der Region Heilbronn-Franken eine ganze Reihe von Clustern entwickelt. Cluster sind räumliche Konzentrationen branchengleicher Unternehmen, die durch Ausgründung aus einem Mutter- oder Pionierunternehmen entstanden sind. Die größte Dichte von Clustern besteht im Landkreis Hohenlohekreis. Neben dem vor allem durch die Firma Würth bekannt gewordenen Montage- und Befestigungs-Cluster bestehen dort noch ein Ventilatoren- und Lüftungstechnik-Cluster sowie ein Mess-, Steuer- und Regeltechnik-Cluster. Ausgehend von Künzelsau hat sich darüber hinaus ein Explosionsschutz-Cluster entwickelt. Ein Verpackungsmaschinenbau-Cluster konzentriert sich im Landkreis Schwäbisch Hall. Über den westlichen Landkreis Heilbronn erstreckt sich ein Cluster der Kunststoffspritzgieß-Industrie. In Heilbronn nahm die Entwicklung eines Clusters der Papier verarbeitenden Industrie ihren Ausgang. Das benachbarte Neckarsulm bildet den Kern des Audi-Clusters. Im äußersten Norden der Region ist Wertheim seit mehr als 65 Jahren Standort eines Laborglas-Clusters. Daneben bestehen in Wertheim noch zwei kleinere Cluster der Löttechnik und Vakuumtechnik. Die Förderung eines Medizintechnik-Clusters erfolgt seit 2006 auf dem Areal Wohlgelegen in Heilbronn.

Die Ausgründungsdynamik hält in vielen Clustern bis heute an. So sind im Montage- und Befestigungs-Cluster, dem Verpackungsmaschinenbau-Cluster und dem Ventilatoren- und Lüftungstechnik-Cluster in den letzten 15 Jahren weitere Unternehmen ausgegründet worden. Auch die Beschäftigtenzahl ist in einigen Clustern in diesem Zeitraum noch einmal gewachsen.

Abb. 2.39: Metzger Spedition und Logistik in Neu-Kupfer

Abb. 2.40: Fujitsu TDS und Beck Turm im Gewerbegebiet Trendpark in Neckarsulm

Per Saldo ist die Cluster-Landschaft in der Region Heilbronn-Franken, sowohl was die Unternehmens- als auch die Beschäftigtenzahl anbelangt, über die letzten 65 Jahre kontinuierlich gewachsen. Fast 40 % der Mitarbeiter des Verarbeitenden Gewerbes in der Region Heilbronn-Franken sind in Cluster-Unternehmen beschäftigt. Nicht nur die auf die Einwohnerzahl bezogene höchste Cluster-Dichte in Baden-Württemberg, sondern auch der hohe Anteil an Beschäftigten in Cluster-Unternehmen weist die Region Heilbronn-Franken als ausgesprochene Cluster-Region aus (→AB10, →AB26, →AB37, →AB45, →AB56).

Als unternehmensnaher Dienstleistungssektor hat auch die Logistik eine dynamische Entwicklung durchlaufen. Die Zahl der Logistikbeschäftigten liegt in der Region Heilbronn-Franken mit 4 % zwar noch im Landesdurchschnitt von Baden-Württemberg. Im Vergleich zum Land wächst der regionale Logistiksektor aber deutlich stärker. In den letzten Jahren sind in Heilbronn-Franken mehrere Tausend neue Logistikarbeitsplätze entstanden. Dieses überdurchschnittliche Wachstum hat verschiedene Ursachen. Die vielen regionalen Industrieunternehmen sind sehr stark im Export und vergeben immer mehr Logistikaktivitäten an Logistikdienstleistungsunternehmen in der Region (outsourcing). Die Region hat einen großen Besatz an Handelsunternehmen der Montage- und Befestigungs-, Lebensmittel-, Papier- und Schreibwaren sowie der Sportartikel-Branche mit wachsenden Logistikzentren. Allein in den drei großen Montage- und Befestigungsunternehmen sind ca. 1.000 Logistikmitarbeiter beschäftigt. Wegen der günstigen Lage zwischen den drei Ballungsräumen Stuttgart, Rhein-Neckar und Nürnberg siedeln sich zunehmend große System-Logistikunternehmen in der Region Heilbronn-Franken an. Im Raum Stuttgart sind großflächige Ansiedlungen schon heute nicht mehr möglich. Der Standort Ilsfeld z. B. ist seit Ende 2013 das neue Umschlagszentrum der Schenker Deutschland AG für den Neckarraum. Dort wurden die früheren Standorte in Heilbronn und Tamm bei Ludwigsburg zusammengeführt. Aus den einheimischen Logistikunternehmen, die häufig als Einmann-Fuhrunternehmen starteten, sind mittlerweile leistungsfähige Mittelständler hervorgegangen, die auf der Wertschöpfungstreppe teilweise bis zum Kontraktlogistiker aufgestiegen sind.

Ein ebenfalls wachsender unternehmensnaher Dienstleistungssektor in der Region ist die Informations- und Kommunikationstechnologie. Als mit Abstand größtes

Unternehmen des IT-Sektors widmet sich die Bechtle AG dem Direkthandel und Systemhausgeschäft. Die Fujitsu TDS GmbH ist einer der großen SAP Mittelstands-Dienstleister. Die beiden Unternehmen haben ihren Hauptsitz diesseits und jenseits der Bundesautobahn A6 im Gewerbegebiet Trendpark in Neckarsulm und bilden auch architektonisch zwei Leuchttürme der IT-Landschaft in der Region. Weitere Schwerpunkte des vorwiegend auf das Städtepaar Heilbronn und Neckarsulm konzentrierten IT-Sektors sind der Bereich des Humankapital-Managements und der IT-Sicherheit.

Abb. 2.41: Gewerbegebiet „In der Au" in Dörzbach

Räumlicher Ausdruck der dynamischen Entwicklung der Wirtschaft in der Region ist das Wachstum einer doppelt dualen Standortstruktur. Die Tallagen von Main, Neckar, Tauber, Kocher und Jagst sind zu eng geworden. Die Wirtschaft dehnt sich schon lange auf die benachbarten Hochflächen aus oder wandert gleich zu den Standorten an den Autobahnen, wie z. B. dem Gewerbepark Hohenlohe oder dem Gewerbe- und Industriepark Unteres Kochertal. Darüber hinaus findet eine Zentrum-Peripherie-Wanderung statt. Insbesondere Unternehmen aus den Zuliefersektoren siedeln sich in den Wohnorten der Unternehmensgründer in den Dörfern der Region an (→AB8, →AB36).

Weinsberg und die Burg Weibertreu

3. Lernen mit der Region, lernen über die Region, lernen in der Region

Einleitung

Wenn Bildungsinhalte in einen regionalen Kontext eingebettet werden, dann erzeugt diese Verankerung einen Mehrwert. Dieser Zugewinn lässt sich anhand der Titelformulierung begründen:

Das Lernen *mit* der Region ist wertvoll, weil die regional verankerten Bildungsinhalte exemplarisch sind und sich auf andere Kontexte übertragen lassen.

Das Lernen *über* die Region ist wertvoll, weil dadurch identitätsstiftende Wirkungen zu erwarten sind, die das Regionalbewusstsein fördern können.

Das Lernen *in* der Region ist wertvoll, weil die Region in der Regel den alltäglichen, überschaubaren Aktionsraum der Schülerinnen und Schüler darstellt.

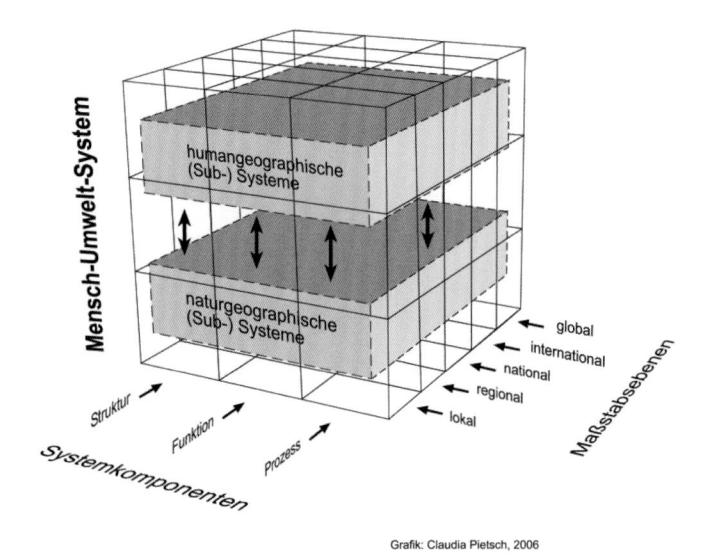

Abb. 3.1: Basiskonzepte der Analyse von Räumen im Fach Geographie (Bildquelle: DGfG 2016)

Der Regionsbegriff

Im schulischen Kontext ist der Begriff der Region untrennbar mit dem Schulfach Geographie verbunden, da Raum bzw. Räumlichkeit der zentrale Betrachtungsgegenstand der Geographie ist. Allgemein ausgedrückt, befasst sich die Geographie mit der Erdoberfläche, mit Menschen sowie den materiellen und geistigen Umwelten der Menschen. Kurz gesagt, mit der Welt, in der wir leben. Eine Besonderheit und Stärke der Geographie liegt in der Verbindung von natur- und gesellschaftswissenschaftlichen Perspektiven. Während die naturwissenschaftliche „Physische Geographie" die Struktur und Dynamik unserer physischen Umwelt untersucht, befasst sich die gesellschaftswissenschaftlich ausgerichtete „Humangeographie" mit der Struktur und Dynamik von Kulturen, Gesellschaften, Ökonomien und der Raumbezogenheit des menschlichen Handelns (DGfG 2016).

Die Region stellt sich dabei als eine bedeutungsvolle Maßstabsebene heraus. Im alltagssprachlichen Umgang, insbesondere im politischen Gebrauch, ist die Region ein räumlicher Ausschnitt, der größer ist als der örtliche Zusammenhang (Wolf 2002). Damit gleicht der alltägliche Regionsbegriff dem traditionell-geographischen Begriffsverständnis, der Region als Raum mittlerer Maßstabsebene im Kontinuum lokal-global einordnet (s. Abb. 3.1).

Einen weiteren Bedeutungszuwachs erhielt der Regionsbegriff durch den sog. *cultural turn (genauer: spatial turn)* der Kultur- und Sozialwissenschaften. Infolge dieser subjektiven Wende wurde und wird der geographische Raum stärker als kulturelle Größe wahrgenommen. Folglich setzte sich die Einsicht durch, dass sich das Handeln von Menschen im Raum niemals daraus ergibt, wie der Raum objektiv beschaffen ist, sondern stets die Konsequenz subjektiver Sichtweisen und Bedeutungszuschreibungen darstellt. Übertragen auf den Begriff der Region bedeutet dies, dass auch Regionen prinzipiell als Konstrukte aufgefasst werden können, die durch individuelle Wahrnehmungen oder Identifikationsprozesse entstehen (Neuer/Ohl 2010). Beispiele für solche Konstrukte sind Konnotationen mit den Begriffen Franken, Hohenlohe oder Unterland.

Regionale Identitäten

Wenn Regionen als individuell und sozial konstruierte Räume aufgefasst werden, stellt sich die berechtigte Frage, wie sich diese Konstrukte in den Köpfen der Menschen konstituieren.

Zunächst ist festzuhalten, dass dieser als *Regionalisierung* bezeichnete kognitive Prozess über Wahrnehmung und Kommunikation entsteht. Deshalb können Regionalisierungen als Teil des alltäglichen „Geographie-machens" aufgefasst werden.

Das Konstrukt Region kann emotional aufgeladen und Teil der eigenen Identität sein, weshalb der Begriff *regionale Identität* sinnvoll erscheint. Häufig werden auch die Begriffe *Regionalbewusstsein* und *Heimat* synonym verwendet (Weichhart u. a. 2006). Definiert werden kann regionale Identität als die Gesamtheit raumbezogener Einstellungen, die auf eine mittlere Maßstabsebene zielen. Denn – wie der Name schon sagt – ist die Region das maßstäbliche Abgrenzungskriterium (→AB1, →AB34).

Raumbezogene Einstellungen lassen sich allgemein in einem dreistufigen Modell hierarchisieren (s. Abb. 3.2.). Während die unterste Ebene lediglich die Wahrnehmungsprozesse einer Region beschreibt, ist auf der höchsten Ebene regionales Handeln angesiedelt. Voraussetzung hierfür sind starke Identifikationsgefühle der mittleren Ebene.

Raumbezogene Einstellungen	Dimensionen	Beispiele
Regionales Handeln	konativ	Engagement in der Region
Regionale Verbundenheit / Heimatgefühl	affektiv	Identifikation mit der Region
Wahrnehmung der Region	kognitiv	Latentes Zugehörigkeitsgefühl

Abb. 3.2: Ebenen des Regionalbewusstseins (Schwan 2002)

Beziehungen zu Räumen können auf vielfältige Art und Weise zustande kommen. Eine gemeinsam gesprochene Sprache oder ein Dialekt, geteilte Erfahrungen, Medienkonsum, familiäre Verwurzelung und gelebte Traditionen sowie Rituale können eine Rolle bei Identifikationsprozessen spielen.

Räume können jedoch nicht nur „von innen" durch individuelle Identifikationsprozesse konstruiert werden, sondern auch „von außen" produziert werden. Diese Außenperspektive bringt zum Ausdruck, welche Eigenschaften Räumen und Menschen zugeschrieben werden. Auch die Fähigkeit, Beziehungen zu Räumen sozial zu teilen, kann Identifikation befördern. Je stärker raumbezogene Einstellungen sozial geteilt werden, desto stärker schlagen sie sich in raumwirksamen Handlungen und Prozessen nieder (Neuer / Ohl 2010). Da unterschiedliche Menschen unterschiedliche Deutungen vornehmen, ist die Verwendung des Plurals „regionale Identität**en**" angebracht (Weichhart u. a. 2006). Als Veranschaulichung können folgende Fragen dienen: Was ist eigentlich die Region Heilbronn-Franken? Wie weit reicht Hohenlohe? Was ist denn typisch schwäbisch?

Die Region im Unterricht

Die Region stellt innerhalb des Geographieunterrichts eine bedeutungsvolle Maßstabsebene dar. In der Regel gleicht die Region dem lebensweltlichen Aktionsraum der Schülerinnen und Schüler, welcher sich naturgemäß durch eine gewisse Überschaubarkeit auszeichnet. Des Weiteren fühlen sich die Schülerinnen und Schüler nicht selten in diesem Aktionsraum „zu Hause". Das Vorhandensein dieser positiv-emotionalen Beziehung kann förderlich für die Entwicklung von Interesse und Motivation im Unterricht sein.

Werden Bildungsinhalte im Unterricht in einen regionalen Kontext eingebettet, muss gewährleistet sein, dass der Transfer auf andere Raumausschnitte gewährleistet ist. Kurz gesagt, die Regionalität hat den Ansprüchen der Exemplarität zu genügen. Als exemplarisch können Unterrichtsinhalte dann bezeichnet werden, wenn sich mit ihnen *erstens* die zuvor festgelegten Ziele erreichen lassen, wenn sich durch sie *zweitens* das Schülerinteresse wecken lässt, wenn sie *drittens* den entwicklungs- und lernpsychologischen Anforderungen genügen und wenn sie *viertens* den Einsatz eines vielfältigen Methodenrepertoires ermöglichen (Ringel 2000).

Neben der regionalen Verankerung von Bildungsinhalten kann Regionalität im Unterricht auch über das bereits beschriebene Konzept der *Regionalen Identitäten* Einzug finden. Auf diese Weise werden kommunikative Fähigkeiten der Schülerinnen und Schüler stärker geschult. Insbesondere die Bewusstseinsschulung im Sinne einer Dekonstruktion der eigenen regionalen Bedeutungszuschreibungen mündet in der Einsicht, dass Räume selektiv und subjektiv wahrgenommen werden und Raumdarstellungen stets konstruiert sind. Somit kann die Beschäftigung mit regionalen Identitäten zum Kern geographischer Fragestellungen führen, indem sie grundlegende Erkenntnisse in Bezug auf Räume und deren gesellschaftliche Bedeutung liefert (Neuer / Ohl 2010).

Auch über außerschulisches Lernen kann die unterrichtliche Auseinandersetzung mit der Region gelingen. Als positiv wird stets der damit einhergehende Motivationszuwachs der Schülerinnen und Schüler bewertet. Auch das Sammeln von Primärerfahrungen ist über die „reale Begegnung" außerhalb des Schulgebäudes wertvoll.

Als modernes Bildungskonzept für außerschulisches, handlungsorientiertes Lernen im schulischen Nahraum wurde das *Regionale Lernen* entwickelt (Schockemöhle 2009). Regionales Lernen soll die Partizipation in der Region fördern, wodurch sich einerseits regionale Identität entfalten und sich andererseits Gestaltungskompetenz entwickeln kann. Diese doppelte Zielsetzung dient schließlich als Grundlage für die Entwicklung eines Nachhaltigkeitsbewusstseins. Didaktische Prinzipien, nach denen entsprechende Lernumgebungen gestaltet werden können, sind Handlungsorientierung, Lernen am Original, Bildung für nachhaltige Entwicklung, Problemorientierung, Situationsorientierung und Systemorientierung.

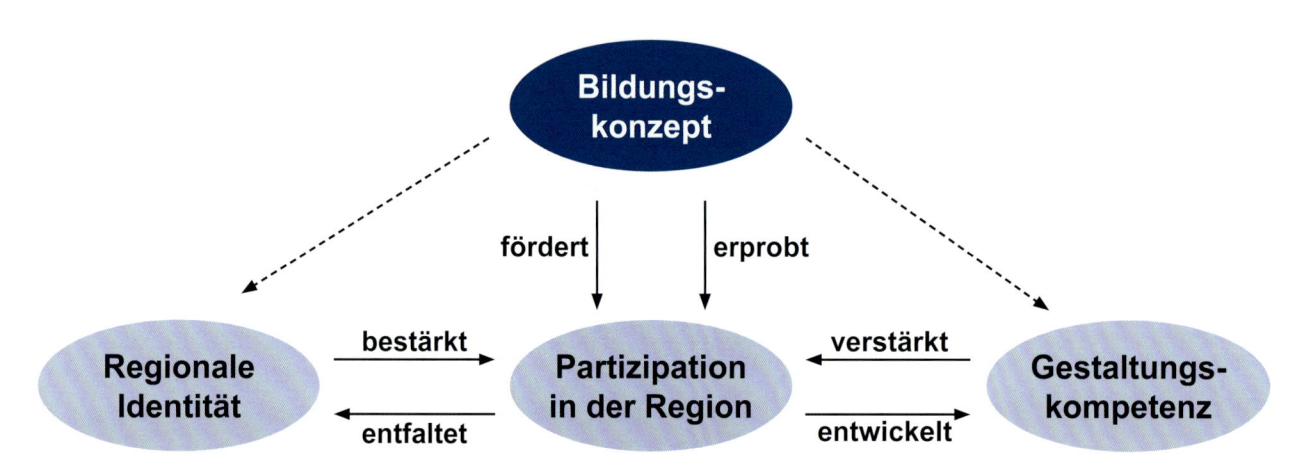

Abb. 3.3: Zentrale Kennzeichen des Regionalen Lernens (Schockemöhle 2009, verändert)

Unterrichtsmaterialien für die Region Heilbronn-Franken

So schlagkräftig sich durch die bisherige Argumentation der Mehrwert der Region im Unterricht belegen lässt, so ernüchternd ist der Blick in die Alltagspraxis.

Auch wenn Bildungspläne (z.B. MJKS Baden-Württemberg 2016), Schulcurricula (z. B. Partnerschaften Schule-Wirtschaft) oder fachdidaktische Lehrwerke (z.B. Reinfried 2015) das Lernen in, über und mit der Region fordern, findet es in der Praxis zu wenig statt. Die Gründe hierfür sind vielschichtig: Schulbücher können in der Regel nur bedingt passgenaue regionale Fallbeispiele aufgreifen. Für Lehrpersonen ist die Erstellung von eigenem regionalisiertem Unterrichtsmaterial stets mit erheblichem Mehraufwand verbunden. Auch mit dem außerschulischen Lernen in der Region sind zahlreiche Hürden in der Praxis verbunden.

Das Projekt Unterrichtsmaterialien für die Region Heilbronn-Franken möchte diese Lücke schließen. Durch die systematisch-didaktische Aufbereitung der Region Heilbronn-Franken in Form von 60 Arbeitsblättern wird die Region allen interessierten Personengruppen zugänglich. Die sorgfältig ausgewählten Inhalte genügen den Anforderungen der Exemplarität und stehen im Einklang mit den aktuell gültigen Bildungsplänen.

Die Vielfalt der Region zeigt sich unter anderem in folgenden spannenden Themen:

Wie kommen eigentlich die Schlingen in den Neckar? (→AB4)

Warum ist die Region wirtschaftlich so erfolgreich? (u. a. →AB9)

Welche Chancen bieten Landes- und Bundesgartenschauen für die Stadtentwicklung? (→AB20)

Wie sah die Region zur Zeit der Römer aus? (→AB32)

Warum werden Gurken mit einem „Flugzeug" geerntet? (→AB35)

Wieso gibt es Dinosaurier-Arten, die nach dem hohenlohischen Kupferzell benannt sind? (→AB36)

Warum ist der Grünkern eine „Erfindung des Hungers"? (→AB55)

Literatur

(DGfG) Deutsche Gesellschaft für Geographie (Hg. 2014): Bildungsstandards im Fach Geographie für den Mittleren Schulabschluss mit Aufgabenbeispielen. Selbstverlag des DGfG. Bonn.

(DGfG) Deutsche Gesellschaft für Geographie (2016): Was ist Geographie? Eine kurze Einführung. Online-Dokument: http://dgfg.geography-in-germany.de/studium-fortbildung/was-ist-geographie-kurzfassung/ (zuletzt eingesehen am 3.7.2016).

Neuer, Birgit / Ohl, Ulrike (2010): Unsere Region in vielen Köpfen – Schüler erforschen regionale Identitäten. In: geographie heute, H. 285, S. 19 – 23.

Reinfried, Sibylle / Haubrich, Hartwig (Hg. 2015): Geographie unterrichten lernen – Die Didaktik der Geographie. Cornelsen. Berlin.

Schockemöhle, Johanna (2009): Außerschulisches regionales Lernen als Bildungsstrategie für eine nachhaltige Entwicklung des Konzeptes „Regionales Lernen 21+". (=Geographiedidaktische Forschungen, Bd. 44). Hochschulverband für Geographie und ihre Didaktik e.V. Weingarten.

Schwan, Thomas (2002): Regionalbewusstsein. In: Brunotte, Ernst u.a. (Hg.): Lexikon der Geographie in 4 Bänden. Wissenschaftliche Buchgesellschaft. Heidelberg. Berlin. S. 127.

Weichhart, Peter / Weiske, Christine / Werlen, Benno (2006): Place Identity und Images: Das Beispiel Eisenhüttenstadt. Institut für Geographie und Regionalforschung der Universität Wien. Wien.

Wolf, Klaus (2002): Region. In: Brunotte, Ernst u. a. (Hg.) Lexikon der Geographie in 4 Bänden. Wissenschaftliche Buchgesellschaft. Heidelberg. Berlin. S. 126.

Mittelalterlicher Stadtkern von Schwäbisch-Hall

4. 60 Arbeitsblätter zur Region Heilbronn-Franken

Themenübersicht

Thema	Titel des Unterrichtsmaterials	Nummer des Unterrichtsmaterials
Region	Heilbronn-Franken – Region der Vielfalt	1.1, 1.2
	Raumordnungsregion Heilbronn-Franken	7.1, 7.2
	Stärken und Schwächen der Region Heilbronn-Franken	11.1, 11.2
	Regionalbewusstsein	34.1, 34.2
Geologie und Landschaft	Steine erzählen Geschichten	2.1, 2.2
	Landschaften: Schichtstufen und Flusstäler	3.1, 3.2
	Flussgeschichten	4.1, 4.2
	Der Strom- und Heuchelbergkomplex	21.1, 21.2
	Verkarstung	31.1, 31.2
	A6 – Glücksfall für die Geologie	36.2
	Flussgeschichten II	41.1, 41.2
	Der heimische Wald im Wandel der Zeit	42.1, 42.2
	Buntsandstein: vom Flussbett zum Haus	51.1, 51.2
Geschichte	Lauffen am Neckar (Tagesexkursion)	22.1
	Auf den Spuren der Römer	32.1
	Die Herren von Hohenlohe	33.1, 33.2
	Klöster, Schlösser und Burgen im Taubertal	52.1, 52.2
	Die vier industriellen Revolutionen	57.2
Landwirtschaft	Kartoffel- und Spargelanbau	24.1, 24.2
	Apfel- und Gurkenanbau	35.1, 35.2
	Landwirtschaftliche Vermarktungsstrategien	43.1, 43.2
	Weinbau und Grünkern	55.1, 55.2
Industrie	Wirtschaftsregion Heilbronn-Franken	8.1, 8.2
	Weltmarktführerregion Heilbronn-Franken	9.1, 9.2
	Clusterregion Heilbronn-Franken	10.1, 10.2
	Wirtschaftsförderung	12.1, 12.2
	Industriestadt Heilbronn	17.1, 17.2
	Lauffen am Neckar (Tagesexkursion)	22.2
	Montage- und Befestigungs-Cluster	37.1, 37.2
	Verpackungsmaschinen-Cluster	45.1, 45.2
	Clusterstadt Wertheim	56.1, 56.2
	Die Wittenstein AG und Industrie 4.0	57.1

Dienstleistung	Einkaufsstadt Heilbronn	18.1, 18.2
	Wochenmarkt Heilbronn	19.1, 19.2
	Naherholung und Sanfter Tourismus	28.1, 28.2
	Sigloch Distribution GmbH & Co. KG	44.1, 44.2
	Einkaufsstadt Schwäbisch Hall	46.1, 46.2
	FOC Wertheim Village	58.1, 58.2
Siedlung	Siedlungsentwicklung	6.1, 6.2
	Von der Reichsstadt zum Oberzentrum Heilbronn	15.1, 15.2
	Bundesgartenschau und Stadtentwicklung Heilbronn	20.1, 20.2
	Solarstadt Neckarsulm-Amorbach	23.2
	Stadtgeographie: Fliegerhorst Crailsheim	47.1, 47.2
	Stadtentwicklung Bad Mergentheim	53.1, 53.2
	Von der Wirklichkeit aufs Papier – Karten von Tauberbischofsheim	60.1, 60.2
Bevölkerung	Bevölkerungsentwicklung	5.1, 5.2
	Arbeitsmigration im Wandel der Zeit	39.1, 39.2
	Migration – Auf der Suche nach einem guten Leben	59.1, 59.2
Energie- und Wasserversorgung	Energieregion Heilbronn-Franken	13.1, 13.2
	Solarstadt Neckarsulm-Amorbach	23.1
	Energiewende in der Region	29.1, 29.2
	Regenerative Energien im Hohenlohekreis	38.1, 38.2
	Quellen, Brunnen, Leitungen: Wasser und Heilwasser in Bad Mergentheim	54.1, 54.2
Verkehr	Nah- und Fernverkehr in der Region Heilbronn-Franken	14.1, 14.2
	Hafen Heilbronn	16.1, 16.2
	Der Neckar als Schifffahrtsweg	30.1, 30.2
	A6 – Ost-West-Achse quer durch Hohenlohe	36.1
Kultur	Kulturregion Hohenlohe	40.1, 40.2
	Kulturstadt Schwäbisch Hall	48.1, 48.2
	Aufbrechen – Unterwegs auf dem Jakobsweg	49.1, 49.2
	Kulturlandschaft an Kocher und Jagst	50.1, 50.2

Methodisch-didaktische Hinweise

Arbeitsblätter zur Region Heilbronn-Franken (AB 1-14)

Nr.	Titel/Thema	Kl.-stufe	Fächer (z. B. GEO) / Kompetenzen *(kursiv)* / Standards (z. B. BP Sek I 2016)	Didaktischer Kommentar	Methodenschwerpunkt
1	Heilbronn-Franken – Region der Vielfalt	10	*(GEO) Zukunftsfähige Gestaltung von Räumen:* „Die Entwicklung eines städtischen und ländlichen Raumes unter dem Aspekt der Zukunftsfähigkeit beurteilen." *(GEO) Methodenkompetenz:* „Fragengeleitete Raumanalysen durchführen."	Dargestellt werden die natur- und kulturräumliche Vielfalt der Region sowie die territoriale Entwicklung als Ursache für diese Vielfalt. Ergänzend sollten Atlaskarten und eine Übersichtskarte der Region eingesetzt werden, um weitere Merkmale wie z. B. die Siedlungsstrukturen zu erarbeiten.	**Vorder- und Rückseite:** - Textarbeit - Kartenarbeit
2	Steine erzählen Geschichten	7-9	*(GEO) Grundlegende exogene und endogene Prozesse:* „Verwitterung, Abtragung, Transport und Ablagerung als grundlegende exogene Prozesse."	Dargestellt werden die Entstehung und Verbreitung der Gesteine der Germanischen Trias in der Region sowie deren wirtschaftliche Nutzung. Das Zusatzmaterial geht auf die Entstehung, den Abbau und die Verwendung des Steinsalzes in Heilbronn ein.	**Vorder- und Rückseite:** - Textarbeit - Kartenarbeit
3	Landschaften: Schichtstufen und Flusstäler	7-9	*(GEO) Grundlegende exogene und endogene Prozesse:* „Verwitterung, Abtragung, Transport und Ablagerung als grundlegende exogene Prozesse." *(GEO) Methodenkompetenz:* „Informationsmaterialien unter geographischen Fragestellungen analysieren."	Dargestellt werden die Form und Formung der Waldenburger Keuperschichtstufen sowie der Zusammenhang von geologischem Untergrund, Böden und landwirtschaftlicher Nutzung. Das Zusatzmaterial bietet die Möglichkeit zur Erarbeitung eines synoptischen Talprofils des Kochers mit Talasymmetrie der Nutzung.	**Vorderseite:** - Arbeit mit Bildern - Blockbilder **Rückseite:** - Arbeit mit Bildern - Satellitenbildanalyse
4	Flussgeschichten	7-9	*(GEO) Grundlegende exogene und endogene Prozesse:* „Verwitterung, Abtragung, Transport und Ablagerung als grundlegende exogene Prozesse." *(GEO) Methodenkompetenz:* „Informationsmaterialien unter geographischen Fragestellungen analysieren."	Im Mittelpunkt steht die Erarbeitung der Talmäander- und Umlaufbergbildung anhand mehrerer regionaler Fallbeispiele. Dazu finden sich auf dem Arbeitsblatt Ausschnitte aus topographischen Karten, eine Blockbildserie, ein Geländequerschnitt und kurze Informationstexte.	**Vorder- und Rückseite:** - Karteninterpretation - Blockbilder
5	Bevölkerungsentwicklung	10	*(GEO) Zukunftsfähige Gestaltung von Räumen:* „Die Entwicklung eines städtischen und ländlichen Raumes unter dem Aspekt der Zukunftsfähigkeit beurteilen." *(GEO) Methodenkompetenz:* „Informationsmaterialien unter geographischen Fragestellungen analysieren."	Ziel ist die Beschreibung und Begründung der Bevölkerungsentwicklung in der Region seit dem Zweiten Weltkrieg. Das Zusatzmaterial eröffnet einen Blick auf die ungleiche Bevölkerungsentwicklung in den Gemeinden der Region.	**Vorderseite:** - Lebendiges Diagramm (DIERCKE METHODEN) **Rückseite:** - Kartenarbeit - Textarbeit

Nr.	Titel/Thema	Kl.-stufe	Fächer (z. B. GEO) / Kompetenzen *(kursiv)* / Standards (z. B. BP Sek I 2016)	Didaktischer Kommentar	Methodenschwerpunkt
6	Siedlungsentwicklung	10	*(GEO) Zukunftsfähige Gestaltung von Räumen:* „Die Entwicklung eines städtischen und ländlichen Raumes unter dem Aspekt der Zukunftsfähigkeit beurteilen." *(GEO) Methodenkompetenz:* „Informationsmaterialien unter geographischen Fragestellungen analysieren."	Das Material bietet einen exemplarischen Längsschnitt der städtischen Siedlungsentwicklung von den Kelten bis ins 20. Jahrhundert am Beispiel von Bad Wimpfen. Das Zusatzmaterial enthält ein Beispiel zum dörflichen Strukturwandel.	**Vorder- und Rückseite:** - Karteninterpretation - Fließdiagrammerstellung
7	Raumordnungsregion Heilbronn-Franken	10	*(GEO) Zukunftsfähige Gestaltung von Räumen:* „Die Entwicklung eines städtischen und ländlichen Raumes unter dem Aspekt der Zukunftsfähigkeit beurteilen." *(GEO) Urteilskompetenz:* „Kontroverse Standpunkte und Meinungen mehrperspektivisch darstellen."	Neben den Aufgaben der Raum- und Regionalplanung wird Heilbronn-Franken als eine weitgehend von ländlichem Raum geprägte Region dargestellt. Das Zusatzmaterial vertieft das Einstiegsbild zum Raumnutzungskonflikt Windkraftanlagen.	**Vorderseite:** - Textarbeit **Rückseite:** - Raumnutzungskonflikt - fächerübergreifendes Arbeiten
8	Wirtschaftsregion Heilbronn-Franken	7-9	*(GEO) Raumwirksamkeit wirtschaftlichen Handelns:* „Wechselwirkungen zwischen Raum und wirtschaftlichem Handeln darstellen."	Die Darstellung der wirtschaftlichen Entwicklung seit dem Zweiten Weltkrieg und ein Vergleich mit Baden-Württemberg und Deutschland weist die Region als sehr stark von der Industrie geprägt aus. Mit dem Zusatzmaterial ist eine vertiefende Analyse der Industriebeschäftigten im Vergleich mit den anderen Regionen Baden-Württembergs möglich.	**Vorder- und Rückseite:** - Textarbeit - Arbeit mit Diagrammen
9	Weltmarktführerregion Heilbronn-Franken	7-9	*(GEO) Raumwirksamkeit wirtschaftlichen Handelns:* „Wechselwirkungen zwischen Raum und wirtschaftlichem Handeln darstellen."	Deutschland als Globalisierungsgewinner und die Region Heilbronn-Franken als Heimat besonders vieler Weltmarktführer sowie die Gründe für diese Entwicklungen stehen im Mittelpunkt des Materials. Das Zusatzmaterial bietet eine Fallstudie zum Ventilhersteller GEMÜ in Ingelfingen.	**Vorder- und Rückseite:** - Textarbeit
10	Clusterregion Heilbronn-Franken	10	*(GEO) Raumwirksamkeit wirtschaftlichen Handelns:* „Wechselwirkungen zwischen Raum und wirtschaftlichem Handeln darstellen." *(GEO) Methodenkompetenz:* „Informationsmaterialien unter geographischen Fragestellungen analysieren."	Am Beispiel der Ventilatoren- und Lüftungstechnik-Industrie in Hohenlohe wird die Entwicklung eines Clusters aufgezeigt und in einem Stammbaum grafisch umgesetzt. Das Zusatzmaterial liefert Gründe für die hohe Clusterdichte in der Region Heilbronn-Franken.	**Vorder- und Rückseite:** - Textarbeit - Arbeit mit Diagrammen („Cluster-Entwicklungsbaum")

Nr.	Titel/Thema	Kl.-stufe	Fächer (z. B. GEO) / Kompetenzen *(kursiv)* / Standards (z. B. BP Sek I 2016)	Didaktischer Kommentar	Methodenschwerpunkt
11	Stärken und Schwächen der Region Heilbronn-Franken	10	*(GEO) Methodenkompetenz:* „Fragengeleitete Raumanalysen durchführen." *(GEO) Zukunftsfähige Gestaltung von Räumen:* „Die Entwicklung eines städtischen und ländlichen Raumes unter dem Aspekt der Zukunftsfähigkeit beurteilen."	Dieses Material besteht aus einer Gegenüberstellung der Stärken und Schwächen der Region und einem Vergleich mit dem Bundesdurchschnitt. Im Zusatzmaterial werden die Stärken und Schwächen der Region im Vergleich mit den benachbarten Metropolregionen vertieft. In Ergänzung zur Kartenskizze in M4 sollte der Atlas mit einer Seite über Ballungsräume in Deutschland verwendet werden.	**Vorder- und Rückseite:** - Stärken-Schwächen-Analyse
12	Wirtschaftsförderung	10	*(GEO) Zukunftsfähige Gestaltung von Räumen:* „Die Entwicklung eines städtischen und ländlichen Raumes unter dem Aspekt der Zukunftsfähigkeit beurteilen." *(WBS) Unternehmer:* „Gesellschaftliche, staatliche sowie globale Rahmenbedingungen für den Erfolg eines Unternehmens beurteilen."	Hier geht es um die drei Aufgaben der Wirtschaftsförderung, die Bestandspflege, Ansiedlung und Gründung von Unternehmen sowie deren Zusammenhang mit der Gewerbeflächenentwicklung in der Region. Kurze Fallbeispiele veranschaulichen die drei Wirtschaftsförderungssäulen im Zusatzmaterial.	**Vorder- und Rückseite:** - Textarbeit - Fallanalyse - fächerübergreifendes Arbeiten
13	Energieregion Heilbronn-Franken	10	*(GEO) Zukunftsfähige Gestaltung von Räumen:* „Die Entwicklung eines städtischen und ländlichen Raumes unter dem Aspekt der Zukunftsfähigkeit beurteilen."	Die Bedeutung der Region als Energieexportregion und die Entwicklung von Heilbronn und Neckarsulm zu Energiestädten ist Kern der Schülerseite. Im Zusatzmaterial geht es um eine nachhaltige Prüfung der Verbrennung von malaysischem Palmöl in einem regionalen Blockheizkraftwerk.	**Vorder- und Rückseite:** - Textarbeit - Arbeit mit Bildern
14	Nah- und Fernverkehr in der Region Heilbronn-Franken	7-9	*(GEO) Methodenkompetenz:* „An außerschulischen Lernorten mithilfe von Fachmethoden Informationen herausarbeiten und darstellen." *(GEO) Raumwirksamkeit wirtschaftlichen Handelns:* „Wechselwirkungen zwischen Raum und wirtschaftlichem Handeln darstellen."	Hier geht es um eine Gegenüberstellung der Stärken und Schwächen des Nah- und Fernverkehrs in der Region. Unter Benutzung der Internetfahrpläne sollen die Schülerinnen und Schüler die Hin- und Rückfahrt zu einem regionalen Ausflugsziel planen. Im Zusatzmaterial soll über die Fahrplanung mit einem öffentlichen Nahverkehrsmittel hinaus auch ein Ausflugsprogramm organisiert werden.	**Vorder- und Rückseite:** - Ausflugsplanung

Arbeitsblätter zur Stadt Heilbronn (AB 15-20)

Nr.	Titel/Thema	Kl.-stufe	Fächer (z. B. GEO) / Kompetenzen *(kursiv)* / Standards (z. B. BP Sek I 2016)	Didaktischer Kommentar	Methodenschwerpunkt
15	Von der Reichsstadt zum Oberzentrum Heilbronn	10	*(GEO) Zukunftsfähige Gestaltung von Räumen:* „Die Entwicklung eines städtischen Raumes unter dem Aspekt der Zukunftsfähigkeit beurteilen." *(GEO) Methodenkompetenz:* „Informationen zur Verdeutlichung von Strukturen und Prozessen als Karte darstellen."	Die Materialien geben einen kurzen Überblick zur wirtschaftlichen und städtebaulichen Entwicklung Heilbronns vom Mittelalter bis ins 20. Jahrhundert. Darüber hinaus werden die Funktionen des Oberzentrums Heilbronn beleuchtet. Ausgehend von den Kriegszerstörungen gibt das Zusatzmaterial Hinweise auf aktuelle Großbauprojekte.	**Vorderseite:** - Textarbeit - GIS **Rückseite:** - Textarbeit - Ausflugsplanung
16	Hafen Heilbronn	5-6	*(GEO) Wechselwirkungen zwischen wirtschaftlichem Handeln und Naturraum:* „Die wirtschaftliche Nutzung von Räumen an Beispielen darstellen."	U. a. auf der Grundlage von Kartenskizzen lässt sich der Unterschied zwischen dem Heilbronner Hafen im Mittelalter und heute erarbeiten. Bilder repräsentieren die insgesamt fünf Umschlagsarten. Drei kurze Unternehmensfallbeispiele im Zusatzmaterial zeigen Standortvorteile des Hafenumschlags auf.	**Vorder- und Rückseite:** - Bilderzuordnung - Kartenarbeit
17	Industriestadt Heilbronn	7-9	*(GEO) Raumwirksamkeit wirtschaftlichen Handelns:* „Wechselwirkungen zwischen Raum und wirtschaftlichem Handeln darstellen." *(GES) Der industrialisierte Nationalstaat:* „Wirtschaftliche und gesellschaftliche Veränderungen der Industrialisierung erläutern."	Günstige Standortvoraussetzungen ließen Heilbronn zum „Schwäbischen Liverpool" heranwachsen. Die Verlagerung der älteren innerstädtischen Industrie in das Gewerbegebiet Böllinger Höfe und deren Substitution durch High-Tech-Branchen sind wichtige Entwicklungen des jüngeren Industriestrukturwandels. Am Beispiel zweier alteingesessener Heilbronner Industrieunternehmen kann der räumliche und sektorale Strukturwandel der Heilbronner Industrie vertieft werden.	**Vorder- und Rückseite:** - Textarbeit - Fallanalyse
18	Einkaufsstadt Heilbronn	7-9	*(WBS): Konsument:* „Ökonomisches Handeln beschreiben und erläutern." *(GEO) Raumwirksamkeit wirtschaftlichen Handelns:* „Wechselwirkungen zwischen Raum und wirtschaftlichem Handeln darstellen."	Die Materialien machen deutlich, dass sich die Heilbronner Innenstadt als Einzelhandelsstandort trotz der immer schwieriger werdenden Bedingungen für den Einzelhandel in den letzten Jahren positiv entwickelt hat.	**Vorder- und Rückseite:** - Textarbeit - Kartenarbeit

Nr.	Titel/Thema	Kl.-stufe	Fächer (z. B. GEO) / Kompetenzen *(kursiv)* / Standards (z. B. BP Sek I 2016)	Didaktischer Kommentar	Methodenschwerpunkt
19	**Wochenmarkt Heilbronn**	7-9	*(WBS): Konsument:* „Ökonomisches Handeln beschreiben und erläutern." *(GEO) Raumwirksamkeit wirtschaftlichen Handelns:* „Wechselwirkungen zwischen Raum und wirtschaftlichem Handeln darstellen."	Die Materialien dienen als Grundlage für ein Projekt zur Erkundung des Heilbronner Wochenmarktes und umfassen einen Kundenfragebogen sowie eine Anleitung und eine Kartenskizze zur Kartierung der Marktstände.	**Projektorientiertes Arbeiten**
20	**Bundesgartenschau und Stadtentwicklung Heilbronn**	10	*(GEO) Zukunftsfähige Gestaltung von Räumen:* „Die Entwicklung eines städtischen Raumes unter dem Aspekt der Zukunftsfähigkeit beurteilen." *(GEO) Urteilskompetenz:* „Kontroverse Standpunkte und Meinungen mehrperspektivisch darstellen."	Neben einer Auseinandersetzung mit den Gründen und Zielen für die Bundesgartenschau 2019 in Heilbronn sollen Vorschläge für die Gestaltung der drei Hauptzonen entwickelt werden. Diese Planungen können allerdings nur einen fiktiven Charakter haben, da bereits Beschlüsse für die Gestaltung der drei Zonen bestehen. Eine Vergleichsmöglichkeit der eigenen Planungen mit den offiziellen Vorhaben bietet das Zusatzmaterial.	**Vorder- und Rückseite:** - Stadtplanung - fächerübergreifendes Arbeiten

Arbeitsblätter zum Landkreis Heilbronn (AB 21-30)

Nr.	Titel/Thema	Kl.-stufe	Fächer (z. B. GEO) / Kompetenzen *(kursiv)* / Standards (z. B. BP Sek I 2016)	Didaktischer Kommentar	Methodenschwerpunkt
21	Der Strom- und Heuchelbergkomplex	11-12	(GEO) *Formen und Prozesse der Reliefsphäre:* „Reliefformen als Ergebnis endogener und exogener Prozesse charakterisieren und erklären." (GEO) *Methodenkompetenz:* „Blockbilder unter geographischen Fragestellungen problem-, sach- und zielgemäß kritisch analysieren."	Der Strom- und Heuchelbergkomplex steht *naturgeographisch* im Kontrast zum stark anthropogen überprägten Ballungsraum rund um die Stadt Heilbronn. Das Arbeitsblatt greift erdgeschichtlich die Genese der Zeugenberge auf. Das Zusatzmaterial widmet sich der vom Mensch geschaffenen *Kulturlandschaft* und der damit verbundenen Aufgabe, diese zu erhalten.	**Vorder- und Rückseite:** - Arbeit mit Bildern - Arbeit mit Grafiken (Blockbilder) - Textarbeit - Whiteboard
22	Lauffen am Neckar	7-9	(GEO) *Analyse ausgewählter Räume in unterschiedlichen Geozonen:* „Wechselwirkungen zwischen menschlichem Handeln und dem Naturraum darstellen." (GEO) *Methodenkompetenz:* „Karten unter geographischen Fragestellungen problem-, sach- und zielgemäß kritisch analysieren." „An außerschulischen Lernorten mithilfe von Fachmethoden Informationen herausarbeiten und darstellen."	Die Siedlungsentwicklung der Stadt Lauffen lässt sich auf einer eintägigen Exkursion erlebbar machen. Die Standpunkte sind alle zu Fuß erreichbar, die jeweiligen Inhalte beliebig kombinierbar. Verschiedene geographische Arbeitsweisen sind auf der Exkursion einsetzbar, z. B. Kartierung, GPS-Einsatz oder Befragung.	**Tagesexkursion:** - Textarbeit - Kartierung - Karteninterpretation
23	Solarstadt Amorbach	7-9	(GEO) *Phänomene des Klimawandels:* „Möglichkeiten zur Reduktion von Treibhausgasen als zentrale Maßnahme gegen die Erderwärmung beschreiben." (GEO) *Methodenkompetenz:* „Karten unter geographischen Fragestellungen problem-, sach- und zielgemäß kritisch analysieren."	Die Strahlkraft der Stadt Neckarsulm in Bezug auf *erneuerbare Energien* reicht weit über die Grenzen der Region hinaus. So steht das solarthermische Konzept der Siedlung „Amorbach II" exemplarisch für ähnliche Entwicklungen andernorts. Als Zusatz findet die Auseinandersetzung mit *stadtgeographischen Aspekten* statt (Verortung der sieben Grunddaseinsfunktionen und Entwurf einer fiktiven Siedlung).	**Vorder- und Rückseite:** - Arbeit mit Bildern - Textarbeit - Karteninterpretation (topographische Karte)
24	Kartoffel- und Spargelanbau	5-6	(GEO) *Wechselwirkungen zwischen wirtschaftlichem Handeln und Naturraum:* „Die wirtschaftliche Nutzung von Räumen an Beispielen darstellen."	Arbeitsteilig bearbeitet ein Schülertandem die beiden landwirtschaftlichen Produkte. Wichtige Begriffe wie *Hackfrüchte, Sonderkulturen* und *intensive Wirtschaftsweise* müssen sich die Schülerinnen und Schüler wechselseitig erklären. Das Zusatzmaterial enthält Informationen zu landwirtschaftlichen Vermarktungsstrategien sowie ein Fallbeispiel eines regionalen Vermarktungsbetriebes.	**Vorderseite:** - Partnerpuzzle - Arbeit mit Bildern - Textarbeit **Rückseite:** - Textarbeit - „Kategorien" (DIERCKE METHODEN)

Nr.	Titel/Thema	Kl.-stufe	Fächer (z. B. GEO) / Kompetenzen (kursiv) / Standards (z. B. BP Sek I 2016)	Didaktischer Kommentar	Methodenschwerpunkt
25	Mittelständische Unternehmen	7-9	*(WBS) Berufswähler:* „Folgen des Wandels der Arbeit (z. B. technologische, gesellschaftliche Entwicklungen) an einem Beispiel beurteilen." *(GEO) Raumwirksamkeit wirtschaftlichen Handelns:* „Wechselwirkungen zwischen Raum und wirtschaftlichem Handeln darstellen."	Mit dem Einsatz in den Klassenstufen 7/8 geht die *Berufsorientierung* einher: Mithilfe des Arbeitsblattes können allgemein gültige Strukturen und Prozesse der Arbeitswelt an regionalen Beispielen vermittelt werden. Wichtige Lerninhalte sind: Entwicklung Heilbronn-Frankens zur Industrieregion, Firmenportrait eines regionalen Mittelständlers, Unternehmensstruktur und Ausbildungsberufe.	**Vorder- und Rückseite:** - Textarbeit - Internetrecherche
26	Automotive Cluster	7-9	*(GEO) Raumwirksamkeit wirtschaftlichen Handelns:* „Wechselwirkungen zwischen Raum und wirtschaftlichem Handeln darstellen."	Führende Großkonzerne sind für die Region ebenso prägend wie mittelständische Unternehmen. Im sog. *Automotive Cluster* haben sich rund um die „Keimzelle" *Audi/Kolbenschmidt* zahlreiche Unternehmen angesiedelt, die in vielseitigen Wechselbeziehungen zueinander stehen. Das Arbeitsblatt greift die historische Entwicklung des Clusters bis hin zu aktuellen Entwicklungen auf. Aufgrund der Struktur des Clusters kann es als *Hub-and-spoke-Cluster* bezeichnet werden.	**Vorder- und Rückseite:** - Arbeit mit Bildern - Textarbeit - Google Earth - Internetrecherche
27	Gewerbe- und Industriepark Unteres Kochertal („GIK")	7-9	*(GEO) Raumwirksamkeit wirtschaftlichen Handelns:* „Wechselwirkungen zwischen Raum und wirtschaftlichem Handeln darstellen."	Als Entwicklung des zurückliegenden Jahrzehnts eignet sich der GIK geradezu optimal, um die *Standortfaktoren der Region* zu erarbeiten. Logistikdienstleister, Automobilzulieferer und mittelständische Unternehmen prägen den direkt an der A 81 gelegenen Standort. Die Vertiefung befasst sich mit der Logistikbranche. *Lean production*, *outsourcing* oder *just-in-sequence* sind wichtige Konzepte der neuen Produktionsorganisation.	**Vorder- und Rückseite:** - Arbeit mit Bildern - Arbeit mit Grafiken - Textarbeit
28	Naherholung und Sanfter Tourismus	5-6	*(GEO) Wechselwirkungen zwischen wirtschaftlichem Handeln und Naturraum:* „Die wirtschaftliche Nutzung von Räumen an Beispielen darstellen." *(GEO) Methodenkompetenz:* „An außerschulischen Lernorten Informationen herausarbeiten und zum Beispiel mit digitalen Medien darstellen."	In der Orientierungsstufe werden zunächst *Grundlagen* eines einfachen Tourismus-Konzepts gelegt. Nach der Auseinandersetzung mit Lerninhalten wie Massentourismus oder Wintertourismus kann das Lernen von regionalen Touristik-Ansätzen als *Erweiterung/Transfer* angesehen werden. Insbesondere der Ausrichtung am Konzept der *Nachhaltigkeit* kommt dabei eine entscheidende Rolle zu. Drei weitgehend *offene Aufgaben* eignen sich zur individuellen und kooperativen Lösungsfindung.	**Vorder- und Rückseite:** - Arbeit mit Bildern - Textarbeit - Ausflugsplanung

Nr.	Titel/Thema	Kl.-stu-fe	Fächer (z. B. GEO) / Kompetenzen *(kursiv)* / Standards (z. B. BP Sek I 2016)	Didaktischer Kommentar	Methodenschwerpunkt
29	Energiewende im Landkreis Heilbronn	9-10	*(GEO) Phänomene des Klimawandels:* „Möglichkeiten zur Reduktion von Treibhausgasen als zentrale Maßnahme gegen die Erderwärmung beschreiben." *(GEO) Urteilskompetenz:* „Kontroverse Standpunkte und Meinungen mehrperspektivisch darstellen." *(GK) Zusammenleben in sozialen Gruppen:* „Konflikte innerhalb sozialer Gruppen analysieren, Lösungsansätze entwickeln und vorgegebene Lösungsansätze erörtern."	Das Thema Energiewende verbindet geographische und wirtschaftliche Aspekte mit der aktuellen politischen Debatte. Am Beispiel der Gemeinde Hardthausen wird die aktive Gestaltung der lokalen/regionalen Energiezukunft aufgezeigt. Das Zusatzmaterial hält eine *Podiumsdiskussion* im Sinne eines Rollenspiels bereit.	**Vorder- und Rückseite:** - fächerübergreifendes Arbeiten - Arbeit mit Bildern - Textarbeit - Internet (CO_2-Rechner) - Rollenspiel (Podiumsdiskussion)
30	Der Neckar als Schifffahrtsweg	5-6	*(GEO) Wechselwirkungen zwischen wirtschaftlichem Handeln und Naturraum:* „Die wirtschaftliche Nutzung von Räumen an Beispielen darstellen." *(GEO) Urteilskompetenz:* „Kontroverse Standpunkte und Meinungen mehrperspektivisch darstellen."	Das Arbeitsblatt kann *analog* zu einer *Schulbuchseite* eingesetzt werden, da der Neckar exemplarisch als Verkehrsweg im Wandel der Zeit zu sehen ist. Das Binnenschiff wird mithilfe einer *Internetrecherche* mit anderen Gütertransportmitteln verglichen. Als Vertiefung wird der hochaktuelle *Raumnutzungskonflikt* des Schleusenausbaus thematisiert.	**Vorder- und Rückseite:** - Arbeit mit Bildern - Textarbeit - Arbeit mit Grafiken - Internetrecherche - „Kategorien" (DIERCKE METHODEN): Raumnutzungskonflikt

Arbeitsblätter zum Hohenlohekreis (AB 31-40)

Nr.	Titel/Thema	Kl.-stufe	Fächer (z. B. GEO) / Kompetenzen *(kursiv)* / Standards (z. B. BP Sek I 2016)	Didaktischer Kommentar	Methodenschwerpunkt
31	Geologischer Bau und Reliefformen	11-12	*(GEO) Formen und Prozesse der Reliefsphäre:* „Reliefformen als Ergebnis endogener und exogener Prozesse charakterisieren und erklären." *(GEO) Methodenkompetenz:* „Karten unter geographischen Fragestellungen problem-, sach- und zielgemäß kritisch analysieren."	Der Schwerpunkt dieses Arbeitsblattes liegt auf den im Muschelkalk und Gipskeuper ablaufenden Verkarstungsprozessen. Als Hinführung erfolgt eine knappe Einführung in die Genese des südwestdeutschen Schichtstufenlandes und die geologischen Verhältnisse in Hohenlohe. Zusätzlich steht eine eigens aufbereitete geologische Karte des Hohenlohekreises zur Verfügung (M3).	**Vorder- und Rückseite:** - Arbeit mit Bildern und Grafiken - Textarbeit - Kartenarbeit (geologische Karte) - chemische Reaktionsgleichungen (Kalkausfällung)
32	Auf den Spuren der Römer	5-6	*(GES) Imperium Romanum:* „Die Expansion Roms zum Großreich charakterisieren" „Spuren des Imperium Romanum in der eigenen Lebenswelt erklären" *(GEO) Analyse ausgewählter Räume in Deutschland:* „Zusammenhänge zwischen naturräumlicher Ausstattung und menschlicher Nutzung an folgenden Raumbeispielen erklären." *(GEO) Methodenkompetenz:* „Karten unter geographischen Fragestellungen analysieren."	Die römische Vergangenheit des Hohenlohekreises wird hier als Ankerpunkt für fächerverbindendes Lernen verstanden: geschichtliche Aspekte lassen sich mit geographischen und wirtschaftlichen Themen verknüpfen. Als Brückenschlag in die Gegenwart findet die Landesgartenschau Öhringen 2016 hier Einzug.	**Vorder- und Rückseite:** - Arbeit mit Bildern und Zeichnungen - Textarbeit - Kartenarbeit (Interpretation einer topographischen Karte) - „Spurensuche"
33	Die Herren von Hohenlohe	7-9	*(GES) Europa im Mittelalter:* „Mittelalterliche Lebenswelten beschreiben." *(GEO) Methodenkompetenz:* „Karten unter geographischen Fragestellungen analysieren."	Der räumliche Aspekt der Hohenloher Territorialherrschaft schafft hier den Brückenschlag vom Fach Geschichte zur Geographie. Neben der Erarbeitung zentraler Meilensteine der Territorialherrschaft und der Arbeit mit einer historischen Karte wird auch die Entstehung der reichhaltigen Kulturlandschaft als Erbe der mittelalterlichen Herrschaftsverhältnisse thematisiert.	**Vorderseite:** - Arbeit mit Bildern - Textarbeit - Kartenarbeit (historische Karte) **Rückseite:** - Gruppenpuzzle
34	Regionalbewusstsein	9-10	*(D) Funktion von Äußerungen:* „Sprache als Mittel der Identitätsbildung erkennen und beschreiben." „Umgangssprache, Dialekte, und Standardsprache sowie Jugendsprachen beschreiben." *(GEO) Methodenkompetenz:* „Geographische Informationen zur Verdeutlichung von Strukturen und Prozessen als Karte darstellen."	Ausgehend von einer hohenloher Redewendung widmen sich die Schülerinnen und Schüler den verschiedenen Ausprägungsstufen des Regionalbewusstseins. Im Rahmen des Zusatzmaterials stellen die Schülerinnen und Schüler eigene regionale Forschungen zur hohenloher Mundart an. Ergebnisse können auf einer stummen Karte eingetragen und ausgewertet werden.	**Vorderseite:** - Partnerpuzzle - Arbeit mit Bildern - Textarbeit **Rückseite:** - Projektorientiertes Arbeiten - Erstellung eigener einfacher Kartendarstellungen

Nr.	Titel/Thema	Kl.-stufe	Fächer (z. B. GEO) / Kompetenzen *(kursiv)* / Standards (z. B. BP Sek I 2016)	Didaktischer Kommentar	Methodenschwerpunkt
35	Sonderkulturen	5-6	*(GEO) Wechselwirkungen zwischen wirtschaftlichem Handeln und Naturraum:* „Die wirtschaftliche Nutzung von Räumen an Beispielen darstellen." *(GEO) Methodenkompetenz:* „Im Rahmen von Erkundungen an außerschulischen Lernorten mithilfe geeigneter Methoden Informationen herausarbeiten."	Arbeitsteilig werden von einem Schülertandem die beiden landwirtschaftlichen Produkte „Apfel" und „Gurke" bearbeitet. Zur leichteren Texterschließung sind wichtige Begriffe kursiv gedruckt. Eigene Recherchen im Rahmen eines Schülerprojekts münden in einem „Apfelblüten-Tagebuch" sowie in einer „Karte des Frühlingseinzuges".	**Vorderseite:** - Partnerpuzzle - Arbeit mit Bildern - Textarbeit **Rückseite:** - Projektorientiertes Arbeiten
36	Autobahn 6	7-9	*(GEO) Raumwirksamkeit wirtschaftlichen Handelns:* „Wechselwirkungen zwischen Raum und wirtschaftlichem Handeln darstellen." *(GEO) Grundlegende exogene und endogene Prozesse:* „Verwitterung, Abtragung, Transport und Ablagerung als grundlegende exogene Prozesse erklären."	Die A6 als eine Hauptverkehrsader in Ost-West-Richtung verläuft quer durch den Hohenlohekreis. In Folge dieser Standortgunst ergeben sich zahlreiche Ansiedlungen von Industrie- und Logistikunternehmen. Exemplarisches Fallbeispiel hierfür ist der Gewerbepark Hohenlohe bei Waldenburg. Als Exkurs in die Geologie ist das Zusatzmaterial zu verstehen: Ausgrabungen beim A6-Bau förderten reiche Fossilienfunde zu Tage.	**Vorderseite:** - Arbeit mit Luftbildern - Textarbeit - Internetrecherche **Rückseite:** - Textarbeit - Lerngang Museum möglich
37	Montage- und Befestigungscluster	7-9	*(GEO) Raumwirksamkeit wirtschaftlichen Handelns:* „Wechselwirkungen zwischen Raum und wirtschaftlichem Handeln darstellen."	Führende Großkonzerne sind für die Region ebenso prägend wie mittelständische Unternehmen. Im sog. Montage- und Befestigungscluster haben sich rund um die „Keimzelle" Künzelsau / Gaisbach zahlreiche Unternehmen angesiedelt, die in vielseitigen Wechselbeziehungen zueinander stehen. Das Arbeitsblatt greift die historische Entwicklung des Clusters ebenso wie aktuelle Entwicklungen auf.	**Vorder- und Rückseite:** - Arbeit mit Bildern - Arbeit mit Grafiken („Clusterbaum") - Textarbeit
38	Regenerative Energien im Hohenlohekreis	7-9	*(GEO) Analyse ausgewählter Räume in unterschiedlichen Geozonen* „Wechselwirkungen zwischen menschlichem Handeln und dem Naturraum sowie daraus resultierende, nachhaltige Handlungsperspektiven darstellen." *(GEO) Urteilskompetenz:* „Kontroverse Standpunkte und Meinungen mehrperspektivisch darstellen." *(GK) Zusammenleben in sozialen Gruppen:* „Konflikte innerhalb sozialer Gruppen analysieren, Lösungsansätze entwickeln und vorgegebene Lösungsansätze erörtern."	Das Thema Energiewende verbindet geographische und wirtschaftliche Aspekte mit der aktuellen politischen Debatte. In Form eines Partnerpuzzles widmen sich die Schülerinnen und Schüler den beiden regenerativen Energien Windkraft und Biogas. Das Zusatzmaterial hält eine Podiumsdiskussion im Sinne eines Rollenspiels bereit.	**Vorderseite:** - Partnerpuzzle - Textarbeit - Kartenarbeit („Windatlas") **Rückseite:** - Rollenspiel (Podiumsdiskussion)

Nr.	Titel/Thema	Kl.-stufe	Fächer (z. B. GEO) / Kompetenzen *(kursiv)* / Standards (z. B. BP Sek I 2016)	Didaktischer Kommentar	Methodenschwerpunkt
39	**Arbeitsmigration**	10	*(GEO) Zukunftsfähige Gestaltung von Räumen:* „Die Entwicklung eines ländlichen oder städtischen Raumes unter dem Aspekt der Zukunftsfähigkeit beurteilen." *(GES) Die Europäische Integration – eine neue Form der Kooperation:* „Den Prozess der Europäischen Integration charakterisieren und dessen Bedeutung und Entwicklungschancen beurteilen."	Die jüngste Wanderungsbewegung südeuropäischer Fachkräfte in die Region Heilbronn-Franken ist der Ausgangspunkt der Lernprozesse. Daran anschließend werden die in der Region ablaufenden Prozesse in einen größeren Zusammenhang eingebettet. Das Zusatzmaterial vertieft die Problematik des Fachkräftemangels.	**Vorder- und Rückseite:** - Lebendiges Diagramm (DIERCKE METHODEN) - Arbeit mit Grafiken - Textarbeit
40	**Kulturregion**	5-6	*(GEO) Wechselwirkungen zwischen wirtschaftlichem Handeln und Naturraum:* „Die wirtschaftliche Nutzung von Räumen an Beispielen darstellen."	Die Gestaltung des Arbeitsblattes greift bereits die angedachte Sozialform auf: Vier Bausteine, die optisch getrennt voneinander auf Vorder- und Rückseite verteilt sind, thematisieren unterschiedliche Aspekte des kulturellen Angebots des Hohenlohekreises.	**Vorder- und Rückseite:** - Arbeitsteilige Gruppenarbeit (Gruppenpuzzle) - Lerngang Museum möglich

Arbeitsblätter zum Landkreis Schwäbisch Hall (AB 41-50)

Nr.	Titel/Thema	Kl.-stufe	Fächer (z. B. GEO) / Kompetenzen *(kursiv)* / Standards (z. B. BP Sek I 2016)	Didaktischer Kommentar	Methodenschwerpunkt
41	Flussgeschichten II	7-9	*(GEO) Grundlegende exogene und endogene Prozesse:* „Verwitterung, Abtragung, Transport und Ablagerung als grundlegende exogene Prozesse beschreiben."	Das Arbeitsblatt ist als Fortsetzung von AB 4 („Flussgeschichten I") zu verstehen, kann aber ebenso unabhängig von diesem eingesetzt werden. Anhand der Talformen des Kocher- und Jagsttals ist eine Charakterisierung der Täler in Unter-, Mittel- und Oberlauf möglich. Die Rückseite thematisiert die am äußersten Rand des Landkreises Schwäbisch Hall verlaufende europäische Wasserscheide. Dazu werden eine „stumme Karte" der Region und eine topographische Karte kombiniert.	**Vorderseite:** - Bildervergleich - Textarbeit - Arbeit mit Grafiken **Rückseite:** - Kartenarbeit - Räumliche Orientierung
42	Der heimische Wald im Wandel der Zeit	7-9	*(GEO) Analyse ausgewählter Räume in unterschiedlichen Geozonen:* „Wechselwirkungen zwischen menschlichem Handeln und dem Naturraum sowie daraus resultierende, nachhaltige Handlungsperspektiven darstellen." *(GEO) Urteilskompetenz:* „Kontroverse Standpunkte und Meinungen mehrperspektivisch darstellen." *(GK) Zusammenleben in sozialen Gruppen:* „Konflikte innerhalb sozialer Gruppen analysieren, Lösungsansätze entwickeln und vorgegebene Lösungsansätze erörtern."	Der heimische Wald muss den Ansprüchen diverser Interessengruppen gerecht werden. Auf der Vorderseite werden in Form eines Gruppenpuzzles vier unterschiedliche Interessenlagen behandelt. Das Zusatzmaterial behandelt den heimischen Wald vor dem Hintergrund des globalen Klimawandels. Durch den außerschulischen Lernort Wald werden die regionalen Auswirkungen des Klimawandels für die Schülerinnen und Schüler unmittelbar erfahrbar.	**Vorderseite:** - Gruppenpuzzle - Raumnutzungskonflikt **Rückseite:** - Projektorientiertes Arbeiten - Außerschulisches Lernen - Kartierung
43	Landwirtschaftliche Vermarktungsstrategien	5-6	*(GEO) Wechselwirkungen zwischen wirtschaftlichem Handeln und Naturraum:* „Die wirtschaftliche Nutzung von Räumen an Beispielen darstellen."	Als exemplarische Unternehmen mit unmittelbarem Bezug zur regionalen Landwirtschaft werden die Molkereigenossenschaft Hohenlohe-Franken eG mit Sitz in Schrozberg und die Bäuerliche Erzeugergemeinschaft Schwäbisch Hall AG mit Sitz in Wolpertshausen thematisiert. Dazu bearbeitet ein Schülertandem arbeitsteilig wichtige Fakten zur Unternehmensentwicklung in Form eines Partnerpuzzles. Das Zusatzmaterial setzt das Partnerpuzzle fort, indem zwei prägnante Geschichten von Akteuren der Molkerei bzw. der BESH erzählt werden.	**Vorderseite:** - Partnerpuzzle - Arbeit mit Diagrammen - Textarbeit - Fallanalyse **Rückseite:** - Fortsetzung Partnerpuzzle - Textarbeit

Arbeitsblätter zum Main-Tauber-Kreis (AB 51-60)

Nr.	Titel/Thema	Kl.-stufe	Fächer (z. B. GEO) / Kompetenzen *(kursiv)* / Standards (z. B. BP Sek I 2016)	Didaktischer Kommentar	Methodenschwerpunkt
51	Buntsandstein: vom Flussbett zum Haus	5-6	*(GEO) Gestaltung der Erdoberfläche durch naturräumliche Prozesse in Deutschland (...):* „Erläutern, wie die Erdoberfläche durch naturräumliche Prozesse geformt wird."	Im Norden des Main-Tauber-Kreises dominiert der Buntsandstein die Talflanken des Main-, Tauber- und Kembachtals. Die gesamte Prozesskette von der Entstehung über die Verwendung bis zur Verwitterung des Buntsandsteins lässt sich durch kurze Texte und Bilder erschließen. Ein einfacher Gesteins-Kreislauf und die Erläuterung der Rotfärbung des Buntsandsteins bieten Möglichkeiten zur Vertiefung.	Vorder- und Rückseite: - Textarbeit - Arbeit mit Bildern - Zeichnen
52	Klöster, Schlösser und Burgen im Taubertal	7-9	*(GES) Europa im Mittelalter:* „Mittelalterliche Lebenswelten beschreiben, analysieren und bewerten."	Am Beispiel des Zisterzienserklosters Bronnbach erfolgt eine Erarbeitung der historischen Aufgaben und Entwicklung eines Klosters, aber auch der heutigen Nutzung. Der Nutzungswandel ist auch das Leitthema bei den Zusatzmaterialien zur Burg Wertheim und dem Schloss Weikersheim. Alle drei Beispiele eignen sich als außerschulische Lernorte.	Vorderseite: - Arbeit mit Bildern - Textarbeit - Internetrecherche Rückseite: - Partnerpuzzle - Textarbeit - Arbeit mit Bildern - Außerschulisches Lernen
53	Stadtentwicklung Bad Mergentheim	10	*(KUNST): Architektur:* „Architektonische Gestaltungsmittel erkennen und beurteilen" *(GEO) Zukunftsfähige Gestaltung von Räumen:* „Die Entwicklung eines städtischen Raumes beurteilen." *(GEO) Methodenkompetenz:* „An außerschulischen Lernorten mithilfe von Fachmethoden Informationen herausarbeiten und darstellen."	Die historische Altstadt von Bad Mergentheim lässt sich mithilfe dieses Arbeitsblattes als außerschulischer Lernort inszenieren. Die Vorderseite thematisiert Architekturstile und Stadtentwicklungsphasen zunächst theoretisch. Darauf aufbauend dient das Zusatzmaterial als Anleitung für eine arbeitsteilige Gruppenarbeit in der Bad Mergentheimer Innenstadt. Über Beobachtungen, Zeichnungen, Fotografien und Kartierungen erschließen sich Phasen der Stadtentwicklung.	Vorderseite: - Textarbeit - Arbeit mit Bildern - Internetrecherche - Ausflugsplanung Rückseite: - Außerschulisches Lernen - Zeichnen - Fotografieren - Kartieren
54	Quellen, Brunnen, Leitungen: Wasser und Heilwasser in Bad Mergentheim	5-6	*(GEO) Natur- und Kulturräume:* „Natur- und gesellschaftswissenschaftliche Phänomene und Prozesse grundsätzlich systemisch analysieren, diskutieren und bewerten" „Räume ... von der lokalen über die regionale ...Dimension fragengeleitet und grundsätzlich problemlösungs- sowie handlungsorientiert vor allem im Sinne des Nachhaltigkeitsprinzips untersuchen" *(GEO) Methodenkompetenz:* „Geographische Informationsmaterialien fragengeleitet problem-, sach- und zielgerichtet analysieren"	Ausgehend von einem Bildimpuls werden die charakteristische Oberflächenform des Taubertales und die Gunstlage Bad Mergentheims thematisiert, als typische Landschaft in Baden-Württemberg. Dabei werden Zusammenhänge zwischen naturräumlicher Ausstattung und menschlicher Nutzung am Beispiel der Wasserversorgung und der Nutzung von Heilwasser aufgezeigt. Der historische Zugang ermöglicht eine Längsschnittbetrachtung. Mit den weiterführenden Aufgabenstellungen wird eine projektorientierte Auseinandersetzung mit dem Thema Wasserversorgung angeregt. Dabei können die Vorteile einer nachhaltigen Nutzung erarbeitet werden.	Vorderseite: - Arbeit mit Bildern - Kartenarbeit - Textarbeit - Außerschulisches Lernen Rückseite: - Textarbeit - Internetrecherche - Projektorientiertes Arbeiten mit Experimenten und Exkursionen

Nr.	Titel/Thema	Kl.-stufe	Fächer (z. B. GEO) / Kompetenzen (kursiv) / Standards (z. B. BP Sek I 2016)	Didaktischer Kommentar	Methodenschwerpunkt
55	Weinbau und Grünkern	5-6	*(GEO) Wechselwirkungen zwischen wirtschaftlichem Handeln und Naturraum:* „Die wirtschaftliche Nutzung von Räumen an Beispielen darstellen."	Wein und Grünkern sind exemplarische Produkte der Landwirtschaft im Main-Tauber-Kreis. Vorder- und Rückseite des Arbeitsblattes können als Partnerpuzzle bearbeitet werden. Die Vorderseite thematisiert die Standortansprüche der beiden Kulturpflanzen Weinrebe und Dinkel. Die Rückseite beinhaltet eine Kombination von Bildern, Tabellen und Texten zu den Produktionsschritten im Jahresverlauf. Zusätzlich kann der Inhalt um das Konzept der Wertschöpfungskette erweitert werden.	Vorder- und Rückseite: - Partnerpuzzle - Textarbeit - Arbeit mit Bildern - Arbeit mit Tabellen
56	Clusterstadt Wertheim	7-9	*(GEO) Raumwirksamkeit wirtschaftlichen Handelns:* „Wechselwirkungen zwischen Raum und wirtschaftlichem Handeln darstellen."	Die Clusterstadt Wertheim entstand durch die Zellteilung des Thüringer Laborglas-Clusters nach dem Zweiten Weltkrieg. Nach der Erarbeitung der Gründe für diese Verlagerung stehen die Entwicklungsphasen des Laborglas-Clusters als Beispiel für Cluster-Lebenszyklen im Fokus. Im Zusatzmaterial ist mit der Entwicklung der Löt- und Vakuumtechnik die Erarbeitung zwei weiterer Wertheimer Cluster möglich.	Vorderseite: - Arbeit mit Bildern - Textarbeit Rückseite: - Textarbeit - Arbeit mit Diagrammen - Internetrecherche
57	Die Wittenstein AG und Industrie 4.0	7-9	*(GEO) Raumwirksamkeit wirtschaftlichen Handelns:* „Wechselwirkungen zwischen Raum und wirtschaftlichem Handeln darstellen."	Zunächst findet eine Auseinandersetzung mit der Unternehmensentwicklung der Wittenstein AG statt. Anschließend vertieft ein Informationstext die Charakteristika von Industrie 4.0. Das Zusatzmaterial rückt die vier industriellen Revolutionen in den Fokus. Die Schülerinnen und Schüler erstellen auf Grundlage kurzer Texte und einer selbständigen Internetrecherche einen Zeitstrahl zu zentralen Aspekten der vier industriellen Revolutionen.	Vorderseite: - Arbeit mit Bildern - Textarbeit Rückseite: - Textarbeit - Arbeit mit Diagrammen - Internetrecherche

Nr.	Titel/Thema	Kl.-stufe	Fächer (z. B. GEO) / Kompetenzen (kursiv) / Standards (z. B. BP Sek I 2016)	Didaktischer Kommentar	Methodenschwerpunkt
58	FOC Wertheim Village	7-9	*(GEO) Raumwirksamkeit wirtschaftlichen Handelns:* „Wechselwirkungen zwischen Raum und wirtschaftlichem Handeln darstellen."	Die unterrichtliche Thematisierung eines FOC knüpft unmittelbar an der Alltagswelt der Schülerinnen und Schüler an. Die Annäherung erfolgt über die Erstellung einer Merkmalsliste des FOC-Konzepts. Anschließend werden die Auswirkungen auf den lokalen und regionalen Einzelhandel über eine Kombination aus Text, Karikatur, Zeitungsbericht und Tabelle behandelt. Die Rückseite rückt die Standortentscheidung der Ansiedlung des FOC in Wertheim in den Mittelpunkt.	**Vorderseite:** - Textarbeit - Arbeit mit Karikaturen - Arbeit mit Tabellen **Rückseite:** - Textarbeit - Arbeit mit Bildern - Kartenarbeit
59	Migration – Auf der Suche nach einem guten Leben	7-9	*(GES) Fenster zur Welt:* „Die Auswanderung ... aus politischen und wirtschaftlichen Gründen darstellen." *(GK) Zuwanderung nach Deutschland:* „Ursachen von Zuwanderung nach Deutschland beschreiben (Push- und Pull-Faktoren)" *(GEO) Weltweite Migrationsprozesse:* „Wirtschaftliche, politische, religiöse oder ökologische Ursachen und Folgen der Migration an einem Raumbeispiel beschreiben"	Durch die Auseinandersetzung mit einem Zeitungszitat zum Thema Migration werden die Schülerinnen und Schüler angeregt, ihre Vorerfahrungen zu diesem Thema zu artikulieren. Am Beispiel des Ausbruchs des Vulkans Tambora lassen sich natur- und human-geographische Wechselwirkungen aufzeigen und als Ursache für Migration in einen globalen Zusammenhang stellen. Die Auseinandersetzung mit verschiedenen historischen und aktuellen Migrationssituationen stellt die Erarbeitung von Push- und Pullfaktoren in den Mittelpunkt. Darüber hinaus bietet das Material Anregungen zur Aufarbeitung des Themas Flüchtlinge und Auswanderer aus lokaler Sicht.	**Vorderseite:** - Textarbeit - Atlasarbeit - Internetrecherche in *www.leo-bw.de* **Rückseite:** - Textarbeit - Außerschulisches Lernen im Heimatort
60	Von der Wirklichkeit aufs Papier – Karten von Tauberbischofsheim	5-6	*(GEO) Methodenkompetenz:* „Informationsmaterialien ... in analoger und digitaler Form unter geographischen Fragestellungen problem-, sach- und zielgemäß kritisch analysieren"	Die Auseinandersetzung mit den eigenen Raumvorstellungen und den dargebotenen Kartenbeispielen ermöglicht es den Schülerinnen und Schülern, geographische Sachverhalte in topographische Raster einzuordnen. Dabei werden verschiedene Arbeitsweisen und Arbeitstechniken erweitert: - Anwendung und Interpretation von Karten zur Erweiterung der Orientierungskompetenz. - Raum-zeitliche Einordnung geographischer Sachverhalte und Erkennen von Siedlungsentwicklung durch den Vergleich von Kupferstich und Orthobild. - Reflektierte Nutzung verbaler, bildhafter und symbolischer Informationsquellen in einer thematischen Karte.	**Vorder- und Rückseite:** - Mental Maps - Luftbild- u. Kartenarbeit - Karteninterpretation

1.1 Heilbronn-Franken – Region der Vielfalt

M1 Vom Fleckenteppich des Alten Reiches zur Region Heilbronn-Franken in Baden-Württemberg

Bis zur napoleonischen Flurbereinigung 1806 war der Nordosten von Baden-Württemberg wie viele andere Gebiete des damaligen Heiligen Römischen Reiches Deutscher Nation ein Fleckenteppich aus kleinsten und kleinen Herrschaften. Sie gehörten Fürsten, Grafen, Reichsrittern, Klöstern und dem Deutschorden. Daneben gab es auch einige freie Reichsstädte, wie z.B. Heilbronn und Schwäbisch Hall. Die einzelnen Herrschaften führten ihr Eigenleben und kümmerten sich kaum um ihre Nachbarn.

Ganz im Norden, vom Main begrenzt, lag die Grafschaft Wertheim. Der kleine Zipfel westlich davon gehörte dem Fürsterzbischof von Mainz, das Gebiet südöstlich der Grafschaft Wertheim dem Fürsterzbischof von Würzburg. Südlich der Grafschaft Wertheim schlossen sich die Ländereien des Klosters Bronnbach an. Um Bad Mergentheim herum lag ein Gebiet des Deutschordens. Südlich davon breiteten sich die verschiedenen hohenlohischen Linien aus. Zwischen die hohenlohischen Gebiete und die freie Reichsstadt Heilbronn schob sich ein Ausläufer des Herzogtums Württemberg.

Napoleon beendete diese Besitzzersplitterung durch die Gründung der beiden Mittelstaaten des Großherzogtums Baden und des Königreichs Württemberg. 1952 erfolgte deren Vereinigung zum Bundesland Baden-Württemberg. Die heutige Verwaltungs- und Raumordnungsgliederung wurde durch den Beschluss des baden-württembergischen Landtags zum 1. Januar 1973 ins Leben gerufen. Dadurch entstand auch die Region Heilbronn-Franken mit den vier Landkreisen Heilbronn, Hohenlohekreis, Schwäbisch Hall und Main-Tauber-Kreis sowie dem Stadtkreis Heilbronn.

M2 Baden-Württemberg um 1800

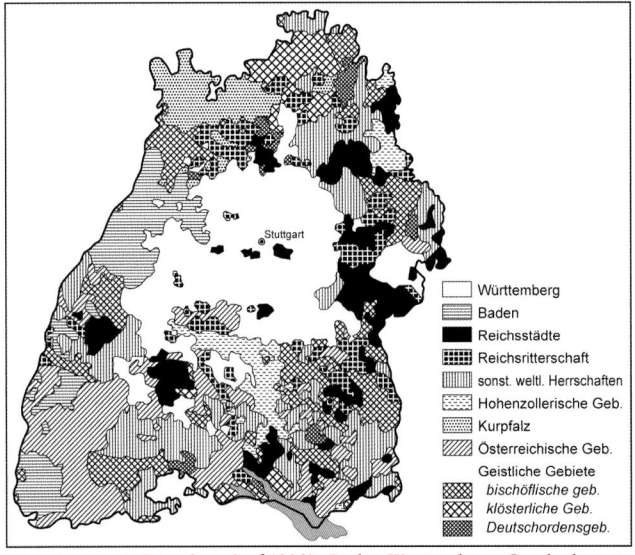

Aus: Gönner, E./Haselier, G. (²1980): Baden-Württemberg, Geschichte seiner Länder und Territorien. Ploetz. Freiburg, S. 58.
Kartografische Überarbeitung: Regionalverband Heilbronn-Franken 2012

M3 Historisch gewachsene Kulturlandschaften

Die willkürlich festgelegten politischen Grenzen berücksichtigen kaum die historisch über viele Jahrhunderte gewachsenen Kulturlandschaften. Diese zeichnen sich z.B. durch besondere landwirtschaftliche Nutzungs- und Gebäudeformen und unterschiedliche Dialekte aus.

Im äußersten Westen des Main-Tauber-Kreises zwischen Külsheim und Boxberg erstreckt sich das Bauland mit seiner weitläufigen Ackerbaulandschaft. Die Besonderheit im Bauland ist der Grünkernanbau. Ebenfalls durch den Ackerbau geprägt ist der westliche Teil des Landkreises Heilbronn, der zum Kraichgauer Hügelland gehört. Dass die fruchtbaren Lösslehmböden reiche Bauern hervorgebracht haben, lässt sich auch heute noch an den zahlreichen Vierseitgehöften mit ihren großen Torbogeneinfahrten in den Dörfern erkennen. Das Unterland um Heilbronn ist ein traditionelles Obst- und Weinbaugebiet. Das Hohenloher Land umfasst geographisch die von Kocher und Jagst zerschnittene Hohenlohe Ebene mit dem südlichen Main-Tauber-Kreis, dem Hohenlohekreis und dem Landkreis Schwäbisch Hall. Im Süden geht die Region mit den Löwensteiner und den Waldenburger Bergen in die Keuperwaldberge mit ihren Waldhufendorfinseln über.

Während die Tauberfranken und Hohenloher einen fränkischen Dialekt sprechen, haben die Kraichgauer einen kurpfälzischen Zungenschlag. Die Unterländer wiederum pflegen einen schwäbischen Dialekt.

M4 Region Heilbronn-Franken in Baden-Württemberg

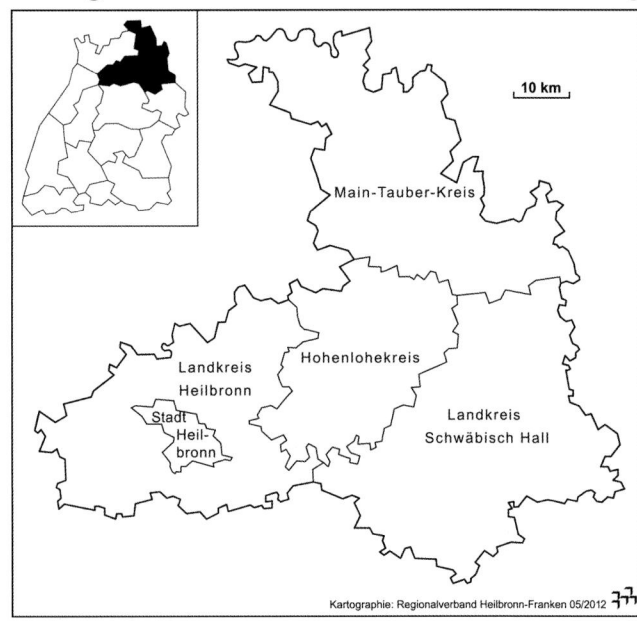

AUFGABEN

1. Stelle die Etappen der Entstehung von Baden-Württemberg und der Region Heilbronn-Franken dar (M1, M2, M4).
2. Nenne Regionen, die aus einem einheitlichen Gebiet entstanden sind (M2 u. M4).
3. Erörtere Vor- und Nachteile, die sich aus der Vielfalt der Region Heilbronn-Franken ergeben (M3).

Zusatzmaterialien Heilbronn-Franken
1.2 Heilbronn-Franken – Region der Vielfalt

M5 Vielfalt im Spiegel der Tageszeitungen

Die historisch und kulturlandschaftlich geprägte regionale Kleinteiligkeit und Vielfalt der Region Heilbronn-Franken spiegelt sich auch in der Zeitungslandschaft wider:

(ausgewählte) Zeitung	Verbreitungsgebiet
Fränkische Nachrichten	Nördliches Taubertal
Rhein-Neckar-Zeitung	Eppingen
Heilbronner Stimme	Stadt Heilbronn und Landkreis Heilbronn
Hohenloher Zeitung	Hohenlohe
Haller Tagblatt	Landkreis Schwäbisch Hall
Gaildorfer Bote	Südlicher Landkreis Schwäbisch Hall

Seit 2000 gibt es das Regionalmagazin „pro", das monatlich erscheint und auf ca. 60 Farbseiten über Politik, Wirtschaft, Leute, Kultur und Freizeit in der Region Heilbronn-Franken informiert.

M6 Bürgerinitiative pro Region Heilbronn-Franken e.V.

Am 30. September 1997 kam es in der Neckarsulmer Ballei zur Gründungsversammlung der Bürgerinitiative pro Region Heilbronn-Franken. 16 anwesende Gründungmitglieder verabschiedeten die Vereinssatzung und wählten den Unternehmer Reinhold Würth zum Vorsitzenden und den Gewerkschafter Frank Stroh zu seinem Stellvertreter. Gleichzeitig wurde beschlossen, Arbeitsgruppen zu bilden, um Vorschläge zu erarbeiten, wie die Ziele der Bürgerinitiative in die Praxis umgesetzt werden könnten.

In mehreren Sitzungen dieser Arbeitsgruppen wurden Ideen entwickelt, wie das Wir-Gefühl der Region gestärkt werden könnte. Der Slogan „Region der Vielfalt" wurde geboren und die Idee der Durchführung von Regionaltagen mit einem bunten Programm in verschiedenen Städten der Region entwickelt. Die jährlichen Treffen mit den Bundes- und Landtagsabgeordneten für eine gemeinsame Lobbyarbeit der Region oder die Sport-Aktionstage für die Vereinsjugend der Region sind ebenfalls Ergebnisse dieser Sitzungen. Die Idee, einen Imagefilm über die Region Heilbronn-Franken zu drehen, wurde in die Tat umgesetzt.

Dass sich die Konzepte und Ideen von pro Region weiterentwickelt haben, zeigt die Durchführung der jährlichen Regionaltafel, die auf Anregung von Reinhold Würth ins Leben gerufen wurde. Bei der Regionaltafel treffen sich in einem festlichen Rahmen verbunden mit einem hochkarätigen Einstiegsreferat die Entscheidungsträger der Region zu einem Gedankenaustausch. Hier werden neue Netzwerke geknüpft und Impulse für die Weiterentwicklung der Region gesetzt.

Die Durchführung von Podiumsdiskussionen auch zu kritischen Themen wie der regionalen Wirtschaftsförderung ist eine weitere Aufgabe, der sich pro Region gestellt hat. Das Aufgreifen solcher kritischen Themen ist nur möglich, weil pro Region sich zu einer neutralen Plattform entwickelt hat und finanziell unabhängig ist. Hinzu kommt, dass pro Region keine Verpflichtungen gegenüber der Politik oder anderen Institutionen der Region hat.

Quelle: Stroh, F. (2007): An einem Strang ziehen. – In: Pro-Sonderheft 2007, S. 6-9.

ZUSATZAUFGABEN

4. Beschreibe die Zielsetzung und die Maßnahmen der Bürgerinitiative pro Region Heilbronn-Franken e.V. (M6).
5. Beurteile die Erfolgschancen der Bürgerinitiative pro Region Heilbronn-Franken und des Regionalmagazins „pro" für die Stärkung des Wir-Gefühls in der Region Heilbronn-Franken. Berücksichtige dabei deine eigene Herkunft (M5 u. M6).

LÖSUNGSHINWEISE

Aufgabe 1:
Etappe 1: Im alten Reich war der Nordosten Baden-Württembergs ein Fleckenteppich aus Klein- und Kleinstherrschaften.
Etappe 2: Bildung der Mittelstaaten Großherzogtum Baden und Königreich Württemberg durch die napoleonische Flurbereinigung 1806.
Etappe 3: Vereinigung der Mittelstaaten zum Bundesland Baden-Württemberg 1952.
Etappe 4: Verwaltungs- und Raumordnungsneugliederung durch den baden-württembergischen Landtag 1973. Die Region Heilbronn-Franken im Nordosten ist die größte von insgesamt 12 Regionen.

Aufgabe 2:
Im Nordwesten entstand aus der Kurpfalz die Region Rhein-Neckar, im Zentrum aus dem Herzogtum Württemberg die Region Stuttgart und im Südwesten aus Baden-Durlach und Österreichischen Gebieten die Region Hochrhein-Bodensee.

Aufgabe 3:
Nachteile: Einzelne Gemeinden, Teilregionen denken nur an ihr eigenes Wohl (Kirchturmdenken), große Distanzen zwischen Teilregionen, künstliche Grenzziehung, Orientierung aus der Region heraus (z.B. Wertheim nach Würzburg oder Eppingen nach Heidelberg und Karlsruhe).
Vorteile: abwechslungsreiche attraktive Landschaften, Bereicherung durch unterschiedliche kulturelle Traditionen.

Aufgabe 4:
Ziel ist die Förderung eines „Wir-Gefühls" der Menschen in der Region. Zu den Maßnahmen gehören der Regionaltag für die ganze Bevölkerung, die Regionaltafel für Entscheidungsträger, Sport-Aktionstage, die Lobby-Arbeit mit Bundes- und Landtagsabgeordneten, Podiumsdiskussionen und das Regionalmagazin „pro".

2.1 Steine erzählen Geschichten

M1 Die Wertheimer Burg

M2 Natursteinbauwerke aus anstehendem Gestein

Die Natursteinbauten eines Ortes weisen fast immer auf die anstehenden Gesteinsschichten des Untergrundes hin. So findet man in Wertheim z.B. eine ganze Reihe von weltlichen und geistlichen Gebäuden, die sich durch ihr leuchtendes Rot schon von weitem als *Buntsandsteinbauten* zu erkennen geben. Der Lachnersturm in Waldenburg ist aus dem grünlich schimmernden und feinkörnigen *Schilfsandstein* errichtet. Bei vielen Gebäuden in Waldenburg wurde auch der hellgraue und grobkörnige *Stubensandstein* verwendet. In Tauberrettersheim überspannt eine Bogenbrücke aus grauem *Muschelkalk* die Tauber. Viele historische Wohngebäude in den Dörfern und Städten der Region Heilbronn-Franken sind über einem Natursteinsockel errichtet. Dies gilt auch für ältere Schulgebäude. Geologie kann manchmal also direkt vor der Haustür beginnen.

M3 Geologische Übersichtskarte Heilbronn-Franken

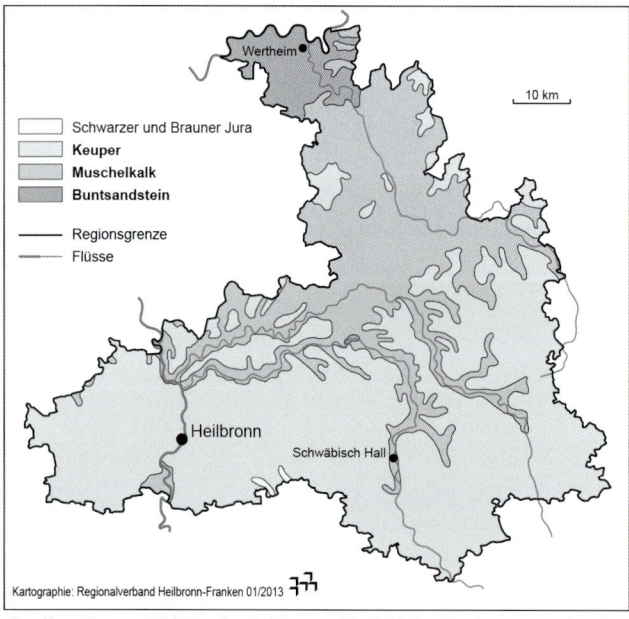

Quelle: Geyer, M./Nitsch, E./Simon, T. (2011): Geologie von Baden-Württemberg. Schweizerbart. Stuttgart. Einbandinnenseite.

M4 Entstehungsgeschichte

In der Region Heilbronn-Franken kommen die drei Gesteinsschichten der *Germanischen Trias* vor. Sie wurden zwischen ca. 250 und 200 Mio. Jahren als Ablagerungsgesteine (*Sedimentite*) im Germanischen Becken gebildet. Von unten nach oben bzw. alt nach jung sind dies: Buntsandstein, Muschelkalk und Keuper.

Der Buntsandstein besteht überwiegend aus Quarzsandsteinen, die meist rot gefärbt sind. Durch Ton- und Kieselsäure sind die von Flüssen in das Germanische Becken transportierten Quarzkörner zu einem festen Gestein verbacken. Die Rotfärbung hängt mit dem Aufsteigen von eisenhaltiger Lösung bei wüstenhaftem Klima zusammen. Die Lösung überzieht die Quarzkörner mit einem dünnen Häutchen. Nach dem Verdunsten bleibt eine rotfarbene Eisenhaut zurück.

Der Muschelkalk ist eine Meeresablagerung und besteht großenteils aus teilweise tonigen Kalksteinen. Kalksteine entstehen aus abgestorbenen Meerestieren (z.B. Muscheln, Fischskelette).

Der Keuper ist unter wechselnden Bedingungen, teils unter Meeresbedeckung und teils auf dem Festland abgelagert worden. In seichten Meeresbecken entstand der Gipskeuper. Aus den in verschiedenen Festlandszeiten zugeführten Sandmassen entstanden nacheinander die Schichten des Schilf-, Kiesel- und Stubensandsteins. In den Übergangszeiten vom Meer zum Festland bildeten sich die Bunten Mergel als Mischung aus Kalk und Ton.

Quelle: nach Geologische Übersichts- und Schulkarte von Baden-Württemberg 1:1000000, Erläuterungen [13]2011, S. 63ff.

M5 Bunte Mergel oberhalb von Hohenhaslach

M6 Wirtschaftliche Nutzung der Steine

Früher wurden aus den Sandsteinbrüchen in der Umgebung von Wertheim Bausandsteine bis nach Russland exportiert. Heute sind die Buntsandstein- und Keupersandsteinbrüche der Region bis auf wenige Ausnahmen alle stillgelegt. In den ca. 20 Muschelkalksteinbrüchen wird nach wie vor Schotter für den Straßenbau gebrochen. Bei Crailsheim erfolgt der Abbau von Gipsstein aus dem Gipskeuper. Daraus werden z.B. Gipse zum Verputzen und Gipskartonplatten für den Innenausbau hergestellt.

AUFGABEN

1. Zeichne eine Tabelle mit der Schichtenfolge der Gesteine in der Region. Beschreibe die Entstehung der einzelnen Schichten mit Stichworten (M1 bis M4).
2. Begründe, warum im Kochertal bei Ingelfingen Buntsandstein ansteht (M3 u. M4).
3. Normalerweise liegen die Ablagerungsgesteine horizontal übereinander. Beschreibe die linke Bildhälfte in M5 und versuche eine Erklärung.

Zusatzmaterialien Heilbronn-Franken
2.2 Steine erzählen Geschichten

M7 Entstehung von Salzlagern

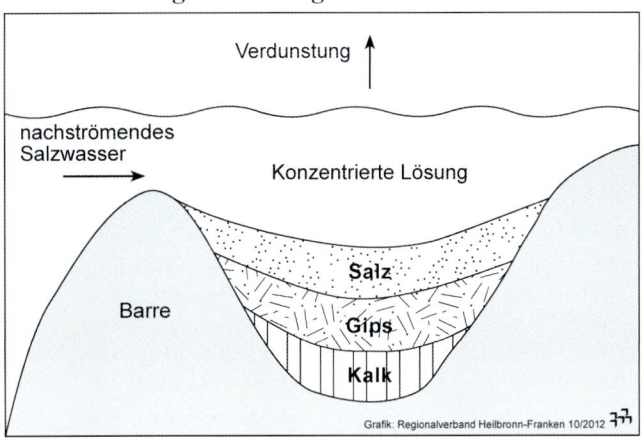

Vor ca. 240 Mio. Jahren war das Germanische Becken von einem seichten Meer bedeckt, das durch eine Schwelle (*Barre*) vom Hauptmeer abgegrenzt wurde. Durch verstärkte Verdunstung erhöhte sich im Randmeer die Salzkonzentration. Die im Meerwasser gelösten Salze kristallisierten und lagerten sich wie schon zuvor die Kalk- u. Gipsschichten am Meeresgrund ab.

M8 Südwestdeutsche Salzwerke AG in Heilbronn: Salzabbau und -verwendung

Das im Bergwerk Heilbronn abgebaute Steinsalz ist 240 Mio. Jahre alt und wird aus einer Tiefe von 170 bis 210 m gefördert. Der Abbau erfolgt „trocken", d.h., das Salz wird entweder „aus dem Berg gesprengt", oder – im schneidenden Gewinnungsverfahren – herausgetrennt.

Über Förderbänder gelangt es – immer noch unter Tage – in eine Aufbereitungsanlage. Dort wird das Salz in mehreren Stufen zerkleinert, gesiebt und schließlich durch den Schacht nach oben befördert. Der Abtransport des Salzes geschieht überwiegend durch Binnenschiffe, die an der eigenen Verladestelle im sog. „Salzhafen" befüllt werden. Von der Menge ist das Auftausalz für den Winterstreudienst auf den Straßen das wichtigste Produkt des Bergwerks Heilbronn.

Quelle: nach Geschäftsbericht Südwestdeutsche Salzwerke 2010.

M9 Vereinfachtes Geologisches Profil vom Schacht „Franken"

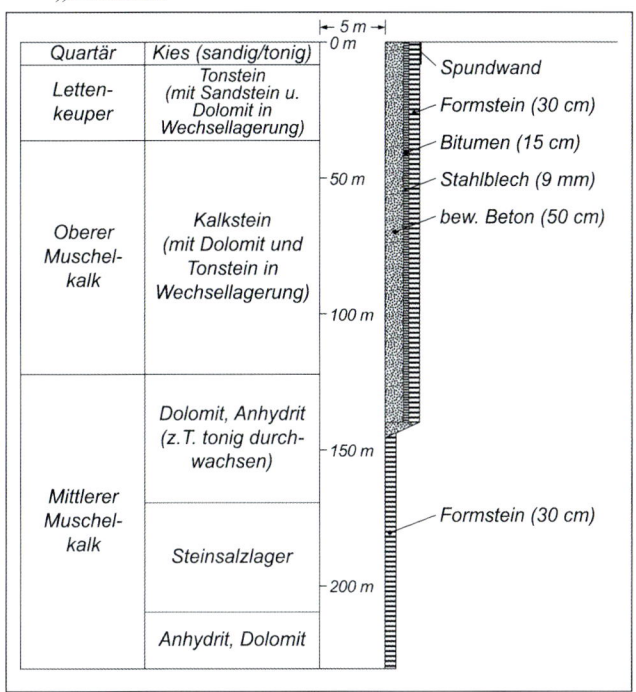

Quartär	Kies (sandig/tonig)	
Letten-keuper	Tonstein (mit Sandstein u. Dolomit in Wechsellagerung)	
Oberer Muschelkalk	Kalkstein (mit Dolomit und Tonstein in Wechsellagerung)	
Mittlerer Muschelkalk	Dolomit, Anhydrit (z.T. tonig durchwachsen)	
	Steinsalzlager	
	Anhydrit, Dolomit	

Schachtausbau: Spundwand, Formstein (30 cm), Bitumen (15 cm), Stahlblech (9 mm), bew. Beton (50 cm), Formstein (30 cm).

Quelle: Rogowski, E./Wegener, W. (1977): Über den neuen Schacht FRANKEN der südwestdeutschen Salzwerke AG, Heilbronn. – In: Jh. Geol. Landesamt Baden-Württemberg 19, S. 59-80.

M10 Glossar

Anhydrit: Schwach salzhaltiges Salzgestein.
Dolomit: Magnesiumhaltiger Kalkstein.

ZUSATZAUFGABEN

4. Erläutere die Entstehung einer Salzlagerstätte. Beschreibe das dafür notwendige Klima (M7).
5. Erstelle ein Flussdiagramm zum Abbau und der Verwendung des Heilbronner Steinsalzes (M8).
6. Steinsalz ist wasserlöslich. Begründe, wie das 240 Mio. Jahre alte Heilbronner Steinsalz so lange unbeschadet überleben konnte (M9 u. M10).

LÖSUNGSHINWEISE

Aufgabe 1:
Trias (250-200 Mio. Jahre)

Keuper	Wechselnde Bedingungen: Gipskeuper in seichtem Meer, Bunte Mergel (=Kalk+Ton) im Übergang zwischen Meeres- und Festlandphase, Sandsteine in verschiedenen Festlandphasen
Muschelkalk	Aus abgestorbenen Meerestieren entstandene, z.T. tonige Kalksteine
Buntsandstein	Festländisch, wüstenhaftes Klima, Quarzkörner mit Ton oder Kieselsäure verbacken, Rotfärbung durch Eisenoxidhülle

Aufgabe 2:
Der Kocher hat sich durch Erosion bis zu den älteren Gesteinsschichten eingetieft.

Aufgabe 3:
Es handelt sich um eine doppelte Verwerfung mit einer Aufschiebung (oben) und einer Abschiebung (unten).

Aufgabe 4:
Bildung eines Randmeers durch Barre – erhöhte Verdunstung – Ansteigen der Salzkonzentration – Kristallisation – Ablagerung. Die Salzlagerstättenbildung erfolgt bei trockenem und heißem Klima.

Aufgabe 5:
Abbau durch Sprengen oder Schneiden → Zerkleinern und Sieben unter Tage → Förderung mit Schacht nach über Tage → Abtransport überwiegend mit Binnenschiffen → Auftausalz größte Menge

Aufgabe 6:
Schutz der Steinsalzschicht durch tonige und damit wasserundurchlässige Gesteinsschichten.

Ein Projekt der IHK Heilbronn-Franken in Kooperation mit dem Pakt Zukunft, dem Regionalverband Heilbronn-Franken, der Akademie für Innovative Bildung und Management und der Pädagogischen Hochschule Ludwigsburg

3.1 Landschaften: Schichtstufen und Flusstäler

M1 Waldenburg – der Balkon von Hohenlohe

M2 Blockbild Hohenloher Ebene und Fränkischer Wald

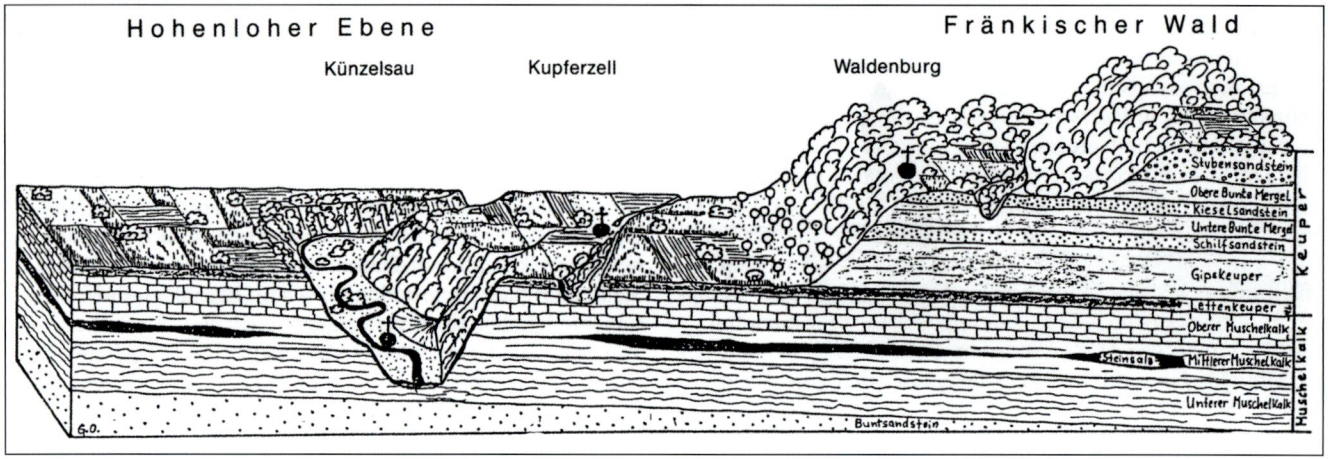

Quelle: Burghardt, H. u.a. (1988): Baden-Württemberg. Stuttgart. S. 227.

M3 Die Entstehung von Schichtstufenlandschaften

Der Fränkische Wald ist wie die gesamte Region Heilbronn-Franken Teil des *Südwestdeutschen Schichtstufenlandes*. Für die Entstehung von Schichtstufenlandschaften müssen zwei Voraussetzungen gegeben sein:
1. Die Wechsellagerung von harten und weichen (*Sediment-*) Gesteinsschichten
2. Die Schrägstellung dieser Schichten

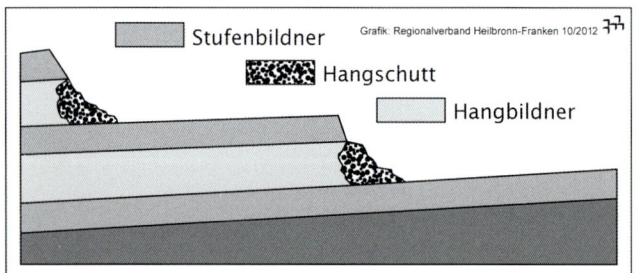

Die härteren *Stufenbildner* sind wasserdurchlässig (Kalk- und Sandstein). Sie halten der Abtragung durch Wasser länger stand. Der weiche *Hang-* oder *Sockelbildner* (Ton, Mergel = Ton+Kalk) hingegen ist nicht wasserdurchlässig und staut das im Stufenbildner versickerte Wasser. Es kommt zur Lockerung, Lösung und Ausspülung des weichen Gesteins. Dadurch wird die darüber liegende harte Schicht unterhöhlt. Schließlich bricht sie nach und bildet eine *Hangschutthalde*. Durch die ständige Wiederholung dieses Prozesses werden die Schichtstufen immer weiter zurückverlagert. Dies geht allerdings nur sehr langsam vor sich. Als grobe Schätzung kann man in einer Million Jahre mit ca. einem Kilometer rechnen.

M4 Naturräume Hohenloher Ebene und Fränkischer Wald

Der *Fränkische Wald* ist von Natur aus Waldland. Auf dem Stubensandstein haben sich nur wenig fruchtbare Sandböden gebildet. Auf den Rodungsinseln überwiegt die Gründlandwirtschaft.

Zwischen den Waldenburger Bergen und dem Kocher erstreckt sich die flachwellige *Hohenloher Ebene*. Auf dem tonhaltigen Lettenkeuper und den darüber liegenden Lößteppichen haben sich fruchtbare Lößlehmböden entwickelt. Die Hohenloher Ebene ist deshalb durch einen ertragreichen Ackerbau gekennzeichnet.

AUFGABEN

1. Beschreibe das Blockbild (M2) und nenne die drei Hauptlandschaftsformen. Vergleiche das Blockbild mit dem Bild in M1.
2. Kennzeichne die weichen und harten Gesteinsschichten (Stufenbildner) in M2 mit unterschiedlichen Farben. Erläutere die Entstehung der beiden Schichtstufen. Zeichne ein, wie die Landschaft vor 500.000 Jahren ausgesehen haben könnte (M3).
3. Beschreibe die Nutzung von Hohenloher Ebene und Fränkischem Wald. Begründe die Unterschiede (M1, M2, M4).

Zusatzmaterialien Heilbronn-Franken
3.2 Landschaften: Schichtstufen und Flusstäler

M4 Kochertal bei Ingelfingen-Criesbach

M5 Satellitenbild Ingelfingen-Criesbach

Quelle: Google Earth

M6 Talprofil

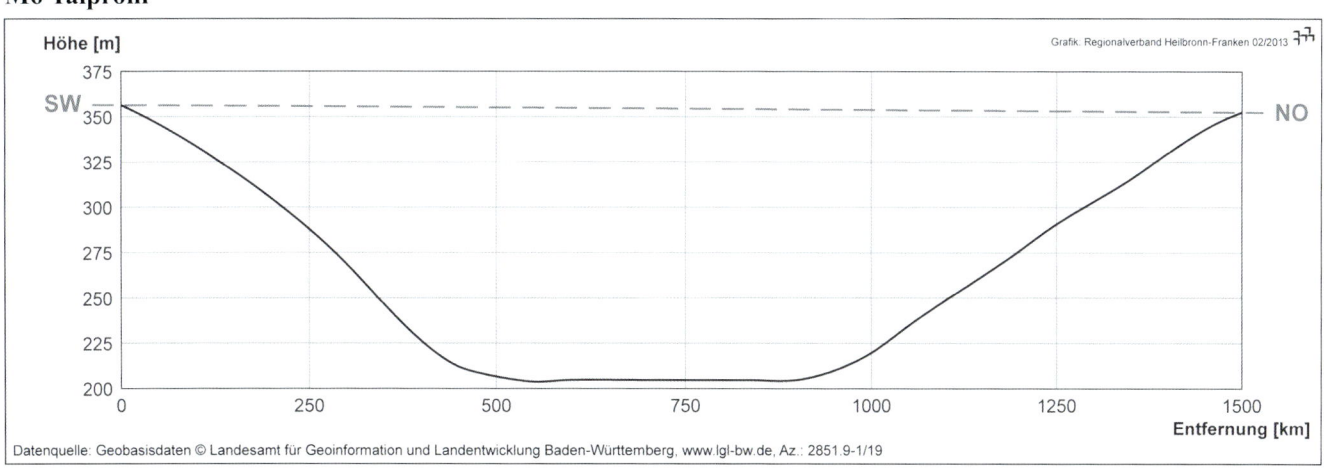

ZUSATZAUFGABEN

4. Beschrifte (Skizziere) im Profil des Kochertals (M6) die Talabschnitte und ihre Nutzung. Erkläre dein Ergebnis.

LÖSUNGSHINWEISE

Aufgabe 1: Waldberge – Hohenloher Ebene – Kochertal

Aufgabe 2: *Individuelle Lösungen.*

Aufgabe 3: Hohenloher Ebene: Ertragreicher Ackerbau auf fruchtbaren Lößlehmböden.
Fränkischer Wald: Wald und Grünlandwirtschaft auf wenig fruchtbaren Sandböden.

Aufgabe 4: In den Bildern und im Profil von SSW (links) nach NNO (rechts) lassen sich folgende Talabschnitte und Nutzungen identifizieren: Waldland – Ventilhersteller Bürkert – Ackerland – Ventilhersteller GEMÜ / Schraubenhersteller Reisser – Grünland – Kocher – Grünland – Kochertalstraße – Rebland.

Die Talsohle ist durch Gewerbegebiete, Siedlungen und Verkehrswege geprägt. Die breite Aue erlaubt noch eine ackerbauliche Nutzung zwischen den Gewerbebauten (Industriegasse Kochertal).

Die unterschiedliche Nutzung der beiden Talflanken (Talasymmetrie) hängt mit der Sonnenexposition zusammen. Auf dem südexponierten Hang wird Wein angebaut, auf dem nordexponierten Hang besteht ein geschlossenes Waldgebiet.

Ein Projekt der IHK Heilbronn-Franken in Kooperation mit dem Pakt Zukunft, dem Regionalverband Heilbronn-Franken, der Akademie für Innovative Bildung und Management und der Pädagogischen Hochschule Ludwigsburg

4.1 Flussgeschichten

M1 Jagsttal bei Widdern

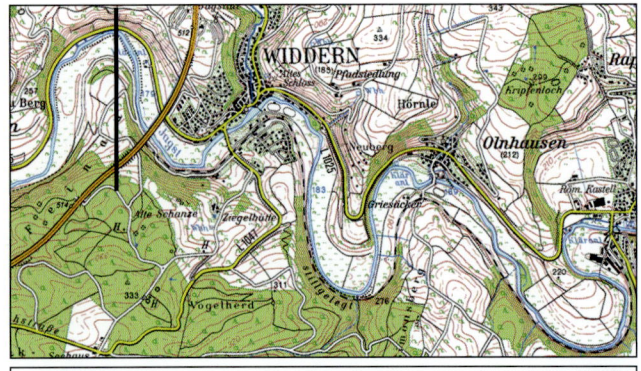

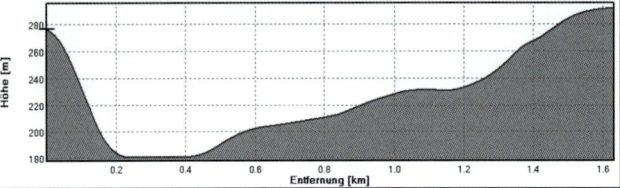

Grundlage: TK50 Ausschnitte aus der DVD Top50 - © Landesamt für Geoinformation und Landesentwicklung Baden-Württemberg (www.lgl-bw.de), Az.: 2851.3-A/623.

M2 Entstehung eines Umlaufberges

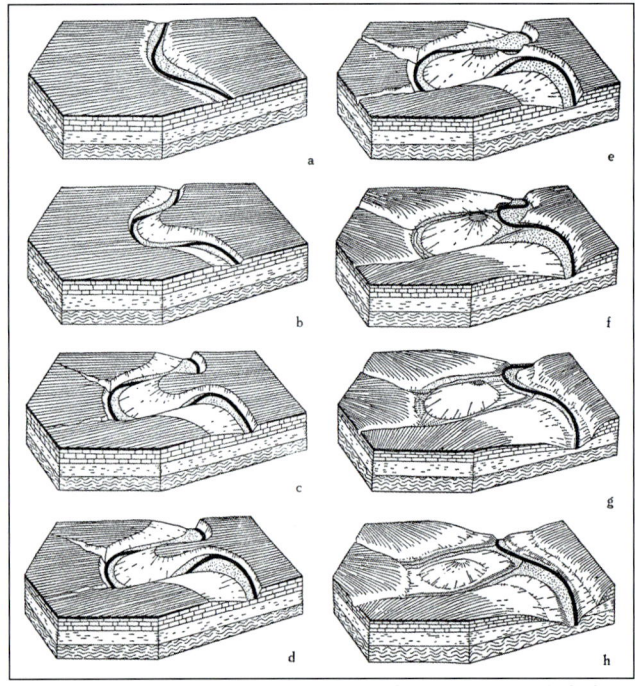

Quelle: Wagner, G. (1960): Einführung in die Erd- und Landschaftsgeschichte. Öhringen. S. 86.

M3 Formenbildung durch fließendes Wasser

Flüsse führen nicht nur Wasser, sondern im Untergrund auch Sande und Gerölle mit sich. Mit diesem Schleifmaterial schneiden sich die Flüsse in den Untergrund ein (Tiefenerosion). Die Abtragung erfolgt aber auch seitlich an den Ufern (Seitenerosion). Die Seitenerosion ist dort am stärksten, wo der Stromstrich, also der Bereich des Flusses mit der größten Fließgeschwindigkeit auf das Ufer trifft. Ursprünglich verläuft der Stromstrich in der Mitte, wo der Fluss die größte Tiefe hat. Durch einen Felsen z.B. kann der Stromstrich aber abgelenkt werden. Trifft er auf das Ufer, wird der Stromstrich im gleichen Winkel wieder zurückgelenkt (Einfallswinkel = Ausfallswinkel). So bewegt sich der Stromstrich im Zickzackkurs den Fluss entlang. Dort, wo der Stromstrich auf das Ufer trifft, findet starke Seitenerosion statt, es entsteht ein Außenbogen (Prallhang). Auf dem gegenüberliegenden Innenbogen (Gleithang) lagert der Fluss wegen der geringeren Fließgeschwindigkeit Material ab. Durch die Seitenerosion werden die Hälse der Flussschlingen (Mäander) verschmälert, bis es zum Durchbruch kommt. Der Fluss nutzt nun den kürzeren Weg und lässt sein altes Flussbett als Altwasser zurück. Der in einer ehemaligen Flussschlinge gelegene Berg heißt Umlaufberg.

M4 Ehemalige Neckarschlingen bei Lauffen

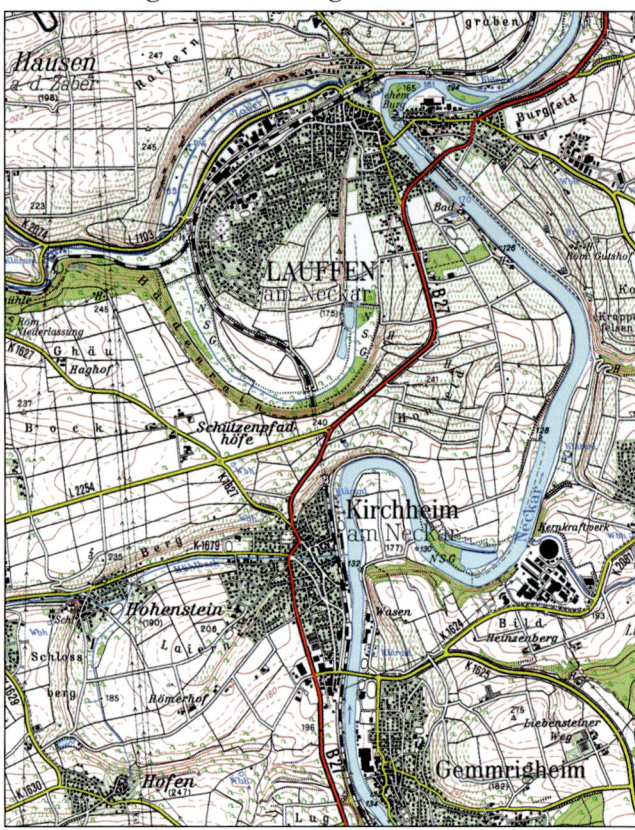

Grundlage: TK50 Ausschnitte aus der DVD Top50 - © Landesamt für Geoinformation und Landesentwicklung Baden-Württemberg (www.lgl-bw.de), Az.: 2851.3-A/623.

M5 Flüsse in der Region Heilbronn-Franken

Der Neckar quert die Region im Westen und fließt durch Heilbronn. Nördlich von Heilbronn münden die beiden Zwillingsflüsse Kocher und Jagst nur knapp 2 km voneinander entfernt in den Neckar. Im Norden bildet der Main die Grenze zu Bayern. In Wertheim mündet die Tauber in den Main.

AUFGABEN

1. Zeichne in der Topographischen Karte den Verlauf der Jagst ein. Beschreibe das Talprofil der Flussschlinge im Nordwesten (M1). Stelle Hypothesen für die Entstehung des Verlaufs und des Profils auf.
2. Erläutere die Entstehung von Flussschlingen (Mäander) und Umlaufbergen (M2 u. M3).
3. Zeichne in M4 die ehemaligen Flussschlingen ein und erkläre den heutigen Verlauf des Neckars. Begründe die Anlage eines Laufwasserkraftwerks in Lauffen.

Zusatzmaterialien Heilbronn-Franken
4.2 Flussgeschichten

M6 Main und Tauber bei Wertheim

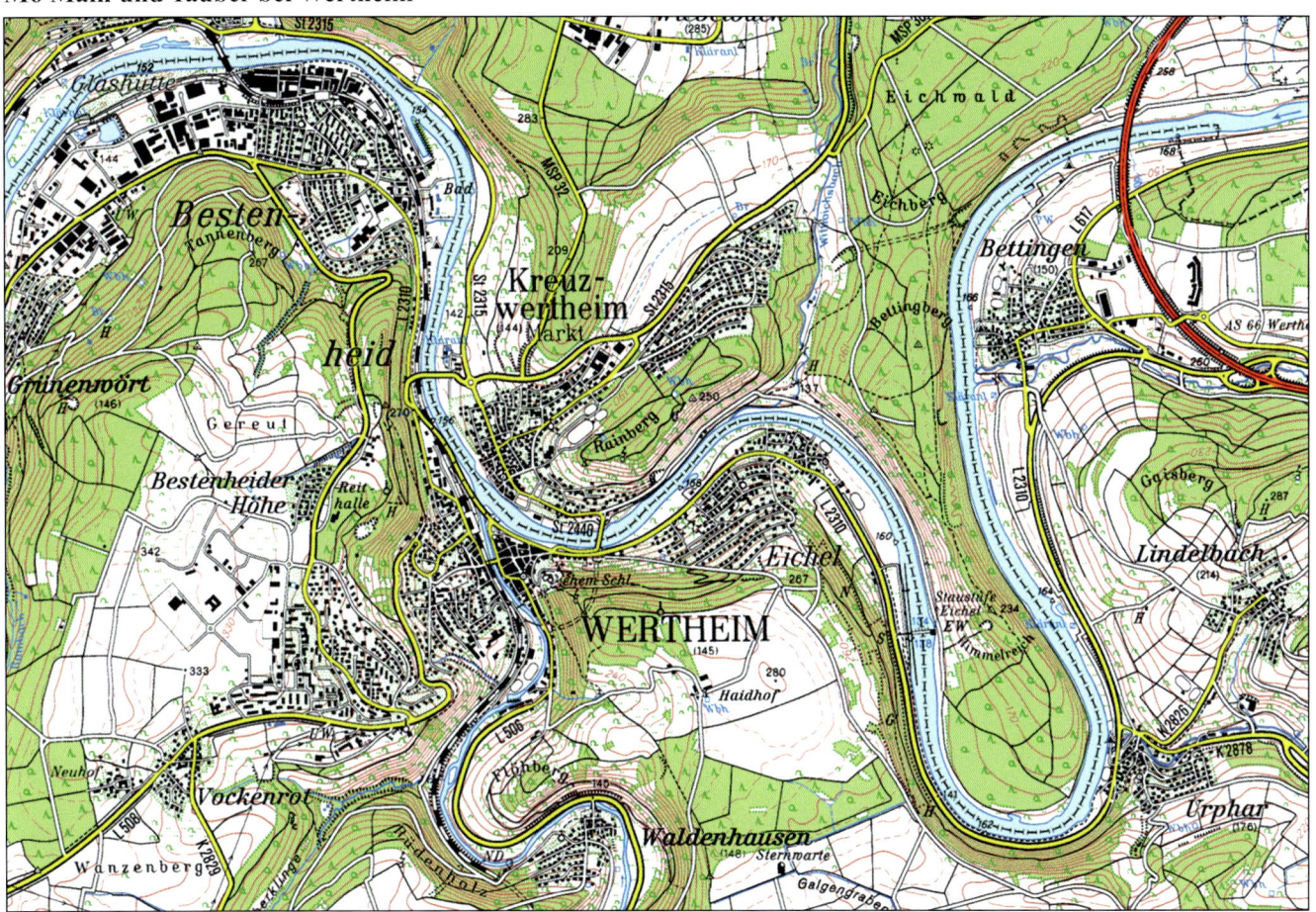

Grundlage: TK50 Ausschnitte aus der DVD Top50 - © Landesamt für Geoinformation und Landesentwicklung Baden-Württemberg (www.lgl-bw.de), Az.: 2851.3-A/623.

M7 Neuberg bei Gelbingen (überhöhte Darstellung)

ZUSATZAUFGABEN

4. Zeichne in M6 den ehemaligen Verlauf des Maines ein. Beurteile die zukünftige Entwicklung der Mainschleife bei Urphar. Berücksichtige dabei die Rolle der Staustufe Eichel.
5. Zeichne den Verlauf des Kochers in M7 ein. Beurteile die zukünftige Entwicklung des Neubergs (Bildmitte).

LÖSUNGSHINWEISE

Aufgabe 1: *Individuelle Lösungen.*

Aufgabe 2: Hilfreich ist hier eine Tafelskizze mit dem Zickzackkurs des Stromstrichs. Wo der Stromstrich auf das Ufer prallt, findet Seitenerosion statt und die Mäanderbildung setzt ein.

Aufgabe 3: Entlang der verdichteten Höhenlinien lassen sich die ehemaligen Flussschlingen jeweils westlich der beiden Orte leicht einzeichnen. Der Durchbruch am Mäanderhals im heutigen Lauffen bedingt eine Verkürzung der Fließstrecke und damit eine höhere Fließgeschwindigkeit.

Aufgabe 4: Der ehemalige Verlauf des Mains führte um den Rainberg bei Kreuzwertheim. Zu dieser Zeit mündete die Tauber etwas weiter nördlich in den Main. Der Main fließt heute also ein kurzes Stück im ehemaligen Taubertal. Wenn die Entstehung eines Umlaufberges unter Mithilfe eines Seitenflusses geschieht, spricht man auch von einem Durchbruchsberg. Die Erosion der Flüsse ist durch die Anlage von Staustufen stark eingeschränkt worden. (Ergebnissicherung mit Interaktivem Whiteboard: Einzeichnen des heutigen und ehemaligen Flusslaufes mit unterschiedlichen Farben).

Aufgabe 5: Beim Neuberg ist beim Übergang zu Gelbingen eine leichte Einsattelung zu erkennen. Der Neuberg kann als potenzieller Umlaufberg eingestuft werden, dessen Vollendung aber noch geologische Zeiträume in Anspruch nehmen wird.

Ein Projekt der IHK Heilbronn-Franken in Kooperation mit dem Pakt Zukunft, dem Regionalverband Heilbronn-Franken, der Akademie für Innovative Bildung und Management und der Pädagogischen Hochschule Ludwigsburg

5.1 Bevölkerungsentwicklung

M1 Bevölkerungsentwicklung, Wanderungs- und Geburtensaldo in der Region Heilbronn-Franken 1980 - 2014

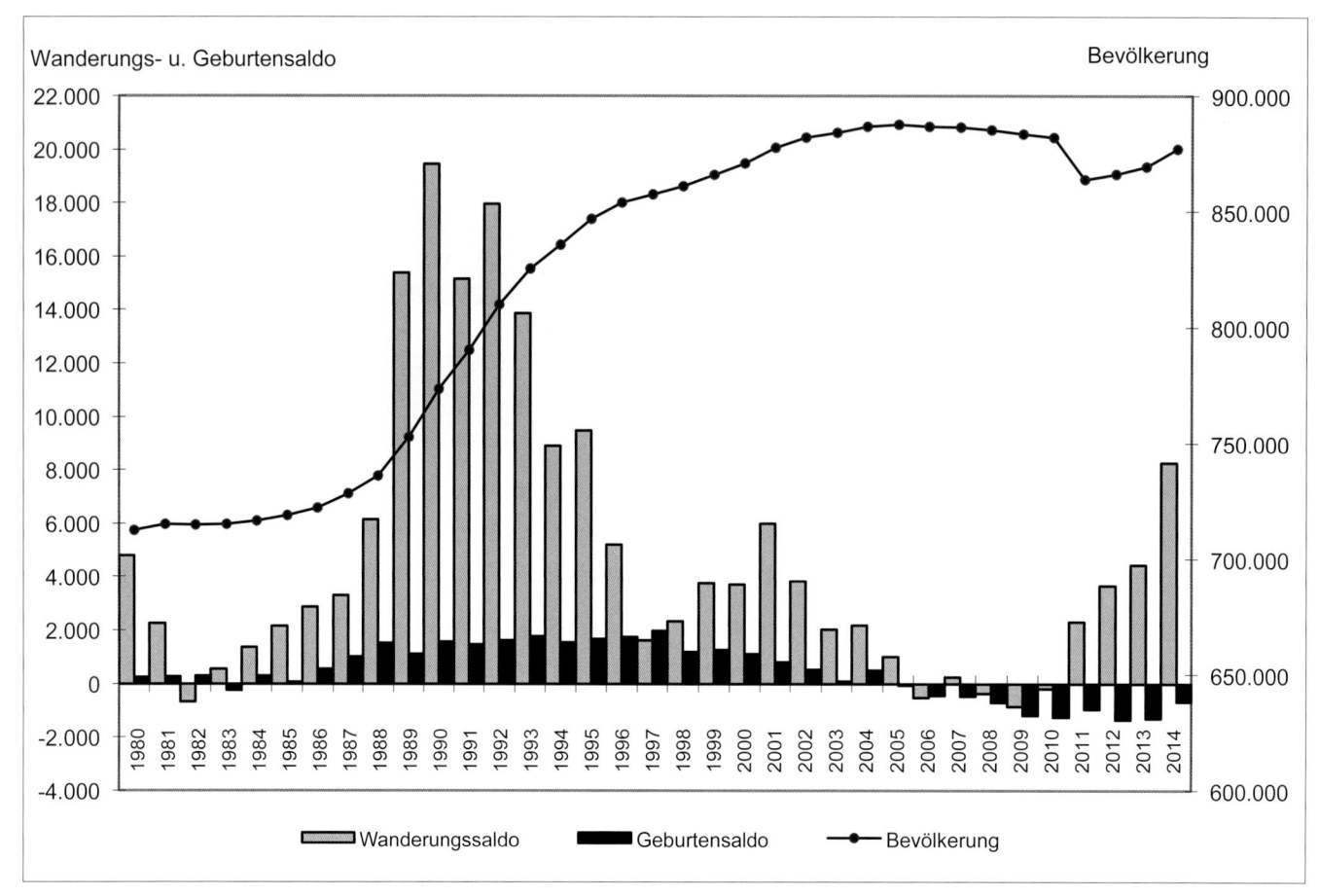

Quelle: Statistisches Landesamt Baden-Württemberg, eigene Berechnungen.

M2 Glossar

Wanderungssaldo: Summe der Zu- und Fortgezogenen.
Geburtensaldo oder natürliche Bevölkerungsentwicklung: Differenz zwischen Geburten und Sterbefällen.

M3 „Lebendiges Diagramm"

(1) Jessica Müller aus Künzelsau hat gerade ihr Studium an der Uni Konstanz abgeschlossen. Weil es ihr am Bodensee so gut gefällt, sucht sie dort nach ihrem ersten Job.
(2) Der Metallfacharbeiter Stefan König aus Magdeburg ist wegen des Niedergangs der Industrie in den neuen Bundesländern arbeitslos und siedelt nach Heilbronn über.
(3) Andreas und Irina Kremer gehören zu den Spätaussiedlern, die nach dem Ende der Sowjetunion nach Deutschland auswandern. Weil durch den Abzug der US-Army in der Region viele Wohnungen frei werden, kommen sie nach Heilbronn-Franken.
(4) Das Ehepaar Sylvia und Rainer Schwab lebt in Schwäbisch Hall. Die beiden jungen Akademiker haben gut bezahlte Jobs und wollen vorerst keine Kinder.

M4 Zuwanderungsströme nach dem Zweiten Weltkrieg

Die wichtigste räumliche Bevölkerungsbewegung brachte für die Region Heilbronn-Franken durch die nach dem Zweiten Weltkrieg einströmenden Flüchtlings-, Evakuierten- und Vertriebenenströme bis in die 1950er Jahre hinein enorme Wanderungsgewinne mit sich. Die weitgehend unversehrten Städte des nur wenig dicht besiedelten Landkreises Tauberbischofsheim z.B. mussten einen Bevölkerungsanstieg von 23.841 Personen verkraften. In Wertheim war das Bevölkerungswachstum am größten. Durch die Ansiedlung von Industriebetrieben, insbesondere der Thüringer Glasindustrie und ein großzügiges Bauprogramm konnte den Flüchtlingen eine dauerhafte neue Heimat geschaffen werden.

AUFGABEN

1. Ordne die Aussagen in M3 dem Bevölkerungsdiagramm (M1) zu. Trage dazu die Nummer der Aussage mit Bleistift im Diagramm ein. Begründe deine Zuordnung.
2. Beschreibe und begründe die Bevölkerungsentwicklung in der Region Heilbronn-Franken unter Berücksichtigung des Wanderungs- und Geburtensaldos (M1 bis M4).

Zusatzmaterialien Heilbronn-Franken
5.2 Bevölkerungsentwicklung

M5 Bevölkerungsentwicklung in den Gemeinden 2001-2011

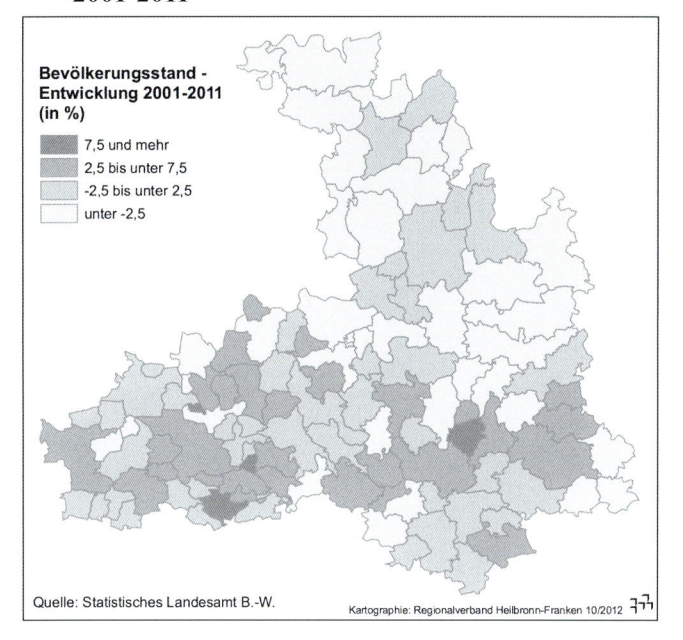

Bevölkerungsstand - Entwicklung 2001-2011 (in %)
- 7,5 und mehr
- 2,5 bis unter 7,5
- -2,5 bis unter 2,5
- unter -2,5

Quelle: Statistisches Landesamt B.-W. Kartographie: Regionalverband Heilbronn-Franken 10/2012

M7 Grünenwört in Nachbarschaft zum Bestenheider Industriegebiet

© Peter Kirchner

ZUSATZAUFGABEN

3. Beschreibe die Bevölkerungsentwicklung in den Gemeinden der Region. Nenne Gebiete mit besonders großem Rückgang und Wachstum und überlege eine Begründung (M5 bis M7).

M6 Wachsende und schrumpfende Dörfer

Die ca. 300 Bewohner des Dorfes Grünenwört am Main führten bis zu den durch den Zweiten Weltkrieg ausgelösten einschneidenden Veränderungen ein genügsames kleinbäuerliches Leben. Mit der Ansiedlung von Industrie im benachbarten Bestenheid änderte sich der Charakter des Dorfes gravierend. Die zahlreichen Flüchtlinge nutzten die sich bietenden Beschäftigungsmöglichkeiten in der benachbarten Industrie ebenso wie die einheimischen Landwirte. So entwickelte sich Grünenwört zu einem wachsenden Industriearbeiterdorf mit heute über 600 Einwohnern.

Das Dorf Kembach liegt etwa gleich weit entfernt zwischen den Mittelzentren Wertheim und Tauberbischofsheim und ist im gleichen Zeitraum von 450 auf 400 Einwohner geschrumpft.

LÖSUNGSHINWEISE

Aufgabe 1:
Individuelle Lösungen.

Aufgabe 2:
Bis in die 1950er Jahre brachten kriegsbedingte Zuwanderungsströme enorme Wanderungsgewinne mit sich. Die Jahre 1989 bis 1993 waren erneut durch einen starken Zustrom von vornehmlich Spätaussiedlern geprägt. Parallel dazu stiegen von 1987 bis 1995 die Geburtenüberschüsse auf ein hohes Niveau, so dass in der Summe seit dem Ende der 1980er Jahre ein steiler Bevölkerungsanstieg einsetzte, der die Gesamtbevölkerung in nur 10 Jahren um mehr als 120.000 Einwohner wachsen ließ. Nach einer letzten Wachstumsspitze mit einem Zuwachs von knapp 7.000 Personen nach der Jahrtausendwende und einem Höchststand von 887.673 Einwohnern, schrumpfte von 2006 bis 2011 die Bevölkerung in der Region Heilbronn-Franken. Seit 2012 gibt es wieder ein Bevölkerungswachstum.
Bei der ersten Zuzugswelle nach dem Zweiten Weltkrieg war ausschlaggebend, dass die Kleinstädte im Jagst-, Kocher- und Taubertal im Gegensatz zu den durch Bombenangriffe zerstörten Großstädten unversehrt geblieben waren. Die zweite Welle von überwiegend russischen Spätaussiedlern anfangs der 1990er Jahre wurde durch den Bedarf der nach wie vor wachsenden Industrie nach Beschäftigten begünstigt.

Aufgabe 3:
Ca. ein Drittel der 111 Städte und Gemeinden haben einen Einwohnerverlust zu verzeichnen. Neben weiten Teilen des Main-Tauber-Kreises sind Rückgänge im Osten des Landkreises Schwäbisch Hall, in Teilen der Hohenloher Ebene und im mittleren Jagsttal festzustellen. Ein Bevölkerungswachstum findet in vielen Gemeinden des Landkreises Heilbronn statt. Im Umfeld der einzigen Großstadt beginnt sich ein Speckgürtel zu entwickeln. Die abseits gelegenen Gemeinden in den drei übrigen Landkreisen schrumpfen, weil es keinen Ersatz für die aufgegebene Landwirtschaft gibt und die jungen Menschen in die Zentren in und außerhalb der Region abwandern.

Ein Projekt der IHK Heilbronn-Franken in Kooperation mit dem Pakt Zukunft, dem Regionalverband Heilbronn-Franken, der Akademie für Innovative Bildung und Management und der Pädagogischen Hochschule Ludwigsburg

6.1 Siedlungsentwicklung

M1 Topographische Karte von Bad Wimpfen

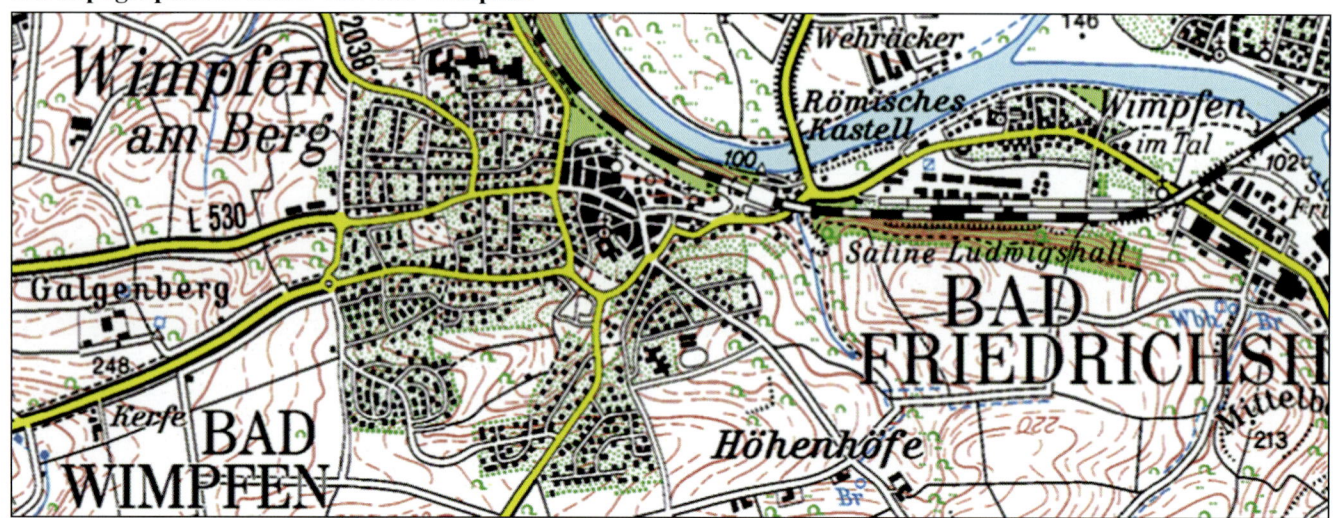

Grundlage: TK50 Ausschnitte aus der DVD Top50 - © Landesamt für Geoinformation und Landesentwicklung Baden-Württemberg (www.lgl-bw.de), Az.: 2851.3-A/623.

M2 Besiedlungsgeschichte von Bad Wimpfen

Die „Doppelstadt" Bad Wimpfen besteht aus den beiden Teilen Wimpfen im Tal und Wimpfen am Berg. Die günstige Lage sorgte für eine frühe Besiedlung. Über einen hohen Prallhang fällt das wegen seiner Lösslehmböden überaus fruchtbare
5 Kraichgauer Hügelland steil zum Neckarbogen hinab. Auf dem „Berg" bot sich eine günstige Aussichts- und Verteidigungslage. In der Neckaraue im Tal war der Anschluss an den Neckar als Verkehrsweg gegeben. Über eine Furt und später über eine Brücke war die Überquerung des Flusses möglich.
10 Schon in vorgeschichtlicher Zeit war dieser Standort ein wichtiger Verkehrsknotenpunkt und Siedlungsplatz.
Im 5. Jh. v.Chr. siedelten die Kelten im Raum Bad Wimpfen. Auf sie gehen wahrscheinlich die Namen der Flüsse Neckar, Jagst und Kocher sowie der Siedlung Wimpfen zurück. Die in
15 Wimpfen ansässigen Kelten gehörten dem Stamm der Helvetier an, die später in die Schweiz abzogen.
Im 2. Jh. n.Chr. bauten die Römer das Kastell Wimpfen im Tal als einen Knotenpunkt des Neckar-Odenwald-Limes. Daneben entwickelte sich eine römische Händler- und Handwerker-
20 siedlung, die zu einer befestigten Stadt mit Mauer und Graben ausgebaut wurde. Nach dem Abzug der Römer besiedelten zwischen 260 und 500 n.Chr. die Alamannen und danach die Franken den Siedlungsort Wimpfen.
Der wichtigste Schritt in der Entwicklung Wimpfens zu einer
25 Stadt erfolgte mit der Verleihung der Marktrechte durch Kaiser Otto I. im Jahr 965. Fortan boten die Bauern aus dem unmittelbaren Umland sowie weitgereiste Kaufleute ihre Waren in Wimpfen zum Verkauf. Der mittlerweile weit über 1.000 Jahre alte Talmarkt ist zu einem der ältesten Volksfeste in Deutsch-
30 land geworden.
Um 1200 wurde auf Anordnung des Stauferkaisers Friedrich Barbarossa auf dem „Berg" eine Stauferpfalz gebaut. Die Kaiser im Mittelalter hatten keinen festen Regierungssitz, sondern hielten in über das ganze Reich verstreuten Pfalzen Hof. Wenn
35 die Vorräte zur Neige gingen, zog man zur nächsten Pfalz weiter („König, König, du musst wandern, von der einen Pfalz zur anderen"). Die Stauferpfalz in Bad Wimpfen ist die größte erhaltene Pfalzanlage nördlich der Alpen.
Nach dem Ende des Staufergeschlechts entwickelte sich
40 Wimpfen ab 1300 zur Freien Reichsstadt mit einem eigenen „Bürgermeister" (Schultheiß) und „Stadträten". Die Selbständigkeit der Stadt zog viele Handwerker und Kaufleute an.

Noch heute zeugen zahlreiche Fachwerkbauten von dieser Zeit des hoch- und spätmittelalterlichen Wohlstands.
45 Die Förderung von Sole (Salz-Wasser-Lösung) und der Bau der Eisenbahn ermöglichten Wimpfen die Entwicklung zum Kurbad und zum Industriestandort. Bis 1921 produzierte die Saline Ludwigshall Salz. Danach diente die Sole als Grundstoff für die Herstellung chemischer Produkte.
50 Sein mittelalterliches Stadtbild hat Bad Wimpfen bis heute erhalten, überragt von der Stauferpfalz mit ihrem Roten und Blauen Turm.

Quelle: nach Arens, F./Bührlen, R. (1991): Wimpfen. Bad Wimpfen.

AUFGABEN

1. Analysiere die Topographische Karte und nenne Hinweise für die Siedlungsentwicklung von Bad Wimpfen (M1).
2. Beschreibe die natürliche Gunstlage von Bad Wimpfen (M1 u. M2).
3. Finde passende Überschriften für die Besiedlungsphasen von Bad Wimpfen und stelle sie in einem Fließdiagramm mit zeitlicher Einordnung dar (M2).
4. Vergleiche die Besiedlungsphasen von Bad Wimpfen am Neckar mit deiner eigenen Heimatstadt.

Zusatzmaterialien Heilbronn-Franken
6.2 Siedlungsentwicklung

M3 Topographische Karte von Grünenwört und dem Bestenheider Industriegebiet

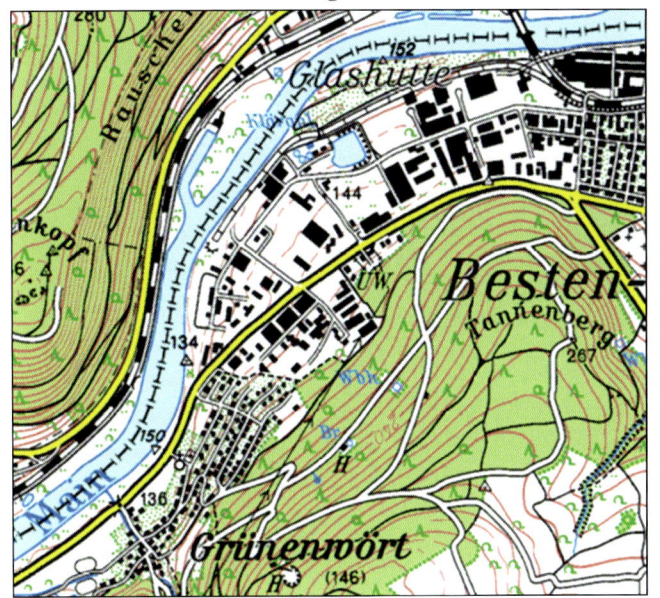

Grundlage: TK50 Ausschnitte aus der DVD Top50 - © Landesamt für Geoinformation und Landesentwicklung Baden-Württemberg (www.lgl-bw.de), Az.: 2851.3-A/623.

M4 Strukturwandel in Grünenwört

Ausgelöst durch die Ansiedlung der Thüringer Glasindustrie in Wertheim-Bestenheid setzte in dem kleinen Dorf Grünenwört ein Wandel zum Industriearbeiter- und Auspendlerdorf ein. Die Bevölkerung ist seit dem Zweiten Weltkrieg von 300 auf 600 Einwohner gewachsen. Verschiedene Ausbauphasen haben zu einer Verdreifachung der Siedlungsfläche geführt. Durch zwei große Neubaugebiete mit über 100 Bauplätzen ist eine zweigeteilte Grundrissstruktur entstanden. Im südwestlich gelegenen alten „Dorf" stehen die Häuser dicht zusammen. Einige Häuser stehen leer und sind dem Verfall preisgegeben. Auf dem „Berg" dagegen reihen sich die Neubauhäuser symmetrisch genau unterhalb und oberhalb von vier parallelen Straßenachsen wie an einer Perlenschnur aneinander. Die landwirtschaftlichen Flächen fielen nach und nach dem Ausbau des Industriegebiets zum Opfer. Schon seit den frühen 1990er Jahren wird keine Landwirtschaft mehr betrieben. Gewerbliche Arbeitsplätze hat es in dem kleinen Dorf ohnehin so gut wie keine gegeben.

M5 Leer stehendes Bauernhaus im Ortskern von Grünenwört

© Peter Kirchner

ZUSATZAUFGABEN

5. Beschreibe und begründe den Strukturwandel des Dorfes Grünenwört (Siedlungsfläche, Bevölkerung, Arbeitsplätze) (M3 u. M4).
6. Fertige eine Skizze von dem alten Bauernhaus in M5 an. Beschrifte die beiden Gebäudehälften und finde einen Namen für diese Hausform.
7. Immer mehr alte Häuser in der Dorfmitte stehen leer und verfallen. Die Dorfbewohner bauen lieber neue Häuser in den Neubaugebieten am Dorfrand. Nenne Maßnahmen zur Wiederbelebung der Dorfmitte.
8. Vergleiche die Entwicklung von Grünenwört mit Dörfern in deiner Nähe.

LÖSUNGSHINWEISE

Aufgabe 1: Verdichteter Stadtkern, Klöster und Kirchen, Römisches Kastell, Saline Ludwigshall, Wimpfen am Berg und Wimpfen im Tal.
Aufgabe 2: Neckarfurt, Aussichts- und Verteidigungslage, Kraichgauer Hügelland mit fruchtbaren Lößlehmböden.
Aufgabe 3: Kelten (5. Jh. v.Chr.) → Römer (2. Jh.) → Alamannen (260 – 500) → Franken (nach 500) → Stauferpfalz (13. Jh.) → Freie Reichsstadt (ab ca. 1300) → Kurbad und Industriestandort (ab 19. Jh.).
Aufgabe 4: *Individuelle Lösungen.*
Aufgabe 5: Siedlungsfläche: Verdreifachung der Siedlungsfläche. Altes verdichtetes (Haufen)Dorf steht den beiden Neubaugebieten am Berg entlang vier parallelen Straßenzügen gegenüber. Bevölkerung: Verdoppelung der Bevölkerung. Arbeitsplätze: Ausgestorbene Landwirtschaft, so gut wie keine gewerblichen Arbeitsplätze. Aus der Verdoppelung der Bevölkerung und Verdreifachung der Siedlungsfläche lässt sich eine Flächenextensivierung ablesen. Der Strukturwandel wurde durch die Industrieansiedlung in unmittelbarer Nachbarschaft ausgelöst.

Aufgabe 6:

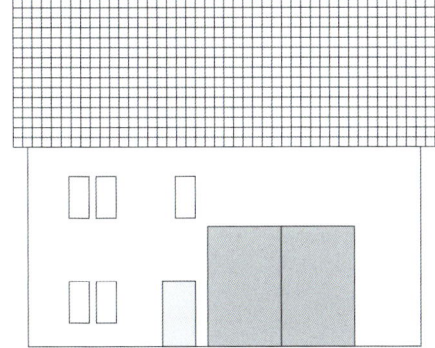

Quergeteiltes Einhaus mit Wohntrakt links und Wirtschaftstrakt rechts

Aufgabe 7: Zuschüsse zur Sanierung des alten Gebäudebestandes. Förderung junger Familien. Einrichtung eines Dorfladens.
Aufgabe 8: *Individuelle Lösungen.*

7.1 Raumordnungsregion Heilbronn-Franken

M1 Windpark Wertheim-Höhefeld

M2 Aufgaben der Raum- und Regionalplanung

Raum- und Regionalplanung handelt nicht nur davon, wo Industriezentren geplant werden, auf welchem Areal ein Supermarkt gebaut wird, oder wie dicht ein Verkehrsnetz sein soll. Im Mittepunkt stehen dabei heute gute und gesunde Arbeits- und Lebensbedingungen. Eine gesunde Umwelt soll mit einer gedeihlichen wirtschaftlichen und sozialen Entwicklung einhergehen. Immer wieder stoßen dabei, fast wie ein Naturgesetz, Interessenkonflikte aufeinander. Das zu moderieren, hier optimale Lösungen zu finden, sind wichtige Aufgaben der Raum- und Regionalplanung: in der Gegenwart und Zukunft.

Quelle: Landeszentrale für politische Bildung Baden-Württemberg (2011): Stadt, Land im Fluss. Planen – entwickeln – gestalten. Die Regionalverbände in Baden-Württemberg.

M3 Aufgaben des Regionalverbandes Heilbronn-Franken

Auf der Grundlage des Landesplanungsgesetzes Baden-Württemberg übernimmt der Regionalverband wichtige Planungsaufgaben für die Region Heilbronn-Franken.

Das Erstellen und Fortschreiben eines Regionalplanes ist die wichtigste Aufgabe. Hier werden das räumliche Grundgerüst der regionalen Entwicklung für Wohnen, Arbeit und Verkehr festgelegt sowie Schwerpunkte für Industrie und Dienstleistungen ausgewiesen. Festgelegt werden außerdem Vorranggebiete für den Rohstoffabbau und Windpark-Standorte.

In einem Landschaftsrahmenplan werden landschaftlich wertvolle Bereiche der Region erfasst und Freiräume und Grünflächen für die Naherholung gesichert.

Für den Einzelhandel hat der Regionalverband ein „Märktekonzept" entwickelt, das darstellt, welche Innenstädte und Stadtränder („Grüne Wiese") für Großmärkte geeignet sind.

In einem Regionalen Entwicklungskonzept hat der Regionalverband wichtige Leitsätze für eine, alle Verkehrsträger integrierende, Verkehrsentwicklung in der Region erarbeitet. Dazu gehört z.B. der Ausbau des Heilbronner S-Bahn-Netzes.

M4 Strukturdaten und räumliche Struktur der Raumordnungsregion Heilbronn-Franken

Die Region Heilbronn-Franken ist die größte Region in Baden-Württemberg. Ca. 880.000 Einwohner leben hier. Mit durchschnittlich 185 Einwohnern je Quadratkilometer ist die Region dünner besiedelt als Baden-Württemberg oder die Bundesrepublik. Tatsächlich ist die Besiedlung in vielen Teilen der Region aber noch geringer: 40 Einwohnern/qkm in Creglingen stehen 1.226 Einwohner/qkm in Heilbronn gegenüber. Ein Gegensatz, der die Region ebenfalls prägt und dazu führt, dass vier Fünftel der Region zum Ländlichen Raum gehören und mehr als die Hälfte der Bevölkerung dort lebt.

Ländlicher Raum, ein Begriff, mit dem oft eine gewisse Geringschätzung verbunden war. Die ehemaligen „Armenhäuser" haben sich in den vergangenen Jahrzehnten zu dynamischen und selbstbewussten Teilräumen entwickelt. Über die ganze Region verteilt, vielfach in kleinen Siedlungen, finden sich zahlreiche Betriebe, die als kleine und mittelgroße Unternehmen ganz überwiegend zum Mittelstand zählen. Durch Spezialisierung und Besetzen von Marktnischen haben sich viele von ihnen zu Weltmarktführern entwickelt.

Auch als Wohnstandort hat der Ländliche Raum Qualitäten, vereint er doch relativ viel Wohnfläche pro Kopf, eine hohe Eigentumsquote und ein weitgehend intaktes soziales Umfeld mit einer Landschaft, die viel Freiraum, Freizeit- und Erholungsmöglichkeiten bietet. Die ausgewogene Wirtschaftsstruktur führt dazu, dass die Zahl der Auspendler aus der Region relativ gering ist. Allerdings bedingt das Leben im Ländlichen Raum eine vergleichsweise hohe individuelle Mobilität über oft größere Entfernungen, um Wohnen, Arbeiten, Ausbilden, Einkaufen und Freizeit miteinander vereinbaren zu können. Mit ca. 72 Kraftfahrzeugen je 100 Einwohner ist die Fahrzeugdichte entsprechend hoch.

Daneben bleibt die Landwirtschaft mit ihren Äckern, Wiesen und Weinbergen das landschaftlich bestimmende Bild.

Quelle: Landeszentrale für politische Bildung Baden-Württemberg (2011): Stadt, Land im Fluss. Planen – entwickeln – gestalten. Die Regionalverbände in Baden-Württemberg.

AUFGABEN

1. Nenne mögliche Konfliktparteien beim Bau von Windkraftanlagen und deren Interessen. Nenne weitere Raumnutzungskonflikte (M1).
2. Beschreibe die Aufgaben der Raum- u. Regionalplanung (M2 u. M3).
3. Stelle fest, welche Aufgaben des Regionalverbandes einzelne Gemeinden betreffen und welche gemeinde- bzw. landkreisübergreifend sind (M3).
4. Erläutere die Qualitäten des Ländlichen Raumes in der Raumordnungsregion Heilbronn-Franken (M4).

Zusatzmaterialien Heilbronn-Franken
7.2 Raumordnungsregion Heilbronn-Franken

M5 Energie- und klimapolitische Bedeutung der Windenergienutzung

Die Energieversorgung mit regenerativer Energie und insbesondere der Ausbau der Windenergienutzung ist zentrales Ziel der Landesregierung Baden-Württemberg und steht damit im besonderen öffentlichen Interesse.

Das Land hat mit dem Windatlas eine wichtige Grundlage für eine verstärkte Nutzung der Windenergie im Land bereitgestellt. Der Windatlas gibt für die Kommunen, Fachbehörden, Planer und Investoren wichtige Hinweise für eine effiziente Nutzung der Windenergie. Er liefert die fachlichen Grundlagen zur Identifikation geeigneter Standorte.

Der Windatlas verdeutlicht auch, dass das von der Landesregierung angestrebte Ziel, bis zum Jahr 2020 mindestens 10 % des Stroms im Land aus heimischer Windenergie bereit zu stellen, machbar ist. Um dieses Ziel zu erreichen, ist es erforderlich, im Land rund 1.200 neue Windenergieanlagen mit einer Leistung von je etwa 3 MegaWatt zu errichten. Zusammen mit den bereits jetzt vorhandenen Anlagen wird damit eine Strombereitstellung von etwa 7 TWh* pro Jahr ermöglicht.

Die Ausweisung von Flächen zur Windenergienutzung ist dafür auch in Waldgebieten notwendig, um die Ausbauziele der Landesregierung bis 2020 sicherzustellen. Waldgebiete sind grundsätzlich für die Windenergienutzung geeignet. Die Landesregierung beabsichtigt, Baden-Württemberg unter Nutzung des vorhandenen Windenergie-Potenzials zum Windenergie-Land zu machen.

*1TWh = 1 Terrawattstunde = 1 Billion Kilowattstunden.

Quelle: gekürzt aus: Windenergieerlass Baden-Württemberg vom 09. Mai 2012 – Az.: 64-4583/404.

M6 Einschränkungskriterien für Windkraftanlagen

- Wirtschaftlichkeit ab einer Mindestwindgeschwindigkeit von 5,8 bis 6,0 m/s in 100 m über Grund
- Mindestflächengröße 20 ha für drei Anlagen
- Mindestabstand zu Wohngebieten 700 m
- Mindestabstand zu Industrie- u. Gewerbeflächen sowie Freizeitanlagen und -einrichtungen 300 m
- Mindestabstand zu Wasser- und Naturschutzgebieten 200 m

Quelle: ebd.

M7 Vor- und Nachteile von Windkraftanlagen

Vorteile	Nachteile
• Saubere Energieerzeugung und Beitrag zum Klimaschutz • Aufträge für regionale Unternehmen • Investitions- und Verdienstmöglichkeiten durch den Zusammenschluss von Bürgern in Windenergiegenossenschaften • Gewerbesteuereinnahmen für die Gemeinde • Geldanlage für Kapitalanleger • Pachteinnahmen für Grundstücksbesitzer • ...	• Beeinträchtigung des Landschaftsbildes • Funkenflug und Eisbildung • Schattenwurf • Lärm • Artenschutz • Entwertung von Immobilien • ...

ZUSATZAUFGABEN

5. Auf den Internetseiten des Ministeriums für Umwelt, Klima und Energiewirtschaft Baden-Württemberg (um.baden-württemberg.de) findest du unter dem Menüpunkt „Energie" und den Unterpunkten „Erneuerbare Energien" und „Windenergie" einen Windatlas für Baden-Württemberg. Suche mit Hilfe von Google Earth Flächen in der Nähe deines Schulorts und bewerte sie anhand von Nachhaltigkeitskriterien (ökonomisch, ökologisch, sozial) (M5 bis M7).

LÖSUNGSHINWEISE

Aufgabe 1:
Anlagenbetreiber-/investoren und Bauern als Grundstückeigentümer (ökonomische Interessen), Politik (ökologische Interessen), Anwohner (soziale Interessen). Weitere Raumnutzungskonflikte: Umgehungsstraße, Industrieller Großbetrieb, Großbauprojekte (Regionalflughafen), etc.

Aufgabe 2:
Soziale und wirtschaftliche Entwicklung im Einklang mit einer gesunden Umwelt (Nachhaltige Entwicklung). Lösungen für Interessenkonflikte finden.

Aufgabe 3:
Auf Gemeindeebene: Rohstoffabbau, Windkraftanlagenstandorte, Einzelhandelsstandorte. Gemeinde übergreifend: Schwerpunkte für Industrie und Dienstleistungen, Frei- und Grünflächen, Verkehrsentwicklung.

Aufgabe 4:
Kleine und mittelgroße Betriebe (Mittelstand) haben sich zu erfolgreichen Unternehmen (Weltmarktführer) entwickelt, die viele Arbeitsplätze bieten. Qualität als Wohnstandort mit viel Wohnfläche und Freizeitfläche pro Kopf. Landwirtschaft bestimmt das Landschaftsbild.

Aufgabe 5:
Individuelle Lösungen.

8.1 Wirtschaftsregion Heilbronn-Franken

M1 Industriegebiet Niedernhall im Kochertal

M2 Die Entwicklung zur Industrieregion

Bis zum Ende des Zweiten Weltkrieges war es nur entlang des Neckars von Heilbronn (Nahrungsmittel und Maschinenbau) über Neckarsulm (Fahrzeugbau) bis Bad Friedrichshall (Salzbergbau) zu einer wesentlichen Industrialisierung gekommen. Ausgehend von einer starken Stellung der Papier erzeugenden Industrie entwickelte sich die Stadt Heilbronn ab der zweiten Hälfte des 19. Jahrhunderts zu einem der wichtigsten industriellen Zentren im Südwesten. Die industrielle Dominanz Heilbronns wurde damals durch die Bezeichnung als „Schwäbisches Liverpool" zum Ausdruck gebracht. Nach dem Papier folgte die Nahrungsmittelindustrie als zweite wichtige Branche. Carl Heinrich Knorr begründete 1838 den Nahrungsmittelsektor in Heilbronn.

Die übrigen Landstriche der Region blieben weitgehend agrarisch geprägt. Die Ursachen dafür sind vielfältig und vor allem auf eine gegenüber Industrialisierungsbestrebungen eher ablehnende Haltung zurückzuführen. Eine wichtige Rolle spielte auch die politisch und verkehrsräumlich abgeschiedene Lage weiter Teile der Region.

Die Folgen des Zweiten Weltkriegs brachten für Heilbronn-Franken eine von außen in die Region verlagerte, nachholende Industrialisierung. Neben der bereits im Neckartal bestehenden Industrie ereilte durch die kriegsbedingte Evakuierung von ausgebombten Industriebetrieben sowie die Flucht und Vertreibung von Unternehmern aus Thüringen und dem Sudetenland viele Landstädte der Region ein Industrialisierungsschub ungeahnten Ausmaßes.

Die verlagerten Industriebetriebe erfuhren angesichts der enormen Nachfrage nach Produktions- und Konsumgütern schon sehr früh ein starkes Wachstum. Diese Dynamik erfasste auch die wenigen einheimischen Industriebetriebe und führte zur Weiterentwicklung von Handwerksbetrieben zu Industriebetrieben. Neben den innovativen Tüftler-Unternehmerpersönlichkeiten trugen die Arbeitskräfte wesentlich zum Erfolg der Unternehmen bei. Seit den 1960er Jahren setzte der landwirtschaftliche Strukturwandel in großer Zahl Arbeitskräfte für die expandierende Industrie frei. Die Einarbeitung der fachfremden Landwirte in industrielle Produktionsabläufe verlief weitgehend unproblematisch, da die Bauern die richtige Arbeitshaltung hatten, eine handwerkliche Grundbegabung aus der Landwirtschaft mitbrachten und ebenso lernfähig wie zuverlässig waren.

Die heutige Wirtschaftsstruktur in den drei Landkreisen Main-Tauber-Kreis, Hohenlohekreis und Schwäbisch Hall ist in großen Teilen aus den Wurzeln der nach dem Zweiten Weltkrieg in die Region führenden Wanderungs- und Verlagerungsbewegungen gewachsen.

Quelle: nach Kirchner, P. (2011): Die Cluster-Region Heilbronn-Franken. Ubstadt-Weiher.

M3 Die Wirtschaftsstruktur Heilbronn-Frankens 2014

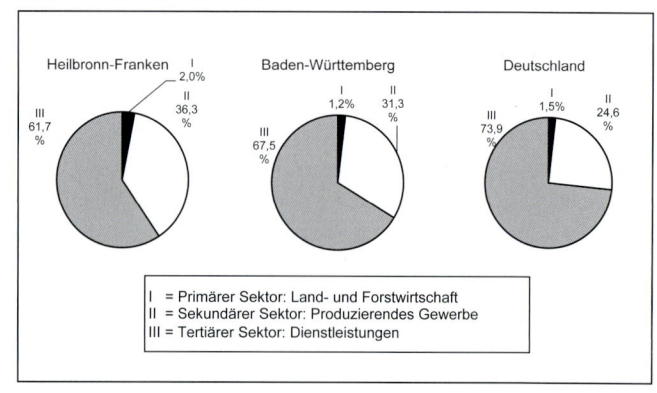

Heilbronn-Franken: I 2,0% | II 36,3% | III 61,7%
Baden-Württemberg: I 1,2% | II 31,3% | III 67,5%
Deutschland: I 1,5% | II 24,6% | III 73,9%

I = Primärer Sektor: Land- und Forstwirtschaft
II = Sekundärer Sektor: Produzierendes Gewerbe
III = Tertiärer Sektor: Dienstleistungen

Quelle: Statistisches Landesamt B.-W. und Statistisches Bundesamt, eigene Berechnungen.

M4 Dienstleistungsschwäche oder industrielle Stärke?

Mit unter 60 % ist der Anteil der Dienstleistungen in der Region Heilbronn-Franken noch unterrepräsentiert. Bedeutende Dienstleister wie die Montage- und Befestigungsunternehmen Würth und Berner in Künzelsau oder die Bausparkasse Schwäbisch Hall haben ihren Sitz zwar im ländlichen Raum. Meistens sind Dienstleistungen aber in Ballungsräumen angesiedelt. Hier verfügt die Region mit der Großstadt Heilbronn nur über einen größeren Dienstleistungsstandort. Insgesamt mangelt es an höherwertigen Dienstleistungen mit akademischer Qualifikation. Demgegenüber steht aber eine starke industrielle Basis mit einer Exportquote von 50 % und einer hohen Dichte von 100 Weltmarktführern. Besonders stark ist die Region Heilbronn-Franken beim Maschinen- und Fahrzeugbau.

AUFGABEN

1. Beschreibe und begründe die beiden zeitlich und regional unterschiedlichen Industrialisierungsschübe in der Region Heilbronn-Franken (M2).
2. Beschreibe die unterschiedliche Wirtschaftsstruktur in Heilbronn-Franken, Baden-Württemberg und Deutschland (M3).
3. Nenne Vor- und Nachteile, die sich aus der Wirtschaftsstruktur der Region Heilbronn-Franken ergeben (M4).

Zusatzmaterialien Heilbronn-Franken
8.2 Wirtschaftsregion Heilbronn-Franken

M5 Industriebesatz der Region Heilbronn-Franken im Vergleich

Der Industriebesatz, als Anzahl der Industriebeschäftigten je 1.000 Einwohner eines Gebietes, stellt für einen räumlichen Vergleich eine aussagekräftige Kenngröße dar. 2014 betrug der Industriebesatz für Baden-Württemberg 139. Der Industriebesatz lag in Heilbronn-Franken mit 174 deutlich höher. Auch im Vergleich mit den anderen Regionen Baden-Württembergs nimmt Heilbronn-Franken einen vorderen Platz ein. An der Spitze liegt die Region Schwarzwald-Baar-Heuberg mit einem Industriebesatz von 220. Die Regionen Ostwürttemberg und Donau-Iller liegen mit 168 nur knapp hinter Heilbronn-Franken.

Aussagekräftiger im Hinblick auf eine Einschätzung zukünftiger Entwicklungen ist eine dynamische Betrachtung der Veränderungen seit 2000. Hier liegt die Region Heilbronn-Franken mit einem Anstieg von 12 Beschäftigten (von 162 auf 174) beim Industriebesatz hinter den Regionen Schwarzwald-Baar-Heuberg und Bodensee-Oberschwaben mit 18 sowie der Region Donau-Iller mit 16 auf dem dritten Platz beim Industriewachstum. In der Region Ostwürttemberg ist der Industriebesatz gleich geblieben. Bei allen anderen Regionen ist der Industriebesatz geschrumpft, am stärksten in der Region Rhein-Neckar mit einem Rückgang von 117 auf 102.

M6 Industriebeschäftigtenentwicklung

Region	2014	2000	Saldo absolut	Saldo in %
Stuttgart	381.800	403.900	-22.100	-5,47%
Heilbronn-Franken	152.700	141.600	11.100	7,84%
Ostwürttemberg	73.700	76.000	-2.300	-3,03%
Mittlerer Oberrhein	121.100	127.900	-6.800	-5,32%
Rhein-Neckar	116.300	132.000	-15.700	-11,89%
Nordschwarzwald	86.500	90.300	-3.800	-4,21%
Südlicher Oberrhein	121.000	118.000	3.000	2,54%
Schwarzwald-Baar-Heuberg	105.000	97.900	7.100	7,25%
Hochrhein-Bodensee	69.800	77.700	-7.900	-10,17%
Neckar-Alb	92.400	97.200	-4.800	-4,94%
Donau-Iller	84.200	74.300	9.900	13,32%
Bodensee-Oberschwaben	95.800	83.500	12.300	14,73%
Baden-Württemberg	*1.500.300*	*1.520.300*	*-20.000*	*-1,32%*

Quelle: Statistisches Landesamt B.-W., eigene Berechnungen.

ZUSATZAUFGABEN

4. Beschreibe die Entwicklung der Industriebeschäftigten der Region Heilbronn-Franken im Vergleich mit den anderen Raumordnungsregionen Baden-Württembergs (M5 u. M6).

5. Gib eine Prognose über die zukünftige Entwicklung der Industriebeschäftigten in der Region Heilbronn-Franken ab (M5 u. M6).

LÖSUNGSHINWEISE

Hintergrundinformation zu M1
Das Industriegebiet Niedernhall ist Teil der Kochertalindustriegasse. Seit einiger Zeit verlagert sich die wirtschaftliche Dynamik wegen der beengten Tallagen auf die Hochflächen entlang der Bundesautobahn A6, z.B. in den Gewerbepark Hohenlohe unterhalb von Waldenburg.

Aufgabe 1: Begünstigt durch die Lage am Neckar und die frühe Entstehung der Papierindustrie entwickelte sich Heilbronn am Ende des 19. Jahrhunderts zum bedeutendsten Industriestandort im Königreich Württemberg. Die periphere Lage und eine ablehnende Haltung der Entscheidungsträger verhinderte eine Industrialisierung in den ländlichen Teilen der Region. Nach dem Zweiten Weltkrieg lösten v.a. Flüchtlingsbetriebe einen Industrialisierungsschub im Tauber-, Jagst- und Kochertal aus, dessen Dynamik bis heute nachwirkt.

Aufgabe 2: Trotz einer Zunahme der Erwerbstätigen im Dienstleistungssektor bleibt die deutsche Volkswirtschaft auch weiterhin durch eine breite industrielle Basis gekennzeichnet. Noch deutlicher dominiert die Industrie die Wirtschaftsstruktur in Baden-Württemberg und erst recht in Heilbronn-Franken. In Deutschland ist der Dienstleistungssektor etwa dreimal so groß wie der Produktionssektor. In der Region Heilbronn-Franken ist er nur etwa eineinhalbmal so groß.

Aufgabe 3: Die Investitions- bzw. Produktionsgüterindustrie trägt nach wie vor die stark exportorientierte Industrie der Region und schafft vor allem im ländlichen Raum ein großes Arbeitskräfteangebot. Die große Zahl von Beschäftigten im Sekundären Sektor ist kein Ausdruck von Dienstleistungsschwäche, sondern industrieller Stärke. Der Mangel an höherwertigen akademischen Dienstleistungen muss von außerhalb der Region kompensiert werden.

Aufgabe 4: Beim Industriebesatz liegt die Region Heilbronn-Franken auf Platz 2 und hat mit 12 Beschäftigten den drittgrößten Zuwachs in Baden-Württemberg seit 2000. Absolut und auch relativ betrachtet hat die Region Heilbronn-Franken zusammen mit den Regionen Donau-Iller und Bodensee-Oberschwaben die größten Zuwächse. Ein Wachstum gibt es ansonsten nur noch in der Region Schwarzwald-Baar-Heuberg mit zusätzlichen 7.100 Industriebeschäftigten.

Aufgabe 5: Nachdem die Region Heilbronn-Franken bei einem ohnehin schon hohen Industriebesatz auch eine große Zuwachsrate aufweist, lässt sich prognostizieren, dass die Industrialisierungsspitze in Heilbronn-Franken noch nicht erreicht ist und auch in den nächsten Jahren die Industriebeschäftigung noch wachsen wird.

Ein Projekt der IHK Heilbronn-Franken in Kooperation mit dem Pakt Zukunft, dem Regionalverband Heilbronn-Franken, der Akademie für Innovative Bildung und Management und der Pädagogischen Hochschule Ludwigsburg

© 2016 IHK Heilbronn-Franken, Ferdinand-Braun-Str. 20, 74074 Heilbronn

9.1 Weltmarktführerregion Heilbronn-Franken

M1 Schlagzeilen

Weltmarkführer aus der Provinz
Zahlreiche Mittelständische Unternehmen in Deutschland, die sich auf technische Spitzenprodukte in Nischen spezialisiert haben, sind Weltmarktführer.
VDI nachrichten vom 7.1.2011

Weltmarkführer kommen in kleinen Nischen groß raus
Deutschland bringt 1.700 Weltmarktführer hervor – das sind so viele wie in keinem anderen Land.
Stuttgarter Zeitung vom 4.1.2011

Endlich Weltmeister
1.000 deutsche Weltmarktführer – vom DAX-Konzern bis zum Mittelständler – mischen die internationale Wirtschaft auf.
Manager Magazin 10/2010

M2 Deutschland als Globalisierungsgewinner und Land der Weltmarktführer

Deutschland liefert sich mit China ein Rennen um den Titel des Exportweltmeisters und konnte seit der Jahrtausendwende als einziges großes Industrieland seine Anteile am Weltexport ausbauen. Neben China gehört Deutschland damit zu den großen Gewinnern der Globalisierung. Die Anteilsgewinne der deutschen Firmen erstrecken sich auf sehr viele Industriesektoren. Die breite Stärke der deutschen Unternehmen zeigt sich auch darin, dass in fast zwei Dritteln aller Marktsegmente deutsche Unternehmen eine Position unter den Top-3-Exporteuren einnehmen.

Insgesamt gibt es ca. 1.500 deutsche Unternehmen, die in ihren jeweiligen Marktsegmenten weltweit führend sind. Hinter diesem Erfolg stehen nicht nur Großkonzerne, sondern auch eine große Anzahl mittelständischer Unternehmen. Ca. 1.400 der 1.500 deutschen Weltmarktführer sind Mittelständler.

Familienbesitz bildet die Basis für eine nachhaltige, am langfristigen Erfolg des Unternehmens ausgerichtete Unternehmenspolitik. Möglichst hohe Gewinne sind nicht das oberste Unternehmensziel, dem alles untergeordnet wird. Man konzentriert sich auf die brennenden Kundenprobleme und bietet hierfür herausragende Lösungen, die ständig weiterentwickelt werden. Auch das Unternehmen intern wird in den wichtigen Funktionen ständig optimiert. Mitarbeiter sind kein kurzfristiger „Produktionsfaktor", sondern werden wertschätzend behandelt. Viele Erfolgsunternehmen werden auch geprägt durch Ingenieure und Naturwissenschaftler, die sich von den ständig wechselnden Managementmethoden überhaupt nicht beeindrucken lassen und stetig ihren eigenen Kurs verfolgen.

Insgesamt pflegen diese Unternehmen oft einen Managementstil, den man „uncommon common sense" nennen kann, einen leider nicht mehr weit verbreiteten gesunden Menschenverstand. Die Grundprinzipien, nach denen diese Unternehmen geführt werden, sind einfach nachzuvollziehen. Die Umsetzung im Tagesgeschäft erfordert dann allerdings enorme Konsequenz und Disziplin.

Eine wichtige Rolle für den Erfolg spielt auch das auf Langfristigkeit und kooperative Zusammenarbeit ausgerichtete deutsche Institutionengefüge. Z.B. sorgen innerhalb der Unternehmen Institutionen wie Betriebsräte sowie umfassende arbeitsrechtliche Schutzregelungen für eine gewisse Machtbalance zwischen Arbeitgebern und Arbeitnehmern und einen Interessenausgleich, was wiederum auch die Mitarbeiterloyalität fördert.

Quelle: Langenscheidt, F./Venohr, B. (2010): Lexikon der Deutschen Weltmarktführer. Offenbach.

M3 Heilbronn-Franken – Heimat der Weltmarktführer

Die Region Heilbronn-Franken weist eine hohe Dichte an Weltmarktführern auf. Insgesamt sind es ca. 100 Unternehmen. Nimmt man die Kennzahl „Anzahl der Weltmarktführer je 100.000 Einwohner", so gehören drei der fünf Landkreise der Region zu den Top 20 bundesweit, der Hohenlohekreis und der Main-Tauber-Kreis liegen auf dem vierten bzw. siebten Platz.

Wichtig für den Aufstieg der Region Heilbronn-Franken waren Umsiedlungen von Firmen aus kriegszerstörten Städten und Regionen wie Berlin (Ziehl-Abegg als Mutterunternehmen für die Ventilatorenindustrie) oder dem Thüringer Wald (Glasindustrie). Industrielles Unternehmertum wurde so in die Region importiert. Sehr schnell fanden bisher landwirtschaftlich Selbständige den Weg in die Industrie, sei es als qualifizierte Arbeitskräfte oder gar als Unternehmer. Die „weichen Standortfaktoren" wie unternehmerischer Wagemut, fleißige und sparsame Mitarbeiter sowie die Heimatverbundenheit bildeten eine entscheidende Basis für den Aufstieg zahlreicher Unternehmen an die Weltspitze.

Unter den Weltmarktführern in Heilbronn-Franken dominieren Familienunternehmen. Bei den meisten Unternehmen in Familienbesitz baut man ab der zweiten Generation stark auf externes professionelles Management zur Führung der Geschäfte. Bei über 70 Prozent der weltmarktführenden Familienunternehmen der Region erfolgt die Führung ganz oder teilweise durch externe Manager. Eine solche Kombination aus Familienbesitz und externem Management bezeichnet man als „intelligenten Familienkapitalismus".

Quelle: Venohr, B. (2011): Heimat der Weltmarktführer. – In: Pro-Sonderheft Januar 2011.

AUFGABEN

1. Erkläre, warum Deutschland Globalisierungsgewinner ist (M2).
2. Erstelle eine Liste mit den Erfolgsfaktoren der deutschen Weltmarkführer (M2).
3. Begründe die hohe Weltmarktführerdichte in der Region Heilbronn-Franken (M3).

Zusatzmaterialien Heilbronn-Franken
9.2 Weltmarktführerregion Heilbronn-Franken

M4 Der Weltmarktführer GEMÜ (Gebrüder Müller Apparatebau)

1964 wurde das Unternehmen Gebrüder Müller Apparatebau, das heute 650 Beschäftigte in Ingelfingen und 1.100 weltweit zählt, gegründet. Für den Gründer, Fritz Müller, stand schon früh fest, dass er einen mechanischen Beruf ergreifen wollte. Die Möglichkeit dazu bekam er in der Firma Bürkert, wo er 1953 als 14-jähriger eine Lehre als Feinmechaniker antrat. Im Anschluss an die wegen guter Leistungen verkürzte Lehrzeit durchlief Fritz Müller dort auch die Versuchsabteilung und die Konstruktionsabteilung, bevor er sich nach dem Studium der Feinwerktechnik in Schwenningen und eineinhalb Jahren als Konstrukteur bei dem Fellbacher Ventilhersteller Herion 1964 in Ingelfingen selbständig machte. Bei der Firma Herion konnte Fritz Müller seine Erfahrungen auf dem Gebiet der Ventiltechnik vertiefen. Durch dieses Know-how gelang ihm die Erfindung eines Prozessventils aus Kunststoff, das den Anfang des steilen Aufstiegs der Firma GEMÜ zum Weltmarktführer markiert. Mit seinen eigenen Worten schilderte Fritz Müller seinen Weg in die Selbständigkeit:

Meine Mutter hatte ein Wohnhaus mit einer Einliegerwohnung in Ingelfingen ... und da habe ich dann einfach angefangen, die ersten Muster zu zeichnen und die ersten Ventile von Hand zu bauen. Ich habe eine alte Drehbank gekauft, ... habe mir Werkzeuge gebaut und habe so die ersten Ventile in der Waschküche oder in der Einliegerwohnung gebaut. Mit diesen Mustern bin ich 1963 in Düsseldorf auf die Messe gegangen und habe ausgestellt.

Der große Vorteil dieses neuartigen Kunststoffventils bestand – im Gegensatz zu den Metallventilen – in seiner chemischen Beständigkeit gegenüber aggressiven Laugen und Säuren. Mit diesem auf den Markt ausgerichteten Kunststoffventil, das preiswerter und beständiger war als die Konkurrenzprodukte, wagte Fritz Müller den Schritt in die Selbständigkeit. Die ersten beiden Jahre breitete sich das Unternehmen von der Garage bis unter das Dach im Haus der Mutter von Fritz Müller aus. 1966 wurde ein erstes eigenes Betriebsgebäude am Bahnhof in Criesbach bezogen, das bereits 1968 erweitert werden musste. Während der Standort Criesbach durch immer neue Bauabschnitte kontinuierlich weiter wuchs, erfolgte 1981 eine regelrechte Internationalisierungswelle. Zeitgleich entstanden in diesem Jahr Tochtergesellschaften in der Schweiz, Frankreich, England und Schweden und als erster Übersee-Produktionsstandort Curitiba in Brasilien. Weitere folgten in den USA 1988 und Australien 1989. In China produziert GEMÜ seit 1997.

Weil sich Fritz Müller nach eigener Aussage als Tüftlerunternehmer Tag und Nacht mit Ventilen beschäftigte, entstanden in der bisherigen Unternehmensgeschichte von GEMÜ weitere grundlegende Innovationen, z.B. Schrägsitzventile und „Bioventile" für sterile Anwendungen. Seit Mitte der 1990er Jahre werden Multifunktionsblöcke aus massivem Material, die mit bis zu einem Dutzend Ventilen bestückt sind, gebaut.

Damit das Innovationstempo auch weiterhin hoch bleibt, wurde mit dem 2009 eingeweihten GEMÜ Dome ein eigenes Messe- und Innovationszentrum geschaffen.

Quelle: Kirchner, P. (2011): Die Cluster-Region Heilbronn-Franken. Ubstadt-Weiher.

M5 Der GEMÜ Dome im Gewerbepark Waldzimmern

M6 Glossar

> **Ventil:** Bauteil in Rohrleitungen zur Regelung/Absperrung des Durchflusses von Flüssigkeiten oder Gasen.

ZUSATZAUFGABEN

4. Erstelle ein Flussdiagramm zur Entwicklung der Firma GEMÜ (M4).
5. Erläutere die Gründe für die Entwicklung des Unternehmens zum Weltmarktführer (M4 u. M5).
6. Erkläre den Begriff „Tüftlerunternehmer" (M4).

LÖSUNGSHINWEISE

Aufgabe 1: In vielen Industriesektoren konnte Deutschland in den letzten 10 Jahren seine Weltmarktanteile ausbauen. In fast zwei Dritteln aller Marktsektoren gehören deutsche Unternehmen zu den Weltmarktführern (Top-3-Exporteure).

Aufgabe 2: Familienbesitz Voraussetzung für langfristigen Erfolg, hohe Gewinne nicht oberstes Unternehmensziel, Konzentration auf Weiterentwicklung von Kundenproblemen, Wertschätzung der Mitarbeiter, gesunder Menschenverstand als Managementstil, Konsequenz u. Disziplin, arbeitsrechtliche Schutzregelungen, Loyalität der Mitarbeiter.

Aufgabe 3: Kriegsbedingter Import von Unternehmertum, Unternehmerischer Wagemut, fleißige Mitarbeiter, Heimatverbundenheit, „Intelligenter Familienkapitalismus".

Aufgabe 4: Lehrzeit u. Berufserfahrung in 2 Ventilunternehmen – Selbständigkeit mit selbst erfundenem Kunststoffventil im Haus der Mutter 1964 – 1966 eigenes Betriebsgebäude Bahnhof Criesbach – seit 1981 Internationalisierungswelle – 2009 GEMÜ Dome als Messe- u. Innovationszentrum – 2011 Weltmarktführer mit 1.100 Besch. weltweit, darunter 650 in Ingelfingen.

Aufgabe 5: Erfindungsreichtum und Internationalisierung.

Aufgabe 6: Tüftlerunternehmer ist jemand, der solange ausprobiert, bis er die Lösung für ein Problem gefunden hat und über die Vermarktung seiner Produkte das Wachstum seines Unternehmens vorantreibt.

Ein Projekt der IHK Heilbronn-Franken in Kooperation mit dem Pakt Zukunft, dem Regionalverband Heilbronn-Franken, der Akademie für Innovative Bildung und Management und der Pädagogischen Hochschule Ludwigsburg

© 2016 IHK Heilbronn-Franken, Ferdinand-Braun-Str. 20, 74074 Heilbronn

10.1 Clusterregion Heilbronn-Franken

M1 Skulptur „Windrosen" vor der Ziehl-Abegg Zentrale in Künzelsau

Ventilatoren für die Lüftungstechnik findet man in allen möglichen Bereichen: Computer, Autos, Züge, Dunstabzugshauben, etc.

M2 Hohenloher Ventilatorenindustrie

Die größte Dichte von Ventilatorenherstellern in Deutschland gibt es im Raum Hohenlohe. In 10 Unternehmen sind ca. 5.000 Mitarbeiter beschäftigt. Die beiden größten Unternehmen sind die Firma Ziehl-Abegg mit ca. 1.500 und die Firma ebm-papst mit ca. 2.600 Beschäftigten. Mit Ventilatoren wird Luft bewegt, z.B. in Dunstabzugshauben in der Küche; oder gekühlt, z.B. mit ganz winzigen Ventilatoren in Computern. Eine solche räumliche Konzentration von Unternehmen einer Branche nennt man Cluster.

Quelle: Kirchner, P. (2011): Die Cluster-Region Heilbronn-Franken. Ubstadt-Weiher.

M3 Entstehung und Wachstum des Hohenloher Ventilatoren-Clusters

Die Technik für den Bau von Ventilatoren für die Lüftungstechnik kam durch Zufall nach Künzelsau und zwar in Form der Firma Ziehl-Abegg. Diese ursprünglich in Berlin ansässige Firma wurde im Zweiten Weltkrieg durch Bombenangriffe zerstört. Die beiden Söhne des Firmengründers, Günther und Heinz Ziehl, kamen 1949 in das unversehrte Künzelsau und bauten dort zunächst Aufzugsmotoren für die aus Stuttgart nach Künzelsau verlagerte Firma Stahl.

Seit Mitte der 1950er Jahre wurde in der Firma Ziehl-Abegg die bahnbrechende Entwicklung eines Ventilators mit Außenläufermotor vorangetrieben. Für dieses neue Produkt eröffnete sich in den folgenden Jahren ein immens großer Markt, der die Firma Ziehl-Abegg selbst stark wachsen und weitere Ventilatorenfirmen aus dem Mutterunternehmen Ziehl-Abegg entstehen ließ.

Als erster machte sich 1958 der stellvertretende Technische Leiter von Ziehl-Abegg, Wilhelm Gebhardt, in Waldenburg selbständig. Unter der Leitung seines Nachfolgers bei Ziehl-Abegg, Gerhard Sturm, entstand 1963 die Firma ebm in Mulfingen im Jagsttal. Der erste Auszubildende von Gerhard Sturm bei Ziehl-Abegg, Karl Rosenberg, gründete 1981 sein eigenes Ventilatorenunternehmen in Künzelsau. Weitere Ventilatorenunternehmen folgten. Aus der Firma Gebhardt gründete sich 1983 die Firma Müller aus und aus dieser wiederum 1989 die Firma VMS. Die Firmen Systemair, GLT und KLARLUFT Lipow-Hertweck gingen 1994, 1997 und 2005 aus der Firma Rosenberg hervor.

Quelle: ebd.

M4 Entwicklungsbaum der Hohenloher Ventilatorenindustrie

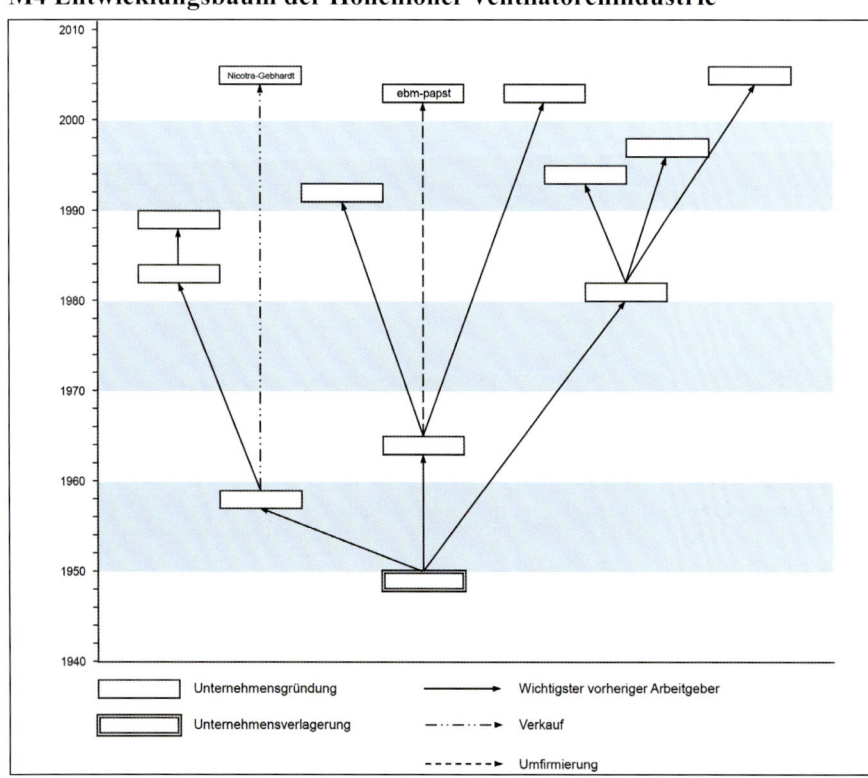

AUFGABEN

1. Beschreibe die Hohenloher Ventilatorenindustrie und erkläre den Begriff Cluster (M1 u. M2).
2. Ergänze und beschreibe den Entwicklungsbaum der Ventilatorenindustrie in Hohenlohe (M3 u. M4).
3. Erkläre die Entstehung und Entwicklung des Ventilatoren-Clusters in Hohenlohe (M3 u. M4).

Zusatzmaterialien Heilbronn-Franken
10.2 Clusterregion Heilbronn-Franken

M5 Cluster im Cluster

Kooperationen bestehen kaum in den Clustern der Region. Es überwiegen hierarchische Zulieferverflechtungen wie z.B. im Ventil-, Mess- und Regeltechnik-Cluster im Kochertal.

Seit den 1990er Jahren hat die Firma Bürkert in Ingelfingen in zwei Umbauphasen eine neue räumliche Struktur ihrer Produktionsorganisation entwickelt. Auf den Mitte der 1990er Jahre entstandenen Kostendruck reagierte die Firma Bürkert mit der Ausgliederung von fünf gewerblichen Bereichen als selbständige Unternehmen. Räumlich nahe gelegen in Ingelfingen (Firma MIT) selbst, in Amrichshausen (Firma BDG), Ailringen (Firma AKM), Westernhausen (Firma ZTO) und Gerabronn (Firma Dümmler) beliefern die fünf spezialisierten Zulieferer Kunststoff- und Metallteile zur Endmontage bei Bürkert. Die dadurch entstandene räumliche Produktionsorganisation mit einem zentralen Montagewerk und darum herum gruppierten Zulieferunternehmen bezeichnet man als einen Hub-and-Spoke Cluster. Wie die Speichen eines Rades laufen die Zulieferstränge auf eine zentrale Achse zu. Der große Vorteil dieses Clusters im Cluster ist seine Schnelligkeit, Zuverlässigkeit und Qualität. Mittlerweile haben sich diese Zulieferer emanzipiert und neben Bürkert auch noch andere Kunden gewonnen.

Quelle: Kirchner, P. (2011): Die Cluster-Region Heilbronn-Franken. Ubstadt-Weiher.

M6 Cluster-Region Heilbronn-Franken

Mehr als 50.000 Beschäftigte in der Region Heilbronn-Franken und damit fast 40 % aller Beschäftigten des Verarbeitenden Gewerbes gehören einem der 12 Cluster an. Die Region Heilbronn-Franken hat die auf die Einwohnerzahl bezogene höchste Cluster-Dichte in Baden-Württemberg.

Die Ursachen für die Cluster-Dynamik der Region liegen zum einen in der Vielzahl einheimischer Tüftlerunternehmer begründet. Und zum anderen brachten die nach dem Zweiten Weltkrieg in die Region verlagerten Unternehmen neue innovationsträchtige Technologien mit. Das im Mutterunternehmen erworbene Know-How hat viele aus einer kleinbäuerlichen Tradition stammenden und unternehmerisch denkenden Mitarbeiter zur Ausgründung eines eigenen Unternehmens motiviert. Die nach dem Zweiten Weltkrieg kaum industrialisierten ländlichen Räume der Region boten in den unversehrten Kleinstädten im Tauber- und Kochertal günstige Standortvoraussetzungen für eine nachholende Industrialisierung. Zunächst bildeten Flüchtlinge, Vertriebene und Evakuierte das wichtigste Arbeitskräftereservoir. Schon bald setzte der landwirtschaftliche Strukturwandel dann aber auch an selbständiges und problemlösendes Arbeiten gewöhnte Arbeitskräfte für die Industrie frei. Im ländlichen Raum der Region Heilbronn-Franken gingen nach dem Zweiten Weltkrieg die einheimischen und verlagerten Tüftlerunternehmer und Arbeitskräfte eine fruchtbare Synthese ein und trieben vor dem Hintergrund des Wirtschaftswunders eine dynamische Industrie- und Clusterentwicklung voran. Die große Verwurzelung in der alten und neuen Heimat einerseits und die frühen Internationalisierungsschritte andererseits schufen die Voraussetzung für den langfristigen Erfolg der Clusterunternehmen. Für die fruchtbare Synthese zwischen lokaler Verankerung und globalen Aktivitäten hat sich die Wortschöpfung Glokalisierung eingebürgert. Die Clusterunternehmen der Region Heilbronn-Franken sind Meister der Glokalisierung. Nicht die Preis-, sondern die Technologieführerschaft ist der Garant für die Behauptung auf den internationalen Märkten. Fast alle Mutterunternehmen der Cluster und eine ganze Reihe ausgegründeter Clusterunternehmen gehören zu den Weltmarktführern in ihren Produktionssegmenten.

Quelle: ebd.

ZUSATZAUFGABEN

4. Erstelle eine Skizze zum Hub-and-Spoke Cluster von Bürkert (M5).
5. Fasse die Gründe für die Cluster-Dynamik in der Region Heilbronn-Franken zusammen (M6).
6. Beschreibe weitere Cluster in der Region, z.B. den Verpackungsmaschinen-Cluster im Landkreis Schwäbisch Hall oder den Montage- und Befestigungs-Cluster in Hohenlohe.

LÖSUNGSHINWEISE

Die Merkmale eines Clusters lassen sich durch verschiedene Übungen veranschaulichen:

Räumliche Konzentration von Unternehmen mit einem gemeinsamen Nenner: Die Schülerinnen und Schüler gruppieren sich in Abhängigkeit von bestimmten Merkmalen wie z.B. dem Anfangsbuchstaben des Vornamens oder der Haarfarbe in verschiedenen Ecken des Klassenzimmers. Ausgründungsdynamik: Alle Schülerinnen und Schüler stellen sich eng in einer Ecke zusammen. Sie repräsentieren das Mutterunternehmen eines Clusters. Nach und nach machen sich Einzelne oder Gruppen von Mitarbeitern selbständig und wählen eine Ecke als Unternehmensstandort. Aus dieser ersten Ausgründungsgeneration machen sich erneut Mitarbeiter selbständig und wählen z.B. einen Standort in der Mitte des Raumes (Vgl. mit Zellteilung in der Biologie und einem Stammbaum). Vernetzungsdynamik: Ein Unternehmen beginnt damit, ein Wollknäuel zu einem beliebigen anderen zu werfen. Nach mehrmaliger Wiederholung sind die Unternehmen durch einen Wollfaden miteinander verbunden. Mit diesen Verknüpfungen lässt sich die Netzwerkbildung in einem Cluster erläutern.

Aufgabe 1: Größte Dichte von Ventilatorenherstellern in Deutschland mit ca. 5.000 Beschäftigten in 10 Unternehmen. Ein Cluster ist die räumliche Konzentration von Unternehmen einer Branche.

Aufgabe 3: Zufällige Verlagerung des Mutterunternehmens und Innovators Ziehl-Abegg – großer Markt – Ausgründungsdynamik in Nachbarschaft zum Mutterunternehmen.

Aufgabe 4:

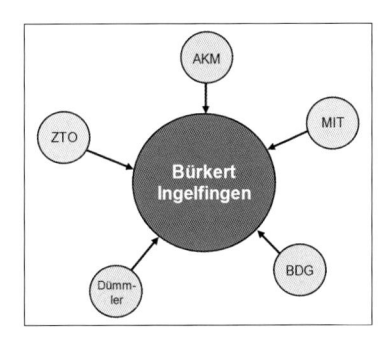

Aufgabe 5: Einheimische Tüftlerunternehmer/Verlagerte Unternehmen mit innovativen Technologien/Unversehrte Kleinstädte im kaum industrialisierten Tauber- u. Kochertal/Flüchtlinge als Arbeitskräfte/Selbständige Arbeitskräfte aus der Landwirtschaft/Glokalisierung (=Globalisierung + Lokalisierung): Frühe Internationalisierung und lokale Verwurzelung.

11.1 Stärken und Schwächen der Region Heilbronn-Franken

M1 Heilbronn-Franken im Regionenvergleich

Die breite Linie zeigt die Stärken und Schwächen Heilbronn-Frankens

Achsen (im Uhrzeigersinn):
- Entwicklung/Einwohner
- Übernachtungen
- Autobahn-Erreichbarkeit
- Wissensintensive Dienstleistungen
- hoch qualifizierte Beschäftigte
- gering qualifizierte Beschäftigte
- Studierende
- Schulabgänger ohne Hauptschulabschluss
- Industriequote
- BIP je Erwerbstätigen
- Entwicklung BIP
- PKW-Besatz
- Gemeinde-Steuereinnahmen je Einwohner
- Industrielöhne
- Haushaltseinkommen je Einwohner
- Zunahme Wohnungsbestand
- Baulandpreise je m²
- Baulandpreise je m², Differenz 1995-2003
- Langzeitarbeitslosenquote
- Arbeitslosenquote
- Beschäftigtenquote Ausländer
- Beschäftigtenquote gesamt
- Frauenerwerbsquote
- Erwerbsquote
- Entwicklung Erwerbstätige

(Bundesdurchschnitt = 100)

Quelle: Bundesamt für Bauwesen und Raumordnung, INKAR 2007
Grafik: Regionalverband Heilbronn-Franken 06/2007

M2 Defizite der Region Heilbronn-Franken

Es fehlen neben wissensintensiven Dienstleistungen vor allem Hochqualifizierte und Studierende. Die Hochschullandschaft ist in den letzten Jahren, nicht zuletzt durch das Engagement vieler Unternehmer und der Industrie- und Handelskammer Heilbronn-Franken, auch in der Peripherie gewachsen. Selbständige Hochschulen oder Außenstellen bestehen neben Heilbronn auch in Bad Mergentheim, Künzelsau und Schwäbisch Hall. Einen Meilenstein auf diesem Wachstumspfad bildete der 2011 eingeweihte Bildungscampus in der Innenstadt von Heilbronn.

M3 Stärken und Schwächen der Region Heilbronn-Franken

Stärken	Schwächen
• Trotz der zunehmenden Alterung verfügt die Region über eine vergleichsweise junge Bevölkerung. • Günstiges Bauland, gute berufliche Perspektiven und die Akzeptanz von Familien erhöhen die Bereitschaft zur Familiengründung. • Die Wirtschaftsstruktur zeichnet sich durch eine starke, exportorientierte und dynamische industrielle Basis aus. • Kennzeichnend ist die hohe Dichte an Weltmarktführern in der Region. • Positive und überdurchschnittliche Arbeitsplatzentwicklung. • In konjunkturellen Hochphasen herrscht nahezu Vollbeschäftigung. • Die hohe Ausbildungsplatzdichte verweist auf die guten beruflichen Perspektiven für die junge Bevölkerung. • Der Ausbau des Studienangebots und die dynamische Entwicklung der Studentenzahlen sind Zeichen des Aufholprozesses. • Starker Aufholprozess im Bereich des FuE*-Personalbesatzes aufgrund der Ansiedlung und dem Ausbau von FuE-Zentren einzelner Großunternehmen. • Gute Erreichbarkeit des deutschen Autobahnnetzes. * FuE = Forschung und Entwicklung	• Erste Abwanderungstendenzen und sinkende Geburtenzahlen führen 2006 zu einer Trendumkehr: Seit 2006 sinkt die Bevölkerungszahl in der Region. • Hohe Wanderungsverluste verzeichnet die Region bei den Bildungswanderern (Altersgruppe der 18- bis unter 25-jährigen). • Bei statistischen Vergleichswerten schneidet die Region in der Kinderbetreuung (0 bis 6 Jahre) unterdurchschnittlich ab. • Innerhalb der Region bestehen starke Unterschiede in der wirtschaftlichen Leistungskraft. • Der niedrige Anteil der Bevölkerung mit Hochschulreife verstärkt den Engpass an (hoch-)qualifizierten Mitarbeitern in der Region. • Noch unterdurchschnittlicher Akademikeranteil, FuE-Personal-Besatz sowie vergleichsweise geringe Patentintensität. • Geringe Ausstattung mit überregional bedeutsamen (selbständigen) Forschungseinrichtungen. • Die Gründungsintensität ist aufgrund der Wirtschaftsstruktur und -stärke gering ausgeprägt. • Das Angebot an unternehmensnahen Dienstleistungen ist unterdurchschnittlich ausgeprägt. • Die Verkehrsinfrastruktur ist gemessen an den Bedarfen nur unzureichend ausgebaut.

Quelle: Prognos AG (2010): Endbericht Zukunft Heilbronn-Franken. Bilanz 2010 – Aufbruch 2020. S. 76.

AUFGABEN

1. Interpretiere das Schaubild in M1.
2. Bewerte die größten Stärken und Schwächen der Region Heilbronn-Franken (M1 bis M3).
3. Beurteile Stärken und Schwächen deiner Heimatstadt.

Zusatzmaterialien Heilbronn-Franken
11.2 Stärken und Schwächen der Region Heilbronn-Franken

M4 Heilbronn-Franken im Kontext der Metropolregionen

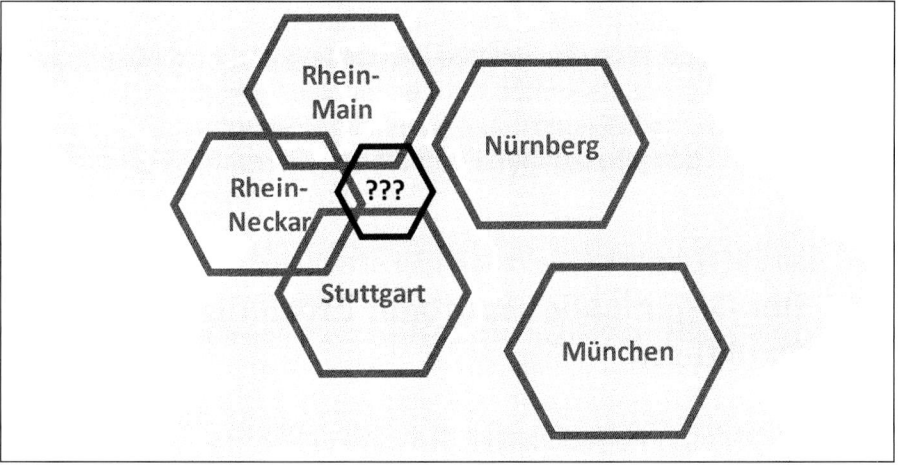

Quelle: Prognos AG (2010): Endbericht Zukunft Heilbronn-Franken. Bilanz 2010 – Aufbruch 2020. S. 152.

M5 Die Region Heilbronn-Franken im Standortwettbewerb mit den Metropolregionen

Die Konkurrenz zwischen den Regionen in Deutschland nimmt kontinuierlich zu. Gerade die angrenzenden Metropolregionen Stuttgart, Rhein-Neckar, Rhein-Main und Nürnberg sowie auch der Ballungsraum Mainfranken positionieren sich im zunehmend stärkeren Standortwettbewerb. Hinzu kommt der eindeutige Trend zum urbanen Milieu der Wissensgesellschaft, weil sich dort die Schnittstellen von Hochschulen, privaten und öffentlichen Forschungseinrichtungen, Entscheidungszentralen von Politik und Wirtschaft und nicht zuletzt auch die Eventkultur befinden.

Quelle: ebd., S. 151.

M6 Glossar

> **Metropolregion:** ein stark verdichteter Ballungsraum, der als Motor für die soziale, politische und wirtschaftliche Entwicklung eines Landes betrachtet wird.

M7 Die Lage Heilbronn-Frankens im Bermuda-Dreieck der Metropolregionen

Durch ihre Nachbarschaft zu den Metropolregionen und Ballungsräumen Stuttgart und Rhein-Neckar profitiert die noch über sehr viele preiswerte Gewerbeflächen verfügende Region Heilbronn-Franken seit der Jahrtausendwende von Unternehmensverlagerungen. In Untergruppenbach und Abstatt sind durch den Neubau des Innovationszentrums der Firma Getrag und eines Forschungs- und Entwicklungs-Zentrums der Firma Bosch mehr als 3.000 hoch qualifizierte Arbeitsplätze aus dem Ludwigsburger Raum in den Landkreis Heilbronn entlang der A 81 verlagert worden. Von Sinsheim nach Eppingen hat sich 2006 die technische Kunststoffteile herstellende Firma BUK verlagert und dort den Kunststoffspritzgieß-Cluster erweitert.

Quelle: Kirchner, P. (2011): Die Cluster-Region Heilbronn-Franken. Ubstadt-Weiher.

ZUSATZAUFGABEN

4. Orientiere dich mit Hilfe des Atlas über die Lage der Region Heilbronn-Franken zwischen den Metropolregionen (M4).
5. Nenne Vor- und Nachteile, die sich durch die Lage der Region Heilbronn-Franken zwischen den Metropolregionen ergeben (M4 bis M7).

LÖSUNGSHINWEISE

Aufgabe 1:
Positiv: Erwerbs-, Industrie- und Arbeitslosenquote.
Negativ: Wissensintensive Dienstleistungen, hoch qualifizierte Beschäftigte, Studierende.

Aufgabe 2:
Der Vollbeschäftigung in konjunkturellen Hochphasen steht ein Mangel an Facharbeitern und Auszubildenden gegenüber. Die ansässigen Unternehmen greifen zu ganz neuen Methoden, um Mitarbeiter anzuwerben, z.B. ein Flugzeug über der A6 mit einem Transparent mit der Aufschrift: „Ventilhersteller im Kochertal sucht Facharbeiter und Ingenieure". Dem Mangel an akademischen Mitarbeitern und Studierenden versucht die Region Heilbronn-Franken durch den Ausbau der Hochschullandschaft zu begegnen. Maßgeblich gefördert werden diese Anstrengungen durch die Schwarz- und Würth-Stiftung. Wissensintensive Dienstleistungen sind in der Region schwach vertreten, haben aber mit der EDV einen Schwerpunkt im Trendpark in Neckarsulm.

Aufgabe 3 u. 4:
Individuelle Lösungen.

Aufgabe 5:
Nachteile: keine Schnittstellen von Hochschulen, Forschungseinrichtungen, Entscheidungszentralen und Eventkultur (fehlendes urbanes Milieu der Wissensgesellschaft).
Vorteile: preiswertes und großzügiges Gewerbeflächenangebot, Vorzüge des ländlichen Raumes (z.B. Familienfreundlichkeit).

12.1 Wirtschaftsförderung

M1 Gewerbegebiet Amrichhausen bei Künzelsau

M2 Dreieck der Wirtschaftsförderung

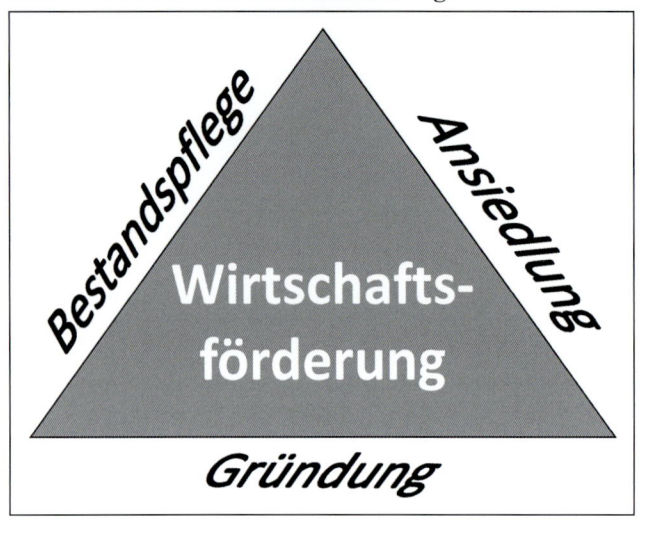

(Dreieck mit den Seiten: Bestandspflege, Ansiedlung, Gründung – in der Mitte: Wirtschaftsförderung)

M3 Aufgaben der Wirtschaftsförderung
Bestandspflege: Unterstützung der bereits ansässigen Unternehmen durch die Breitstellung von Gewerbeflächen, Sicherung und Ausbau bestehender Arbeitsplätze durch Vernetzung zwischen Wirtschaft, Wissenschaft und Verwaltung, Beratung und Information über Fördermöglichkeiten.
Ansiedlung: Aktive Werbung für Unternehmensansiedlung von außerhalb der Region (Standortmarketing), z.B. durch Internetauftritte oder den Besuch von Messen.
Gründung: Förderung von Unternehmensneugründungen in Technologie- und Gründerzentren. Dort finden Unternehmensgründer Unterstützung in Form von preiswerten Räumen sowie gemeinsam nutzbarer Infrastruktur wie Sekretariat und Besprechungsräumen.

M4 Wirtschaftsförderung in der Region Heilbronn-Franken
In der Wirtschaftsregion bestehen neben der Wirtschaftsregion Heilbronn-Franken GmbH (WHF) noch vier selbständige Wirtschaftsförderungsgesellschaften auf Landkreisebene. Die WHF betreibt nach außen ein Standortmarketing für die gesamte Region und nach innen die Förderung von Infrastruktur. Die Wirtschaftsfördergesellschaften der Landkreise sind mehr oder weniger stark in allen Wirtschaftsförderungsbereichen tätig.
Auf regionaler Ebene agieren die Handwerkskammer Heilbronn-Franken (HWK) und die Industrie- und Handelskammer Heilbronn-Franken (IHK) für die Wirtschaft in der Region. Die HWK setzt sich hierbei für die Interessen der rund 12.000 Handwerksbetriebe ein und die IHK stellt die unabhängige Vertretung und Selbstverwaltung von rund 35.700 gewerblichen Unternehmen in der Region dar. Beide Organisationen übernehmen neben vielfältigen Aufgaben in den Bereichen Existenzgründung, Information und Beratung auch vom Staat übertragende hoheitliche Aufgaben, beispielsweise in der Berufsausbildung.
Auf Gemeindeebene übernehmen einzelne Wirtschaftsförderungsbeauftragte oder die Bürgermeister selbst die Aufgaben der Wirtschaftsförderung. Kernaufgabe für die Gemeinden ist die Bereitstellung von ausreichenden Gewerbeflächen.

M5 Gewerbeflächenentwicklung in Heilbronn-Franken
Der seit 1979 bestehende Industriepark Böllinger Höfe oberhalb Heilbronns hat neben Neuansiedlungen auch die Verlagerung von innenstadtnahen Industrien ermöglicht. Einen Schwerpunkt bildet wegen der verkehrsgünstigen Nähe zum Weinsberger Kreuz der Logistiksektor.
Die zunehmende Belegung des Gewerbeparks Hohenlohe ist nicht nur Ausdruck der Anziehungskraft von Standorten entlang der Bundesautobahn A6, sondern auch Ergebnis der Raumnot in der schmalen Industriegasse des Kochertals. Nachdem sich mit den Firmen STAHL und Ziehl-Abegg bereits die Mutterunternehmen des Explosionsschutz-Clusters und Ventilatoren-Clusters in den Gewerbepark Hohenlohe verlagert haben, folgte 2011 auch der Startschuss für einen Neubau durch die Firma GEMÜ aus dem Ventil-, Mess- und Regeltechnik-Cluster.
Vor allem für Neugründungen innerhalb der Region bieten auch die Konversionsflächen der ehemaligen Militärstandorte in Heilbronn, Wertheim, Külsheim, Tauberbischofsheim und Lauda-Königshofen seit den 1990er Jahren Standortalternativen. Unternehmensgründungen finden hier in der bestehenden Bausubstanz günstige Entwicklungsmöglichkeiten.
Kleinere Zulieferbetriebe der Metall- und Kunststoffbranche haben sich auch in den Dörfern der Region entwickelt. Nach den ersten improvisierten Anfängen in der eigenen Garage oder ausgedienten landwirtschaftlichen Gebäuden im Ortskern sind sie mittlerweile in repräsentative Neubauten in eigens ausgewiesenen Gewerbegebieten an den Dorfrändern umgezogen. Ein Beispiel dafür ist der 6,5 Hektar umfassende Handwerkerpark Lerchenhöhe im Künzelsauer Stadtteil Amrichhausen.

AUFGABEN
1. Beschreibe die Aufgaben der Wirtschaftsförderung. Beurteile die Erfolgsaussichten der einzelnen Aufgaben (M2 u. M3).
2. Nenne die drei Ebenen der Wirtschaftsförderung in der Region Heilbronn-Franken und beschreibe deren Aufgaben.
3. Beschreibe die unterschiedliche Gewerbeflächenentwicklung in Heilbronn-Franken für Unternehmensgründungen, -verlagerungen und -neuansiedlungen (M5).

Zusatzmaterialien Heilbronn-Franken
12.2 Wirtschaftsförderung

M6 Innovationsfabrik Heilbronn (IFH)

In dem Fabrikgebäude der 1974 Konkurs gegangenen Werkzeugmaschinenfabrik Weipert ist seit 1998 die Innovationsfabrik Heilbronn beheimatet. Die IFH ist ein Technologiezentrum, in dem neu gegründete innovative Unternehmen konzentriert sind und durch zahlreiche Dienstleistungen in ihrer Entwicklung unterstützt werden. Ziel ist, dass die Unternehmen so stark werden, dass sie nach einigen Jahren an einem eigenen Standort außerhalb der IFH selbständig weiterwachsen können.

M7 Blanke Briefhüllen

Bei dem jüngsten Briefhüllenunternehmen in der Region Heilbronn-Franken handelt es sich um eine Ausgründung aus der Firma Mayer-Kuvert-network. Mathias Blanke hatte dort eine Ausbildung durchlaufen und machte sich 2007 mit der Firma Blanke Briefhüllen selbständig. Erster Standort war die Innovationsfabrik. Das Unternehmen vertreibt im Online-Shop Briefhüllen und Versandtaschen aller Art. Die gute Entwicklung ermöglichte dem Unternehmen 2012 den Auszug aus der Innovationsfabrik an einen eigenen Standort im Industriepark Böllinger Höfe.

M8 GETRAG

Der 1935 in Ludwigsburg gegründete Getriebehersteller GETRAG plante Ende der 1990er Jahre den Neubau einer Verwaltungs- und Entwicklungszentrale. Am Standort Ludwigsburg wurde zwar in unmittelbarer Nachbarschaft hinter dem Bahnhof Gelände der Bahn frei. Nachdem dieses aber zu teuer war und keine Reserveflächen bot, entschloss sich die Geschäftsleitung, einen neuen Standort zu suchen. Die Wahl fiel aus verschiedenen Gründen auf Untergruppenbach, wo die Zentrale von GETRAG seit 2002 ansässig ist:

- Direkte Lage an der Autobahn, wobei durch die Topographie weder Sicht- noch Geräuschbelästigung vorhanden ist.
- Untergruppenbach war bis dahin eine reine Wohngemeinde ohne jede Industrie.
- Aus den ersten beiden Gründen ergibt sich also ein Standort mitten im Grünen, der noch dazu überragt wird vom Schloss Stettenfels.
- Durch große Freiflächen ist mittel- bis langfristig eine Erweiterung möglich.
- Auf allen Verwaltungsebenen wurden sehr schnell alle planungsrechtlichen und infrastrukturellen Voraussetzungen geschaffen, so dass eine zügige Umsetzung des Projekts möglich wurde.
- Die Entfernung nach Ludwigsburg ist nicht allzu groß, so dass alle Mitarbeiter von dort mitgenommen werden konnten.

Quelle: www.getrag.com

M9 Audi baut Zweigwerk in Heilbronn

Die Automobilfabrik leidet am Stammsitz Neckarsulm seit Jahrzehnten unter Platzmangel. Die Enge hat in der Vergangenheit dazu geführt, dass Produktionsflächen in die Höhe gebaut wurden, obwohl dies für die Kosten-Nutzen-Relation der konzernweit ausgeschriebenen Produkte eine schlechte Ausgangsbasis ist.

Der Neuerwerb auf Neckargartacher Gemarkung, nur sechs Kilometer vom Standort Neckarsulm entfernt, entspricht etwa einem Viertel der bisherigen Werksfläche. Für die Absicherung der eigenen Zukunftsfähigkeit hatte Audi in der Region gut ein Dutzend Standorte untersucht – von Siegelsbach und Ilsfeld über Schwabbach bis nach Waldenburg. Kein Standort aber hatte die Voraussetzungen wie Heilbronn: Größe plus Erweiterungsfläche, Verkehrsinfrastruktur und die Genehmigung für industrielle Produktion ohne Störung von Wohngebieten in der Nachbarschaft.

Quelle: nach Heilbronner Stimme vom 23.11.2011.

ZUSATZAUFGABE

4. Ordne die Fallbeispiele den Aufgaben der Wirtschaftsförderung zu und erläutere jeweils die relevanten Standortfaktoren (M6 bis M9).

LÖSUNGSHINWEISE

Aufgabe 1:
Die Bestandspflege in Form der Bereitstellung ausreichender Erweiterungs- und Neubauflächen für die bestehende erfolgreiche industrielle Basis ist bislang die fruchtbarste Aufgabe.

Aufgabe 2:
Wirtschaftsregion Heilbronn-Franken: Standortmarketing nach außen, nach innen Infrastrukturförderung. Landkreise: alle Aufgaben der Wirtschaftsförderung. Kommunen: Bereitstellung von Gewerbeflächen (Wirtschaftsförderung = Chefsache Bürgermeister).

Aufgabe 3:
Neuansiedlungen sowie innerregionale Verlagerung von beengten Stadt- und Tallagen in neue Gewerbegebiete auf der grünen Wiese. Existenzgründungen in ehemaligen Kasernen und kleinere Zulieferbetriebe am Wohnstandort des Gründers.

Aufgabe 4:
Blanke Briefhüllen startete als Neugründung im Technologiezentrum Innovationsfabrik Heilbronn. GETRAG ist eine „Flagschiffverlagerung" in die Region. Entscheidend für Untergruppenbach war ein Standort im Grünen mit ausreichend Erweiterungsfläche an der Autobahn. Bei dem Audi Zweigwerk handelt es sich um eine innerregionale Erweiterung in die Böllinger Höfe, die große Flächen und eine gute Verkehrsanbindung bieten.

13.1 Energieregion Heilbronn-Franken

M1 Das EnBW Kohlekraftwerk in Heilbronn

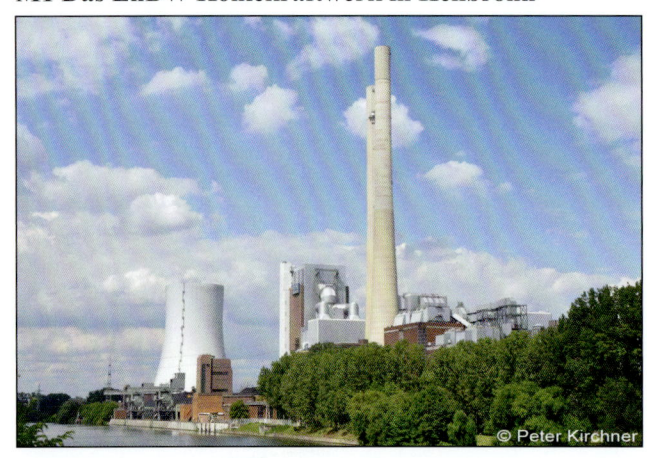

M2 Wie Heilbronn zur Energiestadt wurde

Mitte des 19. Jahrhunderts machte der Heilbronner Arzt und Naturforscher Robert Mayer seine bahnbrechende Entdeckung vom Erhalt der Energie.

1888 wurde in Lauffen am Neckar ein Zementwerk gegründet (heute ZEAG Energie AG) weil die notwendigen Rohstoffe vor Ort und das Neckargefälle als Energiequelle zur Verfügung standen. Für die Zementproduktion wurden nur 40 % der Kapazität des werkseigenen Wasserkraftwerks benötigt. Den überschüssigen Strom leitete man 1890 nach Heilbronn, das als erste Stadt der Welt mit Drehstrom versorgt wurde.

1891 fand in Frankfurt eine elektrotechnische Ausstellung statt. Oskar von Miller, der Technische Leiter der Ausstellung, der auch als Berater für das Wasserkraftwerk Lauffen tätig war, versuchte seine Vision von der Stromfernübertragung durch eine 175 km lange Leitung von Lauffen nach Frankfurt umzusetzen. Das Experiment gelang und wurde zur Geburtsstunde der großräumigen Elektrizitätsübertragung.

Quelle: ZEAG (1991): Moderne Energie für eine neue Zeit. Weinsberg.

M3 Regionale Stromerzeugung 2010 und 2011

Die Region Heilbronn-Franken ist mit den beiden Großkraftwerken am Neckar (Kernkraftwerk Neckarwestheim (GKN) und Kohlekraftwerk Heilbronn) und Wasserkraftwerken an Neckar und Main im Wesentlichen eine Stromexport-Region mit einem überregionalen Stromversorger. Dabei konzentrierten sich die Erzeugungskapazitäten nahezu ausschließlich am Neckar. Erst in den letzten Jahren wurden in der Region zusätzlich dezentrale regenerative Stromerzeugungskapazitäten errichtet.

Der jährliche Stromverbrauch in der Region Heilbronn-Franken beträgt ca. 7 TWh*. Zwar wird in der Region auch seit der Abschaltung des GKN/Block 1 im März 2011 mit ca. 15 TWh noch immer doppelt so viel Strom erzeugt wie regional benötigt wird, jedoch ist die regionale Gesamtstromerzeugung um ca. 4 TWh bzw. ca. 20 % gesunken. Der überwiegende Teil stammt heute konventionell aus Block 2 des GKN Neckarwestheim und dem Kraftwerk in Heilbronn.

Die jährliche Stromerzeugung aus erneuerbaren Energien betrug 2010 in der Region etwas über 1 TWh – das entspricht etwa 17-18 % des jährlichen Stromverbrauchs. Die regenerative Stromerzeugung erfolgt anteilig zu etwa 33-34 % vorrangig aus Solarenergie auf Dächern von Betrieben, Wohn- und landwirtschaftlichen Gebäuden, zu etwa 29-30 % aus Biogas und Biomasse aus kleineren Kraftwerken und Anlagen bei Landwirten und zu etwa 19-20 % durch Laufwasserkraftwerke an Schleusenanlagen von Neckar und Main sowie kleineren Anlagen an Kocher und Jagst, zu etwa 18-19 % durch derzeit 112 Windkraftanlagen vorwiegend im Main-Tauber-Kreis und im Landkreis Schwäbisch Hall.

1TWh = 1 Terrawattstunde = 1 Billion Kilowattstunden.

Quelle: www.regionalverband-heilbronn-franken.de.

M4 Neckarsulm: Aus der Solarstadt wird die Sparstadt

Nachdem die Stadt Furore gemacht hatte mit der Solarsiedlung Amorbach, mit einem riesigen Holzhackschnitzelkraftwerk, einem großzügigen Förderprogramm für Photovoltaik und einer subventionierten Energieberatungsstelle, wurde sie vor gut einem Jahr als Champions-League-Sieger für erneuerbare Energien ausgezeichnet.

„Jetzt steht die Steigerung der Energieeffizienz an, damit lässt sich natürlich nicht so viel Furore machen wie mit den großen Projekten der Vergangenheit", so der Baubürgermeister Grabbe. Als Beispiel führt er den Austausch der Leuchten in der Ballei an. Bei aktuellen Stromkosten spart die Stadt so jedes Jahr mehr als 6.000 Euro.

Der größte Posten ist die energetische Sanierung von Altbauten. In Schulen, Kindergärten, Feuerwehren und in die Ballei wurden im Rahmen des Konjunkturpakets II insgesamt 2,5 Millionen Euro investiert. Darüber hinaus gab die Stadt 2011 noch einmal rund zwei Millionen für weitere städtische Gebäude aus, nicht eingerechnet die 3,6 Millionen für Abbruch und Neubau von Wohngebäuden an der Binswanger Straße und den Neubau des Kindergartens Salinenstraße. Rechnungen, wie lange hier geheizt werden muss, damit sich die Investitionen amortisieren, gibt es allerdings nicht.

Quelle: nach Heilbronner Stimme vom 29.12.2011.

AUFGABEN

1. Begründe den Status von Heilbronn als Energiestadt und den Status der Region Heilbronn-Franken als Energieregion (M1 bis M3).
2. 2022 wird auch der zweite Block des Kernkraftwerks in Neckarwestheim stillgelegt. Entwickle Vorschläge, wie dieser Verlust in der Stromproduktion kompensiert werden kann (M3 u. M4).

Zusatzmaterialien Heilbronn-Franken
13.2 Energieregion Heilbronn-Franken

M5 Blockheizkraftwerk in Schwäbisch Hall

Seit 2007 betreibt die Stadtwerke Schwäbisch Hall ein Blockheizkraftwerk in der Salinenstraße. Zunächst wurde das Kraftwerk mit Pflanzenöl betrieben. 2012 erfolgte die Umstellung auf Biogas.

M6 Die Nachhaltigkeitsaspekte der Produktion von Palmöl in Malaysia

Malaysia produziert wie Indonesien billiges Palmöl in großen Mengen. Bei der Produktion von Pflanzenöl steht Palmöl seit einigen Jahren weltweit an der Spitze. Palmöl eignet sich u.a. als Benzinersatz.

Wirtschaftliche Aspekte:
- Food products: Ghee=Butterfett (indische Küche), Speiseöle
- Non food products: Waschmittel, Seife, Kosmetik, …
- Flächenproduktivität: 3,8 t/ha (sechsmal so viel wie Rapsöl und zehnmal so viel wie Sojaöl)
- Ganzjährige Erntezeit

Ökologische Aspekte:
- Regenwaldzerstörung und Verlust an Biodiversität
- Recycling von Palmenresten als Dünger (Mulch)
- Erosionsschutz (Palmwedel, Leguminosenanbau zwischen Palmen)
- Ganzjährige Erntezeit

Soziale Aspekte:
- Arbeitsintensive Produktion schafft ca. 2 Mio. Arbeitsplätze in Malaysia
- Schaffung von Kleinbauernstellen (Smallholdings)

M7 Ölpalmenplantage in Malaysia

ZUSATZAUFGABEN

3. Beurteile, ob die Verbrennung von malaysischem Palmöl im Schwäbisch Haller Blockheizkraftwerk unter Nachhaltigkeitsaspekten sinnvoll wäre (M5 bis M7).
4. Nenne Möglichkeiten zur Erzeugung regenerativer Energie in deiner Heimatgemeinde.

LÖSUNGSHINWEISE

Aufgabe 1: Der Heilbronner Robert Mayer formulierte als erster den Energieerhaltungssatz. Heilbronn wurde als erste Stadt mit Drehstrom versorgt. Von Lauffen aus gelang 1891 erstmalig eine effiziente Fernstromübertragung.
Heilbronn-Franken produziert mit seinen beiden am Neckar gelegenen Großkraftwerken das Doppelte seines eigenen Stromverbrauchs. Bei der Erzeugung von regenerativen Energien liegt die Region über dem Landes- u. Bundesdurchschnitt.
Aufgabe 2: Eine Kompensation ist durch den Bau eines konventionellen erdgasbetriebenen Großkraftwerks möglich. Ein Ausbau der regenerativen Energien ist vor allem noch bei Solar- und Windkraftanlagen möglich. Ein wichtiger Aspekt sind Energiesparmaßnahmen, z.B. bei der Gebäudesanierung.
Aufgabe 3: Eine einfache Antwort ist aufgrund der komplexen Problemlage nicht möglich. Ökonomisch betrachtet ist die Verbrennung von Palmöl wegen der geringeren Produktionskosten und höheren Flächenproduktivität sehr viel billiger als einheimisches Rapsöl. Aus ökologischer Sicht ist die Regenwaldzerstörung fatal. Ein Lösungsansatz könnte der Bezug von nachhaltig produziertem Palmöl von einer Nukleusplantage sein (vgl. Diercke Weltatlas 2015, S. 193).
Aufgabe 4: *Individuelle Lösungen.*

14.1 Nah- und Fernverkehr in der Region Heilbronn-Franken

M1 Übersichtskarte der Fernverkehrswege in der Region Heilbronn-Franken

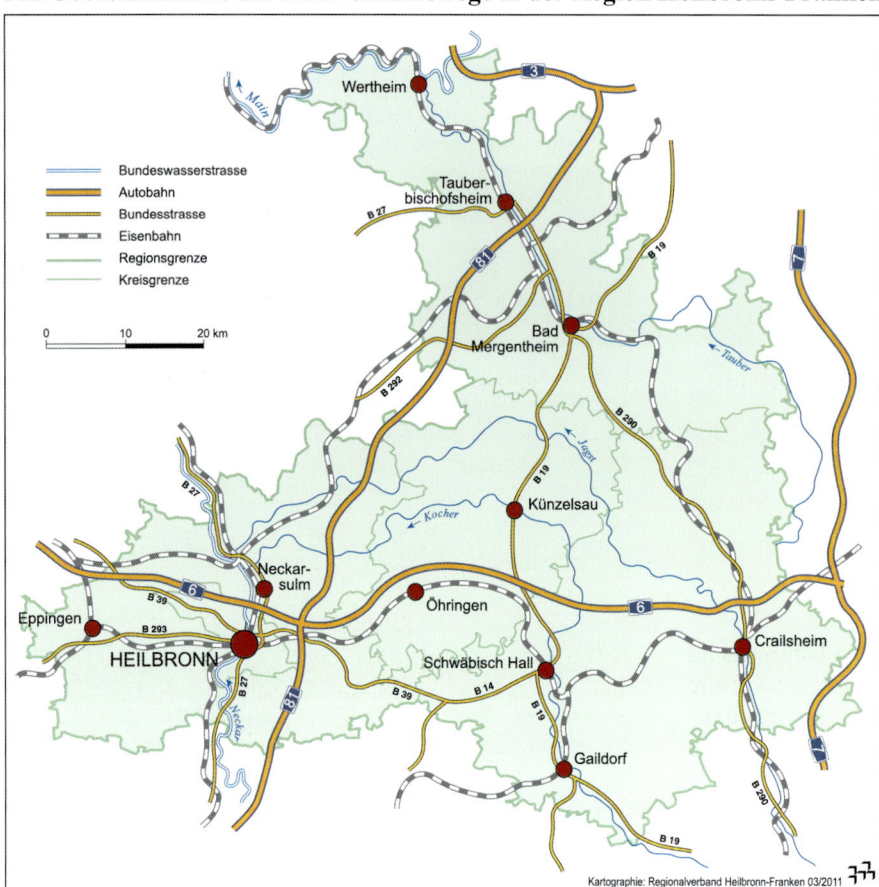

M2 Fernverkehrswege

Die Bundesautobahn A6 hat sich nach 1989 zu einer europäisch bedeutsamen West-Ost-Verbindung entwickelt. Die hohe Verkehrslast rechtfertigt allemal deren bislang nur schleppend voranschreitenden dreispurigen Ausbau. Die nördlich des Weinsberger Kreuzes deutlich weniger befahrene Bundesautobahn A81 verbindet die Region mit der Landeshauptstadt Stuttgart und Würzburg.
Im Südosten quert die Bundesautobahn A7 die Region.
Deutlich schlechter ist die Schienenverkehrsanbindung in der Region. Einzig Crailsheim verfügt über eine IC-Haltestelle. Im Gegensatz zu anderen Großstädten ist Heilbronn nur sehr schlecht an das Fernverkehrsnetz angebunden.
Mit Wertheim und Heilbronn verfügt die Region über zwei Binnenhäfen.
Verkehrslandeplätze für kleinere Flugzeuge gibt es in Schwäbisch Hall und Niederstetten.

M3 Der Öffentliche Personennahverkehr (ÖPNV)

Der Schienenpersonenverkehr der Deutschen Bahn bildet zusammen mit Bus und Stadtbahn den Öffentlichen Personennahverkehr (ÖPNV). Dieser wiederum wird von unterschiedlichen Verbünden wie dem HNV, dem VRN und dem Kreisverkehr Schwäbisch Hall betrieben. Die Kooperation zwischen diesen einzelnen Betrieben ist dabei besonders wichtig, um Tarife und Fahrpläne aufeinander abzustimmen und alles für die Kunden möglichst unkompliziert zu gestalten.
Im Bereich Heilbronn wird seit einigen Jahren am Ausbau der Stadtbahn gearbeitet. Bereits seit 2005 besteht die Ost-West-Verbindung mit zahlreichen Haltestellen, die sich von Öhringen über Heilbronn und Eppingen bis nach Karlsruhe erstreckt (S4).
Bis Ende 2015 erfolgte die Realisierung des sogenannten Nordastes zur Erschließung des dicht bevölkerten Neckartales. Er verläuft von Heilbronn über Neckarsulm und Bad Friedrichshall und teilt sich dort über Bad Wimpfen und Bad Rappenau nach Sinsheim (S42) sowie über Gundelsheim nach Mosbach (S41). An den Endpunkten findet jeweils die Verknüpfung mit der bereits verkehrenden S-Bahn Rhein-Neckar statt.

M4 Internetadressen der Verkehrsverbünde in der Region Heilbronn-Franken
- Kreisverkehr Schwäbisch Hall: www.vsh-sha.de
- Verkehrsverbund Rhein Neckar: www.vrn.de
- Heilbronner-Hohenloher-Haller Nahverkehr: www.h3nv.de
- Deutsche Bahn: www.bahn.de

AUFGABEN
1. Stelle die Stärken und Schwächen des Verkehrsnetzes in Heilbronn-Franken einander gegenüber (M1 bis M3).
2. Nenne Maßnahmen zur Beseitigung der Schwächen.
3. Geplant werden soll ein Tagesausflug zum Kloster Bronnbach im Taubertal. Plane mit Hilfe von M4 die Hin- und Rückfahrt. Beachte die Fahrzeit und die Fahrtkosten. (Gibt es alternative Routen, Gruppen- oder Tagestickets?)

Zusatzmaterialien Heilbronn-Franken
14.2 Nah- und Fernverkehr in der Region Heilbronn-Franken

M5 Stadtbahnlinie S4 zwischen Eppingen und Öhringen

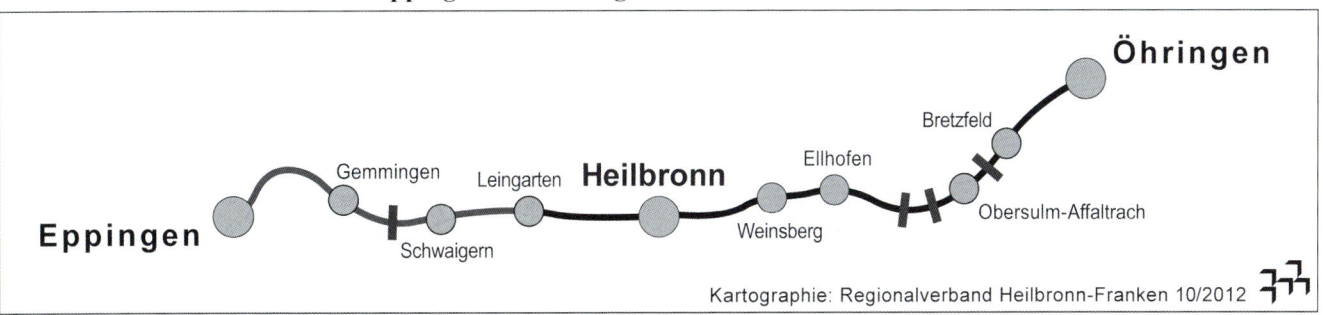

Kartographie: Regionalverband Heilbronn-Franken 10/2012

M6 Als Tagestourist oder Schulausflug mit der Stadtbahn unterwegs

Der Stadtbahnausflug mit der S4 beginnt in der Innenstadt von Heilbronn. Trotz der Zerstörungen im Zweiten Weltkrieg zeugen historische Gebäude wie das Rathaus und die Kilianskirche immer noch von der Vergangenheit als wohlhabende freie Reichsstadt. Nach dem Haltepunkt „Trappensee" verlässt die Stadtbahn das Heilbronner Becken und fährt auf den Galgenberg zu. Rechter Hand geht der Blick hinüber zum Jägerhaus.

Die Ausläufer der Löwensteiner Berge ziehen sich über das Jägerhaus und den Galgenberg bis zum Wartberg, dem Hausberg der Heilbronner. Diesen Keuperbergrücken quert die Bahn durch den Weinsberger Tunnel. Hat man den Tunnel durchfahren, zeigt sich ein neues, anderes Landschaftsbild, geprägt von der Sulm und ihren Zuflüssen. Der spitze Bergkegel der Weibertreu rechts des Schemelbergs dominiert das Weinsberger Tal. Sein schmales Plateau umsäumt der Mauerkranz einer uralten Burg, wo sich vor über 800 Jahren die Weibertreusage abgespielt hat. Die Altstadt Weinsbergs zieht sich von Süden auf einem schmalen Berggrat hinauf, überragt von der ehrwürdigen Johanneskirche.

Im Bereich des Weinsberger Bahnhofs werden mächtige Lössschichten durchschnitten, die früher von Ziegeleien abgebaut wurden. Heute erinnert noch die Erholungsanlage mit dem Namen „Alte Ziegelei" daran. Das spätklassizistische Bahnhofsgebäude aus dem Jahre 1862 schließt die südliche Bahnhofstraße repräsentativ ab.

Vom Bahnhof aus bietet sich eine ca. 5 km lange Wanderung zur Burg Weibertreu und weiter zum Weinbau- und Waldlehrpfad Schemelsberg an. Von beiden Bergen hat man eine sehr gute Aussicht. Außerdem eignen sich beide Berge sehr gut als Standorte für die Beschäftigung mit den Themen Land- und Forstwirtschaft sowie Geologie und Schichtstufenlandschaft. Vom Haltepunkt Weinsberg West kann die Rückfahrt nach Heilbronn angetreten werden.

Quelle: nach Maier, U./Schedler, J. (2005): Die Stadtbahn und ihre Bedeutung für den Tagestourismus. - In: Stadtwerke Heilbronn (Hg.): Die Stadtbahn Heilbronn. Schienenverkehr zwischen Eppingen und Öhringen Ubstadt-Weiher.

M7 Weinsberg und und die Burg Weibertreu

© Peter Kirchner

ZUSATZAUFGABE

4. Stelle nach dem Beispiel in M6 ein eigenes Fahr- und Ausflugsprogramm mit einem Verkehrsmittel des ÖPNV zusammen (M5 bis M7).

LÖSUNGSHINWEISE

Aufgabe 1:
Stärken: Günstige Autobahnanbindungen, zwei Hafenstandorte, darunter der Heilbronner Neckarhafen als einer der größten Binnenhäfen Deutschlands.
Schwächen: Nur schleppend voranschreitender dreispuriger Ausbau der A6. Schlechte Schienenverkehrsanbindung, Heilbronn verfügt nicht über einen Zugang zum Schienenfernverkehr.

Aufgabe 2:
Beschleunigung des dreispurigen Ausbaus der A6. („Aktionsbündnis pro Ausbau A6"). Aufwertung Heilbronns zum Schienenfernverkehrsknotenpunkt.

Aufgabe 3 u. 4:
Individuelle Lösungen.

Ein Projekt der IHK Heilbronn-Franken in Kooperation mit dem Pakt Zukunft, dem Regionalverband Heilbronn-Franken, der Akademie für Innovative Bildung und Management und der Pädagogischen Hochschule Ludwigsburg

15.1 Von der Reichsstadt zum Oberzentrum Heilbronn

M1 Heilbronn: Blick über den Marktplatz nach Norden

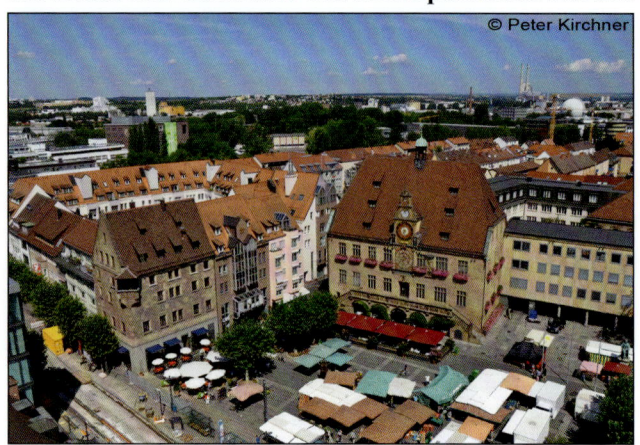

© Peter Kirchner

M2 Heilbronn als Reichsstadt

Heilbronn wurde 1371 zur Reichsstadt ernannt. Reichsstädte waren Städte, die direkt dem Kaiser und nicht etwa einem Reichsfürsten unterstanden (Reichsunmittelbarkeit). Als Reichsstadt hatte die Stadt im Vergleich zu den anderen Gemeinden in der Region besondere Privilegien. Hierzu zählte die eigene Gerichtsbarkeit. Allerdings ergab sich aus dem Status als Reichsstadt auch, dass die Stadt ihre Steuern direkt an den Kaiser zahlen und dass sie ihm, bei Verlangen, Heerfolge leisten musste.

Heilbronn entwickelte sich im 14. Jahrhundert zu einer wirtschaftlich bedeutsamen Stadt, was vor allem auf das Recht, den Neckar „wenden und kehren" zu dürfen, zurückgeführt werden kann. Der Flussverlauf wurde dergestalt verändert, dass der zuvor an Böckingen vorbei fließende Hauptarm in das Bett eines Nebenarmes umgeleitet wurde, der direkt vor der Stadtmauer lag. Durch den Einbau von Wehren wurde die Durchfahrt durch den rechten Arm verhindert: der Schiffsverkehr wurde so unmittelbar an die Stadt geführt, wo er bis ins 19. Jahrhundert auch endete. Dies führte dazu, dass die transportierten Güter hier umgeschlagen werden mussten. Durch das Stapelrecht und das Vorkaufsrecht auf alle Transitwaren entwickelten sich die Handelshäuser prächtig. Die Kanalisierung erwies sich auch als sehr vorteilhaft für den Betrieb von Mühlen (z.B. Getreide- u. Ölmühlen). Das Zusammentreffen von Wasserstraße und Fernhandelswegen machte Heilbronn zu einem bedeutenden Verkehrsknotenpunkt.

Durch die napoleonische Flurbereinigung fiel Heilbronn Anfang des 19. Jahrhunderts an das Herzogtum Württemberg. Die Handelshäuser profitierten von diesem Anschluss und dem damit zur Verfügung stehenden größeren Wirtschaftsraum.

Nach verschiedenen Quellen.

M3 Städtebauliche Entwicklung

Die Reichsstadt Heilbronn war mit ca. 26 Hektar (Altstadt) relativ klein und machte bis ins 19. Jahrhundert keine größeren Wachstumsschübe durch. Erst die Eingemeindungen im 20. Jahrhundert führten zu einer deutlichen Flächenzunahme des Stadtgebiets.

Das ursprünglich von der Stadtmauer umfasste Gebiet lässt sich heute noch gut nachvollziehen. Noch vorhandene Überreste sind der Götzenturm und der Bollwerksturm. An Stelle des ehemaligen Sülmertors befindet sich heute das K3, an der Stelle des ehemaligen Fleinertors das Wollhauscenter. Den Westen begrenzte der Altarm des Neckars und an der Stelle des ehemaligen Brückentors befindet sich heute der Neckarturm, an der östlichen Grenze die Allee.

Erst nach 1870 begann die Stadt rasch über diese Begrenzung hinaus zu wachsen. Die Bahnhofsvorstadt wurde links des Neckars gebaut und rechts des Neckars entstand ein breiter Siedlungsgürtel um die Altstadt. Die neuen Quartiere zeichnen sich durch meist rechtwinklige Straßenachsen aus, die sich deutlich von dem „Durcheinander" der Straßenführung in der Altstadt unterscheiden. Die Schleifung der Stadtmauer gab Platz, u.a. für die Allee. Erst mit dem starken Wachstum nach dem Zweiten Weltkrieg wuchs Heilbronn auch in der Peripherie noch weiter. Es entstanden zahlreiche Einfamilienhausgebiete. Darüber hinaus wurden vor allem in der Neckaraue flussabwärts Industrie- und Gewerbegebiete ausgewiesen.

M4 Oberzentrum Heilbronn

Das Oberzentrum Heilbronn ist mit 120.000 Einwohnern die einzige Großstadt in der Region Heilbronn-Franken und mehr als dreimal so groß wie die nächstgrößere Stadt Schwäbisch Hall.

Oberzentren versorgen die sie umgebende Region mit überörtlichen Funktionen. Hierzu zählen ein spezielles Warenangebot, Kultur, Bildung, Gesundheitsdienstleistungen und Behörden. Heilbronn ist heute ein bedeutendes Einkaufszentrum für die Region, es gibt mehrere Kliniken, (spezialisierte) Ärzte, weiterführende Bildungseinrichtungen wie Berufsschulen, mehrere Hochschulen und weitere bedeutende Bildungseinrichtungen (z.B. Bildungscampus, experimenta). Zu den wichtigen überörtlichen Organisationen gehören z.B. die Industrie- und Handelskammer sowie die Handwerkskammer.

AUFGABEN

1. Begründe den wirtschaftlichen Wohlstand Heilbronns (M2).
2. Erstelle mit Google Earth eine (genetische) Karte zu den drei Stadtentwicklungsphasen von Heilbronn (M3).
3. Identifiziere anhand eines Stadtplans oder mit Google Earth oberzentrale Funktionen Heilbronns und ergänze diese durch deine eigenen Kenntnisse. Erkläre die räumliche Lage der einzelnen Funktionen (M4).

Zusatzmaterialien Heilbronn-Franken
15.2 Von der Reichsstadt zum Oberzentrum Heilbronn

M5 Kriegszerstörung und Wiederaufbau

Durch einen Luftangriff im Dezember 1944 und dem dadurch ausgelösten Feuersturm wurde die Heilbronner Altstadt komplett zerstört. Wieder aufgebaut wurden nur einige bedeutende historische Gebäude wie das Rathaus und die Kilianskirche (Bild links). Der Straßengrundriss wurde allerdings weitgehend beibehalten. Straßenführungen wurden da geändert, wo die gewandelten Anforderungen durch den motorisierten Individualverkehr es notwendig machten und zum Teil auch, um die historischen Wahrzeichen besser in den Blick zu rücken.

Die Stadtgestalt heute ist demnach von Nachkriegsbauten dominiert. Durchsetzt wird diese Struktur allerdings durch historische Bauten, z.B. die Reste der ehemaligen Befestigung (Bollwerksturm, Götzenturm) oder durch moderne Gebäude wie den Neckarturm (Bild rechts).

Da eine Stadt nie „fertig" ist, verändert sich Heilbronn auch heute noch permanent und wird an die gewandelten Vorstellungen und Bedürfnisse seiner Bürger angepasst.

M6 Aktuelle Stadtentwicklung

In Heilbronn wird an vielen Ecken gebaut: verschiedene Bauvorhaben (insbesondere Geschäftshäuser und hochwertige Wohnnutzung) werden in der Innenstadt durch private Investoren realisiert. Aber die Stadt verfolgt auch eigene, große Projekte. Das bedeutsamste dieser Projekte ist die Konzeption des Stadtteils Neckarbogen. Er soll zwischen Hauptbahnhof, Neckarkanal, Neckar und Wohlgelegen entstehen. Das Gebiet, welches zum Wohnen und Arbeiten dienen soll, ist rund 30 ha groß und umfasst unter anderem das Bundesgartenschaugelände (BUGA 2019). Eine große Rolle spielt hierbei der Zugang zum Neckar – bisher ist dieser in großen Teilen des Stadtgebiets nicht gegeben. Im Norden ist er durch großflächige Hafenanlagen für die Öffentlichkeit beispielsweise gar nicht möglich.

ZUSATZAUFGABEN

4. Nenne neuere Gebäude und städtebauliche Maßnahmen in Heilbronn. Erläutere die Anforderungen oder Bedürfnisse, die mit diesen Baumaßnahmen verknüpft sind (M5 u. M6).
5. Plant in Gruppen einen Tagesausflug nach Heilbronn inklusive Anreise mit öffentlichen Verkehrsmitteln. Versucht möglichst viele oberzentrale Funktionen kennen zu lernen.

LÖSUNGSHINWEISE

Hinweise zu M1:
Das Bild zeigt in der Bildmitte das Rathaus aus der Renaissance und in der Mitte links das aus der Gotik stammende Käthchenhaus. Bei den anderen Gebäuden handelt es sich um Neubauten ab den 1950er Jahren wie z.B. der schlichte Anbau rechts des historischen Rathauses. Jenseits des Neckars links oben erkennt man das experimenta Gebäude und oben rechts die Kühltürme des Kohlekraftwerkes.

Aufgabe 1:
Durch die Geschichte als Reichsstadt bildete sich in Heilbronn ein starkes Unternehmertum heraus. Am End- und Kreuzungspunkt des Neckarschifffahrtsweges konnten sich reiche Handelshäuser entwickeln. In den zahlreichen Mühlen wurden landwirtschaftliche Produkte weiter verarbeitet. Der Anschluss an Württemberg sorgte für einen großen Absatzmarkt.

Aufgabe 2:
Drei Stadtentwicklungsphasen: Mittelalterliche Reichs- und Kaufmannsstadt bis ins 19. Jhd. – Bahnhofsvorstadt, Siedlungsgürtel um Altstadt und Industrie in der Neckaraue 1870 bis 1945 – Neue Wohnquartiere mit rechtwinkligem Straßennetz und Großwohnsiedlungen nach dem Zweiten Weltkrieg. Eine Anleitung zum Erstellen eigener Karten findet sich in der Google Earth Hilfe unter „Meine Karten".

Aufgabe 3:
Schulen: Schulzentren vor allem zentral, weitere Schulen in den Stadtteilen, Hochschule in Sontheim.
Handel: täglicher Bedarf (dispers, in den Stadtteilen, auch in der Innenstadt), mittelfristiger Bedarf (vor allem in der Innenstadt – besonders konzentriert in der Fleiner- und der Sülmerstraße), langfristiger Bedarf (Gewerbegebiete, z.B. Industriegebiet Neckar, Ausfallstraßen, z.B. Neckargartacher Straße).
Medizinische Versorgung: Ärzte (gesamtes Stadtgebiet, viele in der Innenstadt), Kliniken (Stadtrand).
Freizeit: große Einrichtungen (experimenta, Soleo, Kino, Theater in der Innenstadt), Freibäder, Fußballplätze (Stadtteile), Ausflugsziele (Umland).
Öffentliche Verwaltungen: Landratsamt, Rathaus, Arbeitsagentur, Gesundheitsamt (Innenstadt), Bürgerbüros (Stadtteile).
Da die Innenstadt gut erreichbar ist, sind hier wichtige (zentrale) Funktionen angesiedelt. Am Stadtrand oder in der Peripherie finden sich Funktionen, die ein großen Flächenbedarf und/oder eine bessere Erreichbarkeit mit dem Pkw (Parkplätze!) erfordern.

Aufgabe 4:
Klosterhof und Stadtgalerie (Einkaufen, Filialisten), mehrere Baulückenschließungen in dem Gebiet zwischen Karlsruher Straße/Weststraße/Bahnhofsstraße/Neckar mit Mehrfamilienhäusern (Nachfrage nach hochpreisigem gehobenem Wohnen in Innenstadtlage), Volksbankbau an der Allee (Repräsentativer Standort in modernem großzügigem Gebäude), Stadtbahn Nord (Stärkung des ÖPNV), Bundesgartenschau (Entwicklungsimpulse für die Stadtentwicklung, mehr Grün im Stadtraum/Naherholung, Tourismus/Wirtschaft).

Aufgabe 5:
Individuelle Lösungen.

16.1 Hafen Heilbronn

M1 Neckararme bei Heilbronn im Mittelalter (links) und Drehkran am Wilhelmskanal von 1845 (rechts)

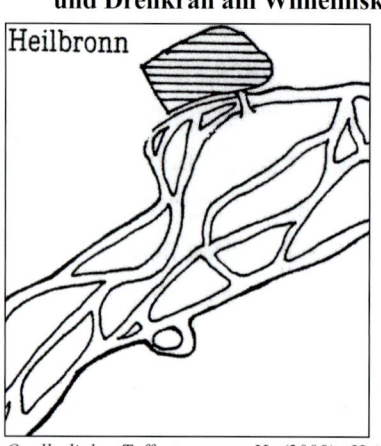

Quelle links: Tuffentsammer, H. (2000): Heilbronns Mühlen – Industrielle Keimzellen. Heilbronn. S. 9.

M2 Der Hafen Heilbronn heute

Mit einem um die 3 Millionen Tonnen schwankenden Umschlag nimmt der Heilbronner Hafen einen bedeutenden Rang unter den deutschen Binnenhäfen ein. Die größten Umschlagsposten bilden der Versand von Steinsalz durch die Südsalz GmbH im Salzhafen und der Empfang von Steinkohle durch das Kohlekraftwerk Heilbronn im Stromhafen. Beide Massengüter machen zusammen etwa zwei Drittel des Gesamtumschlages aus. Weitere Massengüter umfassen Baustoffe und Futtermittel in größeren Mengen. Daneben gibt es aber auch noch den Umschlag von Flüssiggütern (z.B. Mineralöl) im Hafen alter Neckar und ein Schwergutkai im Osthafen. Seit 2012 verfügt der Heilbronner Hafen über einen trimodalen Containerterminal südlich vom Salzhafen.

M3 Hafenanlagen von Heilbronn

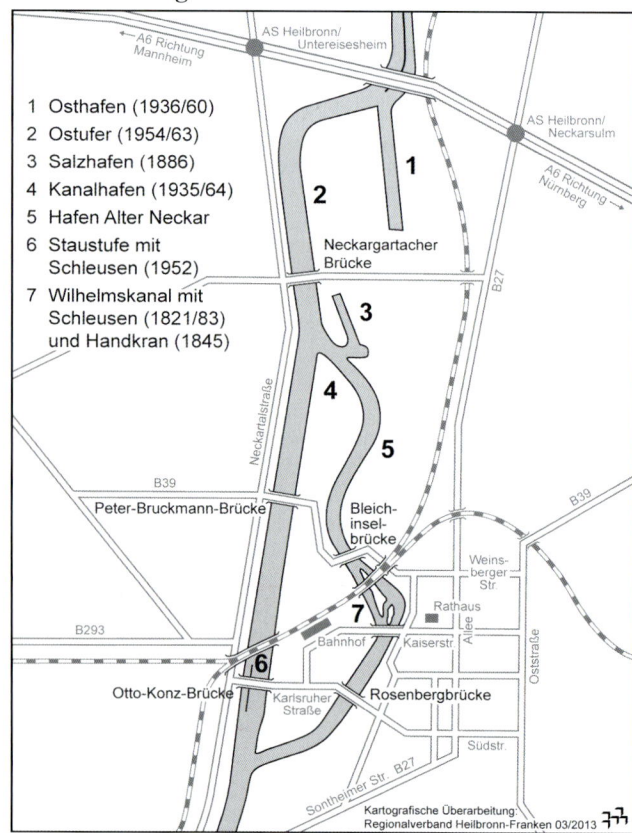

1 Osthafen (1936/60)
2 Ostufer (1954/63)
3 Salzhafen (1886)
4 Kanalhafen (1935/64)
5 Hafen Alter Neckar
6 Staustufe mit Schleusen (1952)
7 Wilhelmskanal mit Schleusen (1821/83) und Handkran (1845)

Quelle: Stadt Heilbronn Hafenamt o.J.

M4 Umschlagsarten im Heilbronner Hafen

M5 Glossar

trimodal: Umschlagsmöglichkeit zwischen den Verkehrswegen Straße, Schiene und Wasser.
Güterumschlag: Verladen und Ausladen von Waren, für deren Transport ein Fahrzeug erforderlich ist.
Kai: Gesamte wasserseitige Uferanlage.

AUFGABEN

1. Erläutere die Unterschiede zwischen dem Heilbronner Neckarverlauf und Hafen früher und heute (M1 bis M3).
2. Beschreibe die Umschlagsarten in M4 und ordne sie dem jeweiligen Hafenstandort in M3 zu (M2).
3. Begründe, warum Steinsalz und Kohle die größten Güterumschlagsposten sind (M2 u. M4).

Zusatzmaterialien Heilbronn-Franken
16.2 Hafen Heilbronn

M6 beweka Kraftfutterwerk GmbH

Die beweka Kraftfutterwerk GmbH mit Sitz in Heilbronn betreibt ein Mischfutterwerk in direkter Lage am Neckar. Beweka produziert Mischfutter für landwirtschaftliche Veredelungsbetriebe und die private Tierhaltung. Die Haupttonnage wird in den Sparten Rind-, Schwein- und Geflügelfutter erzielt. 2007 entstand durch den Neubau einer Siloanlage ein zweites Standbein. Über die neue 60 Meter hoher Siloanlage wird Soja umgeschlagen. Der Standort am Neckar in Heilbronn liegt verkehrsgünstig an der A6. Er vereint sowohl die Nähe zu den Rohstofflieferanten in den nahen Ackerbauregionen als auch zu den Kunden im veredelungsstarken Hohenlohe. Die Auslieferung an die Kunden erfolgt mit eigenen LKWs. Der Kraichgau als ackerbaulich geprägte Region liegt mit seinem Getreide- und Maisanbau direkt vor der Tür. Die Versorgung mit Melasseschnitzel erfolgt aus dem nur 15 km entfernten Werk der Südzucker in Offenau.

Quelle: www.beweka.com

M7 Krieger Gruppe

Die Krieger Gruppe ist ein Baustoffunternehmen mit zahlreichen Standorten an Rhein, Main und Neckar, u.a. in Heilbronn. Das Kerngeschäft ist die Produktion von Baustoffen, die Sicherung der dafür benötigten Rohstoffe und deren Transport mit einer eigenen Binnenschifffahrtsflotte. Das Lieferprogramm umfasst u.a. verschiedene Fraktionen von Rheinsanden und Rheinkiesen aus eigenen Förderstätten. In eigenen Kalksteinbrüchen werden Schotter und Kalksteinsplitte in unterschiedlichen Fraktionen für den Straßenbau produziert.

Quelle: www.kies-krieger.de

M8 Reederei Schwaben

Die Reederei Schwaben GmbH mit Stammsitz in Stuttgart und einer Zweigniederlassung in Heilbronn ist die älteste Neckar-Reederei. Schon seit Jahrzehnten ist die Reederei Abfertigungsspediteur der Südsalz GmbH im Salzhafen Heilbronn. Zu den Kunden gehören auch das Kohlekraftwerk in Heilbronn und andere Großverlader an Rhein und Ruhr. Der Schwerpunkt der Reederei besteht aus dem Transport von trockenen Massen, Schwergütern und Futtermitteln auf dem Neckar, dem Rheinstromgebiet, dem Main und Main-Donaukanal sowie den westeuropäischen Seehäfen. Ergänzt werden die Aktivitäten durch den Umschlag von Gütern aus Schiff, Bahn und LKW an den genannten Standorten.

Quelle: www.reedereischwaben.de

ZUSATZAUFGABEN

4. Erläutere die Standortvorteile der beweka Kraftfutterwerke GmbH und der Krieger Gruppe im Heilbronner Hafen (M6 u. M7).
5. Nenne Vor- und Nachteile der Binnenschifffahrt (M8).

LÖSUNGSHINWEISE

Aufgabe 1: Früher erschwerte der mehrarmige Neckarverlauf die Schiffbarkeit. Über den von Hand betriebenen Drehkran konnten nur kleine Gütermengen umgeschlagen werden. Heute ist der Heilbronner Hafen durch den Kanalhafen und die Hafenbecken des Salz- und Osthafens stark erweitert worden. Die jüngste Ausbaustufe ist der trimodale Containerterminal im Norden der Insel Wohlgelegen.

Aufgabe 2: von l.o. nach r.u.: Salz als Schüttgut im Salzhafen, trimodaler Containerterminal südlich vom Salzhafen, Spezialkran am Schwergutkai im Osthafen, Laufkräne im Kohlehafen am Ostufer (EnBW Kohlekraftwerk), Mineralölumschlag mit Saugrüssel in das Total Tanklager im Hafen am Alten Neckar.

Aufgabe 3: Die Südsalz GmbH liefert als größter deutscher Salzanbieter insbesondere Streusalz und Industriesalz in großen Mengen per Schiff. Das EnBW Kohlekraftwerk verfeuert ganzjährig große Mengen Steinkohle.

Aufgabe 4: beweka Kraftfutterwerke GmbH: Nähe zu Rohstofflieferanten und Kunden, preisgünstiger Massenguttransport von Soja aus Übersee. Krieger Gruppe: preiswerter Massenguttransport über Wasserstraßen (z.B. Rheinkiese und -sande) ins württembergische Kernland.

Aufgabe 5: Vorteile: Schiffe können schwerere Teile als Züge und LKWs transportieren, umweltfreundlich, günstig, wenige Unfälle, keine/kaum Staus. Nachteile: Transport nur zwischen Häfen, Zwangspause bei Hochwasser oder Eisgang.

Ein Projekt der IHK Heilbronn-Franken in Kooperation mit dem Pakt Zukunft, dem Regionalverband Heilbronn-Franken, der Akademie für Innovative Bildung und Management und der Pädagogischen Hochschule Ludwigsburg

17.1 Industriestadt Heilbronn

Autoren: Catarina Mierwald und Peter Kirchner

M1 Ehemalige Werkzeugmaschinenfabrik Weipert und heutige Innovationsfabrik Heilbronn (IFH)

M2 Industrielle Entwicklung im 19. Jahrhundert

Im 19. Jahrhundert entwickelte sich Heilbronn zu einem der wichtigsten Industriestandorte des damaligen Königreichs Württemberg, wurde sogar als „schwäbisches Liverpool" bezeichnet. Die Industrie entstand zunächst aus den Heilbronner Handelshäusern, die über den Neckarhandel Kapital anhäufen konnten.

Der Öl- und Tabaksektor als Teil der Nahrungs- und Genussmittelindustrie stand am Anfang der Industrialisierung in Heilbronn. Die Mühlen für die Öl- und Tabakherstellung lagen am Neckar, da sie die Wasserkraft nutzten. Auch für die industrielle Papierfabrikation (ab 1822) spielte der Fluss eine bedeutende Rolle: er lieferte Energie, diente als Transportweg und sorgte für ausreichend Wasser für die industrielle Produktion. Die Papierherstellung wurde zur Triebkraft der Industrialisierung in Heilbronn.

In der zweiten Hälfte des 19. Jahrhunderts wurde Heilbronn ein Zentrum für Seifen, Kerzen, Leim und Lacke. Aber auch andere Industriezweige entwickelten sich weiter (z.B. die Nahrungsmittelindustrie). Eisengießereien und Maschinenbaufirmen siedelten sich an, ebenso wie die Salzwerke Heilbronn AG (seit 1885).

Aufgrund der großen Ausmaße der Industrialisierung entstand ab 1885 ein reines Industrieviertel nördlich der Stadt auf der rechten Neckarseite. Bereits im Stadtgebiet ansässige Betriebe konnten, sofern sie keine „lästigen Anlagen" betrieben, ihren Standort beibehalten.

Quelle: nach Schmid, E. (1993): Die gewerbliche Entwicklung in der Stadt Heilbronn seit Beginn der Industrialisierung. Heilbronn.

M3 Industrieverlagerungen nach Heilbronn

Wegen der verkehrsgünstigen Lage an Schiene und Wasser sowie der Nachfrage der ansässigen Unternehmen nach Maschinenteilen verlagerten in der zweiten Hälfte des 19. Jahrhunderts mehrere Unternehmen ihren Standort nach Heilbronn. 1854 erfolgte die Umsiedlung einer Eisengießerei und Maschinenfabrik aus Billigheim. Das fortan als Maschinenbau-Gesellschaft Heilbronn firmierende Unternehmen baute zwischen 1859 und 1917 über 600 Lokomotiven, besteht heute aber nicht mehr.

1869 zog die drei Jahre zuvor von Johann Michael Weipert in Reutlingen gegründete Firma Weipert&Söhne nach Heilbronn um. Mit diesem Unternehmen entstand in Heilbronn ein auf die umliegende Landwirtschaft spezialisierter Maschinenbauzweig zur Herstellung von Maschinen für die Verarbeitung von Feldfrüchten. Die Firma Weipert&Söhne erreichte 1914 einen Höchststand mit 685 Beschäftigten und war damit der zu dieser Zeit mit deutlichem Abstand größte Industriebetrieb Heilbronns. Heute ist in dem Gebäude die Innovationsfabrik Heilbronn untergebracht (M1).

Nach verschiedenen Quellen.

M4 Industriepark Böllinger Höfe

Der seit 1979 bestehende Industriepark Böllinger Höfe hat neben Neuansiedlungen auch die Verlagerung von innenstadtnahen Industrien ermöglicht. Einen Schwerpunkt bildet wegen der verkehrsgünstigen Nähe zum Weinsberger Kreuz der Logistiksektor. Die durch die Zentrum-Peripherie-Wanderung entstandenen Gewerbebrachen in der Heilbronner Kernstadt werden durch verschiedene Großprojekte in den Bereichen Einzelhandel, Bildung und Gesundheit städtebaulich aufgewertet. Nach der Eröffnung des Science Centers experimenta im ehemaligen Ölsaatspeicher Hagenbucher 2009 wird die Industriebrache Wohlgelegen zusehends durch wissens- und technologieintensive Unternehmen im Zukunftspark überbaut.

M5 Heilbronn als Hightech-Standort

Schon Ende der 1950er Jahre errichtete Telefunken ein Halbleiterwerk in Heilbronn. Später wurden hier Solarzellen für den ersten deutschen Satelliten (1969) entwickelt. Heute sind im Telefunkenpark im Heilbronner Süden sieben Unternehmen mit rund 1.800 Arbeitsplätzen angesiedelt. Der Schwerpunkt liegt im Bereich der Photovoltaik.

Im Süden des Areals Wohlgelegen in Heilbronn ist mit dem Zukunftspark seit Ende 2009 ein Gebäudekomplex als Standort für junge Unternehmen mit Clusterpotenzial im Entstehen. Bei der Belegung des Zukunftsparks ist die seit 2006 bestehende regionale Kapitalbeteiligungsgesellschaft Zukunftsfonds Heilbronn (ZFHN) federführend. Der Zukunftsfonds Heilbronn begleitet junge, forschungs- und entwicklungsorientierte Unternehmen in den Wachstumsbranchen Life Science, IT sowie Energie-, Industrie- und Umwelttechnologie bis zur Expansionsphase. Bis 2012 gelang es dem Zukunftsfonds Heilbronn, u.a. fünf Unternehmen aus dem Bereich der Medizintechnik im Zukunftspark zu vereinigen. Einen wichtigen Meilenstein in der Entwicklung des Zukunftsparks bildete 2016 die Fertigstellung des Wissenschafts- und Technologiezentrums (WTZ) mit seinem 60 Meter hohen Turm.

AUFGABEN

1. Erläutere die Gründe für die Entwicklung Heilbronns zum „Schwäbischen Liverpool" (M2 u. M3).
2. Erkläre den durch den Industriepark Böllinger Höfe ausgelösten Raumnutzungswandel in Heilbronn (M4).
3. Beschreibe den Industriestrukturwandel in Heilbronn (M1 bis M5).

Zusatzmaterialien Heilbronn-Franken
17.2 Industriestadt Heilbronn

M6 Papierverarbeitung – das Beispiel Baier&Schneider

Seit Anfang der 1990er Jahre überragt das Hochregallager der Firma Baier&Schneider das Industriegebiet Böllinger Höfe und repräsentiert mit dem seit 1903 geschützten Markennamen „Brunnen" sowohl die eigene langjährige Unternehmenstradition als auch den gesamten Papierstandort Heilbronn. Die Produktion erfolgt an dem seit 1893 bestehenden Stammsitz in der Wollhausstraße (Bild). Die Geschichte von Baier&Schneider beginnt mit der Übergabe der Großhandlung für Papier- und Schreibwaren von Gustav Ziegler an Andreas Schneider und Julius Baier im Jahr 1877. Erster Firmensitz war das gemietete Haus Nr. 7 am Kirchhöfle. Der Impuls zur eigenen Produktion kam von den Kunden, die einen Lieferanten für liniertes Papier suchten. Nach dem Kauf von zwei eisernen Rollenliniermaschinen konnte die Fertigung 1885 anlaufen. Mit der Errichtung eines Neubaus an der Wollhausstraße wurde dann im Jahr 1893 vollends die Erweiterung des Handelsbetriebs um eine Fabrik vollzogen. Die bis Ende der 1950er Jahre auf 560 angewachsene Beschäftigtenzahl blieb bis heute weitgehend konstant.
Neben dem Produktionsprogramm des Schulbedarfs ist der Geschäftsbereich Kalender in jüngerer Zeit stark gewachsen, vor allem durch Firmenübernahmen. Bei den Terminkalendern stieg die Firma Baier&Schneider zum Marktführer in Deutschland auf. Die Auslieferung von dem 2008 noch einmal erweiterten Logistikzentrum in den Böllinger Höfen erfolgt direkt an den Einzelhandel. Ein eigenes Außendienstnetz bildet die Brücke zu den Fachhändlern und unterstreicht die Doppelfunktion der Firma Baier&Schneider als Produktions- und Handelsunternehmen.

M7 G.A. Kiesel

In den 1920er Jahren führte der Weg der 1864 als Glockengießerei in der Heilbronner Karlstraße gestarteten Firma Kiesel zur Pumpen- und Kellereitechnik. Nachdem die Enkelsöhne des Firmengründers im Ersten Weltkrieg gefallen waren, übernahm Robert Kochendorfer zusammen mit einem Partner das Unternehmen. Mit dem Eigentümerwechsel erfolgte auch ein Wandel des Produktionsprogramms hin zu Fassanstichhähnen für die zahlreichen Weingärtner im Unterland. Dieses Kellereitechnikgeschäft generierte allerdings einen weitgehend auf die dreimonatige Erntezeit beschränkten Umsatz. Um einen ganzjährigen Produktionsausgleich zu erreichen, diversifizierte sich die Firma Kiesel bereits vor dem Zweiten Weltkrieg in den allgemeinen Getränkebereich mit den Zielgruppen Brennereien, Saft- und Milchverarbeitung. Nach dem Zweiten Weltkrieg wurde v.a. der Pumpenbereich auf die Chemische Industrie, z.B. die Lacke- und Farbenherstellung ausgeweitet. Getränke- und Pumpentechnik sind heute zu einem eigenen Geschäftsbereich zusammengefasst. Die darin enthaltene reine Kellereitechnik ist auf unter ein Zehntel des Umsatzes geschrumpft und wird wegen der Sättigung des deutschen Marktes vor allem im Ausland, z.B. in Südafrika, erzielt.
In den 1970er Jahren trieb das Unternehmen als weiteren Produktionsbereich die Entwicklung der Molchtechnik voran, über die Rohrleitungssysteme in nahezu allen industriellen Anwendungsbereichen umweltfreundlich gereinigt werden können. Darüber hinaus bildet die Herstellung von sterilen Rohrleitungssystemen für die Pharmazie die dritte Säule in einem eigenen Tochterunternehmen. Seit 1988 ist die Firma Kiesel im Industriegebiet Böllinger Höfe ansässig und beschäftigt dort ca. 100 Mitarbeiter.

ZUSATZAUFGABEN

4. Beschreibe den räumlichen und sektoralen Strukturwandel der Heilbronner Firmen Baier&Schneider sowie G.A. Kiesel (M6 u. M7).

LÖSUNGSHINWEISE

Aufgabe 1: Reiche Handelshäuser durch Neckarhandel, Mühlen als Ausgangspunkt für die Lebensmittel- und Papierindustrie, Verkehrsgünstige Lage durch den Neckar und die Eisenbahn, Rohstoffangebot in Form von landwirtschaftlichen Produkten, Wasser und Steinsalz, sich selbst verstärkender Wachstumspol u.a. durch Industrieverlagerungen.
Aufgabe 2: Verkehrsgünstige Lage forciert dynamische Entwicklung des Logistiksektors. Verlagerung von Industriebetrieben aus der Innenstadt. Nutzung freiwerdender Gewerbeflächen für städtebauliche Projekte. Substitution des Sekundären durch den Tertiären Sektor.
Aufgabe 3: Neben den traditionellen Industriezweigen etablieren sich zusehends auch Hightech-Branchen. Während produktionsorientierte Zweige und Logistikunternehmen große Flächen mit gutem Verkehrsanschluss benötigen, sind die Hightech-Branchen auf ein „kreatives Milieu" im Dunstkreis der Innenstadt angewiesen.
Aufgabe 4: Baier&Schneider betreibt seit den 1990er Jahren ein eigenes Logistikzentrum in den Böllinger Höfen. Neben dem Schulbedarf sind die Kalender zum wichtigsten Geschäftsbereich geworden.
G.A. Kiesel ist von seinem beengten Innenstadtstandort 1988 komplett in die Böllinger Höfe verlagert worden. Ausgehend von der Produktion für die regionale Weinbauwirtschaft hat sich die Firma Kiesel organisch diversifiziert und sich über ihre komplementären Geschäftsbereiche Kellereitechnik, Getränke- u. Pumpentenchnik sowie die Molchtechnik zu einem ganzheitlichen Anbieter für Flüssigkeitsbewegungen in der Lebensmittelindustrie und Chemischen Industrie entwickelt.

18.1 Einkaufsstadt Heilbronn
Autoren: Catarina Mierwald und Peter Kirchner

M1 Kiliansplatz mit Klosterhof

M2 Einzelhandelsgroßprojekte in Heilbronn
Mit der Eröffnung des Geschäftshauses am Kiliansplatz (Klosterhof) 2009 wuchs die Einzelhandelsfläche in der Heilbronner Innenstadt um weitere 12.000 Quadratmeter auf 115.000. Im Gegensatz zu der ein Jahr vorher eröffneten Stadtgalerie ist der Klosterhof keine klassische Shoppingmall. Im Inneren des Gebäudes gibt es keinerlei Gemeinschaftsfläche. Jeder Eingang führt in ein ganz bestimmtes Geschäft ohne Übergänge zu den anderen Läden. Ein zweiter entscheidender Unterschied zwischen den beiden Einzelhandelsgroßprojekten liegt in der Größe der Geschäfte. In der Stadtgalerie, in Summe nicht wesentlich größer als der Klosterhof, locken 75 teils sehr kleinflächige Läden die Kunden. Der Klosterhof mit seinen 1.500 bis 6.500 Quadratmeter großen Geschäften soll garantieren, dass sich große Filialisten zeitgemäß präsentieren können.

Quelle: nach Heilbronner Stimme vom 10.02.2009.

M3 Vom Sorgenkind zur Edeladresse
Noch vor wenigen Jahren war an ein Schwärmen von der Kaiserstraße nicht zu denken. Schnäppchenmärkte, Baulücken und Leerstand prägten das triste Bild, die Zahl der Passanten ließ zu wünschen übrig. Thomas Gauß, Inhaber von Sporthaus Saemann, war damals drauf und dran, seinen Standort in der Innenstadt in Frage zu stellen. Inzwischen hat auch Gauß investiert und steckte eine dreiviertel Million Euro in die Modernisierung seines Geschäfts. „Die Kaiserstraße entwickelt sich immer mehr zu dem, was sie mal war", freut sich Gauß als Einzelhändler – und Vorsitzender der Heilbronner Stadtinitiative.
Die Stadtbahn war 2001 eine erste Richtungsänderung. Nennenswerte Investitionen im Einzelhandel folgten Jahre später. 2007 entstand in Hausnummer 44 das Haus mit der markanten Goldfassade. Mit der Boutique mo.mo. hielt dort eine Edeladresse Einzug. Für Citymanager Jörg Plieschke ist das K 24 „ein großer Moment für die Kaiserstraße und eine Initialzündung für weitere Investitionen". Der schlanke Bau gegenüber dem Rathaus mit der neuen Geschäftsstelle der Heilbronner Stimme schließt nicht nur eine Nachkriegslücke, sondern sorgt auch wegen seiner Architektur für viel Beachtung.

Quelle: nach Heilbronner Stimme vom 01.11.2011.

M4 Einzelhandel in Heilbronn
Nach wie vor weist Heilbronn eine unterdurchschnittliche Pro-Kopf-Kaufkraft auf. In puncto Umsatz und Einzelhandelszentralität (Kaufkraftzufluss von außerhalb der Stadt) nimmt es dagegen eine Spitzenposition ein. Nur der Zentralitätsindex von Ludwigsburg übertrifft, dank der Einzelhandelsagglomeration Tammerfeld (Breuningerland, IKEA), den von Heilbronn im baden-württembergischen Vergleich. Heilbronn schneidet in diesem Vergleich mit Städten ähnlicher Größe überdurchschnittlich gut ab. Dies liegt unter anderem an dem großen Einzugsgebiet des Oberzentrums Heilbronn. Dadurch bündelt sich der Umsatz aus dem Umland in der Stadt Heilbronn.

Quelle: IHK Heilbronn-Franken Kaufkraftanalyse 2015.

M5 Wandel des Einzelhandels
Die Rahmenbedingungen für den Einzelhandel in Deutschland sind nach wie vor schwierig. Die Deutschen verwenden ihr Einkommen anders als in den vergangenen Jahrzehnten. Lag der Anteil des Einzelhandelsumsatzes am privaten Verbrauch 1990 noch bei über 42 %, so beträgt er heute nur noch 28 %. Ein immer größerer Anteil des Einkommens wird für Energie, Wohnen und Freizeit ausgegeben.
Eine immer stärker werdende Konkurrenz stellen für den stationären Einzelhandel aber auch andere Vertriebskanäle dar. So haben die im Internet getätigten Umsätze im Jahr 2010 einen Umsatzsprung um 18 % realisiert. Damit fehlen in den Kassen des stationären Einzelhandels in Deutschland immerhin 18,3 Milliarden Euro.
Der deutsche Einzelhandel ist in den vergangenen Jahren von einem deutlichen Flächenwachstum bei nahezu unveränderten Umsätzen gekennzeichnet. Der hieraus resultierende Verdrängungswettbewerb wird die Konzentration auf wenige große Handelsunternehmen und Filialisten weiter vorantreiben. Insgesamt stiegen die Einzelhandelsverkaufsflächen von 77 Mio. m² im Jahr 1990 um 58 % auf 122 Mio. m² in 2011.
Höhere Kosten durch längere Öffnungszeiten belasten die Einzelhändler zusätzlich, sind aber notwendig, um die Rahmenbedingungen zu schaffen, damit der stationäre Handel sich besser gegenüber Internet, Versandhandel und dem stark prosperierenden Vertriebsweg Teleshopping behaupten kann, aber auch um Chancengleichheit zu Tankstellenshops herzustellen.

Quelle: IHK Heilbronn-Franken Kaufkraftanalyse 2011.

AUFGABEN
1. Nenne Vorteile des Einkaufens in der Innenstadt gegenüber einem Einkaufszentrum am Stadtrand (M1).
2. Beschreibe die Unterschiede zwischen der Stadtgalerie und dem Klosterhof (M2).
3. Erläutere die Gründe, die zur Steigerung der Einzelhandelszentralität von Heilbronn geführt haben könnten (M1 bis M4).
4. Beurteile die Auswirkungen des Einzelhandelswandels (M5).

Zusatzmaterialien Heilbronn-Franken
18.2 Einkaufsstadt Heilbronn

M6 Ein Innenstadtentwicklungsprojekt der stadtinitiative HEILBRONN e.V.

Das 5 A Branding der stadtinitiative HEILBRONN e.V. stellt einen ganzheitlichen Ansatz zur Aufwertung der Heilbronner Innenstadt dar. Ganzheitlich bedeutet, dass machbare Innenstadtprojekte im Sinne langfristiger Zukunftskonzepte in Kooperation mit Partnern aus der Wirtschaft, dem Einzelhandel, der Verwaltung, der Kultur etc. entwickelt und umgesetzt werden.

Möglich wurde das Innenstadtentwicklungsprojekt durch eine Zusammenarbeit der Stadtverwaltung Heilbronn, der IHK Heilbronn-Franken sowie der stadtinitiative HEILBRONN e.V.

Quelle: www.stadtinitiative-heilbronn.de

Das 5 A-Branding – Ein Innenstadtentwicklungskonzept für Heilbronn

Das 5 A Branding für Heilbronn
- für die Innenstadt -

Anfahrt	Ambiente	Aufenthaltsqualität	Auswahl	Auftritt
•Erreichbarkeit •Parken •ÖPNV	•Einbeziehung der Immobilienbesitzer •Neckar •Veranstaltungen •Beleuchtung •Fassadengestaltung •Weihnachtsbeleuchtung •Gestaltung öffentlicher Räume •Wohnen in der Stadt	•Sicherheit •Sauberkeit •Soziales •Gastronomie •Kulturelles Angebot •Baustellenmanagement	•Bestandspflege des bestehenden Handels •Nutzungsänderung von EH-Flächen •Klosterhof	•Marketing/Image •Kundenservice •Öffnungszeiten •Kinderfreundlichkeit •Senioren •Schaufenstergestaltung •Warenpräsentation •Internetportale in der FG-Zone •Verwaltung transparenter gestalten

M7 Wie kann der Regionalplan den Einzelhandel steuern?

Der Regionalverband hat ein regionales Märktekonzept erarbeitet, das die Basis für die einzelhandelsbezogenen Ausweisungen im neuen Regionalplan bildete. Das Instrument kann jedoch nur in Bezug auf neue zentrenrelevante regionalbedeutsame Einzelhandelsgroßprojekte angewendet werden. Zentrenrelevant sind Einzelhandelsprojekte dann, wenn sie ein Sortiment führen wollen, das üblicherweise in der Innenstadt angeboten wird, z.B. Bekleidung, Lebensmittel, Schreibwaren, Spielwaren, Uhren, Schmuck, Apotheken-, Drogerie- und Kosmetikwaren, etc.

Die Innenstadt von Heilbronn wurde mit der feinen schwarzen Kreuzschraffur als Vorranggebiet für regionalbedeutsame Einzelhandelsgroßprojekte ausgewiesen, ebenso ein Bereich in Böckingen. Vorbehaltsgebiete für regionalbedeutsame Einzelhandelsgroßprojekte sind u.a. im Bereich des Heilbronner Innovationsparks und des Gewerbegebiets Böckingen Nord (grobe Kreuzschraffur) festgelegt. Hier ist auch ein Symbol für ein FOC, also ein Factory-Outlet-Center bzw. ein Fabrikverkaufszentrum, eingetragen.

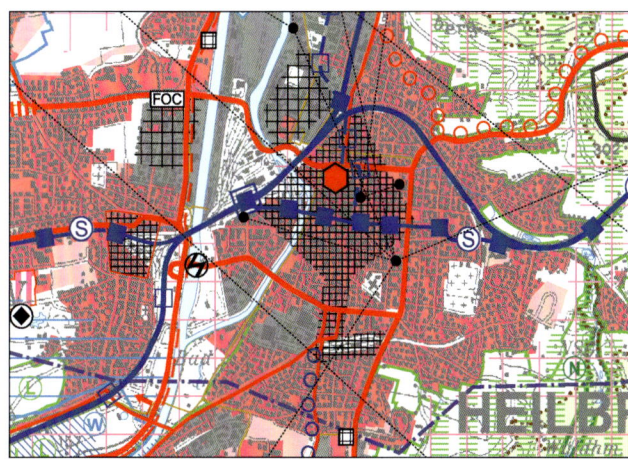

Quelle: Regionalverband Heilbronn-Franken, Regionalplan 2020, Auszug Raumnutzungskarte, Stand 2006.

ZUSATZAUFGABEN

5. Entwickle Vorschläge für eine Aufwertung der Heilbronner Innenstadt (M6).
6. Erläutere das Märktekonzept der Regionalplanung im Hinblick auf Einzelhandelsprojekte in Heilbronn (M7).
7. Nenne Beispiele für nicht-zentrenrelevante Waren (M7).

LÖSUNGSHINWEISE

Aufgabe 1:
Urbanes Flair (Straßencafés, Fußgängerzonen), Historische Gebäude, Plätze, vielfältigeres Dienstleistungsangebot (Ärzte, Verwaltung), Kulturangebot (Museen, Bibliothek), gute Erreichbarkeit mit ÖPNV.

Aufgabe 2:
Stadtgalerie: Shoppingcenter mit 75 kleineren Läden und Gemeinschaftsflächen. Klosterhof: Geschäftshaus mit vier sehr großen Geschäften mit jeweils separaten Eingängen und ohne jede Gemeinschaftsfläche.

Aufgabe 3:
Stadtgalerie und Klosterhof als attraktive Großprojekte, Aufwertung der Kaiserstraße durch Neubauten (K24) und Edelgeschäfte. Stadtbahnanschluss.

Aufgabe 4 u. 5:
Individuelle Lösungen.

Aufgabe 6:
Vorranggebiete für zentrenrelevante Einzelhandelsgroßprojekte sind die Heilbronner Innenstadt und ein Bereich in Böckingen. Damit sollen die Innenstädte gestärkt werden. Die ausgewiesenen Vorbehaltsgebiete im Heilbronner Innovationspark und dem Gewerbegebiet Böckingen Nord liegen günstig für den motorisierten Individualverkehr (MIV) und sind damit Standorte für nicht-zentrenrelevante Waren.

Aufgabe 7:
Waren, für die ein motorisierter Abtransport notwendig ist, z.B. Elektrogroßgeräte, Möbel, Gartengeräte, Baustoffe, etc.

Ein Projekt der IHK Heilbronn-Franken in Kooperation mit dem Pakt Zukunft, dem Regionalverband Heilbronn-Franken, der Akademie für Innovative Bildung und Management und der Pädagogischen Hochschule Ludwigsburg

19.1 Wochenmarkt Heilbronn

M1 Der Wochenmarkt Heilbronn

M2 Marktstand

M3 Kundenbefragung

Guten Tag. Wir sind Schülerinnen/Schüler der ………………………………………. und führen eine Umfrage zum Heilbronner Wochenmarkt durch.

1. **Wie oft besuchen Sie den Heilbronner Wochenmarkt? (1 Nennung)**

   ☐ mehrmals in der Woche ☐ einmal in der Woche ☐ 1-2 Mal im Monat ☐ seltener

2. **An welchen Tagen besuchen Sie den Heilbronner Wochenmarkt? (mehrere Nennungen möglich)**

   ☐ Dienstag ☐ Donnerstag ☐ Samstag ☐ unterschiedlich

3. **Warum besuchen Sie den Wochenmarkt Heilbronn? (mehrere Nennungen möglich)**

   ☐ Qualität ☐ Vielfalt ☐ Frische ☐ Geschmack ☐ Herkunft der Waren ☐ Beratung

   ☐ Atmosphäre ☐ persönliche Beziehungen ☐ Kontakte pflegen.

4. **Welche Produkte kaufen sie auf dem Wochenmarkt? (mehrere Nennungen möglich)**

   ☐ Obst/Gemüse ☐ Käse ☐ Fleisch/Wurst/Fisch ☐ Backwaren ☐ Eier/Nudeln

   ☐ Ausländische Spezialitäten ☐ Dekoration/Pflanzen ☐ Sonstige: …………………………

5. **Gibt es Produkte, die Ihrer Meinung nach fehlen?**

   ☐ nein ☐ ja: Wenn ja, welche? ……………………… ………………………..

6. **Wie viel Geld geben Sie im Durchschnitt auf dem Heilbronner Wochenmarkt aus?**

   ☐ unter 10 € ☐ 11-25 € ☐ 26-40 € ☐ mehr als 40 €

Angaben zur Person:

1. **Geschlecht:** ☐ weiblich ☐ männlich 2. **Alter:** ……

3. **Wohnen Sie in Heilbronn?**

   ☐ ja, welcher Stadtteil: ……………………………. ☐ nein, in: ………………………………………

4. **Welchen Beruf üben Sie aus?**

   ☐ RentnerIn ☐ Hausfrau/mann ☐ StudentIn ☐ AkademikerIn ☐ AngestellteR ☐ FacharbeiterIn

   ☐ Sonstige

Vielen Dank, dass Sie sich die Zeit für unsere Befragung genommen haben. Wir wünschen Ihnen noch einen schönen Tag! Auf Wiedersehen.

Zusatzmaterialien Heilbronn-Franken
19.2 Wochenmarkt Heilbronn

M4 Kartierung der Markstände

1. *Fertige eine Skizze mit den Marktständen.*
2. *Nummeriert die Stände gemeinsam durch.*
3. *Teilt die Stände unter euch auf.*
4. *Suche deinen Stand auf der Karte und notiere die Nummer des Standes: ……..*
5. *Betrachte den Marktstand zunächst:*

a) Um welchen Standtyp handelt es sich?

☐ Verkaufswagen ☐ Verkaufsanhänger ☐ Verkaufsstand

b) Welche Produkte werden dort angeboten?

☐ Obst/Gemüse ☐ Käse ☐ Fleisch/Wurst/Fisch ☐ Backwaren ☐ Eier/Nudeln

☐ Ausländische Spezialitäten ☐ Dekoration/Pflanzen ☐ Sonstige: ……………………………

6. *Schau dir den Marktstand genauer an und beantworte folgende Fragen (der Verkäufer/die Verkäuferin kann dir bestimmt dabei helfen – frag' ihn/sie!):*

a) Werden Bio-Produkte verkauft?

☐ ja unter 50 % ☐ ja über 50 % ☐ nein

b) Werden die angebotenen Waren selbst erzeugt oder wird mit den Waren gehandelt?

☐ Erzeuger ☐ Händler

c) Woher kommt der Marktverkäufer? (Tipp: Werbeaufschrift am Verkaufswagen beachten!) ……………………….

M5 Kartenskizze Wochenmarkt Heilbronn

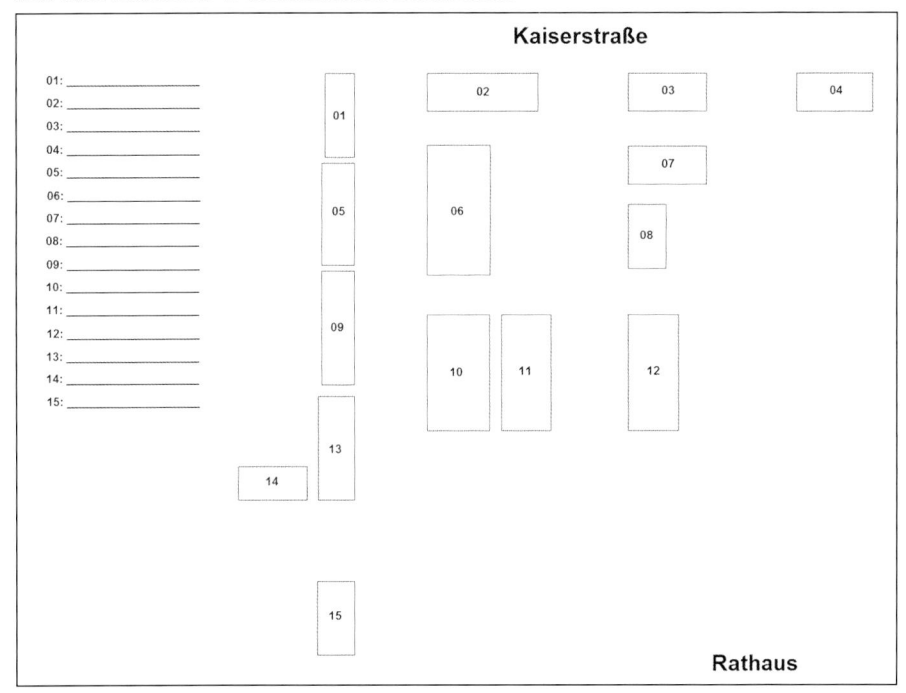

Kaiserstraße

01: _____
02: _____
03: _____
04: _____
05: _____
06: _____
07: _____
08: _____
09: _____
10: _____
11: _____
12: _____
13: _____
14: _____
15: _____

Rathaus

LÖSUNGSHINWEISE

Hinweise zur Geschichte und Funktion von Wochenmärkten: Die Existenz eines Marktes in Heilbronn wird erstmals 1146 erwähnt. Je größer die Städte wuchsen, desto wichtiger wurde die Versorgung durch die Bauern aus dem Umland. Trotz der Konkurrenz durch Billigdiscounter sind die Wochenmärkte auch heute noch beliebt. Neben dem Kauf von frischen regionalen Produkten spielt auch das Markterlebnis durch die Kommunikation mit den Markbeschickern und anderen Marktbesuchern eine wichtige Rolle.

M1-M5: Die Materialien dienen als Grundlage für ein Projekt zur Erkundung des Heilbronner Wochenmarktes. Vorbereitung: Erstellen einer Mind-Map über die Untersuchungsmöglichkeiten zum Wochenmarkt (Kundebefragung, Beschickerbefragung, Betriebsspiegel einzelner Beschicker, Kartierung). Durchführung an Markttagen (Dienstag, Donnerstag, Samstag). Dokumentation mit digitalen oder handgezeichneten Karten und Schaubildern.

Ein Projekt der IHK Heilbronn-Franken in Kooperation mit dem Pakt Zukunft, dem Regionalverband Heilbronn-Franken, der Akademie für Innovative Bildung und Management und der Pädagogischen Hochschule Ludwigsburg

© 2016 IHK Heilbronn-Franken, Ferdinand-Braun-Str. 20, 74074 Heilbronn

20.1 Bundesgartenschau und Stadtentwicklung Heilbronn

M1 Geplanter Neckaruferpark zur BUGA 2019

M2 Neckarufer südlich der Paul-Nägele-Brücke 2014

M4 Stadtquartier Neckarbogen zur BUGA 2019

M5 Bestandssituation Jahr 2010

M3 Anlass und Zweck der Bundesgartenschau Heilbronn

Heilbronn ist sich der Tradition der Gartenschau bewusst und bestrebt, mit der Bundesgartenschau 2019 die nachhaltige Beseitigung von Defiziten im Stadtbild und von Konflikten in der Stadtstruktur voranzutreiben.

So gaben die geringe Erlebbarkeit des Neckars, die starke Trennung der westlichen und östlichen Stadthälften, ein ehemaliges Bahngelände auf der „Großen Neckarinsel" und Brachflächen im Böckinger Bahnbogen und Sonnenbrunnen den Anlass, inmitten von Heilbronn einen neuen lebendigen Stadtraum wachsen zu lassen. Die seit langem ruhenden Potenziale sollen zum Leben und Arbeiten am Wasser und für großzügige Grünanlagen genutzt werden.

Hauptziele der Ausrichtung der Bundesgartenschau sind die Errichtung des neuen grünen Stadtquartiers Neckarbogen, die Revitalisierung der Neckarachse und damit verbunden die bessere Verbindung der Stadtteile beiderseits des Neckars. Insgesamt soll der öffentliche Raum der Stadt aufgewertet und zukunftsfähig gemacht werden. Die Bundesgartenschau dient somit als Motor bei der Realisierung dieser weitreichenden und entscheidenden Stadtentwicklung.

Quelle: BUGA Heilbronn 2019 GmbH (2011): Bundesgartenschau Heilbronn 2019. Dokumentation.

M6 Die BUGA als Motor der Stadtentwicklung

Die Industriebrachen mit neuem Leben füllen, einen neuen Stadtteil errichten – benötigt Heilbronn dafür eine Bundesgartenschau? Ginge es „nur" um den Stadtumbau, die Antwort hieße „nein".

Doch was hier bezweckt und angestrebt wird, ist mehr. Es geht um die Verbindung der Stadtteile Heilbronns über den Fluss hinweg. Areale, die lange Zeit ausschließlich der Arbeit vorbehalten waren, sollen in die künftige Entwicklung der Stadtteile Innenstadt und Neckargartach miteinbezogen werden. Um die Lebensqualität zu steigern, bedarf es der gestalterischen Hilfe des Gärtners. Bei dem Ausbau der Grünflächen steht der Grundgedanke der Nachhaltigkeit im Mittelpunkt. Entsprechend versteht sich die Ausrichtung auf die BUGA 2019 als Initialzündung und als Motor einer langfristigen Entwicklung Heilbronns.

Die Faszination, die von einer Stadt am Wasser ausgeht, ist eine wesentliche Attraktion der Bundesgartenschau 2019. Aktionen am Fluss, Schiffsfahrten, Besichtigung der Hafenanlagen, der Naturgenuss am renaturierten Flussufer – all das sind Aspekte der Schau, eingebettet in die Geschichte des Neckars, der Stadt und der Region.

Quelle: Stadt Heilbronn Steuerungsgruppe BUGA (2004): Insel im Fluss. Bundesgartenschau 2019 in Heilbronn.

AUFGABEN

1. Bildvergleich I: Beschreibe M1 u. M2.
2. Bildvergleich II: Analysiere den Nutzungswandel des „Neckarbogens" anhand M4 u. M5.
3. Erläutere die Gründe und Ziele für die Bundesgartenschau 2019 in Heilbronn (M3 u. M6).

Zusatzmaterialien Heilbronn-Franken
20.2 Bundesgartenschau und Stadtentwicklung Heilbronn

M7 Das BUGA-Gelände 2012 („Fruchtschuppenareal" zwischen Kanalhafen und Bahnhof)

M8 Die drei Zonen der BUGA 2019

Der *Neckarpark* grenzt direkt an die Heilbronner Innenstadt an und umfasst die Abschnitte des Altneckars und das Gebiet mit Hallenbad („Soleo"), Eishalle und Rollsporthalle. Der Neckarpark ist das verknüpfende Element, da er sich zwischen der Innenstadt und dem neuen Stadtteil „Neckarbogen" befindet. Das Ziel ist es, das Neckarufer aufzuwerten, indem man Rad- und Fußwege baut. Der Neckarpark ist künftig der Stadtpark für die Innenstadt.

Hinter dem Hauptbahnhof Heilbronn befindet sich eine ungenutzte Fläche, das sogenannte „Fruchtschuppenareal". Hier wird ein neuer Stadtteil entstehen, der *Neckarbogen* genannt werden soll. Dabei werden Wohnhäuser, Spiel-, Sport- und Freizeitflächen gebaut. Insgesamt entsteht ein Stadtviertel für ca. 1.500 Menschen zum Wohnen und Arbeiten am Neckar. Über einen Uferpark entlang des Neckars gelangt man in die Innenstadt.

Ein Stück flussabwärts soll nördlich der Karl-Nägele-Brücke, entlang des Gewanns „Wohlgelegen" das *Neckarhabitat* realisiert werden. Auf einer Länge von knapp 600 Metern und einer Fläche von 4,4 Hektar soll ökologisch wertvoller Raum entstehen: Die bisherige Uferbebauung soll zugunsten von Flachwasserzonen, Altarmbereichen oder Regenwassermulden weichen. Gemäß strengen Artenschutzauflagen wurde von Experten ein Gutachten erstellt, das dort auftretende bedrohte Tierarten auflistet und geeignete Maßnahmen zu deren Schutz erläutert.

M9 Rund um den Bollwerksturm

Es geschehen doch noch Wunder in Heilbronn. 15 Jahre hat die Käthchenstadt darauf gewartet, dass der Bereich beim Bollwerksturm neu gestaltet wird. Im Jahre 2012 ist endlich Bewegung in den städtebaulichen Dauerbrenner gekommen. Für 16 Millionen Euro errichtete die Bouwfonds Immobilienentwicklungs GmbH, Niederlassung Stuttgart, in den Jahren 2012 bis 2014 ein Wohn- und Geschäftshaus mit dem wohlklingenden Namen „Domizil Riverside". Im selben Zeitraum hat ein französischer Investor neben dem Soleo-Stadtbad ein Mercure-Hotel im Vier-Sternebereich gebaut.

Mit dem Bildungscampus, der Fußgängerzone Turmstraße und der Gastromeile in der Unteren Neckarstraße entsteht hier ein attraktives Eingangstor zur Innenstadt.

Quelle: nach Heilbronner Stimme vom 07.03.2014.

M10 Zukunftspark Wohlgelegen 2012

Seit 2009 entsteht im südlichen Teil des Areals Wohlgelegen zwischen Neckarbogen und Neckarkanal ein Technologiepark für forschungs- und entwicklungsorientierte Unternehmen. Die Zusammenführung von Unternehmen aus der Medizintechnik in nur einem Gebäudekomplex soll zur Clusterbildung führen.

ZUSATZAUFGABEN

4. Entwickelt in Kleingruppen Vorschläge für eine Nutzung der in M7 abgebildeten innerstädtischen Brachfläche. Nutzt Google Earth für eine detaillierte Flächenplanung.
5. Informiere dich im Internet über den aktuellen Stand der städtebaulichen Projekte im Zukunftspark Wohlgelegen und im Bereich des Bollwerkturms.

LÖSUNGSHINWEISE

Aufgabe 1:
Das Bild illustriert die neu gestaltete Uferlandschaft entlang des Neckarbogens südlich der Karl-Nägele-Brücke. Durch die Umgestaltung wird die unmittelbare Erlebbarkeit des Flusses deutlich. Im Jahre 2014 ist das Ufer verwildert und so gut wie nicht zugänglich.

Aufgabe 2:
In Fortsetzung zur Aufgabe 1 lässt sich hier nun detailliert die Umgestaltung des Fruchtschuppenareals thematisieren. Auch die Einbettung von Google Earth o.Ä. ist denkbar.

Aufgabe 3:
Gründe: Geringe Erlebbarkeit des Neckars, Trennung der westlichen und östlichen Stadthälften, ehemaliges Bahngelände auf der „Großen Neckarinsel", Brachflächen im Böckinger Bahnbogen und Sonnenbrunnen.
Ziele: Die Bundesgartenschau dient als Motor der Stadtentwicklung. Durch die Bundesgartenschau sollen die Stadtteile Heilbronns über den Fluss hinweg miteinander verknüpft und brachliegende Areale mit neuem Leben erweckt werden („Neckarbogen"). Außerdem werden mit Hilfe der Bundesgartenschau Grünflächen ausgebaut und das Neckarufer zurückgewonnen. Nachhaltigkeit ist oberstes Gebot.
Hinweis: Mit der Leitentscheidung des Heilbronner Gemeinderates (17.12.2012) wurden die ursprünglich ausgewiesenen Flächen reduziert. Der Böckinger Bahnbogen und das Gebiet um das Frankenstadion gehören seitdem nicht mehr zu den Flächen der BUGA.

Aufgabe 4:
Individuelle Lösungen. Eine Anleitung zum Erstellen eigener Karten findet sich in der Google Earth Hilfe unter „Meine Karten". Des Weiteren bietet sich ein Vergleich mit den offiziellen Vorhaben. Mehr Informationen finden sich auf *www.buga2019.de*.

Aufgabe 5:
Individuelle Lösungen. Empfehlenswerte Links sind z.B.
www.zukunftspark.de, www.bildungscampus.org, www.stimme.de.

21.1 Der Strom- und Heuchelbergkomplex

M1 Schichtstufe am Heuchelberg

© Peter Kirchner

M2 Geologische Aspekte

Wie der Großteil der deutschen Mittelgebirgsschwelle ist auch die Region Heilbronn-Franken durchzogen von tektonischen Bruch- und Verwerfungslinien. Diese Brüche gehen zumeist auf die *alpidische Gebirgsbildung (Orogenese)* zurück.

Die *Fränkische Mulde* ist eingebettet in dieses Verwerfungssystem und bildet eine großräumige Senke, in der die Gebiete des Kraichgaus bis zu den Löwensteiner Bergen liegen.

M3 veranschaulicht die geotektonischen Verhältnisse im Laufe der Zeit. Ausgangslage (Bild 1) ist ein Schichtpaket, bestehend aus den Sedimentgesteinen des Keupers. Charakteristisch ist die *Wechsellagerung* unterschiedlicher Gesteine. Die schraffiert dargestellte Mergelschicht liegt inmitten zweier Sandsteinschichten. Verwerfungslinien sind bereits angelegt.

In Folge der Verwerfungen kommt es zu einem gleichzeitigen Absacken des inneren Schichtpakets und einer Hebung der äußeren Pakete (Bild 2).

Im Laufe der Zeit werden dann die höher liegenden, exponierten Sedimente abgetragen (*Neumayersches Prinzip*, Bild 3).

Auf Bild 4 ist schließlich die heutige Situation zu erkennen. Im Zentrum befindet sich ein Zeugenberg, der seine Entstehung der unterschiedlichen Abtragung der Gesteine zu verdanken hat. Der morphologisch härtere Sandstein ist wasserdurchlässig und hält der Abtragung eher stand, der weichere Mergel dagegen ist wasserstauend und daher morphologisch weich.

M3 Reliefumkehr (schematische Darstellung)

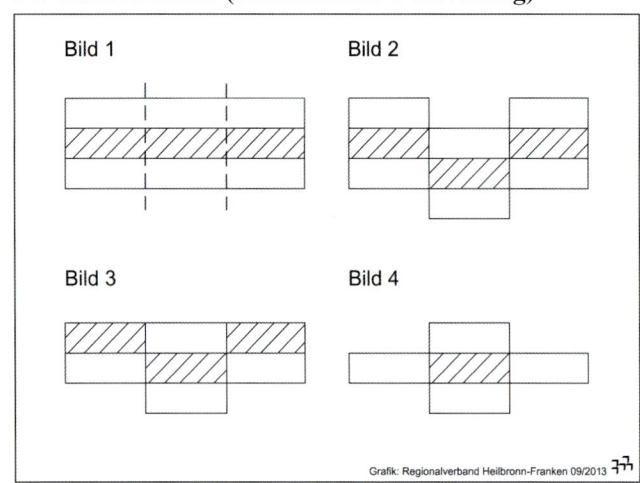

Quelle: Eigene Skizze

M4 Morphologische Aspekte

Der Strom- und Heuchelbergkomplex ist geologisch und morphologisch der Keuperschichtstufe zuzuordnen, wenngleich er räumlich von ihr getrennt ist. Er wird deshalb auch als *Keuperinsel* bezeichnet. Diese Insel liegt in lössbedeckten Gäulandschaften des Muschelkalks.

Das trennende Element der Keuperinseln von der Hauptstufe ist der Neckar. Durch lang anhaltende Abtragung des Flusses samt seiner Nebenflüsse wurde das Stromberg-Heuchelberg-Gebiet schließlich vom zusammenhängenden Keupergebiet getrennt. Deshalb kann hier auch der Begriff des *Zeugenbergkomplexes* Anwendung finden.

Verantwortlich für die Ausbildung von Schichtstufen sind immer sogenannte *Stufenbildner*: Gesteine aus widerstandsfähigem Material, das der Abtragung im Vergleich zu den umliegenden Schichten eher standhält. Am Heuchelberg ist dies der *Schilfsandstein*, am Stromberg der *Stubensandstein*.

Vergleicht man die beiden Naturräume des Strom- und des Heuchelbergs miteinander, so fällt auf, dass die Oberflächenformen recht unterschiedlich sind: Der Stromberg zeigt sich stark gegliedert, vier Höhenzüge mit rundlichen Formen sind auszumachen. Dazu will die einheitliche Namensgebung mit der Endung *-berg* nicht so recht passen.

Der Heuchelberg ist vielmehr als Plateau zu beschreiben, am Rande mit deutlich ausgeprägten Hangkanten. Das Landschaftsbild des Heuchelbergs ist wesentlich ausgeglichener und einheitlicher.

In Folge der Ausstattung des anstehenden Gesteins haben sich auf der Hochfläche des Strom- und des Heuchelbergs arme Böden entwickelt, die vorwiegend mit Wald überzogen sind.

Im Gegensatz dazu stehen die Böden auf Gipskeuper- (und vereinzelt auf Mergel-) Flächen, die vor allem auf südexponierten Hängen landwirtschaftlich genutzt werden.

M5 Geologisches Profil (vereinfacht, stark überhöht)

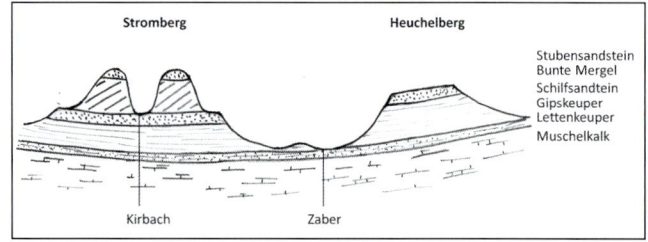

Quelle: Eigene Skizze

AUFGABEN

1. Verorte den Strom- und Heuchelbergkomplex in einer geeigneten geologischen Karte und beschreibe die geologischen Verhältnisse vor Ort (M2 u. M3).
2. Färbe morphologisch harte und weiche Gesteine im geologischen Profil ein (M5).
3. Erkläre die Entstehung des Zeugenbergkomplexes (M2 bis M5).

Zusatzmaterialien Heilbronn-Franken
21.2 Der Strom- und Heuchelbergkomplex

M6 Kulturlandschaft am Heuchelberg

© Jan Hiller

M7 Entstehung der Kulturlandschaft

Aufgrund der unterschiedlichen naturräumlichen Ausstattung des Stromberg-Heuchelberg-Gebietes kam es auch in der Besiedlungsgeschichte durch den Menschen zu erheblichen Unterschieden.

Einerseits durch die Ausstattung mit fruchtbaren Böden, andererseits durch die *klimatische Gunst* etablierte sich in den Gäuflächen die landwirtschaftliche Nutzung. So konnten bäuerliche Familien mit wenig Anbaufläche auskommen, da die Erträge relativ sicher waren. Die vorwiegend auftauchende Siedlungsform ist das geschlossene Haufendorf.

Demgegenüber waren die Keuperwaldberge schon immer *Ungunstraum*. Härtere Fröste, mehr Niederschläge oder ärmere Böden sind nur Beispiele für die geringwertigere naturräumliche Ausstattung. Die Folge dessen ist die Forst- und Grünlandwirtschaft.

M8 Der Naturpark Stromberg-Heuchelberg

Die in M7 beschriebene Gegensätzlichkeit der Nutzungsformen trifft im Stromberg-Heuchelberg-Gebiet direkt aufeinander. Bewaldete Höhenzüge in Nachbarschaft zu landwirtschaftlich genutzten Gäuflächen.

Vor allem die bewaldeten Gebiete übernehmen heute nicht nur ökonomische Funktionen, sondern auch ökologische und soziale. So wurde bereits 1980 der *Naturpark Stromberg-Heuchelberg* eingerichtet, als dritter seiner Art in Baden-Württemberg.

Zwar ist seine Fläche von ca. 330 km² vergleichsweise klein, aber durch die Lage nahe den Ballungsgebieten um Heilbronn und Stuttgart ist er schnell für viele Menschen erreichbar. Im Gegensatz zu einem Nationalpark steht bei einem Naturpark nicht die unberührte Natur im Vordergrund, sondern die vom Mensch geschaffene Kulturlandschaft. Ziel eines Naturparks ist es, den Charakter der Kulturlandschaft zu bewahren. Dazu muss die seitherige Landnutzung fortgeführt werden. Das Leitmotiv „Schützen durch Nützen" bringt die Naturparkarbeit auf den Punkt.

M9 Der Naturparkplan

- Landschaft erhalten und entwickeln
- Naturverträgliche Erholung und Tourismus fördern
- **Naturparkplan**
- Naturerlebnis und Umweltbildung fördern
- Informieren, Bewusstsein schaffen, Wertschätzung entwickeln

Quelle: Naturpark Stromberg-Heuchelberg (2010): Der Naturparkplan. (www.naturpark-sh.de)

ZUSATZAUFGABEN

4. Definiere die Begriffe Jung- und Altsiedelland mit Bezug auf den Strom- und Heuchelberg sowie auf deren Umland (M6).
5. Versetze dich in die Lage eines ehrenamtlichen Helfers im Naturpark: Entwickle Ideen für die Jugendarbeit im Sinne des Naturparkplanes (M8 u. M9).
6. Mit welchen klimatischen Unterschieden im Vergleich zum Umland ist auf dem Strom- und Heuchelberg zu rechnen?

LÖSUNGSHINWEISE

Aufgabe 1:
Hinweise: Einsatz eines interaktiven Whiteboards möglich.
Geeignete geologische (Schul-)Karte: Geologische Übersichts- und Schulkarte von Baden-Württemberg 1:1.000.000, ¹³2011.

Aufgabe 2:
Schichtenfolge (entsprechend der Lagerung im Gelände):
- Schichtstufe:
  - Stubensandstein (nur Stromberg!)
  - Bunte Mergel (nur Stromberg!)
  - Schilfsandstein
  - Gipskeuper
- Gäulandschaften:
  - Lössauflage
  - Unterkeuper (Lettenkeuper)
  - Muschelkalk

Aufgabe 3:
Stichwortliste der wichtigsten Aspekte:
- Tektonische Muldenlage
- Wechsellagerung der Gesteinsschichten
- Reliefumkehr
- Neckar trennte den Zeugenbergkomplex ab
- Rückschreitende Erosion

Aufgabe 4:
Siedlungsgeschichtlich wird als Altsiedelland früh vom Menschen genutzter Raum bezeichnet. Die bevorzugten Siedlungsräume gehen eng mit natürlichen Gunstfaktoren einher, wie beispielsweise Bodengüte. Demgegenüber ist das Jungsiedelland wesentlich kürzer besiedelt. Naturräumliche Ungunst war zum Beispiel durch große zusammenhängende Waldflächen gegeben.

Aufgabe 5:
Individuelle Lösungen. Orientierung am Naturparkplan.

Aufgabe 6:
Durch die Inhalte dieses Arbeitsblattes nicht zu beantworten.
Der Heilbronner Raum und der Kraichgau sind als klimatisch begünstigt zu bezeichnen. Im Gegensatz dazu stehen die Hochflächen der Keuperinseln. Borcherdt (1993) bezeichnet das Klima des Stromberg-Heuchelberg-Gebietes als „leicht ozeanische Variante des Kraichgauklimas". So liegen die Jahresmitteltemperaturen durchweg um 0,5 °C niedriger, die Niederschläge steigen auf bis zu 800 mm im zentralen Stromberg. Weiterhin zeigt sich ein deutlicher Luv-Lee-Effekt, so erreicht das Zabergäu im Regenschatten nur Niederschlagsmengen von 600 mm.

22.1 Lauffen am Neckar (Tagesexkursion)

M1 Bandkeramischer Weiler

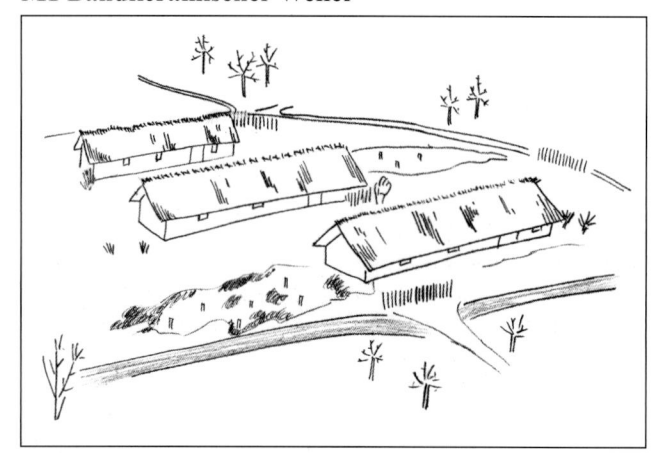

Quelle: Eigene Skizze

M2 Vorgeschichtliche Besiedlung

Mit dem Ausklingen der Würm-Eiszeit begann sich die Siedlungs- und Wirtschaftsweise des Menschen zu ändern. Spätestens seit der Jungsteinzeit spielte das Jagen, Fischen und Sammeln pflanzlicher Nahrung eine untergeordnete Rolle. Das dauerhafte Bewirtschaften von Äckern und das anschließende Bevorraten von Nahrungsreserven prägte das Leben unserer Vorfahren aus dem Neolithikum.

Auch auf Lauffener Gemarkung finden sich zahlreiche Funde aus dieser Zeit, besonders reichhaltige wurden dank zahlreicher bandkeramischer Siedlungen gemacht.

So finden sich im Gebiet *Stätes Feld*, das etwas nördlich der heutigen Stadt liegt, gleich fünf bandkeramische Siedlungen. Die Häuser waren lang gestreckte, rechteckige Bauten mit Abmessungen von 6-7 m Breite und 30-40 m Länge. Es wird vermutet, dass mindestens eine Familie, wenn nicht sogar eine größere Gruppe unter jeweils einem Dach lebte. Häufig bestand eine Siedlung aus mehreren solcher Bauten.

M3 Haupthaus des römischen Gutshofes bei Lauffen

Quelle: Eigene Skizze

M4 Römische Siedlungen

Das Neckartal zwischen Stuttgart und Heilbronn war von den Römern dicht besiedelt, deshalb finden sich auch rund um Lauffen zahlreiche römische Spuren. So verlief beispielsweise die römische Fernstraße von Wimpfen nach Cannstatt unmittelbar durch die Lauffener Gemarkung.

Ein weiteres bekanntes Beispiel sind die gut erhaltenen Grundmauern eines römischen Gutshofes, einer sogenannten *villa rustica*, die bei der Flurneuordnung des Gebietes *Konsten* in den 1970er Jahren zutage traten. Erbauung und Nutzung des Gutshofes sind zeitlich vermutlich an die Vorverlegung des Limes zu koppeln (ca. 160 n. Chr.), ebenso ist ein Fortbestand nach dem Limesfall unwahrscheinlich (260 n. Chr.).

Im Vergleich zu anderen römischen Landgütern hat die Lauffener villa rustica eine relativ kleine Grundfläche. Sie war vermutlich kein Landsitz im Stile einer Palastvilla, die Bezeichnung Bauernhof ist eher zutreffend. Aufgrund der Lage und der Grundfläche schlossen Archäologen auf eine mögliche Nutzung als Weingut.

Betrachtet man die Grundrisse der Gebäude und zieht weitere Fundstücke heran, lassen sich Aussagen über das römische Landleben treffen: Ackerfrüchte wie Bohnen und Getreide sind nachweisbar. Mit Rebmessern wurden Rebstöcke geschnitten. Zahlreiche Accessoires wie Ringe oder Schminke sind Zeugen für ein ausgeprägtes Schönheitsideal. Toiletten und Waschutensilien belegen ein hohes Maß an Hygiene. Weiterhin war der Handel als Ergänzung zur Subsistenzwirtschaft wichtig.

M5 Lauffen im Jahr 1640

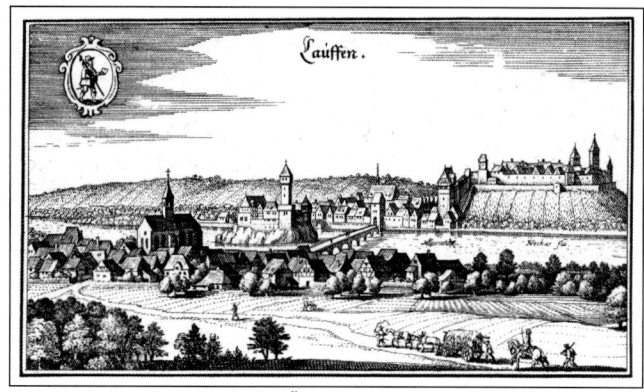

Quelle: Merian, Matthäus der Ältere (1643): Lauffen – Auszug aus der Topographia Suaviae (Schwaben). Frankfurt.

M6 Mittelalterliches Lauffen

Die mittelalterlichen Spuren sind im heutigen historischen Kern von Lauffen nicht zu übersehen. Der älteste Teil Lauffens befindet sich links des Neckars rund um die *Martinskirche*. Sie wurde von den Franken im 9. Jahrhundert als *Wehrkirche* in dem sonst unbefestigten Ort errichtet. Auf diese Zeit geht wohl auch der Ortsname zurück, der typisch für Orte an schnell fließenden Gewässern war. Der ansonsten eher gemächlich dahin fließende Neckar bildet bei Lauffen ein stärkeres Gefälle aus, die Folge waren zahlreiche Stromschnellen.

Auf das Hochmittelalter geht die *Wasserburg* zurück, die geschützt im Knie des Neckars liegt. Die Anlage einer zweiten Burg gegenüber der alten ist einerseits der Gründung eines Benediktinerinnenklosters in Lauffen-Dorf geschuldet, andererseits den komplizierten Besitzverhältnissen.

Wenngleich eine Zeit lang zwei Burgen nebeneinander existierten, erheblichen Einfluss auf die östlich gelegene Stadt hatte nur die Neckarburg, von wo aus Besitztümer verwaltet wurden.

Quelle: Stadt Lauffen (1984): 750 Jahre Stadt Lauffen am Neckar. WALTER Verlag. Brackenheim.

Zusatzmaterialien Heilbronn-Franken
22.2 Lauffen am Neckar (Tagesexkursion)

M7 Schlagzeile der Heilbronner Stimme (14.05.2013)

> „Schunk und Vögele investieren am Stammsitz"

M8 Die Lauffener Firmen Schunk und Vögele

Die Firmen Schunk GmbH & Co. KG als Spanntechnik- und Greifsysteme-Spezialist und die Joh. Vögele KG als Hersteller von ätherischen Ölen und Duftstoffen sind die wichtigsten Industriebetriebe Lauffens. Beide vergrößerten im Laufe des Jahres 2013 ihre Produktions-, Lager- und Verwaltungsflächen. Heinz-Dieter Schunk, Geschäftsführer des gleichnamigen Familienunternehmens, beschreibt die Philosophie des Unternehmens: Innovationskraft, Kundenorientierung, Mitarbeiterorientierung und Marktorientierung sind laut ihm hauptverantwortlich für die Erfolgsgeschichte des knapp 70 Jahre alten Mittelständlers.

Den Grundstein für das heute weltweit agierende Unternehmen legte Friedrich Schunk im Jahre 1945: Er war nach dem Krieg arbeitslos, kaufte sich eine gebrauchte Drehmaschine und machte sich im Hinterhof der Eltern in einer kleinen Garage selbständig. Im Jahre 1966 beschäftigte er 8 Mitarbeiter, fertigte Bremstrommeln für das Automobil *NSU Prinz 4*. Heute werden insgesamt über 1.800 Mitarbeiter beschäftigt, alleine in Lauffen über 1.000.

Eine ähnliche Geschichte weist die benachbarte Firma Vögele auf. Zwischen den beengten Kellerräumen des Firmengründers Johannes Vögele und den modernen Produktionsanlagen am heutigen Standort sind gut 60 Jahre vergangen. Wenngleich sich die Produktionsbedingungen stark verändert haben, sind Werte wie Tradition und Kundennähe nach wie vor wichtiger Bestandteil der Unternehmensphilosophie. Mittlerweile haben die Mitarbeiter mehr als 6.500 Kompositionen in den Bereichen ätherische Öle, Parfümöle und Aromen geschaffen. Anwendung finden die Produkte der Firma Vögele zum Beispiel in Arzneimitteln, in der Kosmetik, in Futtermitteln aber auch in alkoholischen Getränken oder in Süßigkeiten.

AUFGABEN (vor Ort!)

Standort 1: Stätes Feld
1. Begründe, weshalb die bandkeramischen Siedler auf dem Umlaufberg nördlich der Stadt ihre Siedlungen und Wirtschaftsflächen anlegten.

Standort 2: Villa rustica
2. Skizziere den Grundriss des römischen Gutshofes.
3. Ordne folgende Begriffe den verschiedenen Gebäuden des Gutshofes zu: *Fußbodenheizung – Wohnhaus – altes Wohnhaus – Stall – Scheune – Bevorratung – Gesinde (Dienstpersonal) – Drainagerinne*
4. Die villa rustica war eine Neugründung. Begründe die Standortwahl.

Standort 3: Historischer Stadtkern
5. Vollziehe die Siedlungsentwicklung mithilfe einer geeigneten topographischen Karte nach. Färbe die verschiedenen Entwicklungsstufen ein.
6. Erkläre die flussmorphologischen Besonderheiten des Neckartales rund um Lauffen.

Standort 4: Gewerbegebiet am Bahnhof
7. Fülle die Schlagworte der Unternehmensphilosophie der Firmen Schunk und Vögele mit Inhalt.
8. Bewerte den Sitz der Firma Schunk in Lauffen hinsichtlich harter und weicher Standortfaktoren.

LÖSUNGSHINWEISE

Aufgabe 1: Flussauen waren lange Zeit Ungunstraum (Hochwasser). Auch die Sandböden der verlandeten Neckarschlinge waren ungeeignet. Im Gegensatz dazu sind die lössbedeckten Hochflächen zu sehen, die sich landwirtschaftlich gut bearbeiten ließen (fruchtbar und ertragreich).

Aufgabe 2: *Individuelle Lösungen.*

Aufgabe 3: *Großes Haupthaus*: komfortables Wohnhaus, ausgestattet mit WC, Fußbodenheizung, Außenansicht vermutlich mit Säulen.
Altes Wohnhaus: Gesinde
Beide *anderen Gebäude* waren vermutlich Wirtschaftsgebäude (Scheune samt Getreidespeicher, Stallungen mit Drainagerinnen).

Aufgabe 4: Die heutige Lage des Gutshofes inmitten der besten Weinlagen ist kein Zufall. Die landwirtschaftliche Inwertsetzung des Landes durch die Römer ist bestens belegt. Gerade im Lauffener Raum ist auffällig, dass fast alle römischen Spuren auf die sonnigen Hänge des Neckars und der Zaber konzentriert sind. Außerdem erwähnenswert ist die Bedeckung mit Lösslehm.

Aufgabe 5: Nachfolgend ist die mittelalterliche Siedlungsentwicklung knapp in 4 Abschnitten dargestellt. Zu beachten ist, dass die Entwicklungen in Lauffen-Dorf und Lauffen-Stadt getrennt voneinander zu beachten sind.
1. Lauffen-Dorf als Keimzelle: Die Regiswindiskirche ist urkundlich zum ersten Male im Jahr 832 erwähnt. Die umliegende Anlage hatte ursprünglich auch Burgcharakter.
2. Siedlungsausdehnung durch Gründung des Benediktinerinnen-Klosters („Pfründshäuser"): 1003
3. Entwicklung der Stadt Lauffen im Hochmittelalter: Errichtung der Neckarburg ab 1150, erste Erwähnung als Stadt 1227, Fertigstellung der Befestigungsmauern ums „Städtle" 1274.
4. Geringe Siedlungsaktivität in Lauffen-Dorf an den ausfallenden Straßen („Haufendorfcharakter")

Aufgabe 6: Vor knapp 9.000 Jahren schnürte sich der Neckar selbst einen Umlaufberg ab. Der ehemalige Talmäander fiel trocken. Auch verschoben wurde somit der Mündungsbereich der Zaber, der ursprünglich südwestlich von Lauffen lag. Eben an dieser Stelle knickt die Zaber nach Norden hin ab und hat ihr Bett in der ehemaligen Neckarschlinge.
Die Verlegung des Neckarbetts liegt in geologisch-morphologischen Zeiträumen derart kurz zurück, dass der abgeschnürte Umlaufberg bestens im Gelände sichtbar und morphologisch nicht vom eigentlichen Neckartal zu unterscheiden ist.

Aufgabe 7:
Innovationskraft: Ursprung des Unternehmens ist eine Tüftlerwerkstatt in einem Holzschuppen. Zahlreiche Patente, eigene Entwicklungsabteilung.
Kundenorientierung: direkte Vermarktung an den Kunden, schnell und flexibel auf Kundenwünsche reagieren können; Zuverlässigkeit.
Mitarbeiterorientierung: hohe Mitarbeiterzufriedenheit, hoher Anteil an Auszubildenden, hohe soziale Verantwortung der Geschäftsführung.
Marktorientierung: Umsatzsteigerung durch gesundes („organisches") Wachstum, Eroberung neuer Absatzmärkte (hier USA und China durch die Gründung von Tochterunternehmen).
Tradition: Vor allem bei der Firma Vögele wird Wert auf die Überlieferung von bewährten, alten Techniken gelegt. Die Herstellung ist nach wie vor mit handwerklichem Geschick verbunden.

Aufgabe 8:
Harte Faktoren (Auszug!):
Erweiterung eines bestehenden Standortes i.d.R. günstiger als Neugründung, Arbeitskräfte, verkehrsgünstige Lage, niedrige Grundstückspreise, geeignete Topographie (Talaue), nahe Ballungsgebieten.
Weiche Faktoren (Auszug!):
Alle Schulformen wohnortnah, Hochschulen, Sport- und Freizeiteinrichtungen, Einkaufsmöglichkeiten, niedrige Miet- und Immobilienpreise, hoher Naherholungswert der Region.

23.1 Solarstadt Neckarsulm-Amorbach

M1 Solarkollektoren am Rande von Amorbach

M4 Blick auf Neu-Amorbach

M2 Von der Bundesmustersiedlung zur Solarbundesliga

Schaut man sich im Neckarsulmer Stadtteil Amorbach um, stellt man fest, dass sich dort keine historischen Gebäude befinden. Die ältesten Bauten stammen aus dem Jahr 1953, als der Neckarsulmer Gemeinderat beschloss, der Wohnungsnot im Heilbronner Raum Abhilfe zu schaffen. Pendler, die in den großen Industriebetrieben Heilbronns arbeiteten sollten dort ebenso Wohnraum finden, wie Flüchtlinge aus den ehemaligen deutschen Ostgebieten.

Die Planung wurde vom Bundeswohnungsbauministerium zu einem Versuchsvorhaben erklärt und erhielt den Titel *Bundesmustersiedlung*. Ausgewählt wurde das *Amorbacher Feld* zwischen den Orten Dahenfeld, Oedheim und Neckarsulm, das früher im Besitz eines Klosters im Odenwald war.

Bereits 1955 waren knapp 800 Wohnungseinheiten bewohnt, ca. 3.000 Menschen lebten in Amorbach. 45% davon waren Neckarsulmer Altbürger, die Mehrheit waren Heimatvertriebene aus Polen, Tschechien oder Ungarn.

In den 1990er Jahren erfolgte ein weiterer Bauabschnitt; in östlicher Richtung entstand die Siedlung Neu-Amorbach. Besonders an der Siedlung ist die Versorgung mit erneuerbaren Energien. Konsequent wurde die Idee umgesetzt, mindestens die Hälfte der benötigten Heizenergie aus Sonnenenergie zu beziehen. Das Konzept ist heute so erfolgreich, dass Amorbach mehrfach beim bundesweiten Wettbewerb der Solarbundesliga siegen konnte. In den Jahren 2003, 2004, 2006 und 2007 wurde jeweils Platz 1 in der Kategorie Mittelstadt belegt.

Quelle: Friedel, B. (2005): 50 Jahre Amorbach. Stadt Neckarsulm.

M3 Ausschnitt aus der topographischen Karte

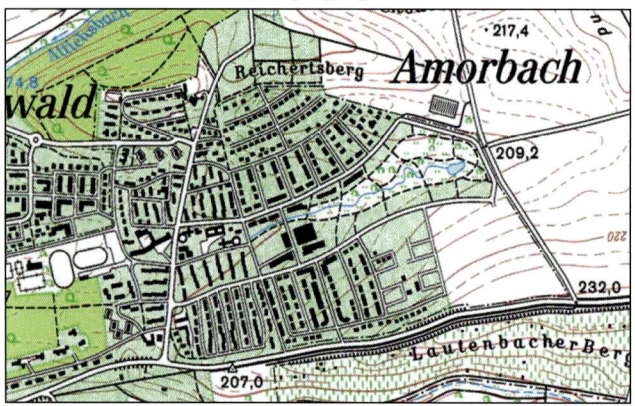

Grundlage: TK50 Ausschnitte aus der DVD Top50 - © Landesamt für Geoinformation und Landesentwicklung Baden-Württemberg (www.lgl-bw.de), Az.: 2851.3-A/623.

M5 Solarthermieanlage

Blickt man über die Dächer von Neu-Amorbach, wird schnell deutlich, dass dies keine Siedlung wie jede andere ist. Beinahe auf jedem Dach finden sich Sonnenkollektoren, die Teil einer größeren Solarthermie-Anlage sind. So wird Wasser auf über 6.000 m² mithilfe der Sonnenenergie erhitzt.

Besonders ist zudem der große unterirdische Speicher, der sich unterhalb der Parkanlagen befindet. Hier wird in Wasserrohren, die senkrecht bis zu 30 m in den Boden reichen, das erhitzte Wasser gespeichert und kann nach Bedarf über die Heizzentrale entnommen und verteilt werden.

Eine Erweiterung der Anlage ist bereits geplant und problemlos möglich. In der Endausbaustufe sind dann Kollektorflächen von bis zu 15.000 m² und eine Speicherkapazität von 140.000 m³ möglich.

Quelle: nach Heilbronner Stimme vom 03.11.2012.

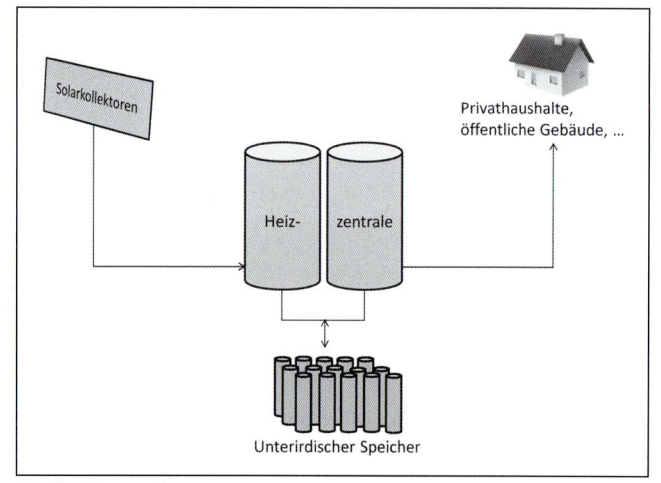

Quelle: Eigene Skizze

AUFGABEN

1. Nenne die auslösenden Faktoren, die den Bau der neuen Siedlung veranlasst haben.
2. Färbe in der topographischen Karte die beiden Siedlungsteile Neu- und Alt-Amorbach ein.
3. Erkläre die Funktionsweise der solarthermischen Anlage von Neu-Amorbach.
4. Untersuche die Nutzung von erneuerbaren Energien in deinem Wohnort.

Zusatzmaterialien Heilbronn-Franken
23.2 Solarstadt Neckarsulm-Amorbach

M6 Zentrum von Neu-Amorbach

© Jan Hiller

M7 Stadtplanerische Aspekte

Sind Stadtteile nicht historisch gewachsen, sondern werden von Grund auf neu gebaut, lassen sich daran gut die Überlegungen und Vorstellungen der daran beteiligten Stadtplaner erkennen.

Als in den 1950er Jahren der Stuttgarter Architekt Helmut Erdle mit der Planung einer neuen Siedlung nordöstlich von Neckarsulm beauftragt wurde, war die Vorgabe des Gemeinderates, alle wichtigen Einrichtungen einer Kleinstadt zu berücksichtigen.

Der Architekt schuf den Entwurf einer Siedlung, die im Stile eines großen „T" konzipiert wurde. Entlang zweier großer Achsen waren (und sind) mit Schule, Turnhalle, Kindergarten, katholischer und evangelischer Kirche und einigen kleinen Geschäften alle notwendigen Einrichtungen für den Bedarf des täglichen Lebens vorhanden.

Der zweite große Entwicklungsschritt war die Anlage von Neu-Amorbach (auch Amorbach II), mit dem in den 1990er Jahren begonnen wurde. Die Bautätigkeiten halten heute noch an. Neben der konsequenten Ausrichtung hin zu erneuerbaren Energien war den Stadtplanern auch hier wieder das Vorhandensein wichtiger Einrichtungen rund um einen neu angelegten Zentrumsbereich wichtig.

Vorgabe war es, alle *Daseinsgrundfunktionen* der Anwohner decken zu können. Als Daseinsgrundfunktionen werden grundlegende Bedürfnisse und Ansprüche bezeichnet, die ein Mensch an sein Lebensumfeld hat.

In Neu-Amorbach finden sich im neuen Zentrum demnach die Amorbachschule, eine Geschäftszeile mit Supermarkt, ein Frisör, ein Blumenladen, eine Metzgerei, eine Bäckerei und eine Bankfiliale. Auch an die Erholung wurde gedacht: Ein Abenteuerspielplatz lädt Familien zum Verweilen ein, ein Skaterpark ist für Jugendliche reizvoll, Freizeitfußballer freuen sich über einen Bolzplatz, eine Parkanlage wird von Spaziergängern genutzt.

M8 Die sieben Daseinsgrundfunktionen
- wohnen
- arbeiten
- sich erholen
- sich bilden
- am Verkehr teilnehmen
- in Gemeinschaft leben
- ver- und entsorgen

ZUSATZAUFGABEN

5. Färbe in der topographischen Karte die Zentren von Neu- und Alt-Amorbach ein.
6. Beschreibe die Umsetzung der Daseinsgrundfunktionen in Amorbach.
7. Entwirf eine neue Stadtsiedlung nach deinen eigenen Vorstellungen. Achte dabei auf die Umsetzung der Daseinsgrundfunktionen.

LÖSUNGSHINWEISE

Aufgabe 1:
Auslösende Faktoren:
- Die Wohnungsnot nach dem 2. Weltkrieg war im Heilbronner Raum groß, Heilbronn und Neckarsulm waren großflächig durch Luftangriffe zerstört worden.
- In der Nachkriegszeit entstanden in Heilbronn viele neue (industrielle) Arbeitsplätze.
- Die Neuanlage einer großzügigen Siedlung sollte diese Wohnungsnot lindern, explizit lautete die Zielsetzung, Pendlern und Heimatvertriebenen aus Osteuropa Wohnraum bieten zu können.

Aufgabe 2:
Hinweis: Einsatz von Google-Earth möglich (Interaktives Whiteboard).
Die älteren und jüngeren Siedlungsteile sind schnell voneinander zu unterscheiden. Die in Nord-Süd verlaufende Eduard-Hirsch-Straße trennt die Teile.

Aufgabe 3:
Ausgangspunkt der solarthermischen Wärmeerzeugung sind die Sonnenkollektoren. Nicht nur auf Wohnhäusern finden sich diese in Neu-Amorbach, sondern auch auf öffentlichen Gebäuden, als Überdachung eines Parkplatzes sowie am Lärmschutzwall entlang der Landstraße in Richtung Dahenfeld. Die Verteilung des erhitzten Wassers wird von der Heizzentrale in der Nähe der Amorbachschule gesteuert. Entweder dient es direkt dem Heizen eines der umliegenden Gebäude, oder aber es gelangt in den unterirdischen Speicher.
So steht auch in der kalten Jahreszeit genügend Wärmeenergie zur Verfügung, da der Erdspeicher das Wasser über längere Zeiträume konstant halten kann.

Aufgabe 4:
Individuelle Lösungen.

Aufgabe 5:
Hinweis: Fortsetzung von Aufgabe 2.
Auch die Mittelpunkte der Siedlungen lassen sich gut mit entsprechenden Karten erkennen. Weiterhin lassen sich Park- und Sportanlagen einzeichnen. Eine funktionale Gliederung wird kartographisch deutlich.

Aufgabe 6:
In mehr oder weniger ausgeprägter Form werden alle der sieben Funktionen bedient. Entscheidend ist, dass alle alltäglichen Dinge innerhalb der Siedlung erledigt werden können. Nicht im Text erwähnt sind: Örtliche Vereine, Jugendsozialarbeit, Seniorenzentrum, Verwaltungsstelle der Stadt Neckarsulm und mehrere Gaststätten.

Aufgabe 7:
Individuelle Lösungen.
Hinweis: In Anlehnung an die Methode „Planen und Entscheiden" (siehe auch: DIERCKE METHODEN 2007, S. 121ff.)
Folgende Kompetenzbereiche werden verstärkt gefördert:
- Geographisches Vorstellungsvermögen
- Planungs- und Entscheidungskompetenz
- Informations- und Argumentationskompetenz

Je nach Vorgaben der Lehrperson lässt sich die Aufgabe einschränken, bzw. strukturieren: Ausstattungsmerkmale, Lage der Siedlung,...

24.1 Kartoffel- und Spargelanbau

M1 Kartoffelacker bei Lauffen am Neckar

M2 Kartoffelanbau

Bei landwirtschaftlichen Produkten, die nur gedeihen, wenn der Boden ausreichend tief und häufig gehackt wird, spricht man von *Hackfrüchten*. Dazu zählen neben der Kartoffel beispielsweise auch Rüben, Zwiebeln oder Gurken.

Kartoffelpflanzen benötigen einerseits milde Temperaturen, optimal sind 15 °C bis 25 °C, andererseits Böden, die einen guten Luft-, Wasser- und Wärmeaustausch ermöglichen.

Durch die Ansprüche der Kartoffel an ihre Umgebung muss der Boden *intensiv bewirtschaftet* werden. Das Anlegen sogenannter Dämme unterstützt dies zusätzlich. Die Bearbeitung eines Kartoffelackers beginnt im Herbst vor dem Jahr der Ernte mit tiefgründigem Pflügen. Darauf folgt eine lockernde Bodenbearbeitung im Frühjahr. Spezielle Legemaschinen setzen die Kartoffeln in die gewünschte Tiefe in die Erde. Unkrautbekämpfung ist beim Kartoffelanbau unerlässlich, dies kann durch verschiedene Methoden erfolgen: Mechanisch, durch den Einsatz verschiedener Eggen oder Fräsen. Oder mithilfe von chemischen Unkrautvernichtern, sog. Herbiziden, die nach wie vor in der konventionellen Landwirtschaft überwiegen.

Die Ernte der Kartoffeln erfolgt dank der großen Erntemaschinen häufig vollautomatisch. Anschließend beginnt die Vermarktung des landwirtschaftlichen Produkts. Eine hohe *Marktorientierung* der Landwirte ist dabei typisch. Das heißt, die aktuell bestehende Nachfrage am Markt wird ebenso in das unternehmerische Handeln miteinbezogen wie der Wettbewerb vor Ort.

M3 Kartoffelautomat zur Selbstvermarktung

M4 Spargelstechen im unteren Kochertal

M5 Spargelanbau

Besonders arbeits- und kostenintensive landwirtschaftliche Produkte werden als *Sonderkulturen* bezeichnet. Dazu zählen beispielsweise Wein- und Obstanbau, aber auch Gemüsekulturen oder Baumschulen und Gärtnereien.

Der erfolgreiche Anbau von Spargel hängt eng mit den klimatischen Voraussetzungen im Anbaugebiet zusammen. Spargel gedeiht nur in klimatisch bevorzugten *Gunsträumen*, zu denen das Heilbronner Becken zählt: Durch den Kraichgau kann warme Luft aus dem Rheintal ohne Hindernisse bis ins Heilbronner Unterland ziehen. Heilbronn weist eine Jahresdurchschnittstemperatur von 9,8 °C auf, diese zählt zu den höchsten Werten in der gesamten Region Heilbronn-Franken. Des Weiteren ist der Niederschlag mit 760 mm ausreichend für den Spargelanbau. Auch dies ist letztendlich auf die offene Lage in Richtung Kraichgau zurückzuführen. Zudem finden sich häufig lockere und sandige Böden, die die Nässe relativ schnell abtransportieren können.

Die benötigten Anbauflächen von Sonderkulturen sind meist kleiner als beispielsweise die von Getreide. Im Vergleich zu einem Getreidefeld sind bei Sonderkulturen viel mehr Arbeitsschritte im Laufe eines Jahres nötig, zum Teil sogar in mühseliger Handarbeit.

Hier spricht man von einer *intensiven Wirtschaftsweise*. So ist der Spargel erst im dritten Jahr der Bewirtschaftung eines Feldes ernteeif. Im ersten Jahr wird vor Einbruch des Winters Dung (z.B. Mist) samt der kleinen Spargelpflanzen in den Boden eingearbeitet. Knapp ein Jahr später werden die Stängel gekürzt und wiederrum Dung eingebracht. Im Erntejahr werden die Beete erhöht, da sich die Spargelstängel einige Zentimeter unter der Erdoberfläche befinden sollen.

AUFGABEN

1. *Partnerpuzzle*: Bearbeite mit einem Partner arbeitsteilig die beiden Gemüsearten (M1 bis M3 / M4 u. M5). Erklärt euch gegenseitig die jeweils kursiv gedruckten Begriffe.
2. Nenne Vor- und Nachteile, die die Selbstvermarktung direkt auf dem Bauernhof mit sich bringt.
3. *Recherche*: Finde heraus, wo im Landkreis Heilbronn Sonderkulturen angebaut werden. Trage deine Ergebnisse in eine geeignete Karte ein.

Zusatzmaterialien Heilbronn-Franken
24.2 Kartoffel- und Spargelanbau

M6 Vermarktungsstrategien

Ist ein landwirtschaftliches Produkt geerntet worden, stehen ihm ganz verschiedene Wege bevor, bis es den Endverbraucher erreicht. Der schnellste Weg ist die Direkt- oder Selbstvermarktung ab Hof. Dank Hofläden, Obst- und Gemüseständen erfreut sich diese Vermarktungsstrategie immer größerer Beliebtheit.

Eine weitere wichtige Einnahmequelle der Landwirte sind sogenannte Großabnehmer, z.B. Kantinen oder Krankenhäuser, die eine große Menge an erntefrischen Produkten abnehmen. Der am häufigsten gewählte Weg ist der über Zwischenhändler. Ein Großhändler kauft beim Landwirt ein, dieser wiederum verkauft die Waren weiter, z.B. über Großmärkte oder an Supermarktketten. Der Weg zum Endverbraucher ist somit um einiges länger.

M7 Von der Anbaufläche zum Verbraucher

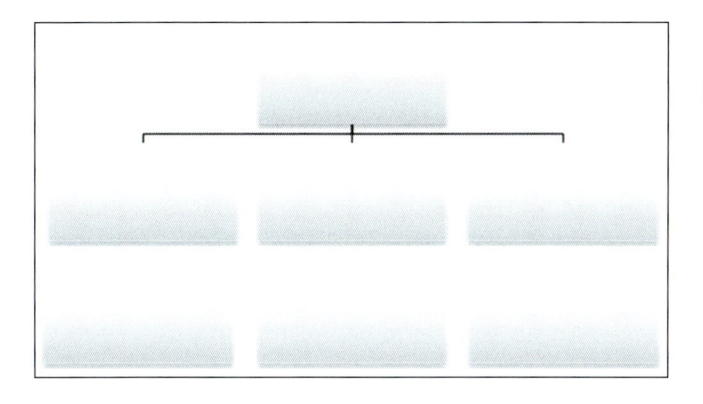

M8 Firma Wild Kartoffel- und Zwiebelmarkt GmbH

Die Geschichte der Firma Wild Kartoffel- und Zwiebelmarkt GmbH aus Eppingen ist die Erfolgsgeschichte eines 60-jährigen mittelständischen Unternehmens. Die Ursprünge hat die Firma in einem kleinen Lebensmittelladen, dessen Besitzer sich mit dem Vertrieb von Eppinger Speisekartoffeln ein zweites Standbein geschaffen hatte.

Bahnbrechend war die Idee von Franz Wild, dem Schwiegersohn des Unternehmensgründers. Er hatte die Idee, Kartoffeln nicht nur lose in Säcken zu verpacken, sondern handlich in 2,5kg-Kleinpackungen. Auch wenn die ersten Schritte mühsam und hart waren, lief der Absatz so gut, dass das Unternehmen in der Folgezeit rasch wachsen konnte. Die schnell zu eng gewordenen Räumlichkeiten wurden mehrmals baulich erweitert, ein großer Wachstumsschritt wurde 1996 vollzogen, als ein kompletter Neubau am Rande von Eppingen „auf der grünen Wiese" realisiert wurde.

Heute umfasst das Unternehmen mit über 100 Beschäftigten vier Bereiche: Einen 500 ha großen landwirtschaftlichen Betrieb, der hohen Qualitätsansprüchen gerecht werden muss, einen Kartoffel- und Zwiebelmarkt, der für die Verpackung und Vermarktung zuständig ist, einen Kartoffelverarbeitungsbetrieb und eine Biogasanlage, die wertvolle Bioabfälle zu Strom, Wärme und Dünger umwandelt.

ZUSATZAUFGABEN

4. Übernimm das Schema aus M7 und fülle es mit Inhalt aus dem Informationstext M6. (Mehrere Lösungen möglich!)
5. Beschreibe die Beziehungen der vier Unternehmensbereiche der Firma Wild untereinander (M8).

LÖSUNGSHINWEISE

Aufgabe 1:
Textarbeit: Definitionen der kursiv gedruckten Begriffe
Hinweis: Der Begriff intensive Bewirtschaftung kommt in beiden Texten vor, da er von zentraler Bedeutung ist.

Aufgabe 2:
Vorteile:
Für den Landwirt
- Entkoppelung von Abhängigkeiten
- Handelsspanne verbleibt im Betrieb
- Kundennähe bzw. -bindung

Für den Verbraucher
- Kurzer überschaubarer Weg des Produkts
- Hohe Qualität: „Man kennt den Erzeuger."
- Informationsfluss

Nachteile:
Für den Landwirt
- Arbeitsintensiv
- Kostenintensiv (Werbung, etc.)
- Sehr begrenzter Absatzmarkt

Für den Verbraucher
- Keine niedrigeren Preise als im Supermarkt
- Evtl. anfallende Anfahrtswege
- Evtl. begrenzte Öffnungszeiten

Aufgabe 3:
Individuelle Lösungen. Ziel kann die Entwicklung einer thematischen Karte mit dem Thema Landwirtschaft sein. Nicht auf den Landkreis HN beschränkt.
Tipp: www.direktvermarkter-heilbronn.de

Aufgabe 4:
Hinweis: In Anlehnung an die Methode „Kategorien" (siehe auch: DIERCKE METHODEN 2007, S. 62ff.):
- Offene Aufgabe mit mehreren Lösungsmöglichkeiten
- Kooperatives Arbeiten wünschenswert
- Vorgegebenes Schema ist beliebig erweiterbar

Aufgabe 5:
Die vier Bereiche der Firma Wild umfassen den kompletten „Produktlebenszyklus" der Kartoffel. Das Schema von der Homepage der Firma Wild eignet sich auch als Tafelbild:

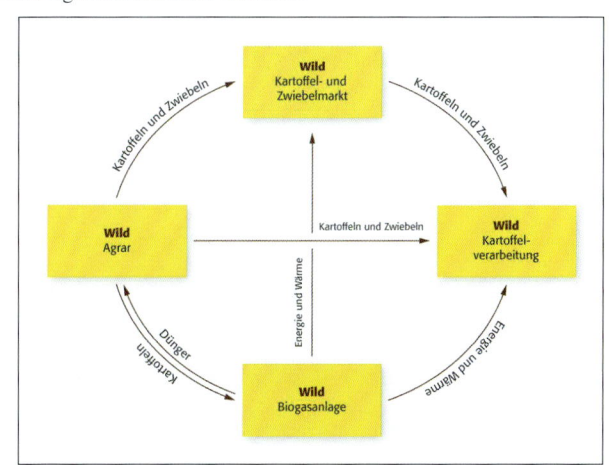

Quelle: www.wild-eppingen.de

25.1 Mittelständische Unternehmen

M1 Schlagzeile der Heilbronner Stimme

„Mittelstand trägt ordentlich zur komfortablen Situation auf dem Arbeitsmarkt bei"

Quelle: nach Heilbronner Stimme vom 19.11.2012.

M2 Industrieregion Heilbronn-Franken

Vergleicht man die Wirtschaftsstruktur der Region Heilbronn-Franken mit der von Baden-Württemberg oder von Deutschland, ist der hohe Teil der in der Industrie beschäftigten Personen auffällig. Während deutschlandweit knapp 1/5 der Beschäftigten in der Industrie arbeitet, sind es in Baden-Württemberg knapp 1/3. Die Region Heilbronn-Franken übertrifft auch den Wert für Baden-Württemberg. Hier sind über 36 % im Sekundären Sektor tätig.

Nicht nur der hohe Anteil der in der Industrie Beschäftigten ist charakteristisch für die Region, auch in der Unternehmensstruktur finden sich typische Merkmale. So überwiegen klein- und mittelständische Betriebe bei weitem. Insgesamt ist in der Region eine Zahl von ca. 1.700 Unternehmen auszumachen, dabei dominieren Betriebe mit weniger als 500 Beschäftigten. Typisch für diese mittelständischen Unternehmen ist eine gewisse Unabhängigkeit von Großkonzernen, nicht zuletzt, weil es häufig familiengeführte Unternehmen sind. Lediglich 45 Unternehmen zählen zu industriellen Großbetrieben, da sie mehr als 500 Beschäftigte haben.

Betrachtet man die drei Hauptzweige der Industrie in der Region, stimmt das Bild mit dem von Baden-Württemberg überein: Der Maschinenbau ist nach der Beschäftigtenzahl der größte Zweig, gefolgt vom Fahrzeugbau und der Herstellung von Metallerzeugnissen.

Quelle: Kirchner, P. (2011): Die Cluster-Region Heilbronn-Franken. Ubstadt-Weiher.

M3 Neumeister Hydraulik GmbH in Neuenstadt/Kocher

M4 Von der „Mechanischen Werkstätte" zum Marktführer

Firmengründer Otto Neumeister war seiner Zeit immer einen Schritt voraus.

Das erste Produkt des schwäbischen Tüftlers aus Neuenstadt am Kocher war die von 1934 bis 1936 hergestellte „Otto"-Fettpresse. In Zeiten des Wirtschaftswunders entstanden Ideen für Ladebordwände und Schwenklastzylinder für landwirtschaftliche Geräte.

Seine Innovationskraft und Anpassungsfähigkeit ließ das Unternehmen stetig wachsen. Die Wiederaufnahme des Teleskopzylinderbaus für Dautel-Kipper machte die erste Betriebserweiterung Mitte der 1950er Jahre dringend notwendig.

In den darauffolgenden Jahren nahm Neumeister Hydraulik Produkte wie 3-Kolben-Pumpen oder Zugzylinder für Tieflader in das Firmenportfolio auf. Dank der starken Nachfrage expandierte das Unternehmen am alten Standort bis in die 1990er Jahre; Produktions-, Lager- und Verwaltungskapazitäten sowie Mitarbeiterzahl stiegen stetig.

Da der alte Standort aber keinen weiteren Raum dafür zuließ, entschloss sich die Neumeister Geschäftsführung 1991 den Firmensitz zu verlegen. Heute arbeiten am neuen Standort im Industriegebiet *Autobahn West* über 290 Mitarbeiter auf einer Gesamtfläche von 16.700 m².

Wie für ein mittelständisches Familienunternehmen typisch, so ist auch die Firma Neumeister geprägt durch eine zukunftsorientierte Wirtschaftsweise: Für Geschäftsführer Karl Reinhard ist die „Strategie Zukunft" oberstes Gebot, wenngleich er mit dem Firmengründer in keinem verwandtschaftlichen Verhältnis steht.

Wenn die Mitarbeiter über ihren Arbeitgeber sprechen, ist es nicht nur die Zukunftsorientierung, die sie zufriedener macht, sondern es sind auch prestigeträchtige Projekte: Durch sie steigt die Identifikation mit dem mittelständischen Unternehmen. Ein eindrucksvolles Beispiel ist die Ausstattung des ausfahrbaren Fußballfeldes der „Arena auf Schalke" mit Neumeister-Druckzylindern.

Quelle: www.neumeisterhydraulik.de

AUFGABEN

1. Nenne typische Eigenschaften von *Mittelständischen Unternehmen* (M2 u. M4).
2. *Von der „Mechanischen Werkstätte" zum Marktführer bei der Herstellung von Hydraulikzylindern*
   Vollziehe die Entwicklung der Fa. Neumeister Hydraulik nach (M4, eigene *Internetrecherche*).
3. Mittelständische Unternehmen gibt es in der Region Heilbronn-Franken viele. Erkundige dich in deinem Heimatort nach Mittelständlern. Erstelle einen Steckbrief eines Mittelständlers deiner Wahl.

Zusatzmaterialien Heilbronn-Franken
25.2 Mittelständische Unternehmen

M5 Aufbau eines Unternehmens

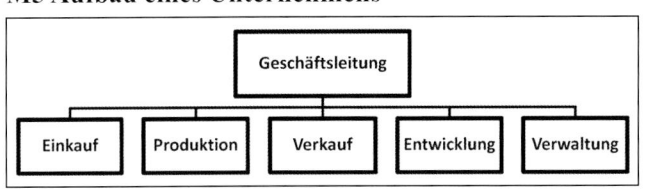

```
                    Geschäftsleitung
        ┌──────┬──────┬────────┬──────────┐
     Einkauf Produktion Verkauf Entwicklung Verwaltung
```

M6 Beschäftigte in verschiedenen Bereichen

Unternehmen bestehen aus unterschiedlichen Abteilungen, die jeweils eigene Tätigkeitsbereiche haben. M5 zeigt dir, wie ein mittelständisches Unternehmen aufgebaut sein kann. Folgende sechs Mitarbeiter gehören jeweils zu einem der Bereiche:

Zusammen mit ein paar weiteren Familienmitgliedern sitzt **Dieter Herzog (59)** in einem Gremium, das die Ziele des Unternehmens festlegt. Gemeinsam haben sie das Sagen, aber auch die Verantwortung, über mehrere hundert Mitarbeiter des mittelständischen Familienunternehmens.

Die Aufgabe des Teams von **Carolin Friedel (47)** ist es, dass alle Mitarbeiter pünktlich ihren Lohn bekommen. Auch für die Zahlung an Kunden ist ihre Abteilung zuständig. Als führende Kraft der Abteilung ist Frau Friedel außerdem dafür zuständig, neue Mitarbeiter auszuwählen und einzustellen.

Die Aufgabe der Abteilung von **Maria Ivic (52)** ist es, die produzierten Waren zu einem möglichst guten Preis zu verkaufen. Deshalb ist ihre Abteilung auch für die Werbung zuständig.

Tobias Binder (36) ist dafür verantwortlich, dass für die Produktion immer neues Material zur Verfügung steht. Er vergleicht dazu Preise von Zulieferern in ganz Europa. Nicht nur der Preis ist wichtig, auch die richtige Menge will beschafft sein.

Amelie Winter (44) ist studierte Ingenieurin. Sie hatte nach ihrem Studium Glück und fand direkt eine Anstellung. Heute ist sie mit der Neukonzeption und Weiterentwicklung von Kunststoffteilen beschäftigt, die in zahlreichen Automodellen verbaut werden.

Pedro Rodriguez (29) ist erst seit kurzem in Deutschland. Eine Ausbildung konnte er nicht vorweisen, da er in seinem Heimatland Portugal in der Landwirtschaft tätig war. Zum Glück hat er direkt einen Arbeitsplatz gefunden. Er bedient einen Automaten, der Kunststoffteile aus Granulat spritzt. Gearbeitet wird im Schichtdienst.

ZUSATZAUFGABEN

4. Ordne den in M5 genannten Bereichen jeweils einen der Beschäftigten aus M6 zu. Beschreibe auch die Tätigkeitsbereiche der jeweiligen Abteilungen (M3 u. M4).
5. *Internetrecherche:* In Firmen wie der in M4 beschriebenen können ganz unterschiedliche Berufe erlernt werden. Finde mindestens 3 Beispiele, informiere dich auch über die Tätigkeitsbereiche der Berufe.
6. Nimm Stellung zu folgender Aussage:
   „Mittelständische Unternehmen sind das Rückgrat der deutschen Wirtschaft."

LÖSUNGSHINWEISE

Aufgabe 1:
Eine einheitliche Definition für mittelständische Unternehmen *gibt es nicht*. Selbst in Publikationen des Bundesministeriums für Wirtschaft und Technologie finden sich mehrere Möglichkeiten.
Folgende zwei Definitionen können für den schulischen Einsatz empfohlen werden:
- „KMU": Kleine und Mittlere Unternehmen mit max. 500 Beschäftigten und max. 50 Mio. € Jahresumsatz
- „SME": small and medium-sized enterprises mit max. 250 Beschäftigten oder max. 50 Mio. € Jahresumsatz

Des Weiteren sollte die typisch *mittelständische Geschäftskultur* thematisiert werden: Familiengeführte Unternehmen, Innovationskraft, Zukunftsorientierung i.S.v. besonnener Investitionspolitik, hohe soziale Verantwortung.

Aufgabe 2:
- Anfänge (1929 Unternehmensgründung, „Otto"-Fettpresse in den 1930ern)
- Wirtschaftlich erfolgreiche Nachkriegszeit
- Expansion am alten Standort bis in die 1990er Jahre
- 1991 Entscheidung für die Errichtung eines Neubaus, 1994 Bezug des neuen Geländes an der Autobahn 81
- Erweiterungen des Werksgeländes (Vertrieb, Logistik)

Aufgabe 3:
Individuelle Lösungen.

Aufgabe 4:
Dieter Herzog – Geschäftsführung
Carolin Friedel – Verwaltung (Personal)
Pedro Rodriguez – Produktion
Maria Ivic – Verkauf
Tobias Binder – Einkauf
Amelie Winter – Entwicklung

Aufgabe 5:
Individuelle Lösungen.
Laut Homepage bietet die Fa. Neumeister Hydraulik GmbH folgende Ausbildungsberufe an:
- Feinwerkmechaniker/in
- Fachkraft für Lagerlogistik
- Fachkraft für Metalltechnik
- Industriekaufmann/frau
- Technischer Produktdesigner/in

Aufgabe 6:
Bearbeitung kann vermutlich nur mit weiteren Informationen durch die Lehrperson erfolgen:
- Der Mittelstand macht die deutsche Wirtschaft so erfolgreich:
  99 % aller Unternehmen gehören zum Mittelstand,
  52 % der Wirtschaftsleistung erzeugt der Mittelstand,
  61 % aller Sozialversicherungspflichtigen Beschäftigten arbeiten im Mittelstand,
  Hohe Innovationskraft
- Die mittelständische Unternehmenskultur (s. Aufg. 1) macht diese Unternehmen in Krisensituationen widerstandsfähig (Rückgrat-Metapher).

Rückbezug zum Einstieg (Zeitungsschlagzeile) möglich!

Ein Projekt der IHK Heilbronn-Franken in Kooperation mit dem Pakt Zukunft, dem Regionalverband Heilbronn-Franken, der Akademie für Innovative Bildung und Management und der Pädagogischen Hochschule Ludwigsburg

26.1 Automotive Cluster

M1 Produktion im Audiwerk Neckarsulm

Quelle: Audi AG

M2 Die Keimzelle des Clusters

Attraktive Modelle der Ingolstädter Premiummarke Audi haben der Aktiengesellschaft erfolgreiche Jahre beschert. Nicht nur die Gewinne sind stetig gestiegen, auch die Produktionszahlen und damit verbunden die Mitarbeiterzahl konnten kontinuierlich gesteigert werden.
Am Standort Neckarsulm wurden jedoch nicht schon immer Automobile der Marke Audi produziert.
Im Jahre 1873 gründeten die Mechaniker *Christian Schmidt* und *Heinrich Stoll* eine Werkstatt zur Herstellung von Strickmaschinen im oberschwäbischen Riedlingen an der Donau. Christian Schmidt zog 1880 nach Neckarsulm und produzierte dort ebenfalls Strickmaschinen. Einige Jahre später wurde außerdem mit der Produktion von Fahrrädern begonnen, ab dem Jahre 1892 dann unter dem Markenzeichen *NSU*.
Ebenfalls weitreichende Bedeutung für das *Automotive Cluster* hatte die Firmengründung des Sohnes von Christian Schmidt. Im Jahre 1910 gründete *Karl Schmidt* in Heilbronn die Firma *Deutsche Ölfeuerungswerke*. Das Wissen über das Umschmelzen von Metallabfällen und die räumliche Nähe zu NSU waren die Grundlagen für die Entwicklung von Kolben. 1917 wurde in direkter Nachbarschaft zu NSU ein neues Werk errichtet. Nur drei Jahre später wurde der erste Aluminium-Kolben gegossen, der Name *Kolbenschmidt* war geboren.

Quelle: Kirchner, P. (2011): Die Cluster-Region Heilbronn-Franken. Ubstadt-Weiher.

M3 Neckarsulmer Fahrradwerke AG (1905)

Quelle: Archiv der NSU GmbH

M4 Die Entwicklung des Clusters

Der Begriff *Cluster* stammt aus dem Englischen und bedeutet so viel wie „Haufen" oder „Gruppe". Als Cluster werden in der Wirtschaft Netzwerke oder Produktionssysteme bezeichnet, die aus ganz unterschiedlichen Partnern bestehen können: Große Unternehmen, Zulieferbetriebe, Handwerker, Dienstleistungen oder Forschungseinrichtungen. In diesen Netzwerken bestehen Austauschbeziehungen, an deren Ende ein Wertschöpfungsprodukt steht.
In der Region Heilbronn-Franken bildet der Standort Neckarsulm der Audi AG und die direkt benachbarte Kolbenschmidt Pierburg AG das Zentrum des sogenannten Automotive Clusters.
Weiterhin lässt sich eine Vielzahl von Unternehmen finden, die dem Cluster zugerechnet werden können. Die Firma KACO produziert Dichtelemente für bewegte Maschinen- und Fahrzeugteile an den Standorten Heilbronn, Kirchardt und Talheim. Die ThyssenKrupp System Engineering ist eine Tochter der ThyssenKrupp AG und produziert in Heilbronn diverse Produkte für die Automobilindustrie. In Offenau und Neuenstadt haben sich Logistikzentren entwickelt, die sich immer mehr auf die kurzfristige Verfügbarkeit von benötigten Autoteilen spezialisieren. Südöstlich von Heilbronn befinden sich in der Nähe der Autobahn 81 zwei neuere Ansiedlungen: In Untergruppenbach baute der Getriebehersteller 2001 ein Innovationszentrum. In Abstatt entstand im Jahr 2003 ein Technisches Zentrum der Firma Bosch.

M5 Luftbild des Standortes Neckarsulm

Quelle: Audi AG

AUFGABEN

1. Begründe die Entwicklung des Clusters historisch (M2).
2. Veranschauliche das Cluster. Verorte dazu die im Text erwähnten Betriebe auf einer geeigneten Karte (M2, M3, M4). [Einsatz von *Google Earth* möglich!]
3. Nimm zur folgenden Aussage Stellung (M5): *„Trotz guter Prognosen sind dem Wachstum von Audi am Standort Neckarsulm Grenzen gesetzt."*

Zusatzmaterialien Heilbronn-Franken
26.2 Automotive Cluster

M6 Die Firma Tekrob in der Presse

Den Weg nach oben programmieren
„Der Neckarsulmer Ingenieurdienstleister Tekrob hat sich etabliert und plant weiteres Wachstum.

Ein Jahr der Veränderungen liegt hinter Tekrob: Das Unternehmen, das sich mit Roboter-Programmierungen und Produktions-Simulationen einen Namen erarbeitet hat, ist im März 2012 in ein eigenes, neues Gebäude schräg gegenüber vom Audi-Werk Neckarsulm gezogen."

Quelle: Wirtschaftsstimme 1/13. In: Heilbronner Stimme.

M7 Die Entwicklung der Firma Tekrob
Als *Baris Tekdogan* im Jahre 2009 seine Firma im Heilbronner Süden gründete, konnte er wahrscheinlich noch nicht mit dem in M6 beschriebenen raschen Aufstieg rechnen. Das Büro war gerade einmal 40 m² groß und die Aufträge glichen einfachen
5 Hilfsarbeiten. Nur vier Jahre später hat sich die Bürofläche mit dem Neubau mehr als verzehnfacht, auch die Mitarbeiterzahl von aktuell 32 ist rasant gewachsen.
Tekrob ist mittlerweile bei vielen namhaften Automobilherstellern tätig, neben Audi zählen beispielsweise auch Ford oder
10 Porsche zu den Kunden. Die neueste Entwicklung ist eine Niederlassung in der türkischen Provinz Kocaeli.
Auf der *Hannover Messe* präsentierte sich Tekrob mit einem robotergesteuerten Zwischenlager, das sich selbst verwaltet und die benötigten Teile verteilt. Angefangen hat alles mit
15 einer Arbeit eines Heilbronner Studenten, dessen Ergebnisse vielversprechend waren.
Direkt neben dem neuen Firmensitz in Neckarsulm sind bereits weitere Erweiterungen geplant. Das Schulungsgebäude *Werk 2* soll dem firmeneigenen Nachwuchs dienen, ebenso können
20 dort Praktikanten oder Studenten der nahe gelegenen Hochschule ausgebildet werden.

Quelle: www.tekrob.de

M8 Das Automotive-Cluster

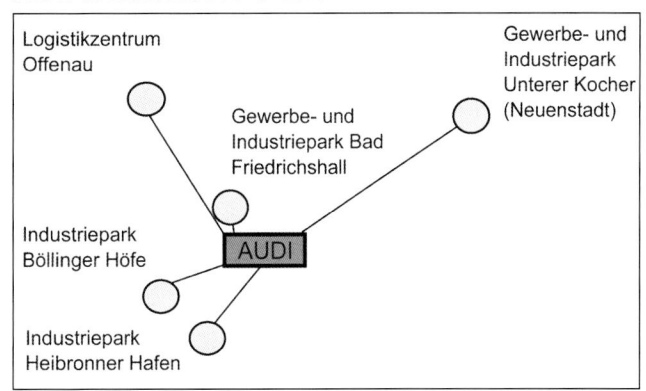

Quelle: Kirchner, P. (2011): Die Cluster-Region Heilbronn-Franken. Verlag Regionalkultur. Ubstadt-Weiher.

M9 „Hub-and-Spoke"
Wie M8 zeigt, hat das Automotive Cluster in der Region Heilbronn-Franken eine *Speichenarchitektur*. Eine solche Anordnung rund um ein gemeinsames Zentrum bezeichnet man deshalb als *Hub-and-Spoke-Cluster*.
5 Die Beziehungen der einzelnen Unternehmen sind in den vergangenen Jahrzehnten stets enger geworden. So werden einzelne Teile oder vorgefertigte Module auf kurzen Transportwegen *just-in-time*, bzw. *just-in-sequence* an das Audi-Werk geliefert.
10 Die am Ende der Wertschöpfungskette stehenden Automobilwerke haben somit einen immer geringer werdenden Fertigungsanteil. Aktuell wird er auf etwa 30-35 % geschätzt.

ZUSATZAUFGABEN

4. Begründe die Ansiedlung der Firma Tekrob in Neckarsulm (M6 u. M7).
5. Recherchiere, weshalb sich die Firma Tekrob ausgerechnet in der türkischen Provinz Kocaeli angesiedelt hat.
6. Charakterisiere die Austauschbeziehungen der am Automotive Cluster beteiligten Unternehmen (M8 u. M9).

LÖSUNGSHINWEISE

Aufgabe 1:
Die Entwicklung des Clusters ist über die Keimzelle „Audi/Kolbenschmidt" erklärbar. Zusammen arbeiten in den Betrieben über 17.000 Mitarbeiter.

Aufgabe 2:
Die Veranschaulichung, egal mit welchem Medium geschehen, verdeutlicht, dass die diversen Zulieferbetriebe sternförmig um Neckarsulm angeordnet sind. Durch die zentrale Bedeutung von Audi ist die Bezeichnung „Audi-Cluster" durchaus naheliegend. Neue Ansiedlungen von z.B. Bosch oder Getrag können ebenfalls betrachtet werden. Beispielsweise spielt hier die Nähe zur Autobahn eine wichtige Rolle.
[Zusatz: Der unter Aufg. 6 benötigte Begriff „Hub-and-Spoke" kann auch bereits hier miteinbezogen werden.]

Aufgabe 3:
Das Luftbild zeigt die räumliche Begrenztheit des Standortes auf. Was auf der einen Seite der Neckar ist, sind auf der anderen Seite die Bahngleise. Entwicklungen wie zweistöckige Produktionshallen oder die Auslagerung eines Logistikzentrums nach Heilbronn sind Belege dafür.

Aufgabe 4:
Die Fa. Tekrob fand innerhalb des Clusters perfekte Bedingungen für ihren „start-up" vor. Die Nähe zu Audi und der enge Kontakt zur Hochschule Heilbronn spielten jeweils eine wichtige Rolle. Demgegenüber eher untergeordnete Rollen dürften Standortfaktoren wie Grundstückspreise oder Arbeitskraftpotenzial gespielt haben.
[Zusatz: Als fächerübergreifendes Element kann die erfolgreiche Integration türkischstämmiger Fachkräfte thematisiert werden.]

Aufgabe 5:
Der türkische Landkreis Gölcük in der Provinz Kocaeli liegt in der Nähe der Metropole Istanbul. Seit langem ist Kocaeli ein Produktionsstandort der Automobilindustrie. Die Fa. Otosan ging vor einiger Zeit mit Ford ein „Joint-Venture"-Abkommen ein. Autos der Marke Otosan werden bis heute unter dem Namen Otosan Ford in der Türkei vertrieben.

Aufgabe 6:
Für ein „Hub-and-Spoke Cluster" ist es typisch, dass Austauschbeziehungen zweier Endknoten nicht direkt miteinander erfolgen, sondern (fast) immer über die Zentrale „Nabe" verlaufen. Innerhalb des Clusters sind nicht nur Transportbeziehungen zu erkennen („just-in-time", bzw. „just-in-sequence"), sondern auch Wissenstransfer oder der Austausch von Dienstleistungen denkbar.

Ein Projekt der IHK Heilbronn-Franken in Kooperation mit dem Pakt Zukunft, dem Regionalverband Heilbronn-Franken, der Akademie für Innovative Bildung und Management und der Pädagogischen Hochschule Ludwigsburg

27.1 Gewerbe- und Industriepark Unteres Kochertal (GIK)

Autoren: Jan Hiller und Peter Kirchner

M1 Luftbild „GIK"

Quelle: www.gik-neuenstadt.de

M2 Güterverkehr im Wandel der Zeit

Noch vor 50 Jahren hätte es niemand für möglich gehalten, dass an der Stelle, an der heute der Gewerbe- und Industriepark Unteres Kochertal (GIK) ansässig ist, ein Gewerbegebiet entstehen könnte. Weder eine Eisenbahntrasse, noch die heute dort verlaufende Autobahn waren damals vorhanden.

Die Eisenbahnlinie der Kochertaltrasse verlief dem Relief folgend entlang des Kochers, die A81 wurde erst in den 1970er Jahren gebaut.

In den letzten Jahrzehnten war jedoch der Güterverkehr einem erheblichen Wandel unterzogen. Einerseits nahm das Aufkommen stetig zu, andererseits entwickelten sich die Transportmittel weiter.

Vor allem der Lkw-Verkehr nahm im Zeitraum von 1950 bis 2014 rasant zu *(siehe M3)*. Während es am Anfang dieses Zeitraumes etwa 0,4 Mrd. Tonnen Fracht innerhalb Deutschlands zu transportieren galt, waren es im Jahr 2014 bereits 3,493 Mrd. Tonnen.

Aktuell wird der Anteil des Straßenverkehrs auf über 70 % des Güterverkehrs beziffert. Innerhalb des Lkw-Verkehrs ist es vor allem der Fernverkehr (über 150 Kilometer), der diesen Anteil steigen lässt.

M3 Entwicklung der Verkehrsleistung im Güterverkehr nach Verkehrsträgern

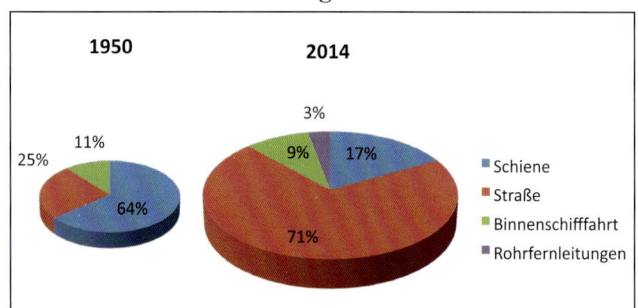

1950: Schiene 25 %, Straße 64 %, Binnenschifffahrt 11 %

2014: Schiene 17 %, Straße 71 %, Binnenschifffahrt 9 %, Rohrfernleitungen 3 %

Hinweis: Die Größe der Kreisdiagramme ist maßstabsgetreu zur absoluten Beförderungsmenge in den jeweiligen Jahren
Quelle: Statistisches Bundesamt (2016): www.destatis.de

M4 Der „GIK"

Ende der 1990er Jahre beschloss ein Zweckverband, bestehend aus den Kommunen Neuenstadt, Hardthausen und Langenbrettach ein gemeinsames Gewerbegebiet auszuweisen, verkehrsgünstig gelegen an der Autobahn. Im Jahr 2012 feierte der Gewerbe- und Industriepark Unteres Kochertal (GIK) sein zehnjähriges Bestehen.

Seit der Gründung haben sich bereits zahlreiche Unternehmen angesiedelt. Der GIK beherbergt heute 21 Firmen aus 10 Branchen und über 1.500 Arbeitsplätze. Auffällig dabei ist die Häufung von Betrieben der Logistikbranche.

Gründe für die Ansiedlung gab es viele. Beispielsweise sind die Grundstückspreise von 75 €/m² bis 90 €/m² vergleichsweise günstig. Auf den bis zu einem Hektar großen Gewerbeflächen sind somit auch größere Hallen finanzierbar.

Auch topographisch gesehen ist das Gewerbegebiet günstig gelegen: Das flache Gelände ermöglicht geringe Erschließungskosten, eine Erweiterung in einigen Jahren ist nicht ausgeschlossen. Außerdem verläuft die Autobahn beiderseits über leichte Anhöhen, sodass der GIK von der A81 bereits von weitem sichtbar ist.

Ein weiterer wichtiger Grund ist die verkehrsgünstige Lage. Die Ost-West-Achse A6 ist über das Weinsberger Kreuz schnell erreichbar, der Verdichtungsraum um Heilbronn schließt sich direkt an, der Mittlere Neckarraum liegt in Reichweite. Zahlreiche Industriebetriebe sind im direkten Umfeld angesiedelt, zum Beispiel Unternehmen der Automobilindustrie samt ihrer Zulieferer.

Nicht nur investierende Unternehmer, auch Arbeitnehmer, die im GIK tätig sind, finden in der Region günstige Verhältnisse vor. Dazu zählen günstige Miet- und Immobilienpreise oder ein reichhaltiges Kultur- und Freizeitangebot.

Quelle: www.gik-neuenstadt.de

M5 Warenanlieferung bei der Firma Panalpina

AUFGABEN

1. Beschreibe die Veränderungen des Güterverkehrs in den letzten 50 Jahren (M2 u. M3).
2. Nenne harte und weiche Standortfaktoren des GIK.
3. Im GIK siedeln sich hauptsächlich Logistikunternehmen an: Begründe diese Entwicklung.

Zusatzmaterialien Heilbronn-Franken
27.2 Gewerbe- und Industriepark Unteres Kochertal (GIK)

M6 Firmen im GIK

Quelle: www.gik-neuenstadt.de

M7 Alpha-Industrial Logistik-Park

Den Zuschlag der Firma ProLogis für den Neubau eines Logistikzentrums im Gewerbepark GIK nahmen die Verantwortlichen des Zweckverbandes gerne entgegen: ProLogis ist der weltgrößte Eigentümer, Verwalter und Entwickler von Logistikimmobilien. Allein in Deutschland bietet das Unternehmen an 95 Standorten Logistikflächen an. Zu den Kunden zählen produzierende Unternehmen ebenso wie global agierende Handelskonzerne oder Logistikdienstleister.

Mittlerweile hat die Firma Alpha Industrial den Gebäudekomplex übernommen und vermietet nun die Flächen an Kunden weiter. Der Alpha-Industrial Logistikpark im GIK ist mit seinen 64.000 m² der flächenmäßig größte zusammenhängende Gebäudekomplex. Er gliedert sich in sieben Units, die eine Größe von knapp 7.000 m² bis 11.300 m² und eine unterschiedliche Kapazität an Bürofläche haben. So kann Alpha Industrial den ganz unterschiedlichen Anforderungen der Kunden flexibel gerecht werden.

Heute beherbergt der Logistikpark fünf verschiedene Unternehmen. Drei der sieben „Units" belegt alleine der Transport- und Logistikdienstleister Panalpina und ist mit knapp 27.000 m² gleichzeitig größter Logistikdienstleister im GIK. Neben Panalpina finden sich im Logistikpark auch Niederlassungen der Logistiksparten der Firmen Getrag und Würth.

M8 Industrielle Produktion im Wandel

Vor allem seit den 1990er Jahren haben sich die Produktionsorganisation und die Kundenanforderungen der großen Industriekonzerne stark gewandelt.

Beispielhaft kann dies an der Automobilindustrie aufgezeigt werden: Anstelle der starren Massenproduktion hat sich zunehmend ein Baukastensystem mit verschiedenen Systemen, Modulen und Komponenten entwickelt.

Begriffe wie *„lean production"* oder *„outsourcing"* beschreiben diesen strukturellen Wandel. Demzufolge wurde der Faktor Zeit innerhalb einer Wertschöpfungskette immer wichtiger. Gleichzeitig wurde der Produktionsprozess immer stärker fragmentiert.

Im Sinne der lean production werden beispielsweise Zulieferbetriebe dazu verpflichtet, angelieferte Teile *just-in-time* an die Fertigungsstelle zu befördern. Die zeitgenaue Anlieferung soll Lager- und Transportkosten sparen. Die Steigerung dessen ist *just-in-sequence*, ein noch exakteres Eintakten der Zulieferung. Die Produktionskette wird dadurch noch schlanker und flexibler.

Die Auslagerungsstrategien großer Industrieunternehmen erhöhen die Einbindung von Logistikdienstleistern.

ZUSATZAUFGABEN

4. Erläutere, weshalb die Investition der Firma ProLogis im GIK sogenannte *Leuchtturmfunktion* hatte?
5. Definiere die Begriffe *lean production* und *outsourcing* in Bezug auf die Logistikbranche.
6. Für einen *global player* hat es zahlreiche Vorteile, eine Firma wie ProLogis mit dem Bau einer neuen Logistikimmobilie zu beauftragen. Begründe.

LÖSUNGSHINWEISE

Aufgabe 1:
Wichtige Aspekte *(stichwortartig)*:
- Stetige Zunahme des Güterverkehrs (quantitative Zunahme)
- Modernisierung der Transportmittel und der dazugehörigen Infrastruktur (qualitative Zunahme)
- Industrieunternehmen stellen erhöhte Anforderungen (siehe Aufg. 6)
- Infolgedessen gravierende Veränderungen der Anteile der einzelnen Verkehrsträger (M3)

Aufgabe 2:
Harte Faktoren (Auszug!):
Verkehrsgünstige Lage, niedrige Grundstückspreise, geeignete Topographie (große Flächen, Sichtbarkeit von der A81), nahe Ballungsgebieten (Zulieferverflechtungen).
Weiche Faktoren (Auszug!):
Alle Schulformen wohnortnah, Hochschulen, Sport- und Freizeiteinrichtungen, Einkaufsmöglichkeiten, niedrige Miet- und Immobilienpreise, hoher Naherholungswert der Region.

Aufgabe 3:
Die Summe der in Aufg. 2 aufgelisteten Standortfaktoren macht eine Ansiedlung von Logistikunternehmen nachvollziehbar. Erwähnenswert sind weiterhin die logistikaffinen Industriezweige im direkten Umfeld (Automobilindustrie, Maschinen- und Anlagenbau).

Aufgabe 4:
Dank des großflächigen ProLogis-Parks hatten es ansiedlungsbereite Unternehmen leichter. Sie konnten in bereits bestehende Gebäude einziehen, die Infrastruktur war vorhanden. Des Weiteren können sich neue Ansiedlungen durch sog. Fühlungsvorteile ergeben: Durch die räumliche Nähe zu bereits bestehenden Unternehmen könnten neue „angelockt" werden.

Aufgabe 5:
Lean production:
Im Zuge von *postfordistischen* Produktionmustern wurde zunehmend mehr Wert auf schlanke Produktionsketten gelegt.
Neben den in M7 für die Logistikbranche wichtigen Prozessen *just-in-time* bzw. *just-in-sequence* kann auch die Verschlankung der gesamten Produktion thematisiert werden: *Kaizen, Gruppenarbeit, Automatisierung, Rationalisierung* und *Qualitätssicherung* sind dabei wichtige Schlagwörter.
Outsourcing:
Große Konzerne konzentrieren sich zunehmend auf Kernkompetenzen, verfolgen somit Auslagerungsstrategien zahlreicher ehemals zentraler Bereiche. Hoch spezialisierte Zulieferer sind die Folge.

Aufgabe 6:
Anwendungsbeispiel für *outsourcing*: ProLogis als weltweit führender Anbieter von Logistikimmobilien bürgt mittlerweile durch die Erfahrung für hohe Qualität. Für *global player* entfallen somit Aufgaben wie Standortauswahl oder Planungskosten für Immobilien.

28.1 Naherholung und Sanfter Tourismus

M1 Freizeitmöglichkeiten

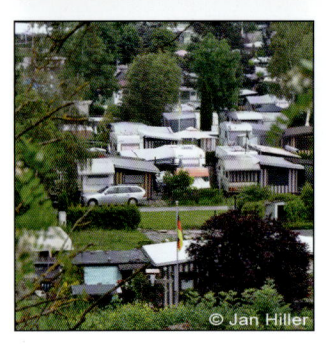

M2 Urlaubsmöglichkeiten in Heilbronn-Franken

Ob Sportmöglichkeiten in Verbindung mit Wasser, mittelalterliche Innenstädte, Grillabende auf dem Campingplatz oder pure Entspannung im Wellness-Hotel – die Region Heilbronn-Franken wird vielen Ansprüchen gerecht.

Auch die drei Naturparks in der Region (Schwäbisch-Fränkischer Wald, Stromberg-Heuchelberg und Neckartal-Odenwald) sind beliebte Ziele von Touristen. Naturparks sind Landschaftsräume, an deren Gestalt der Mensch maßgeblich beteiligt war und ist. Beispiele sind Weinberge oder Wiesenlandschaften. Diese Landschaften sollen langfristig erhalten bleiben, das Motto „Schützen durch Nützen" soll dabei helfen. Die Naturparks der Region dienen vor allem der Naherholung der in der Region lebenden Bevölkerung.

Betrachtet man die Urlaubsmöglichkeiten in der Region Heilbronn-Franken, dürfen auch die Ziele der zahlreichen Tagestouristen nicht außer Acht gelassen werden. Sie reisen oftmals in größeren Gruppen mit Bussen an und besichtigen Museen, nehmen an Stadtführungen teil, schauen sich fremde Tiere in Wildparks an oder besichtigen einen Betrieb. All diese Aktivitäten haben gemeinsam, dass sie lediglich auf einen Tag begrenzt sind.

Aber nicht nur kurz Verreisende kommen in der Region auf ihre Kosten, immer mehr Unterkünfte mit „Wohlfühl-Atmosphäre" bieten ihren Gästen hohen Komfort. So werden die Gäste beispielsweise mit gehobener Gastronomie, Wellness oder Freizeitaktivitäten unter freiem Himmel verwöhnt.

M3 „Warum in die Ferne schweifen… …wenn das Gute liegt so nah?"

Diesem Tipp eines alten Sprichworts folgen in letzter Zeit immer mehr Touristen. Die Zahl der Übernachtungen in Deutschland ist 2014 auf ein neues Rekordhoch angestiegen. Nach einer Schätzung des Statistischen Bundesamtes lag sie bei rund 424 Millionen.

Profitieren hiervon kann die gesamte Region Heilbronn-Franken. Mit einer Übernachtungsanzahl von über einer Million ist der Landkreis Heilbronn der am stärksten nachgefragte der Region.

Vor allem Touristen mit kurzen Anfahrtswegen machen in der Region Urlaub. Viele von ihnen sind in der Natur unterwegs, beispielsweise mit dem Fahrrad auf einem der unzähligen Radwege. Übernachtet wird häufig in kleinen Pensionen bei Privatpersonen.

Diese Art von Fremdenverkehr wird als *Sanfter Tourismus* bezeichnet. Dieser orientiert sich am Prinzip der Nachhaltigkeit. Die Natur wird als schützenswert angesehen und man versucht, ihr so wenig wie möglich zu schaden. Ebenso erfolgt eine Anpassung an die Kultur des bereisten Landes. Außerdem sind Punkte wie gerechte Löhne und Arbeitsbedingungen für die Angestellten der Tourismusbranche wichtig.

Der Sanfte Tourismus wird immer wichtiger, da in den letzten Jahren immer mehr Reisende das Prinzip der Nachhaltigkeit auch bei ihrem Urlaub umgesetzt haben möchten.

M4 Die drei Dimensionen der Nachhaltigkeit

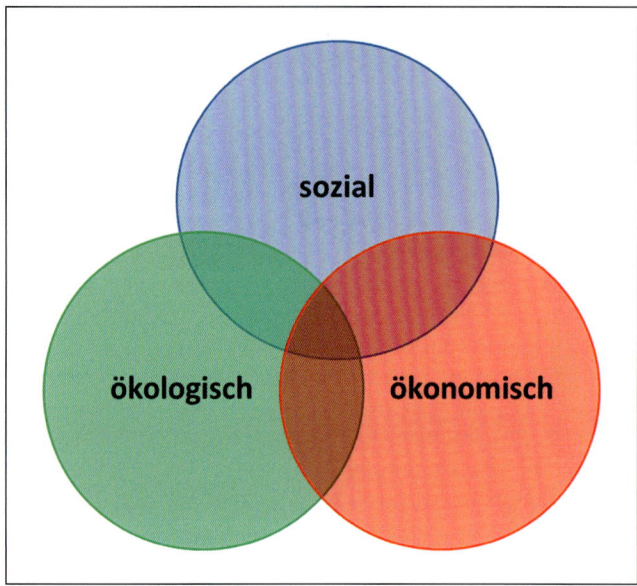

Quelle: Eigene Skizze

AUFGABEN

1. Immer mehr Touristen reisen in die Region Heilbronn-Franken. Nenne Gründe, finde auch eigene Beispiele (M1 u. M2).
2. Erkläre die Begriffe *Sanfter Tourismus* und *Naherholung* in eigenen Worten (M2 u. M3).
3. Übernehme das Schema M4 in dein Heft und fülle die Schnittmengen der drei Dimensionen mit folgenden Begriffen: *tragbar, fair, nachhaltig, überlebensfähig*.
4. Stellt in Kleingruppen ein Werbeplakat her, das der Region Heilbronn-Franken neue Touristen bescheren soll.
5. Bald besucht dich dein/e französische/r Austauschschüler/in: Stelle ein Programm zusammen, mit dem du ihr/ihm interessante Orte der Region zeigen kannst. Gehe dabei auch von deinen Interessen aus!

Zusatzmaterialien Heilbronn-Franken
28.2 Naherholung und Sanfter Tourismus

M5 Foto aus der Werbekampagne „Radsüden"

Quelle: Touristikgemeinschaft HeilbronnerLand e.V.

M6 Tourismuskonzept „Radsüden"

Auf der weltgrößten Touristikmesse *ITB 2013* in Berlin wurde das erste Projekt der neuen *Tourismuskooperation Nördliches Württemberg* vorgestellt: Das Konzept *Radsüden* vereint Radwege mit Erlebnistouren und Sehenswürdigkeiten, die entlang der zahlreichen Radwege zu genüge vorhanden sind.

Das neue Internetportal informiert über Fernradwege, die über die Region hinausreichen, über lokale Radtouren; sogar Pauschalangebote sind buchbar.

Der „Drahtesel" soll also als verbindendes Element für ganz unterschiedliche Angebote dienen. Waren seither die sechs Teilgebiete des nördlichen Baden-Württembergs in Bezug auf die touristische Vermarktung auf sich allein gestellt, will man nun mithilfe der Kooperation gemeinsame Wege gehen.

Die leicht hügelige und dennoch ausgeglichen wirkende Landschaft samt den zahlreichen Tälern im Norden des Bundeslandes scheint dafür gut geeignet.

In Zukunft sollen weitere Kooperationen der sechs Touristikgemeinschaften folgen. Als Anschlussprojekt startete im Jahr 2015 das Internetportal *Wandersüden*.

Quelle: www.radsüden.de

M7 Tourismusregionen in Baden-Württemberg

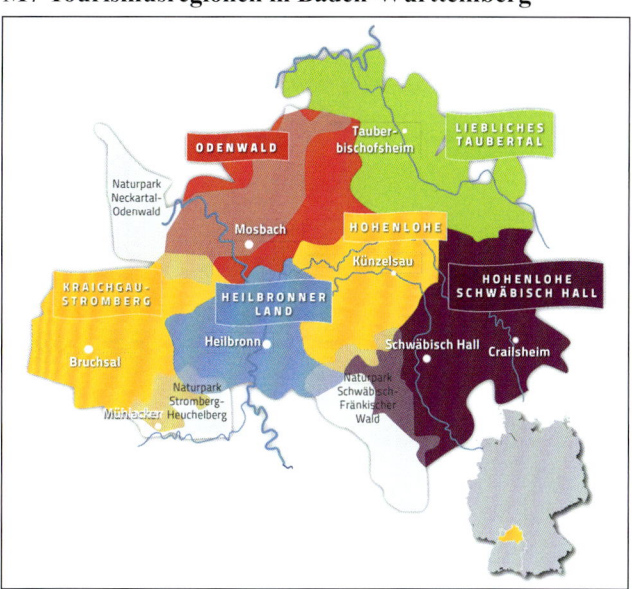

Quelle: Touristikgemeinschaft HeilbronnerLand e.V.

ZUSATZAUFGABEN

6. Überlege, weshalb sich die sechs Touristikgemeinschaften im Norden Baden-Württembergs zusammengeschlossen haben, um gemeinsam Tourismusprojekte zu vermarkten (M6 u. M7).
7. Plane eine Radtour für deine Klasse.
   Berücksichtige dabei folgende Aspekte:
   - Dauer?
   - Strecke?
   - Kosten?
   - Pausen?
   - Aktivitäten?

LÖSUNGSHINWEISE

Aufgabe 1: Die Auflistung in M2 ist lediglich als erster Einblick gedacht, somit kann ihr lediglich exemplarischer Charakter zugesprochen werden. Außerdem liefern die Schülerinnen und Schüler weitere individuelle Lösungen.

Nach einer ausführlichen Auflistung im Unterricht kann folgendes Ordnungsschema angewendet werden, das gleichzeitig die Vielzahl der Freizeitmöglichkeiten zeigt:
- Sport & Spaß
- Kunst & Kultur
- Natur & Umwelt
- Wellness & Gesundheit

Aufgabe 2:
Sanfter Tourismus:
Ursprünglich war das Konzept des Sanften Tourismus eine Gegenmaßnahme auf die Auswirkung des Massentourismus. Weiterhin war der Sanfte Tourismus stark ökologisch gewichtet. Trotzdem kann der Begriff auch hier Anwendung finden. Wichtige Aspekte sind: Nutzung der lokal vorhandenen Ressourcen, Verzicht auf aufwändige Technik (i.S.v. Verkehrsmitteln).

Naherholung:
Per Definition kann sich Naherholung auf bis zu dreitägige Kurzaufenthalte („Wochenendtrip") beziehen. Allerdings ist hier die Naherholung der vor Ort wohnenden Bevölkerung gemeint, die sich räumlich und zeitlich in unmittelbarer Nähe zu den Erholungsgebieten befinden. Naherholung meint also eher Tätigkeiten der alltäglichen Erholung.

Aufgabe 3:

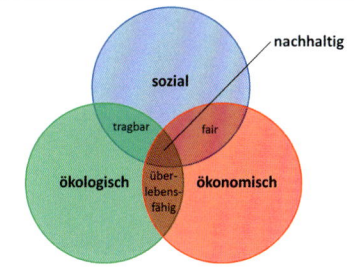

Aufgabe 4: *Individuelle Lösungen.*
Thematisierung und Umsetzung des AIDA-Prinzips möglich:
A: Attention, I: Interest, D: Desire, A: Activity

Aufgabe 5: *Individuelle Lösungen.*
Bei dieser Aufgabe bietet sich eine ausführliche Reflektion der jeweiligen Entscheidungsprozesse an. *Warum hat jemand diesen oder jenen Inhalt gewählt?* Anschließend kann daraufhin eine Einteilung in verschiedene Urlaubsformen stattfinden (z.B. Kategorien aus Aufg.1).

Aufgabe 6: Im Vergleich zu den größeren und bei Touristen sehr stark nachgefragten Regionen im südlichen Baden-Württemberg waren die räumlich überschaubaren Regionen nicht konkurrenzfähig genug. Die Gründung der Tourismuskooperation ist eine zukunftsweisende Entscheidung für den regionalen Tourismus gewesen.

Aufgabe 7: *Individuelle Lösungen.*
In Anlehnung an die Methode „Wo ist was möglich?". (Näheres dazu in DIERCKE METHODEN 2007)

29.1 Energiewende in der Region

M1 AKW Neckarwestheim

M4 Freiland-Photovoltaik in Neuenstadt am Kocher

M2 Politische Rahmenbedingungen

Mittlerweile ist der vom Mensch verursachte Klimawandel auch im politischen Geschehen Konsens. Und spätestens seit dem GAU von Fukushima hat auch ein breites Umdenken bei der Verwendung der Atomenergie stattgefunden.

Die Folge ist die Einleitung einer Energiewende von politischer Seite. Auf den verschiedenen Ebenen der Europäische Union, des Bundes und der Länder finden sich entsprechende Gesetze bzw. Veröffentlichungen.

Auf Bundesebene soll die Stromerzeugung im Jahr 2020 35 % Strom aus regenerativen Energien beinhalten, 2050 sollen es gar 80 % sein. Des Weiteren soll der Stromverbrauch drastisch sinken (Referenz ist das Jahr 2008), bis 2020 um 10 % und bis Mitte des Jahrhunderts um 25 %.

Jedoch stoßen die politischen Entscheidungen schnell an ihre Grenzen, wenn es um die Wettbewerbsfähigkeit der Wirtschaft im internationalen Vergleich oder die Belastbarkeit der Bürger geht. Besonders betroffen, etwa durch steigende Strompreise, sind kleinere und mittelständische Unternehmen sowie Privathaushalte.

Seit 2008 hat sich das Land Baden-Württemberg mit dem *Energiekonzept 2020* dem Leitbild eines Niedrigemissionslandes verschrieben. Eine zentrale Annahme ist, dass Mitte des Jahrhunderts der Höchststand an Treibhausgasen ausgestoßen und eine weltweite Angleichung der Pro-Kopf-Emissionen stattgefunden hat. Ziel für das Jahr 2050 ist es demnach, dass jeder Bürger nicht mehr als zwei Tonnen CO_2 pro Kopf und Jahr ausstößt.

M3 Durchschnittliche CO_2-Emission pro Kopf in Deutschland im Jahr 2012

Staatliche Emissionen (Öffentliche Verwaltung, etc.)	1,08 t
Heizung	1,87 t
Strom	0,75 t
Privatfahrzeug	1,37 t
Öffentlicher Verkehr	0,13 t
Flugverkehr	0,85 t
Ernährung	1,43 t
Konsum (Kaufverhalten, Kaufkriterien)	3,15 t
	10,63 t

Quelle: Umweltbundesamt (http://uba.klimaktiv-co2-rechner.de)

M5 Die Energiewende in der Region

Zunehmend wird deutlich, dass die Energiewende auf dezentrale Wärme- und Stromerzeugung angewiesen ist. Abseits der großen Kraftwerke in Heilbronn oder Neckarwestheim finden sich dafür zahlreiche Beispiele: Mittlerweile sind Ortsbilder mit Photovoltaik-Dächern ein gewohnter Anblick. In den Lokalzeitungen wird heftig über mögliche Standorte von Windkraftanlagen debattiert. Kleine Dörfer auf dem Land wandeln sich zu energetisch autarken Gemeinschaften.

Auch Bürgerenergiegenossenschaften sind eine Entwicklung der letzten Jahre, die durch die Energiewende hervorgerufen wurde. Am Beispiel der 313 Mitglieder zählenden *Energiegenossenschaft Hardthausen eG* werden die Grundidee und die Arbeitsweise der Genossenschaft deutlich.

Die aktive Gestaltung der lokalen bzw. regionalen Energiezukunft steht im Mittelpunkt. Umgesetzt werden demzufolge Projekte in unmittelbarer Nähe der Wohnorte der Beteiligten. Klimaschutz wird erlebbar und nachvollziehbar. Finanziell lukrativ ist die Mitgliedschaft in der Genossenschaft ebenso. Auf die Einlage erfolgt eine garantierte Verzinsung. Möglich wird dies durch die garantierten Einnahmen aus den Stromverkäufen.

In der Gemeinde Hardthausen wurden auf öffentlichen Gebäuden Photovoltaik-Anlagen errichtet. Neuestes Projekt ist die Errichtung von Windrädern im nahe gelegenen Hardthäuser Wald. Laut Windatlas des Landes ein geeigneter Standort, zudem ist der Wald durch ein dichtes Wegenetz bereits bestens erschlossen.

Quelle: www.buergerenergie-hardthausen.de/die-idee.352.0.html

AUFGABEN

1. Beschreibe die schwierige Rolle der Politik in Bezug auf die Energiewende.
2. M3 zeigt, dass der heutige CO_2-Ausstoß pro Kopf noch weit vom Ziel des Jahres 2050 entfernt ist. Entwickle Ideen, wie sich CO_2 einsparen lässt.
3. Berechne deinen eigenen CO_2-Ausstoß mittels eines Rechners im Internet.
4. Nimm Stellung zu folgender Aussage: *„Die Energiewende gelingt nur mit dezentralen Lösungen."*

Zusatzmaterialien Heilbronn-Franken
29.2 Energiewende in der Region

M6 Podiumsdiskussion

Podiumsdiskussionen finden vor allem im politischen Geschehen häufig Anwendung. Anlass zur Diskussion ist immer ein kontroverses Thema, d.h. es finden sich grundlegend verschiedene Ansichten zu ein und demselben Thema.
Wichtig bei der Durchführung von Podiumsdiskussionen im Unterricht ist, dass du bereit bist, andere Standpunkte zu übernehmen, auch wenn du prinzipiell anderer Meinung bist. Sieh es als eine Art Rollenspiel an, in dem gewisse Regeln gelten.

M7 Teilnehmer der Podiumsdiskussion

Frauke Sommer (46) ist Chefredakteurin der Lokalzeitung und **moderiert** die Podiumsdiskussion:
„Das Thema Energiewende ist äußerst spannend. Mir ist es wichtig, dass die verschiedenen Positionen klar deutlich werden. Ich bin mir bewusst, dass es nicht den „einen Königsweg" gibt, sondern wir müssen demokratisch untereinander einen Konsens aushandeln."

Julia Schleicher (29) engagiert sich in einer **Umweltschutzorganisation**:
„Die Bemühungen der Politik gehen für mich nicht weit genug. Beispielsweise hält das Energiekonzept des Landes an der Atomenergie als Brückentechnologie fest. Angesichts der drohenden Gefahren oder der aktuellen Debatte um den Atommüll ist das unzumutbar."

Philipp Ehrmnann (56), Mitglied im Umweltausschusses des Landtages: „Mit dem Energiekonzept *Baden-Württemberg 2020*, bzw. der überarbeiteten Version *2020Plus* haben wir einen Meilenstein gesetzt. Verbindliche Ziele samt einer passenden Strategie, wie diese im Jahr 2050 zu erreichen sind, machen Baden-Württemberg zu einem Vorreiter im Klimaschutz. Das Ende der Kernenergie ist per Gesetz besiegelt, dennoch hat sie eine Schlüsselrolle in der Energiewende. Dank der Kernkraftwerke gibt es eine stabile Grundversorgung, außerdem wird Atomstrom CO_2-neutral produziert."

Hartmut Ringer (52), Vorsitzender einer lokalen Bürgerenergiegenossenschaft: „In meinem Wohnort haben sich umweltbewusste Bürger zusammengeschlossen, um die Energiewende mit eigenen Händen voranzutreiben. Unser Schwerpunkt liegt momentan auf Investitionen in die Solarenergie, für die Zukunft ist ein eigenes Windrad der Genossenschaft geplant. Das politische Handeln dauert uns zu lange. Aus meiner Sicht ist die Energiewende nur dezentral und mit dem persönlichen Engagement motivierter Bürger in wenigen Jahrzehnten realisierbar."

Fritz Denzer (61), Kommunalpolitiker in Neckarwestheim: „Das AKW Neckarwestheim hat wichtige Funktionen, die häufig außer Acht gelassen werden. An die Menschen, die dort arbeiten und wohnen, denkt bei den Plänen der Abschaltung niemand. Mir ist wichtig, dass die regionale Energiewende vor allem sozial verträglich abläuft."

Cenk Alisan (41), Pressesprecher eines großen Energiekonzerns: „Unsere Atomkraftwerke zählen zu den sichersten weltweit, bei der Endlagersuche sind wir auf die Politik angewiesen. In der Energiewende spielt die Atomenergie eine wichtige Rolle, da der Umbau des gesamten Energiesektors nicht von heute auf morgen geht. Beispielsweise muss man uns Zeit geben, um neue Leitungen zu bauen oder Forschung an neuen Technologien ermöglichen."

ZUSATZAUFGABEN

5. Bereitet im Klassenzimmer eine Podiumsdiskussion mit dem Thema „*Atomenergie – schnellst möglicher Ausstieg oder sinnvolle Brückenenergie?*" vor.
Erarbeitet in Kleingruppen die Positionen der in M6 beteiligten Personen. Sammelt weitere Argumente.

LÖSUNGSHINWEISE

Aufgabe 1:
Beim Thema Energiewende sieht sich die Politik mit unterschiedlichen Sichtweisen und Interessen konfrontiert (s. Aufgabe 5). Es müssen beispielsweise Interessen der Wirtschaft und der Bürger mit denen des Klimaschutzes in Einklang gebracht werden.

Aufgabe 2:
Lokal und regional umsetzbare Einsparmöglichkeiten finden die Schülerinnen und Schüler schnell: Öffentliche Verkehrsmittel benutzen, regionale Produkte bevorzugen, Duschen statt Baden, Raumtemperatur senken, etc.
Erwähnenswert sind darüber hinaus aber weitere: Erstellung eines CO_2-Kontos im Internet (Änderungen des Verhaltens werden schnell sichtbar), CO_2-Kompensationen (z.B. bei Flugbuchungen), Neue Technologien entwickeln (z.B. Fahrzeugindustrie).

Aufgabe 3:
Individuelle Lösungen. Geeignet ist der bereits zitierte Rechner des Umweltbundesamtes (siehe Quelle M3).

Aufgabe 4:
Vermehrt ergreifen Bürgerenergiegenossenschaften (oder vergleichbare Organisationsformen) und Privatpersonen Initiative. Dies geschieht aus ganz unterschiedlichen Gründen. Zum einen kann Engagement dank gesicherter Einspeisevergütung eine lukrative Geldanlage sein. Zum anderen wandeln sich mit der Hinwendung zu erneuerbaren Energien die Anforderungen an das Netz der Wärme- und Stromversorgung: Es dominieren nicht mehr einzelne Großkraftwerke, sondern es entstehen viele kleine dezentrale Lösungen. Erzeugte Wärme und Strom sollen vor Ort verbraucht werden.

Aufgabe 5:
Aus didaktischer Sicht sind folgende Aspekte eines Rollenspiels wertvoll:
- Gruppeneinteilung:
  Verschiedene Herangehensweisen möglich: Zufällige, interessenbezogene oder bereits den Schülerinnen und Schülern vertraute Einteilung der Gruppen.
- Kooperative Erarbeitungsphase:
  Hier kann sämtliches Vorwissen eingebracht werden. Möglich sind auch weitere Recherchen. Die oben aufgeführten Aussagen dienen lediglich als Denkanstoß.
- Durchführung der Diskussion als Rollenspiel:
  Zentral ist die Perspektivenübernahme der beteiligten Personen. Bei der Ausbildung einer eigenen Meinung ist es besonders wichtig, verschiedene Standpunkte gegeneinander abwägen zu können.
- Reflexion:
  Die Schülerinnen und Schüler müssen sich aus ihrer Rolle lösen, durch Reflexion des Erlebten wird dies erreicht. Mögliche Leitfragen können sein: Wurden die einzelnen Standpunkte deutlich? Hat jemand während der Diskussion seine Meinung grundlegend geändert? Wurden Lösungsvorschläge entwickelt?

30.1 Der Neckar als Schifffahrtsweg

M1 Kettenschiff auf dem Neckar bei Heilbronn 1885

Quelle: Schmolz, H. / Weckbach, H. (1967): Heilbronn mit Böckingen, Neckargartach, Sontheim. Konrad Verlag. Weißenhorn.

M2 Der Neckar als Schifffahrtsweg

Wie an einer Perlenkette sind die Siedlungen entlang des Neckars aufgereiht. Seit jeher hat sich der Mensch an günstige Gegebenheiten des Naturraums angepasst. So auch im Neckartal: Heute sind auf engstem Raum Eisenbahn, Bundesstraße
5 und Schifffahrtsweg benachbart.

Bereits die *Römer* haben den Neckar mit Schiffen befahren, allerdings vermutlich nur talwärts mit Transportkähnen.

Ab dem 12. Jahrhundert setzte eine verstärkte Nutzung als Transportweg ein: *Treidelkähne* und *Flöße* befuhren den Ne-
10 ckar. Erste Hafenanlagen und Wehre im Bereich der größeren Städte wurden angelegt. Beispielsweise ist der Hafen Heilbronn erstmals im Jahre 1146 erwähnt.

Zahlreiche Stromschnellen, gefährliche Untiefen und regelmäßig wiederkehrende Hochwasser machten es in der Folgezeit
15 unmöglich, den Neckar oberhalb Heilbronns schiffbar zu machen. 1553 wurde der Neckar flussabwärts von Heilbronn dank des Herzog von Württemberg schiffbar; allerdings mussten wegen des *Heilbronner Stapelrechts* auch weiterhin alle Güter im Heilbronner Hafen umgeschlagen werden.

20 Im 19. Jahrhundert setzte dann eine rasante Entwicklung ein: Mit dem *Bau des Wilhelmskanals* in Heilbronn im Jahre 1821 war der Neckar auch über Heilbronn hinaus schiffbar. Auf die Konkurrenz der Eisenbahn reagierte man mit der Erfindung der sogenannten *Kettenschifffahrt*. Ein Kettendampfer, der
25 sich an einer im Fluss versenkten Antriebskette entlang zog, konnte mehrere mit Transportgut beladene Kähne nach sich ziehen. Auf diese Weise konnten bei günstigen Bedingungen erhebliche Mengen transportiert werden. So wurden im Jahr 1892 142.000 Tonnen Ladung bewegt.

30 Letzte wichtige Etappe war der Ausbau des Neckars zur *Großschifffahrtsstraße*. Zahlreiche Baumaßnahmen wie Schleusenanlagen, teils erhebliche Eingriffe in die Natur, waren dazu nötig. Bereits in den 1920er Jahren begonnen, war der Abschnitt oberhalb Heilbronns bis Stuttgart 1958 vollendet, zehn Jahre
35 später war das Ziel Plochingen erreicht. Somit ist der Neckar auf 203 Kilometern ununterbrochen für die Binnenschifffahrt passierbar.

M3 Schleuse in Heilbronn-Horkheim

M4 Schleusenausbau

Der in M2 beschriebene Ausbau zur Großschifffahrtsstraße ist nicht der letzte Schritt der Entwicklung. Bis spätestens 2026 sollen alle Schleusen von der Neckarmündung bis Heilbronn ausgebaut werden.
5 Im Landkreis Heilbronn sind dies die Schleusenanlagen in Gundelsheim und Kochendorf: An beiden Staustufen sollen die Arbeiten im Jahr 2016 beginnen und spätestens im Jahr 2019 abgeschlossen sein.

Die derzeitige Größe der Schleusen beträgt 110 Meter, folglich
10 können diese von maximal 105 Meter langen Schiffen passiert werden. Der Ausbau sieht vor, die Schleusen auf eine Länge von 140 Metern zu verlängern. Grund für den Ausbau ist das stetig steigende Güteraufkommen auf der Wasserstraße. 2012 sind circa 7,5 Millionen Tonnen auf dem Neckar transportiert
15 worden, im Vergleich zum Vorjahr eine Steigerung um acht Prozent.

Vergleicht man einen 135m-Frachter mit dem kleineren 105m-Schiff wird der Zugewinn schnell deutlich: Bei 40 % größerem Ladevolumen werden gerade einmal 10 % mehr Kraftstoffkos-
20 ten fällig.

Quelle: nach Rhein-Neckar-Zeitung vom 8.2.2013.

M5 Gütertransportmittel im Vergleich

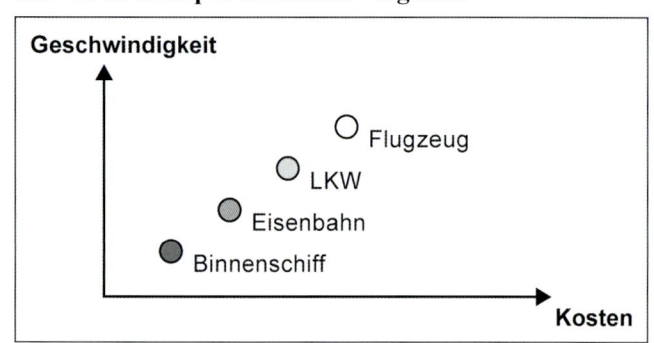

AUFGABEN

1. Vollziehe die Entwicklung der Neckarschifffahrt nach. Fertige dazu einen Zeitstrahl an (M1 bis M4).
2. Begründe, warum es sinnvoll ist, die Neckarschleusen auszubauen (M4 u. M5).
3. Nimm zu folgender Aussage Stellung: *„Das Binnenschiff ist ein Verkehrsmittel im Trend der Zeit."* (Informiere dich zusätzlich im Internet über die Umweltverträglichkeit der verschiedenen Transportmittel.)

Zusatzmaterialien Heilbronn-Franken
30.2 Der Neckar als Schifffahrtsweg

M6 Neckarschleusen müssen fischdurchgängig werden

„Der Ausbau für die Schifffahrt war die Ursache, dass der frei strömende Neckar heute einer Kette von Stauseen gleicht", sagt die BUND-Landesvorsitzende Dr. Brigitte Dahlbender. „Wenn der Neckar von Mannheim bis Plochingen für 135-m-Schiffe passierbar sein wird, muss er auch für Fische und andere Wassertiere wieder vollständig durchgängig sein."

So haben sich der baden-württembergische Bund für Umwelt und Naturschutz Deutschland (BUND), der Landesfischereiverband (LFV), der Landesnaturschutzverband Baden-Württemberg (LNV) und der Naturschutzbund (NABU) zusammengeschlossen und in einer gemeinsamen Stellungnahme gefordert, im Rahmen des geplanten Schleusenausbaus entsprechende Ausgleichsmaßnahmen für Fische und wasserlebende Organismen zu schaffen.

Allerdings ist in einer aktuellen Vereinbarung zwischen der Behörde und den zuständigen Landesministerien zu lesen, dass lediglich sieben der 29 Wehre durchgängig gemacht werden sollen.

Ein weiterer Kritikpunkt der Verbände ist, dass die geplanten Fischaufstiegsanlagen direkt in die Schleusenkanäle führen sollen. Ökologisch viel sinnvoller sei es, wenn die Wassertiere die Schleusenanlagen über Altarme umschwimmen könnten. Ein Beispiel hierfür ist der Altarm des Neckars bei Heilbronn-Horkheim.

Die Ufer und verschiedenen Gewässerbereiche der Altarme sind die weitaus wertvollsten Lebensräume am schiffbaren Neckar. Allerdings muss in ihnen auch genügend Wasser fließen, was wiederum den Nutzern der Wasserkraft missfällt. Mehr Wasser in den Altarmen bedeutet gleichzeitig weniger Wasser für die Wasserkraftwerke entlang der Kanäle.

Quelle: Pressemitteilung des LNV vom 30.01.2009 (einzusehen auf: www.lnv-bw.de)

M7 Der Schleusenausbau als Raumnutzungskonflikt

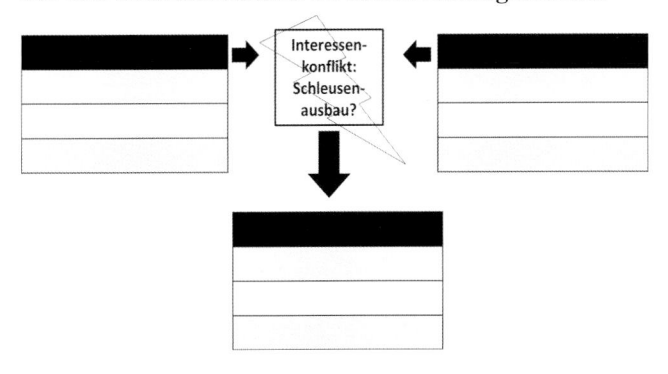

M8 Begriffe rund um den Schleusenausbau

Geringerer CO_2-Ausstoß durch größere Schiffe	Altarme sind ökologisch wertvolle Lebensräume	Kürzere Umschlagszeiten im Heilbronner Hafen
Kostenbeteiligung der Stromkonzerne	Fischtreppen unzureichend	Kosteneinsparung durch größere Schiffe
Wassermangel in den Altarmen	Lösungsansätze	Politik als Vermittler
Interessen der Wirtschaft	Umweltverträglichkeit der Baumaßnahmen	Interessen des Naturschutzes

ZUSATZAUFGABEN

4. Vergleiche die Natürlichkeit des Flusslaufes an folgenden zwei Schleusen: Heilbronn-Horkheim und Gundelsheim. *(Google Earth oder geeignete Karte benötigt!)*
5. Übernehme das leere Schema aus M7 in dein Heft und fülle es mit Inhalt (M8). *(Mehrere Lösungen möglich!)*

LÖSUNGSHINWEISE

Aufgabe 1: Folgende wichtigste Etappen sollten erwähnt sein:
- Römer: Talwärts Schifffahrt mit Transportkähnen
- 12. Jh.: Treidelkähne, Flöße, Bau erster Häfen
- 14. Jh.: Stapelrecht Heilbronns
- 16. Jh.: Flussabwärts von Heilbronn wird der Fluss schiffbar
- 19. Jh.: Bau des Wilhelmskanals in Heilbronn, Kettenschifffahrt
- 20. Jh.: Ausbau zur Großschifffahrtsstraße Mannheim-Plochingen
- 21. Jh.: Schleusenausbau für 135-m-Schiffe

Aufgabe 2: Das Binnenschiff ist ein sehr kostengünstiges Transportmittel. Massengüter wie Salz oder Kohle werden ab dem Hafen Heilbronn transportiert.
Des Weiteren bringt die bisherige Größe der Neckarschiffe von maximal 110 m logistische Nachteile mit sich. Beispielsweise muss Transportgut von Rheinschiffen in Mannheim auf die kleineren Neckarschiffe umgeladen werden. Auch die Transportkosten sinken durch größere Schiffe drastisch.
Weiterhin kann diskutiert werden, inwiefern die Wasserstraße eine Alternative zur Straße sein kann.

Aufgabe 3: Zieht man entsprechende Statistiken heran, die verschiedene Binnentransportmittel vergleichen (z.B. www.wsv.de/Schifffahrt/ Binnenschiff_und_Umwelt/) wird deutlich, dass unter ökologischen Gesichtspunkten das Binnenschiff klar im Vorteil ist: Niedrigere CO_2-Emissionen, geringere Lärm-, Boden- und Wasserbelastung und schließlich sehr seltene Unfallereignisse.

Aufgabe 4: Der Flusslauf könnte an den beiden Schleusenanlagen nicht unterschiedlicher sein: In Horkheim der parallel zur Schleuse verlaufende Altarm, in Gundelsheim der begradigte breite Schifffahrtsweg.
Die Altarmschlinge, die den Schifffahrtskanal südlich von Heilbronn auf einer Länge von ca. 3,5 km begleitet, ist als ökologisch wertvoll herauszustellen. Anhand ökologischer Kriterien kann eine Gegenüberstellung stattfinden. Beispiele sind Fließgeschwindigkeit, Gewässersohle oder Uferstruktur.

Aufgabe 5: *Hinweis: In Anlehnung an die Methode „Kategorien" (siehe auch: DIERCKE METHODEN 2007, S. 62ff.):*
- *Offene Aufgabe mit mehreren Lösungsmöglichkeiten*
- *Kooperatives Arbeiten wünschenswert*
- *Vorgegebenes Schema ist beliebig erweiterbar*

Lösungsvorschlag:

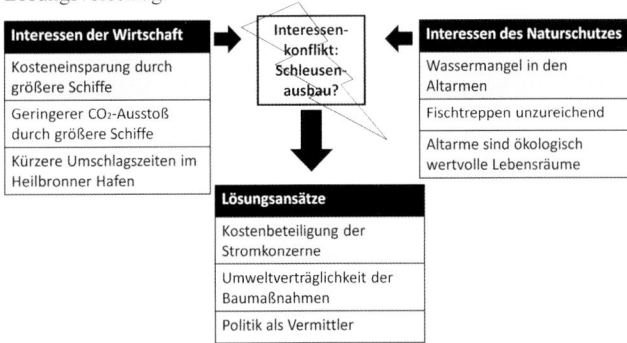

Interessen der Wirtschaft	Interessenkonflikt: Schleusenausbau?	Interessen des Naturschutzes
Kosteneinsparung durch größere Schiffe		Wassermangel in den Altarmen
Geringerer CO_2-Ausstoß durch größere Schiffe		Fischtreppen unzureichend
Kürzere Umschlagszeiten im Heilbronner Hafen		Altarme sind ökologisch wertvolle Lebensräume

Lösungsansätze
- Kostenbeteiligung der Stromkonzerne
- Umweltverträglichkeit der Baumaßnahmen
- Politik als Vermittler

Zusatzinformation: Das Museum im Deutschhof in Heilbronn bietet sich als außerschulischer Lernort an. Die Ausstellung „Heilbronn am Neckar - Entwicklung einer Stadt am Fluss" vertieft die Thematik dieses Arbeitsblattes.

Weitere Informationen unter: www.museen-heilbronn.de/museum/

31.1 Geologischer Bau und Reliefformen

M1 Zeitungsartikel (Auszug)

Pferd versinkt in Erdloch
Tragisches Unglück könnte natürliche Ursache haben

Es ist der Alptraum für Reiter und Pferdebesitzer schlechthin: Ihr Tier gerät im Gelände in ein Loch, versinkt im Boden und kann nicht mehr lebend befreit werden. Genau dies ist einer Reiterin nahe dem Neuensteiner Teilort Kesselfeld passiert.

Quelle: Hohenloher Zeitung vom 15.02.2013

M2 Germanische Trias

Für weite Teile Südwestdeutschlands sind die Schichten der *Germanischen Trias* landschaftsprägend. *Buntsandstein, Muschelkalk* und *Keuper* entstammen dem Erdmittelalter und wurden in etwa vor 250 bis 200 Millionen Jahren vor heute abgelagert.
Die typische Wechsellagerung von morphologisch harten und weichen Gesteinen sowie die tektonische Beanspruchung haben zur Ausbildung des Südwestdeutschen Schichtstufenlandes geführt.
Die Keuperformationen des Schwäbisch-Fränkischen Waldes und der Waldenburger Berge bildeten eine markante Schichtstufe aus. Dagegen besteht die flachwellige Hohenloher Ebene aus mächtigen Muschelkalkschichten. Tief darin eingeschnitten haben sich die Täler des Kochers und der Jagst. An einer Stelle im Kochertal sogar so tief, dass der darunter liegende Buntsandstein zutage tritt.
Auf den Muschelkalkpaketen findet man häufig noch Schichten des *Unteren Keupers* oder dünne *Löss-Auflagen*.
Löss ist ein vom Wind abgelagertes Lockergestein und entstammt den letzten Kaltzeiten. Überall wo Löss vorkommt, ist er verantwortlich für fruchtbare Böden, eine intensive landwirtschaftliche Nutzung der Hohenloher Ebene ist die Folge.
Wasserlösliche Gipsvorkommen waren dagegen namensgebend für den *Gipskeuper*. Dieser bildet einen Saum rund um die Keuperschichtstufe aus.

M3 Geologische Karte

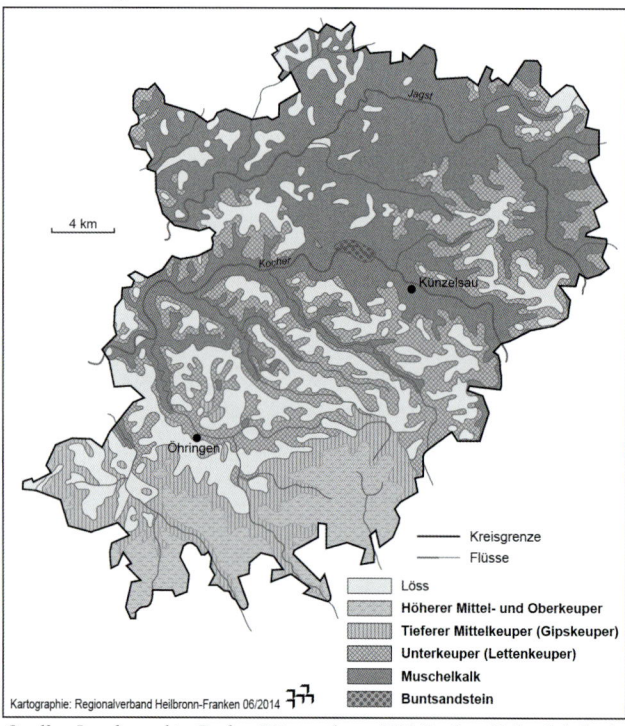

Quelle: Landesarchiv Baden-Württemberg (2006): Der Hohenlohekreis. Jan Thorbecke Verlag. Ostfildern. S. 6.

M4 Doline bei Mulfingen/Eberbach

M5 Karst

Als *Karst* werden Geländeformen bezeichnet, die mit Lösungsprozessen des Ausgangsgesteins zusammenhängen. Der Prozess dieser häufig durch Oberflächenwasser hervorgerufenen Lösungsverwitterung wird als *Verkarstung* bezeichnet.
In Hohenlohe sind die Kalkgesteine des Oberen Muschelkalkes und die Gipsformationen des Gipskeupers verkarstungsfähig.
Sind die Lösungsvorgänge im Untergrund soweit fortgeschritten, dass die Erdoberfläche nachgibt und/oder einbricht, spricht man von einer *Doline*. Verstärkt treten diese am Rand der Muschelkalk-Hochflächen zu den Tälern hin auf. So auch bei Mulfingen/Eberbach oberhalb des Jagsttales, hier wirkten Lösungs- und Einsturzvorgänge zusammen.
Der Neuensteiner Teilort Kesselfeld liegt nicht am Übergang Talgrund-Hochfläche, sondern am Fuße der Keuperschichtstufe. An den Randzonen der Waldenburger Berge tritt Gipskeuper auf, dessen Sulfatgesteine löslich sind.
Weitere Beispiele für die im Hohenlohekreis auffindbaren Karstphänomene sind die Versickerung von Bächen und Flüssen sowie die Ausbildung von Höhlen.
So versickert zum Beispiel in den Sommermonaten die Sall bei Orendelsall und Tiefensall, weil die Gesteinslösung im Untergrund entsprechend weit fortgeschritten ist.
In der Nähe der Kreisstadt Künzelsau befindet sich die Vogelsberger Ponorhöhle, mit 375 Metern die längste vermessene Höhle im Landkreis. Allerdings ist sie nicht zu besichtigen, durch die meist sehr niedrigen Klüfte kann man nur kriechen.

M6 Entstehung einer Doline im Gipskeuper

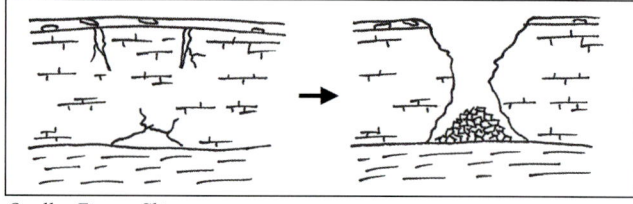

Quelle: Eigene Skizze

AUFGABEN

1. Erkläre, weshalb man bei Grabungen in Ingelfingen direkt an der Erdoberfläche auf Bundsandstein stieß.
2. Verorte den Neuensteiner Teilort Kesselfeld in einer geeigneten geologischen Karte und informiere dich über den geologischen Bau des Untergrundes.
3. Erkläre die Entstehung von Dolinen.
4. Fertige ein geologisches Profil von Waldenburg bis Dörzbach an.

Zusatzmaterialien Heilbronn-Franken
31.2 Geologischer Bau und Reliefformen

M7 Kapelle St. Wendel zum Stein

M9 Wachsender Bach bei Krautheim

M8 Kalksinter

Die frühesten Siedlungsspuren in den Höhlen des Jagstufers sollen aus der Zeit keltischer Besiedlung stammen. Der Bau der ersten Kapelle wird in etwa auf das 6. Jahrhundert n. Chr. datiert.

Eindeutig belegbar ist der Bau der heutigen Wallfahrtskapelle: Dieser erfolgte von 1511 bis 1515. Geweiht wurde die kleine Kirche dem Schutzheiligen der Hirten, weil die benachbarten Höhlen oft als Unterschlupf bei schlechtem Wetter gedient haben sollen.

Die einmalige Lage, zwischen senkrechter Felswand und Jagstufer, auf einer kleinen Terrasse, zieht auch heute noch Besucher in ihren Bann. Zahlreiche Touristen, zumeist Wanderer oder Radfahrer, besuchen den Wallfahrtsort.

Auch aus geomorphologischer Sicht ist die Lage der Kapelle interessant: Kalksinterwände bilden hier auf einer Länge von 70 Metern und einer Höhe von bis zu 22 Metern das linke Jagstufer.

Die Kalksintervorkommen sind in direktem Zusammenhang mit den zahlreichen Quellen des Mittleren Muschelkalks zu sehen. Regenwasser löst den im Gestein vorhandenen Kalk und transportiert ihn weiter. Gerät diese Lösung in ein anderes chemisches Milieu, können Ausfällungsprozesse stattfinden. Von einer weißgrauen, porösen Kruste werden bei St. Wendel schon seit ca. 5.000 Jahren die Gesteinswände überzogen.

Dank seiner guten bauphysikalischen Eigenschaften wurde der Kalksinter früher abgebaut. Heute lohnen sich diese Mühen jedoch nicht mehr.

M10 Kalktuff

Die Ausfällung von Kalk liefert auch die Erklärung für das geologische Naturdenkmal eines „wachsenden Baches", der sich scheinbar sein eigenes kleines Bett in die Höhe baut.

Blickt man auf das untere Ende der *Steinernen Rinne* zwischen Klepsau und Krautheim, wundert man sich nicht über die in Stein gemeißelte umgangssprachliche Bezeichnung „Kuharsch". Der emporwachsende Bach mag einer stämmigen Kuh samt wedelndem Schwanz ähneln.

Tritt das kalkhaltige Quellwasser aus und fließt bergab, kommt es durch Druckentlastung, Wassererwärmung und Kohlenstoffdioxidentzug zur Ausfällung von Kalk. Vor allem Pflanzen, z.B. Moose und Algen, spielen dabei eine wichtige Rolle. Nach und nach werden sie von hauchdünnen Kalkschichten überzogen, es bildet sich sogenannter Kalktuff.

Quelle: Landesarchiv Baden-Württemberg (2006): Der Hohenlohekreis. Jan Thorbecke Verlag. Ostfildern.

M11 Reaktionsgleichung Kalkausfällung

$$Ca(HCO_3)_2 \rightarrow CO_2 + H_2O + CaCO_3 \downarrow$$

ZUSATZAUFGABEN

5. Erkläre die Entstehung von Kalktuffkrusten.
6. Beschreibe den umgekehrten Vorgang der Ausfällung mithilfe der chemischen Reaktionsgleichung.

LÖSUNGSHINWEISE

Aufgabe 1:
Der Kocher hat sich bei Ingelfingen tief in den Muschelkalk eingeschnitten, sodass Bundsandstein zutage tritt. Weiterhin treten quer zum Tal verlaufende Verwerfungslinien auf. Diese haben bereits zu einer lokalen Blattverschiebung geführt.

Aufgabe 2:
Kesselfeld liegt in unmittelbarer Nähe der Keuperschichtstufe. Der verkarstungsfähige Gipskeuper steht hier an der Oberfläche an.
Der Zusammenhang zur Zeitungsschlagzeile ist herstellbar.

Aufgabe 3:
Hinweis: Hier findet aus Gründen der didaktischen Reduktion keine Unterscheidung zwischen Einsturz- und Lösungsdolinen statt. Der deutsche Begriff Erdfall kann synonym verwendet werden.
Dolinen entstehen immer durch Lösungsprozesse im Untergrund. Voraussetzung hierfür ist verkarstungsfähiges Gestein (carbonat-, bzw. sulfathaltig).

Aufgabe 4:
Verweis auf AB 3 „Landschaften", M2.
- Zusatz: Bundsandstein im Kochertal an der Oberfläche
- Zusatz: Jagsttal in der Abb. M2 nicht enthalten

Aufgabe 5:
Je nach Schüttungsleistung der Quelle überwiegt die Kalkausfällung oder das Pflanzenwachstum. Nach und nach bildet sich so ein charakteristischer Wechsel von Kalktuffkrusten und Pflanzen.
Zusatzinformation: Kalktuff wird als sekundäres Sediment bezeichnet und steht in direktem Zusammenhang mit vorher abgelaufenen Verkarstungsprozessen.

Aufgabe 6:
Umkehrung der in M11 dargestellten Reaktion:
[vorher: Kohlensäure (H_2CO_3) entsteht durch Lösung des in der Luft enthaltenen Kohlenstoffdioxids (CO_2).] Calciumcarbonat ($CaCO_3$) wird unter Einfluss von Kohlensäure aus dem Gestein gelöst (Kohlensäureverwitterung). In Wasser gelöster Kalk liegt in Form von Calciumhydrogencarbonat ($Ca(HCO_3)_2$) vor.

32.1 Auf den Spuren der Römer

M1 Blick über das Öhringer Becken

M2 Römische Besiedlung

Der westliche Teil des Hohenlohekreises zählte zu Zeiten römischer Herrschaft zur Provinz *Germania Superior* (Obergermanien). Regiert wurde die Provinz von einem Statthalter, der seinen Sitz in *Mogontiacum* (Mainz) hatte.

Durch ihre Lage an der gefährdeten Reichsgrenze waren stets viele Soldaten in der Provinz stationiert. Der Befehlshaber des obergermanischen Heeres konnte sich deshalb einer gewissen Macht in Rom sicher sein.

In regelmäßigen Abständen wurden nahe der Grenze *Kastelle* errichtet, um den stationierten Soldaten Wohn- und Lebensraum zu bieten. In Öhringen finden sich die Überreste von zwei Kastellen, weitere existierten bei Sindringen und Zweiflingen/Westernbach.

Aber nicht nur militärische Spuren der römischen Herrschaftszeit finden sich im heutigen Gebiet des Hohenlohekreises: Die Region wurde landwirtschaftlich nutzbar gemacht, in dem Gutshöfe, sog. *villae rusticae*, in einigem Abstand zum Limes angelegt wurden. Zahlreiche Standorte sind belegt, z.B. zwei bei Öhringen/Ohrnberg.

Rund um die Öhringer Kastelle bildete sich rasch eine Zivilsiedlung (*vicus aurelianus*), die Handwerker, Markttreibende und Händler beheimatete. Funde belegen, dass der kleine Ort sich selbst verwalten durfte, eine Ratsversammlung hatte und sogar Verwaltungsaufgaben für weitere Siedlungen in der Nähe übernahm.

Auch das Straßennetz wurde von den Römern ausgebaut, zum einen um den zunehmenden Handel zu sichern, zum anderen um Truppen schnell innerhalb des Reiches verlagern zu können.

M3 Rekonstruktion des obergermanischen Limes

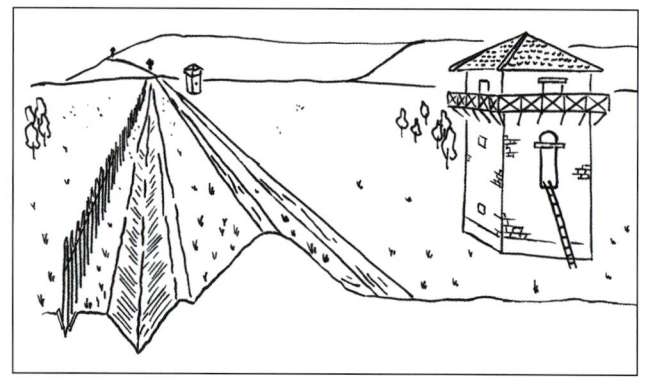

Quelle: Eigene Skizze

M4 Limes

Die Abgrenzung des römischen Imperiums gegen das „freie" Germanien erfolgte zunächst auf „nassen" Grenzen: Flüsse (z.B. Rhein und Donau) waren wesentlich leichter zu verteidigen als Grenzen, die durch unwegsames, meist bewaldetes Gelände verliefen.

Erst unter *Kaiser Flavius* (69-96 n. Chr.) wurden erste Versuche unternommen, die Grenze weiter ins germanische Feindesland vorzuverlegen.

Auf diese Zeit geht auch die Bezeichnung „limes" zurück: Einerseits bezeichnete *limes* einen landwirtschaftlichen Weg, der etwas durchquerte. Andererseits waren *limites* Straßen, die das römische Reich in Richtung Germanien verließen.

Besonders bemerkenswert ist der Teil des obergermanischen Limes, der Hohenlohe quert: Von Walldürn bis Welzheim verläuft die Befestigungsanlage ohne eine einzige Biegung über etwa 81 km schnurstracks geradeaus. Weder Steigungen noch Flussläufe haben die Römer bei der Anlage gehindert. Diese letzte Vorverlegung des Limes ist in der Regierungszeit des Kaisers *Antonius Pius* (138-161 n. Chr.) erfolgt und dürfte ungefähr 100 Jahre bestanden haben.

Wie und vor allem weshalb die Römer den durch Hohenlohe verlaufenden Teil des Limes als geradlinige Strecke anlegten, ist nicht abschließend geklärt. Unbestritten ist jedoch, dass eine gerade in den Wald geschlagene Schneise leichter von den zahlreichen Wachttürmen zu kontrollieren war. Zudem konnten die römischen Soldaten mittels Feuerzeichen leichter kommunizieren.

Beim Vermessen des Limes dürften wohl zunächst die Wachttürme errichtet worden sein, die Zwischenstücke konnten dann einfacher „eingefluchtet" werden. Wichtiges Hilfsmittel dabei war die *Groma*, ein römisches Vermessungsinstrument.

M5 Vermessungsinstrument Groma

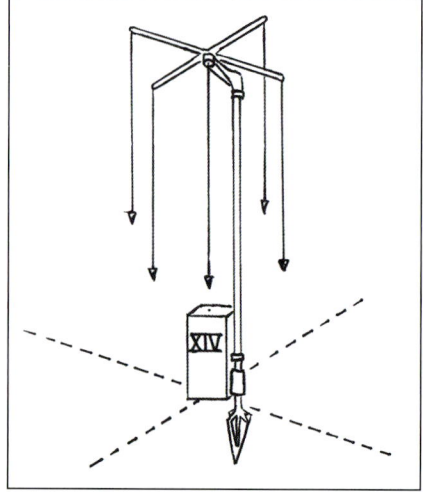

Quelle: Eigene Skizze

AUFGABEN

1. Nenne und beschreibe die im Hohenlohekreis auffindbaren römischen Siedlungsformen (M2).
2. Vollziehe den Verlauf des Limes in Hohenlohe mithilfe geeigneter Topographischer Karten nach.
3. Begib dich auf „Spurensuche": Wo finden sich noch heute im Hohenlohekreis Zeugen der römischen Vergangenheit?

Zusatzmaterialien Heilbronn-Franken
32.2 Auf den Spuren der Römer

M6 Landesgartenschau in Öhringen 2016

Landesgartenschau Öhringen 2016 – Der Limes blüht auf

M7 Erlebbares Welterbe

Im Alltag der Hohenloher oder gar als touristische Sehenswürdigkeit spielte der Limes in der Vergangenheit kaum eine Rolle. Grund hierfür dürfte die fehlende Erlebbarkeit gewesen sein. Die ehemalige römische Grenzlinie ist vielerorts sprichwörtlich dem Erdboden gleichgemacht. Weite Flächen der Hohenloher Ebene sind heutzutage intensiv land- oder forstwirtschaftlich genutzt. Doch seitdem der Limes im Jahr 2005 auf die Liste der UNESCO-Welterben aufgenommen wurde, hat sich einiges getan: Rekonstruierte Limesabschnitte, Römermuseen, Aussichtsplattformen (M8, M9) oder als Bestandteil der überregional bedeutenden Landesgartenschau in Öhringen.

Unter dem Motto „Der Limes blüht auf" fanden im Sommer 2016 mehr als eine Million Besucher den Weg in die große Kreisstadt. Ihnen wurde neben den Gartenanlagen ein vielfältiges kulturelles Angebot präsentiert. Zentrum des Ausstellungskonzepts ist die Stelle, an der der Limes den kleinen Fluss Ohrn quert. Auf einer Länge von etwa 500 Metern durchläuft der Limes als markante Sichtachse das Gartenschaugelände.

Über das Jahr 2016 hinaus werden die sog. Daueranlagen des Gartenschaugeländes erhalten bleiben. Für die Stadt Öhringen bot sich mit der Bewerbung um die Ausrichtung der Landesgartenschau eine Chance auf nachhaltige Entwicklung städtischer Grünflächen. Während der Planungs- und Bauphase wurde das Bett der Ohrn zum Teil renaturiert. Ein weiteres Beispiel ist die Umsiedlung des Tennisgeländes, das vorher inmitten der Flussaue der Ohrn lag.

M8 Limesplattform bei Gleichen

M9 Limesblicke

Die Sichtbarmachung des schnurgeraden Teilstückes des Limes durch die Hohenloher Ebene war von Anfang an das Ziel der drei beteiligten Kommunen Öhringen, Pfedelbach und Zweiflingen.

Drei Aussichtspunkte an markanten Stellen machen so den Verlauf der ehemaligen Grenze des römischen Reiches erlebbar:
- Am Pfahldöbel bei Zweiflingen/Pfahlbach (die Namensgebung der Gemarkung soll auf die Römerzeit zurückgehen),
- zwischen Öhringen und Pfedelbach unweit des Geländes der Landesgartenschau,
- bei Pfedelbach/Gleichen, in der Nähe der Fundamente des sechseckigen römischen Wachtturms.

Spatenstich des sog. *Leuchtturmprojekts* für die regionale Tourismusentwicklung war im Sommer 2013, im Laufe des Jahres 2014 wurden sie fertiggestellt.

ZUSATZAUFGABEN

4. Erkläre, weshalb die Ausrichtung der Landesgartenschau 2016 für Öhringen eine Chance nachhaltiger Städtebauplanung ist. (weitere Informationen: *www.laga2016.de*)
5. Weshalb wird der Bau der Limesplattformen als Leuchtturmprojekt bezeichnet?

LÖSUNGSHINWEISE

Aufgabe 1:
Kastell: Hier zumeist Kleinkasernen, beherbergten zumeist eine Legion.
Villa rustica: Landwirtschaftlicher Gutshof, zumeist mit Mauern umfriedet, häufig neben dem Hauptgebäude weitere Wirtschaftsgebäude.
Vicus: Geschlossene Siedlungsform mit kleinstädtischem Charakter.

Aufgabe 2:
Der ehemalige Verlauf ist gut über die TK 50 „L 6720 – Öhringen" und „L 6922 – Sulzbach" des Landesvermessungsamtes rekonstruierbar. Zahlreiche Signaturen und Schriftzüge geben in den Topographischen Karten Hinweise.

Aufgabe 3:
Entlang des Limes sind zahlreiche Spuren auffindbar. Beispiele sind:
- Sindringen: Restauriertes Wachtturm-Fundament
- Zweiflingen/Pfahlbach: Überreste des Limeswalls
- Öhringen: Straßennamen, Rendelbad, Römerbadhalle, Wohngebiet „Limespark", Kunstinstallationen
- Gleichen: Sechseckiger Turm
- „Limeswanderweg"

Weiterhin ist die Arbeit mit Topographischen Karten möglich: Mancherorts entspricht der Verlauf von Straßen/Feldwegen exakt der Limes-Trasse.

Aufgabe 4:
Einerseits wurden bereits in der Planungsphase Weichen im Sinne einer nachhaltigen Stadtentwicklung gestellt: Verbindung bestehender Grünflächen oder Neubetonung historischer Gegebenheiten sind Beispiele.
Andererseits übernehmen die Daueranlagen wichtige Funktionen für die in Öhringen lebende Bevölkerung (Parkanlagen, Spielplätze, etc.).
Anmerkung: Die Ausrichtung der Landesgartenschau in Öhringen hatte in der Bevölkerung nicht nur Befürworter. Die Gegenüberstellung verschiedener Sichtweisen kann ebenfalls Unterrichtsgegenstand werden.

Aufgabe 5:
Die gezielte touristische Inwertsetzung kann Impulse für weitere Entwicklungen geben. Als kostenintensives Bauprojekt ist die Realisierung nur dank Fördermitteln aus dem EU-Programm LEADER möglich.

Hinweis: Gleich mehrere Museen/Standorte bieten sich als außerschulische Lernorte an, weitere Informationen auf:
www.limes-in-hohenlohe.de

33.1 Die Herren von Hohenlohe

M1 Hohenlohe – Land der Schlösser und Burgen

M2 Das Adelshaus im Laufe der Jahrhunderte

Der Name des Hohenlohekreises geht zurück auf das Adelsgeschlecht der Hohenloher. Die Herren von Hohenlohe hatten einst ihren Sitz auf der *Burg Hohlach* (auch Hohenloch) im Taubergrund, auf halbem Weg zwischen Creglingen und Uffenheim. Die Burg lag günstig, direkt oberhalb der Fernhandelsstraße von Würzburg nach Augsburg. Die erste nachgewiesene Verwendung geht auf *Konrad von Hohenlohe* (bzw. Hohlach) zurück, der im ausgehenden 12. Jahrhundert zum ersten Mal den Namenszusatz benutzte.

Das Stammwappen der Hohenloher (s. M3) tauchte zum ersten Mal Anfang des 13. Jahrhunderts auf: Eine auf das Jahr 1207 datierte hohenlohische Urkunde war mit einem Siegel versehen, das zwei schreitende schwarze Leoparden zeigt.

Im Verlauf der Jahrhunderte konnte das Adelsgeschlecht nach und nach weite Gebiete der Region für sich beanspruchen: Hollenbach (vor 1219), Langenburg (1232/35), Öhringen und Waldenburg (beide um 1250) wurden erworben, später kamen Ingelfingen, Forchtenberg, Neuenstein, Schillingsfürst (Bayern) und Kirchberg dazu.

Die Gebietsvergrößerungen hatten zur Folge, dass sich hohenlohische *Territorialherrschaften* ausbildeten: Den Herren von Hohenlohe stand die Grundherrschaft und die Gerichtsbarkeit zu, Geldeinnahmen durch Zölle und Geleitrechte wurden erhoben, in Öhringen wurden sogar eigene hohenlohische Münzen geprägt.

Gegen Ende des Mittelalters wurde Kraft V. von Hohenlohe die *Reichsgrafenwürde* verliehen. Lediglich vom Kaiser und einer kaiserlichen Gerichtsbarkeit konnten die hohenloher Adligen fortan belangt werden, während die Untertanen und Diener von hohenlohischen Gerichten verurteilt werden konnten.

Aufgrund zahlreicher Erbteilungen existierten zeitweise sieben hohenlohische Grafschaften parallel. Durch das Repräsentationsbedürfnis entstanden zahlreiche Residenzen, auch Stadtgründungen und die Einrichtung von Märkten gehen auf das ausgehende Mittelalter zurück. Infolge dessen konnte sich die vielfältige hohenloher Kulturlandschaft entwickeln, die zum Teil bis heute Bestand hat.

Im 18. Jahrhundert erlangten die Hohenloher schließlich mit der Erhebung in den *Reichsfürstenstand* das Recht, den nach dem Königs-, bzw. Kaisertitel höchsten weltlichen Titel zu führen.

Das Ende der hohenloher Landesherrschaft besiegelte schließlich die *Rheinbundakte* aus dem Jahre 1806. In Paris unterzeichnete der französiche Kaiser *Napoleon Bonaparte* einen folgenschweren Vertrag mit 16 deutschen Fürsten. Waren die hohenloher Landesherren vorher reichsunmittelbar, unterstanden sie von nun an dem württembergischen König.

M3 Stammwappen der Hohenloher

Quelle: Fürst zu Hohenlohe-Öhringen

M4 Historische Karte: Das Gebiet des heutigen Landkreises im Jahre 1500

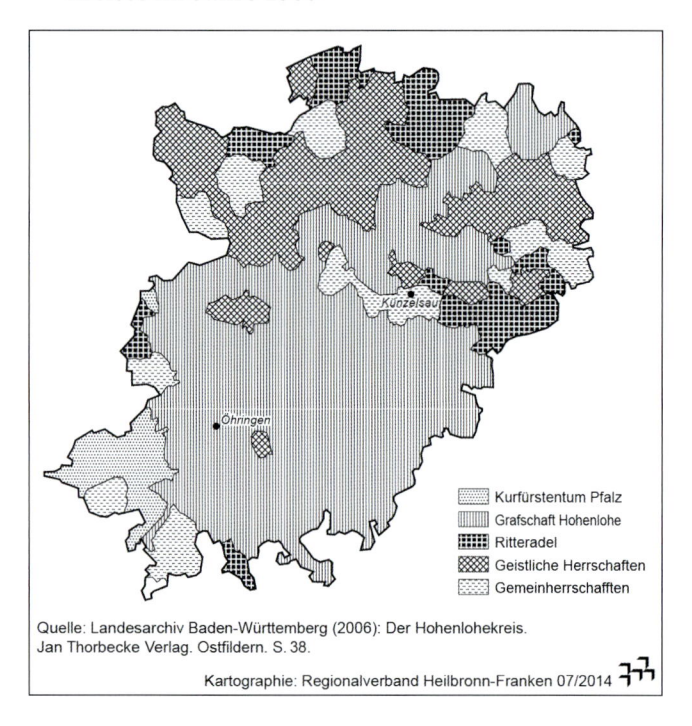

Legende:
- Kurfürstentum Pfalz
- Grafschaft Hohenlohe
- Ritteradel
- Geistliche Herrschaften
- Gemeinherrschafften

Quelle: Landesarchiv Baden-Württemberg (2006): Der Hohenlohekreis. Jan Thorbecke Verlag. Ostfildern. S. 38.
Kartographie: Regionalverband Heilbronn-Franken 07/2014

AUFGABEN

1. Erstelle einen Zeitstrahl, der die wichtigsten Daten der Territorialentwicklung des Hohenlohekreises zeigt (M2).
2. Beschreibe die Verbreitungsgebiete der Grafschaft Hohenlohe im Jahre 1500 (M4).
3. „I bin kon Württemberger und kon Frank – I bin an Hohenloher, Gott sei Dank!"
   Beurteile den Einfluss der mittelalterlichen Territorialherrschaften auf das heute auffindbare hohenlohische Regionalbewusstsein.

Zusatzmaterialien Heilbronn-Franken
33.2 Die Herren von Hohenlohe heute

M5 Die Hohenloher Linien heute

Seit dem 16. Jahrhundert gab es einige Erbteilungen und damit verbundene Landteilungen im Hause der Hohenloher. Die zahlreichen von Adligen erbauten Burgen und Schlösser zeugen davon, imposante und nach wie vor von adligen Hohenlohern bewohnte Schlösser finden sich in Neuenstein, Langenburg und Waldenburg. Unbewohnt oder anderweitig genutzt sind dagegen die Schlösser in Ingelfingen, Künzelsau, Öhringen oder Pfedelbach.

Ursprung der Teilungen ist die Hohenloher Hauptlinie, die im Jahre 1551 in die beiden Linien Hohenlohe-Neuenstein und Hohenlohe-Waldenburg geteilt wurde. Trotz weiterer Teilungen gab es stets eine ideelle Verbindung innerhalb der Adelsfamilie.

Heute tragen sechs verschiedene Familien den Namen Hohenlohe: Die Fürsten und Prinzen zu Hohenlohe-Öhringen sowie die Fürsten und Prinzen zu Hohenlohe-Langenburg werden zur Neuensteiner Linie gerechnet.

Die Prinzen von Hohenlohe-Bartenstein, die Prinzen von Hohenlohe-Jagstberg, die Fürsten und Prinzen zu Hohenlohe-Waldenburg-Schillingsfürst und die in Bayern lebenden Fürsten und Prinzen zu Hohenlohe-Schillingsfürst zählen dagegen zur Waldenburger Linie.

Immer mal wieder taucht auch der Name „von Hohenlohe" in überregionalen Presseberichten auf. Beispiele hierfür sind der Besuch von Prince Charles in Langenburg im Jahre 2013 (das Hause Hohenlohe-Langenburg steht in Verwandtschaft zum britischen Königshaus) oder der mexikanische Skirennfahrer und sechsfache Olympiateilnehmer Hubertus von Hohenlohe (Sohn von Alfonso Hohenlohe-Langenburg), der in Sotschi 2014 der älteste Olympiateilnehmer und Fahnenträger Mexikos war.

M6 Waldkletterpark Langenburg

ZUSATZAUFGABEN

4. *Was hat der Waldkletterpark Langenburg mit dem mexikanischen Fahnenträger der Olympischen Winterspiele in Sotschi 2014 zu tun?*

   Findet es mithilfe eines „Gruppenpuzzles" heraus: Stellt arbeitsteilig Internetrecherchen an, was die Familien der Hohenloher heutzutage beschäftigt. Erstellt anschließend in der Gruppe eine Mindmap, die in der Klasse präsentiert werden kann.

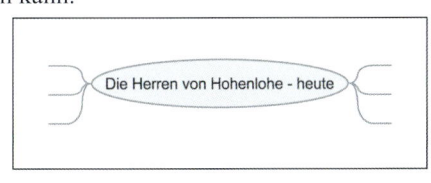

5. Setze die Entstehung der reichhaltigen hohenloher Kulturlandschaft mit den Erbteilungen der Adelshäuser in Verbindung.

LÖSUNGSHINWEISE

Hinweis: Die historische Karte auf der Rückseite der Übersichts- und Themenkarte bietet sich als sinnvolle Ergänzung des Arbeitsblattes an.

Aufgabe 1:
Textarbeit: Die Antwort dieser eher reproduzierenden Aufgabenstellung kann sich eng am Text (Absätzen, kursive Worte) orientieren. Je nach Niveau des Vorwissens können die Schülerinnen und Schüler den Zeitstrahl mit eigenem Wissen vernetzen.

Aufgabe 2:
Kartenarbeit.

Aufgabe 3:
Hinweis: AB 34 „Regionalbewusstsein" als Ergänzung möglich.
Durch die lange Reichsunmittelbarkeit des hohenlohischen Gebietes im Mittelalter war die Bevölkerung lediglich den regional agierenden Grafen bzw. Fürsten unterlegen. Die bewusste Abgrenzung zu anderen Hoheitsgebieten (z.B. Währung, Zölle) kann zur Ausbildung einer regionalen Identität geführt haben.

Aufgabe 4:
Hinweis: Die Aufgabenstellung bietet sich gewissermaßen als 2. Einstieg an: In Verbindung mit M5 kann ein kognitiver Konflikt gelöst werden.
Die sechs verschiedenen Linien der Hohenloher haben unterschiedlichste Unternehmensbereiche. (Fast) Allen gemein ist jedoch die Land- und Forstwirtschaft. Im Folgenden ist sie deshalb nicht gesondert aufgeführt, die Liste umfasst lediglich die heimatbezogenen Tätigkeitsbereiche:

- Hohenlohe-Langenburg: Schlossmuseum, Schlosscafé, Ausrichtung von Events/Feierlichkeiten, Automuseum, Waldkletterpark (rund um das Schlossareal), Weingut (Weikersheim),
- Hohenlohe-Öhringen: Schloss Neuenstein (Museum und Archiv), Hohenloher Kunststofftechnik, Hohenloher Formstruktur (fotochemische Struktur und Schriftätzung), Weingut Verrenberg,
- Hohenlohe-Waldenburg: Siegelmuseum im Schloss Waldenburg, Hohenloher Spezialmaschinenbau (HSM, forstwirtschaftliche Arbeitsgeräte),
- Hohenlohe-Jagstberg: Jagdmuseum in Schloss Haltenbergstetten,
- Hohenlohe-Bartenstein: Natursteinbearbeitung, Bundesverband Landschaftschutz (BLS),
- Hohenlohe-Schillingsfürst: Schloss Schillingsfürst (Museum, Falkenhof).

Aufgabe 5:
Durch die Entstehung zahlreicher Residenzen wurde die Entwicklung einer Kulturlandschaft begünstigt. Stadtgründungen und die Einrichtung von Märkten vereinten im späten Mittelalter herrschaftliche und wirtschaftliche Funktionen.
Auch heute wirken die Hohenloher Adligen durch zahlreiche Besitztümer im Bereich Forst- und Landwirtschaft aktiv am Erhalt dieser Kulturlandschaft mit.

34.1 Regionalbewusstsein

M1 Hohenlohische Redewendung

> „Nur Simbl maana mir däda dahonna schwäbisch schwäza, mir bawla hohalohisch!"

M2 Regionalbewusstsein

In vielen hohenlohischen Redewendungen kommt zum Ausdruck, wie gerne sich die Hohenloher von Schwaben, Badenern oder auch Franken abgrenzen.

Die Wurzeln dafür liegen in der Geschichte Hohenlohes:
5 Lange waren weite Teile der Region unter der Territorialherrschaft der Hohenloher Adelshäuser. Die Reichsunmittelbarkeit des Hoheitsgebietes ging soweit, dass es eine eigene Gerichtsbarkeit gab; Zölle und Geleitrechte wurden erhoben, in der Öhringer Münze wurden sogar Geldstücke einer eigenen
10 Währung geprägt.

Mittlerweile hat sich die Bezeichnung „Hohenlohe" zu einer Art Marke entwickelt, die in den unterschiedlichsten Bereichen zu finden ist: Hohenloher Weine, Boeuf de Hohenlohe als Herkunftsbezeichnung und Qualitätssiegel für Rindfleisch,
15 Hohenlohe als Teil von Firmennamen oder als Bezeichnung einer Tourismusregion, die über die Grenzen des gleichnamigen Landkreises hinausreicht.

Die historischen Gegebenheiten, die Hohenloher Mundart oder auch die häufige Verwendung des Begriffs Hohenlohe
20 lassen die Schlussfolgerung zu, dass Teile der hohenlohischen Bevölkerung ein hohes Maß an regionaler Identität haben.

Dieses unterschiedlich stark ausgeprägte Regionalbewusstsein der Menschen lässt sich mittels eines dreistufigen Modells beschreiben. Die unterste Stufe dieser raumbezogenen Ein-
25 stellungen ist das Wahrnehmen einer Region. Dies kann vom bloßen Gebrauch einer Bezeichnung bis zu einem latenten Zugehörigkeitsgefühl reichen.

Die nächste Ebene stellt ein Verbundenheitsgefühl mit der Region dar. Typisches Beispiel für diese mittlere Stufe ist die
30 Bezeichnung „Heimat".

Wenn sich die Mundart-Musiker der Hohenloher Band „Annâweech" den Transport des „Hohenloher Lebensgefühls" zum Ziel setzen, handeln sie regional. Sie setzen sich aktiv für die Region ein und lassen sich deshalb der obersten Stufe des
35 dreistufigen Modells zur Beschreibung regionaler Identität zuordnen.

M3 Schild an der Jagstbrücke in Mulfingen-Buchenbach

M4 Der Hohenloher Zungenschlag

Die im Hohenlohekreis (und angrenzenden Gebieten) gesprochene Mundart ist der *fränkischen Dialektfamilie* zuzuordnen und klar vom Schwäbischen zu trennen. Es bestehen zahlreiche phonetische Unterschiede, beispielsweise wird
5 aus „Bübchen" im Hohenlohischen „Bible", während es im Schwäbischen „Biable" ausgesprochen wird. Bezeichnet wird dieses Phänomen der Diphthongierung als *neuhochdeutsche Lautverschiebung*. Im Allgemeinen klingt deshalb das Hohenlohische im Vergleich zum Schwäbischen weicher und melo-
10 diöser.

Eine weitere Besonderheit des Hohenlohischen sind die zahlreichen französischen Begriffe, die sich nach wie vor im Sprachgebrauch finden. Grund hierfür ist die Einflussnahme Frankreichs zu Zeiten der französischen Revolution und dem
15 sich daran anschließenden Kaiserreich unter Kaiser Napoleon Bonaparte.

Quelle: www.landeskunde-baden-württemberg.de

AUFGABEN

1. Beschreibe, was du unter dem Begriff „Heimat" verstehst.
2. Das nachfolgende Schema beschreibt die unterschiedlichen Stufen des Regionalbewusstseins. Fülle es mithilfe der in M2 enthaltenen Informationen und eigenen Beispielen.

3. Versuche, die folgenden hohenlohischen Begriffe ins Hochdeutsche zu übersetzen:

hohalohisch	hochdeutsch
Annâweech	
Blootz	
Ebire	
Hälinga	
Iwwerzwerch	
Madlich	
Malähr	
Raa	
Schäsloh	

4. Stelle selbst eine Liste mit typischen Dialektwörtern her.

Zusatzmaterialien Heilbronn-Franken
34.2 Regionalbewusstsein

M5 Kleine aber feine Unterschiede

Anhand weniger Worte lässt sich bereits die kleinräumige Differenzierung der Dialekte nachweisen. Hinzu kommt, dass die Übergänge ins Schwäbische, Badische und Fränkische fließend sind. Während beispielsweise in Bretzfeld die gepflückten Kirschen in den „Oimer" kommen, ist in Krautheim eher von einem „Ohmer" Wasser die Rede. In Crailsheim dagegen kommt der Abfall in den „Ahmer".

Die Hohenloher Mundart ist also nicht nur auf das Gebiet des Hohenlohekreises beschränkt, sondern sie wird auch in Teilen des Landkreises Schwäbisch Hall und des Main-Tauber-Kreises gesprochen.

ZUSATZAUFGABE

5. Stellt in Kleingruppen eigene Studien zu regionalen Unterschieden des Hohenlohischen an. Befragt dazu hohenlohisch sprechende Personen. Nutzt vorab auch die Recherchehinweise. Stellt eure Ergebnisse am Schluss mithilfe der Hohenlohekarte dar.

Recherchetipps:
- www.stimme.de/mundart
- www.landeskunde-baden-württemberg.de/dialekte
- www.hohenlohe.de

M6 Karte des Hohenlohekreises

[Karte des Hohenlohekreises mit folgenden Orten: Krautheim, Ingelfingen, Forchtenberg, Künzelsau, Neuenstein, Bretzfeld, ÖHRINGEN, Pfedelbach. Flüsse: Jagst, Kocher. Autobahnen: A81, A6. Maßstab: 5 km. Kartographie: Regionalverband Heilbronn-Franken 08/2014]

LÖSUNGSHINWEISE

Aufgabe 1: Individuelle Lösungen.

Aufgabe 2: Textarbeit.

[Pyramidendiagramm mit drei Ebenen von oben nach unten:]
- regionales Handeln
- regionale Verbundenheit / Heimatgefühl
- Wahrnehmen der Region

Quelle: Schwan, T. (2005): Regionalbewusstsein. In: Brunotte, E., Martin, C., Gebhardt, H., Meurer, M., Meusburger, P, Nipper, J. (Hg.): Lexikon der Geographie. Band 3. Spektrum Akademischer Verlag. Heidelberg.

Aufgabe 3: „Übersetzung" der in der Tabelle aufgeführten Vokabeln: Annâweech – trotzdem, Blootz – flacher Kuchen, Ebire – Kartoffeln (Erdäpfel), Hälinga – heimlich, iwwerzwerch – ungestüm, Madlich – Mädchen, Malähr (Malheur) – Problem, Raa – Hang, Schäsloh – Liegemöbel (Chaiselongue).

Aufgabe 4: *Hinweis:* Auf www.annaweech.de findet sich ein umfangreiches Wörterbuch mit hohenlohischen Vokabeln.

Aufgabe 5: Individuelle Lösungen.
Die von der Hohenloher Zeitung veröffentlichte Karte zur regionalen Differenzierung des Wortes Eimer kann als Orientierung für eine Schülerlösung dienen:

Hinweis: Als sinnvolle Ergänzung dieses Arbeitsblattes bietet sich AB 33 an.

Ein Projekt der IHK Heilbronn-Franken in Kooperation mit dem Pakt Zukunft, dem Regionalverband Heilbronn-Franken, der Akademie für Innovative Bildung und Management und der Pädagogischen Hochschule Ludwigsburg

35.1 Sonderkulturen

M1 Apfelplantage bei Öhringen

M2 Apfelanbau

Besonders arbeits- und kostenintensive landwirtschaftliche Produkte werden als *Sonderkulturen* bezeichnet. Dazu zählen beispielsweise der Wein- und Obstanbau.

Im Hohenlohekreis ist der Apfelanbau lediglich im südwestlichen Teil flächendeckend verbreitet, da die Apfelbäume *erhöhte Ansprüche* an ihren Standort stellen. Die Jahresdurchschnittstemperatur sollte nicht unter 7,5 °C liegen. Die Niederschlagsmenge von etwa 800 mm pro Jahr reicht gerade aus, um nicht künstlich bewässern zu müssen.

Bevor die reifen Äpfel im Spätsommer verzehrt werden können, sind im Laufe eines Jahres eine Vielzahl an *zeitaufwändigen Arbeitsschritten* notwendig (siehe M3). Deshalb beschäftigen die einheimischen Obstbauern inzwischen nicht nur Erntehelfer, sondern auch Fachkräfte, die sie das ganze Jahr über bei ihrer Arbeit unterstützen. Nach der Ernte von Hand können die Äpfel vermarktet werden, oder aber sie werden in *modernen Kühlzellen* eingelagert, die weit mehr können, als nur die Temperatur absenken: In einer kontrollierten Atmosphäre wird der Umgebungsluft beispielsweise der Sauerstoff entzogen, was den Reifeprozess der Äpfel stark verlangsamt. Verbraucher können so bis weit in das darauffolgende Jahr Äpfel aus der Region kaufen.

M3 Arbeitsschritte im Jahresverlauf

	J	F	M	A	M	J	J	A	S	O	N	D
Winterschnitt		■	■	■								
Wurzelschnitt				■								
Düngung				■	■							
Pflanzenschutz				■	■	■	■	■				
Ausdünnung (2x)					■	■						
Sommerschnitt (2x)						■	■	■				
Ernte								■	■	■		

Quelle: Link, H. (2002): Lucas' Anleitung zum Obstbau. 32. Auflage. Ulmer Verlag. Stuttgart.

M4 Einlagerung nach der Ernte

M5 Gurkenernte bei Bitzfeld

M6 Gurkenanbau

Auch Gemüsekulturen, Baumschulen und Gärtnereien werden den sogenannten *Sonderkulturen* zugerechnet. Die Bezeichnung leitet sich von der besonderen Pflege ab, mit denen die Produkte erzeugt werden müssen.

Beim Gurkenanbau werden grundsätzlich zwei verschiedene *Arten des Anbaus* unterschieden: Werden Salatgurken in Europa hauptsächlich in Gewächshäusern gezogen, gedeihen die kleineren Einlegegurken auch im Freiland.

Die Anbaubedingungen können in einem Gewächshaus wesentlich besser kontrolliert werden. Per Computersteuerung kann die Temperatur, Bewässerung und Nährstoffversorgung optimal gesteuert werden.

Ganz so hohe Anforderungen an ihre Umwelt hat die Einlegegurke zwar nicht, dennoch sind im Laufe des Jahres einige *zeitaufwändige Arbeitsschritte* notwendig. Per Saatmaschine werden die Gurken im Frühjahr ausgesät. Ausgelegte Flies- oder Folienbahnen schützen die Keimlinge vor Frost. In ihrem Wachstum benötigen die Gurken viel Wasser, der in Mitteleuropa übliche Niederschlag genügt ihnen meistens nicht. Deshalb sind häufig Bewässerungsanlagen notwendig. Die Ernte der Einlegegurken erfolgt im unreifen Zustand. Häufig pflücken *Erntehelfer* aus Osteuropa die Gurken von Hand, indem sie bäuchlings nebeneinander in einem sog. „Gurkenflieger" (s. M5) liegen. In einem Rhythmus von drei bis sieben Tagen können die Früchte einer Pflanze abgeerntet werden. Anschließend erfolgt der letzte Arbeitsschritt des Landwirts: Das maschinelle Sortieren nach der Größe, da diese ausschlaggebend für die *Vermarktung* ist.

Das Einlegen in einem Essigsud macht die Gurken haltbar und erfolgt meist in einer Konservenfabrik. Je nach Größe und Geschmacksrichtung entstehen so „Cornichons", „Gurkentöpfe" oder kleingeschnittene Essiggurken.

AUFGABEN

1. *Partnerpuzzle:* Bearbeite mit einem Partner arbeitsteilig die beiden Sonderkulturen (M1 bis M4 / M5 u. M6). Erklärt euch gegenseitig die jeweils kursiv gedruckten Begriffe.
2. Finde heraus, wo im Hohenlohekreis Sonderkulturen angebaut werden. Trage deine Ergebnisse in eine geeignete Karte ein. Arbeite hierzu mit dem *Raumbeobachtungssystem Heilbronn-Franken* (www.raumbeobachtung-heilbronn-franken.de/FLA/flash.html).

Zusatzmaterialien Heilbronn-Franken
35.2 Projekt: „Klimamessgerät" Apfelbaum

M7 Apfelblüte

M8 „Klimamessgerät" Apfelbaum

Neigt sich ein Winter zu Ende, sind es die Blütenpflanzen mit ihrer Farbenpracht und ihrem Duft, die dem Menschen zuerst den bevorstehenden Frühling anzeigen. Sind die natürlichen Voraussetzungen für einen längeren Zeitraum günstig, beginnen auch die Apfelbäume zu blühen.

Die erste Apfelblüte des Jahres 2014 wurde bereits am 21. März gemeldet. Zwar handelte es sich dabei um einen äußerst geschützten Standort an einem Balkon in Heidelberg, dennoch war der Beginn der Apfelblüte im Jahr 2014 auf Rekordkurs. Im Vergleich zum Jahr 2013 waren die Blüten im Schnitt rund drei Wochen früher zu sehen.

In den letzten Jahren konnte eine regelrechte „Jagd nach Rekorden" beobachtet werden. Das Jahr 2007 stellte mit einem Blütebeginn am 1. April einen neuen Rekord auf, dieser hatte jedoch nicht lange Bestand. Bereits 4 Jahre später konnte eine noch frühere Blüte beobachtet werden. Ende März waren im Jahr 2011 die ersten Apfelblüten zu sehen.

M9 Recherchetipps
- www.planet-wissen.de/natur_technik/apfelbluetenland
- www.bluetenbarometer.de
- aktuell.nationalatlas.de/klimawandel-5_05-2008-0-html
- www.umweltbundesamt.de/daten/klimawandel

M10 Phänologie

Die Wissenschaft, die diese Erscheinungen in der Natur erforscht, nennt man Phänologie – ins Deutsche übersetzt die „Lehre des Sichtbaren".

Seit den Diskussionen um den Klimawandel sind auch die Erkenntnisse der Phänologen hoch gefragt. Als einen Anzeiger für den Frühlingseinzug benutzen die Wissenschaftler auch die Apfelblüte.

Sind flächendeckend Daten zum Blütebeginn vorhanden, lassen sich daraus allgemeinere Aussagen ableiten. So können Wissenschaftler beispielsweise die Geschwindigkeit des Frühlingseinzuges berechnen. Im milden Jahr 2007 konnte die Blütenzone sich mit 80 Kilometer pro Tag ausdehnen, im kalten Jahr 2008 waren es dagegen täglich „nur" 48 Kilometer. Immer höhere „Frühlingsgeschwindigkeiten" können als ein Anzeichen für den Klimawandel gedeutet werden.

M11 Beginn der Apfelblüte (Gebietsmittel von Deutschland)

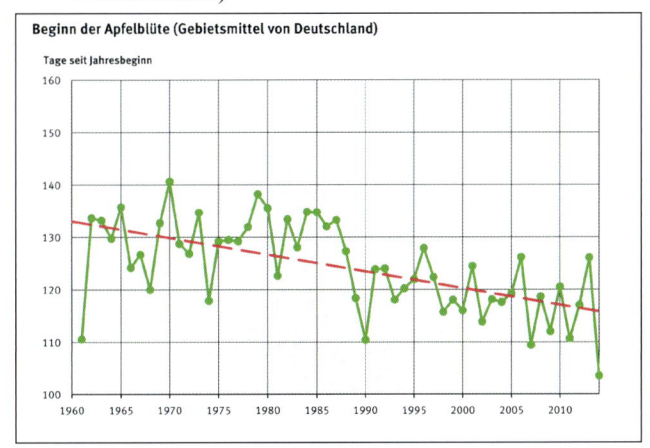

Quelle: Umweltbundesamt und Deutscher Wetterdienst

ZUSATZAUFGABEN

3. Lege dein persönliches Apfelblüten-Tagebuch mithilfe der folgenden Tabelle an:

Datum	Standort	Beschreibung (Hanglage, Höhe über NN, Apfelsorte, ...)

4. Tragt eure Einzelergebnisse in der Klasse zusammen und erstellt anschließend eine „Karte des Frühlingseinzuges".
5. Vergleicht eure Ergebnisse mit denen der Vorjahre. Ist eine Tendenz erkennbar?

LÖSUNGSHINWEISE

Aufgabe 1:
Hinweis: Der Begriff „Sonderkulturen" kommt in beiden Texten vor, da er von zentraler Bedeutung ist.
Textarbeit: Definitionen der kursiv gedruckten Begriffe.

Aufgabe 2:
Hinweis: Das Raumbeobachtungssystem Heilbronn-Franken ist eine interaktive Flash-Anwendung, die der Regionalverband Heilbronn-Franken kostenlos online zur Verfügung stellt.
Link: www.raumbeobachtung-heilbronn-franken.de
Bei der Arbeit mit der Anwendung sind insbesondere die Werte des Reblandes und der Obstanlagen gute Indikatoren für die Verteilung.
Der Anbau von Sonderkulturen ist eng an die klimatischen Voraussetzungen gekoppelt, weshalb sich der Schwerpunkt klar im Südwesten des Hohenlohekreises befindet.

Aufgabe 3 und Aufgabe 4:
Individuelle Lösungen, da projektorientiertes Arbeiten möglich.

Aufgabe 5:
Die in M8 angegebenen Internetseiten bieten einen Überblick über die letzten Jahre (2006-2015). Daraus einen eindeutigen Trend abzuleiten ist wissenschaftlich jedoch nicht haltbar. Vielmehr zeigen die Daten die Variabilität der Blütezeiträume.
Innerhalb der letzten drei Jahrzehnte konnte dennoch eine Verschiebung des Blütebeginns beobachtet werden, um durchschnittlich sechs bis zehn Tage.

36.1 A6 – Ost-West-Achse quer durch Hohenlohe

M1 Gewerbepark Hohenlohe

© Hajo Dietz, Nürnberg Luftbild

M2 Gewerbestandorte entlang der A6

Der Gewerbepark Hohenlohe ist das Ergebnis eines gemeinsamen Projektes der Kommunen Künzelsau, Kupferzell und Waldenburg. Bereits zehn Firmen haben sich in den letzten 20 Jahren am attraktiven Standort an der A6 niedergelassen und schufen so über 2.000 Arbeitsplätze.

Die stetige Bautätigkeit ist Zeuge der Dynamik. Verantwortlich für die jüngsten Baumaßnahmen im Gewerbepark sind zwei Firmen aus dem Kochertal: Die Firma Ziehl-Abegg investierte 24 Mio. Euro in ein neues Werk für Antriebstechnik, 10 Mio. ließ sich die Firma Gemü ihr neues Produktions- und Logistikzentrum kosten. Platzmangel im Tal einerseits und die regionale Verbundenheit andererseits waren die Hauptgründe, weshalb die Wahl schließlich auf den Standort im Gewerbepark Hohenlohe fiel.

Insgesamt umfasst der Gewerbepark eine Fläche von ca. 230 ha, wobei im Jahre 2014 etwa 135 ha erschlossen sind. Für Neukunden sind noch 10 ha frei, die Einteilung der Flächen erfolgt entsprechend dem Wunsch der Käufer.

Die günstige infrastrukturelle Lage ist nicht nur durch die A6 bestimmt. Mit dem Waldenburger Bahnhof ist ein Bahnanschluss gegeben, die in Nord-Süd-Richtung verlaufende B19 verbindet Schwäbisch Hall mit Bad Mergentheim.

M3 Im Gewerbepark angesiedelte Firmen

Firmenname	Beschäftigungsfeld
R. Stahl AG	
Ziehl-Abegg SE	
SWG GmbH	
Wolff & Müller Holding GmbH & Co. KG	
Lidl Vertriebs-GmbH & Co. KG	
Würth Elektronik eiSoS GmbH & Co. KG	
GSTech GmbH	
Spedition Kübler GmbH Logistikzentrum	
HPN GmbH	
GEMÜ Gebr. Müller Apparatebau GmbH & Co. KG	

M4 Lkw-Kolonne auf der A6

© Jan Hiller

M5 Logistik

Die A6 ist eine Hauptverkehrsschlagader für den West-Ost-Verkehr in Europa. In der gesamten Region Heilbronn-Franken reihen sich hier die Industrie- und Gewerbegebiete wie in einer Perlenkette aneinander. Im Hohenlohekreis liegen sie mit den Standorten Bretzfeld, Öhringen, Neuenstein und dem Gewerbepark Hohenlohe unterhalb Waldenburgs besonders dicht beieinander. Wegen der günstigen Autobahnanbindung, des großzügigen Flächenangebots und der Nähe zu den vielen Kunden aus Industrie und Handel haben sich entlang der A6 viele Logistikunternehmen angesiedelt.

Die Logistik leistet viel mehr als nur den Transport mit Lastkraftwagen. Die Beschaffung, fachgerechte Lagerung und produktionssynchrone Anlieferung von Zulieferteilen (just-in-time) gehörte ebenso dazu wie die Lagerung, Zusammenstellung (Kommissionierung) und Kundenauslieferung von Fertigwaren.

Immer mehr Industrie- und Handelsunternehmen vergeben diese Aufgaben an die spezialisierten Logistiker, weil diese die Beschaffung, Lagerung und Verteilung (Distribution) der Waren besser und preisgünstiger erfüllen können. Außerdem brauchen viele Industrieunternehmen den Platz für den Ausbau ihrer Produktionsanlagen. Die Vergabe von Aufgaben an spezialisierte Zulieferer und Dienstleister nennt man Outsourcing.

Neben den einheimischen mittelständischen Logistikunternehmen wie die Hütter Spedition und Logistik GmbH in Öhringen oder die Metzger Logistik AG in Neu-Kupfer betreiben in Öhringen mit Dachser und DHL zwei große Logistiknetzwerkunternehmen eine Niederlassung. Durch ihre flächendeckenden Netzwerke in Europa oder der ganzen Welt können Dachser und DHL einen schnellen und preisgünstigen Transport von Standardsendungen anbieten. Die einheimischen Mittelständler haben dagegen Vorteile bei der Unterstützung der Produktion von Industrieunternehmen und bei Sondertransporten von z.B. sehr großen Maschinen.

AUFGABEN

1. Erstelle einen „Katalog" mit harten und weichen Standortfaktoren des Gewerbeparks Hohenlohe.
   Linktipp: www.gewerbepark-hohenlohe.de
2. *Internetrecherche*: Finde heraus, welche Beschäftigungsfelder die im Gewerbepark angesiedelten Firmen haben. Fülle dazu die Lücken der Tabelle in M3.
3. Erkläre den Begriff Logistik und begründe die enormen Zuwachsraten des Logistiksektors entlang der A6.

Zusatzmaterialien Heilbronn-Franken
36.2 A6 – Glücksfall für die Geologie

M6 Schädel von Batrachotomus kupferzellensis

© Muschelkalkmuseum Ingelfingen

M8 Schädel von Kupferzellia wildi

© Muschelkalkmuseum Ingelfingen

M7 Glücksfall für die Geologen

Im Nachhinein kann man den Bau der Autobahn 6 als Glücksfall für die Erforschung der Zeit des Lettenkeupers ansehen. Der Autobahnbau in den 1970er Jahren förderte zahlreiche Fossilienfunde zutage, die Aufschlüsse auf das Leben vor ca. 235 Millionen Jahren vor heute geben.

So wurden bei Kupferzell gleich zwei neue Dinosaurierarten entdeckt und tragen seitdem die Ortsbezeichnung im Namen. *Batrachotomus kupferzellensis* war ein an Land lebendes Reptil, das sich auf allen vier Beinen fortbewegte und eine Länge bis zu 5 m erreichte. Bis zur Einwanderung der mächtigen zweibeinigen Raubsaurier standen sie an der Spitze der Nahrungskette. Das mächtige Gebiss mit tief eingewurzelten Dolchzähnen lässt Rückschlüsse auf die Nahrung zu: Vermutlich jagten sie hauptsächlich in den Sümpfen lebende Panzerlurche. Daraus leitet sich auch die deutsche Bezeichnung „Lurchschlächter" oder „Fröscheschlitzer" ab.

Kupferzellia wildi lebte amphibisch und ist den sog. Capitosauriern zuzurechnen. Diese Saurier hatten kleine Augen und fast ganz geschlossene Ohr-Öffnungen, weshalb sie auch als „Rundohren" bezeichnet werden. Leider weiß man über den übrigen Bau des Skelettes noch sehr wenig, weil zusammenhängende Skelettfunde (noch) fehlen.

M9 Hohenlohe zur Zeit des Lettenkeupers

Geologen treffen Aussagen über Lebensumstände längst vergangener Zeiten aufgrund der Beschaffenheit der Gesteine.

Die Gesteinsausbildung des Lettenkeupers schwankt auf engstem Raum sehr stark. Grund hierfür ist die ehemals stark zergliederte Landschaft, in der es zahlreiche Ökosysteme in direkter Nachbarschaft zueinander gab: Sumpfniederungen, Wasserläufe, Altarme, Restseen und trockene Uferböschungen. Typische Vertreter der Pflanzenwelt waren Schachtelhalme, Farne und Nadelbäume.

Paläontologen graben dagegen Fossilien aus und untersuchen diese.

1977 wurden bei Kupferzell in zwei Monaten rund 30.000 Knochen gesichert, eine Anzahl, die Saurierexperten noch heute beschäftigt. Neben der Analyse der bereits bekannten Arten entdecken die Forscher immer wieder Verblüffendes: Beispielsweise wurde im Jahre 2006 knapp 30 Jahre nach der Ausgrabung ein mausgroßer Saurier entdeckt, der vorher unbekannt war. Der in den Sümpfen der Keuperzeit lebende Saurier wurde provisorisch „Zwergdrache" getauft.

ZUSATZAUFGABEN

4. Beschreibe die Ökosysteme, die zur Zeit des Lettenkeupers im heutigen Hohenlohe herrschten.
5. Plant in Kleingruppen einen Lerngang in das Muschelkalkmuseum Ingelfingen.

LÖSUNGSHINWEISE

Aufgabe 1:
Hinweis: Folgende Liste ist lediglich ein Auszug und daher erweiterbar.
Harte Standortfaktoren:
- Verkehrsgünstige Lage: A6, B19, Bahnanschluss
- Leistungsfähiges Kommunikations- und Stromnetz
- (Relativ) günstige Grundstückspreise
- Für die Firmen Gemü, Ziehl-Abegg, Würth Elektonik sind die Hauptsitze nicht allzu weit entfernt

Weiche Standortfaktoren:
- Hochschulen in KÜN, HN und SHA
- Kooperation mit den Kommunen
- Standortprestige/Regionale Verbundenheit
- Lebensqualität in Hohenlohe

Aufgabe 2:

Firmenname	Beschäftigungsfeld
R. Stahl AG	Explosionsschutz
Ziehl-Abegg SE	Ventilatoren, Motoren
SWG GmbH	Schrauben
Wolff & Müller Holding GmbH & Co. KG	Hoch- u. Tiefbau, Straßenbau
Lidl Vertriebs-GmbH & Co. KG	Supermärkte
Würth Elektronik eiSoS GmbH & Co. KG	Elektronische Bauteile
GSTech GmbH	Guss- u. Schweistechnik
Spedition Kübler GmbH Logistikzentrum	Sonder- u. Schwerguttransporte
HPN GmbH	Verpackungen
GEMÜ Gebr. M. Apparatebau GmbH & Co. KG	Ventile

Aufgabe 3: Definition Logistik: Beschaffung, Lagerung, produktionssynchrone Lieferung, Auslieferung (Distribution). Die Zuwachsraten können einerseits durch die Standortgunst (Europ. Ost-West Hauptverkehrsschlagader, großzügige Flächenangebote) und andererseits durch die Outsourcing-Prozesse der einheimischen Industrie- und Handelsunternehmen begründet werden.

Aufgabe 4: Die Schicht des Lettenkeupers gilt in Deutschland als äußerst fossilienreich. Die Funde von Reptilien, Amphibien, Muscheln und Krebsen lassen darauf schließen, dass es feucht gewesen sein muss. Die Landschaft bestand aus Sümpfen, Flussschlingen und zahlreichen Seen und war von dichter Vegetation überzogen.

Aufgabe 5: *Individuelle Lösungen.*

Ein Projekt der IHK Heilbronn-Franken in Kooperation mit dem Pakt Zukunft, dem Regionalverband Heilbronn-Franken, der Akademie für Innovative Bildung und Management und der Pädagogischen Hochschule Ludwigsburg

37.1 Das Montage- und Befestigungscluster

M1 Auszug aus einem Prospekt von L.&C. Arnold (1911)

> L. & C. ARNOLD
> ERNSBACH WÜRTTEMBERG
> Telephonruf Amt Ernsbach No. 1 (Post- und Telegraphenstation)
> Bahnstation: Jagsthausen
> **Fabrikation von Holzschrauben**
> in Eisen und Messing.
> Inhaber der Eisenmöbelfabriken: Schorndorf, Stendal, Kempen, Pratteln
> Wttbg. Prov. Sa. Rhein Schweiz.

Quelle: Arnold Umformtechnik GmbH & Co. KG

M2 Entwicklungsbaum des Clusters

Industrialisierungsprozesse waren in Künzelsau ab der Mitte des 19. Jahrhunderts zu beobachten: Um 1860 entstanden mehrere Schuhfabriken, eine chemische Fabrik wurde 1863 gegründet.

Aus heutiger Sicht ist das Jahr 1898 für die industrielle Entwicklung Hohenlohes von entscheidender Bedeutung: Im bis dato rein bäuerlich geprägten Dorf Ernsbach wurde in einem alten Mühlenbetrieb die Eisenwarenfabrik L. & C. Arnold gegründet. Es gelang Firmengründer Carl Arnold, einem Eisenmöbelfabrikant aus Schorndorf, gemeinsam mit Firmendirektor Herrmann Ruhnau, in den Folgejahren im Kochertal eine Holzschraubenproduktion aufzubauen.

Die Ausbildung eines sog. Montage- und Befestigungsclusters im Laufe des 20. Jahrhunderts ist dem Schraubenhandel zu verdanken. Der Begriff Cluster bezeichnet dabei die räumliche Konzentration von Unternehmen einer Branche. Der erste wichtige Schritt hierzu war die Firmengründung der Gebrüder Reisser, die sich 1921 mit einer Schraubengroßhandlung in Kupferzell selbständig machten. Vor allem Gotthilf Reisser war es, der durch seine Lehre bei Arnold entsprechendes Knowhow beisteuern konnte.

Aus der Firma Reisser gingen nach dem Zweiten Weltkrieg insgesamt vier weitere Unternehmen hervor, darunter auch die von Adolf Würth 1945 gegründete Großhandelsfirma für Schrauben und Muttern. Die ersten in Künzelsau verkauften Schrauben mussten unter abenteuerlichen Bedingungen beschafft werden: Ein Ochsenfuhrwerk war nötig, um die Ware aus dem 17 km entfernten Ernsbach abzuholen.

Parallel zu dem enormen Wachstum der Würth-Gruppe entstanden im Hohenloher Raum eine ganze Reihe neuer Firmen. Vor allem Ausgründungen (Spin-offs) durch ehemalige Mitarbeiter oder Tochtergründungen sind charakteristisch für das Cluster. Die Fa. Berner aus Künzelsau ist die erste und größte Ausgründung der Würth-Gruppe und hat mit BTI und Sprügel zwei Spin-offs hervorgebracht.

Die 1963 gegründete Firma Förch in Kochertürn geht nur zum Teil auf die Würth-Gruppe zurück. Einer der Gründer hatte bei Würth eine Ausbildung zum Großhandelskaufmann absolviert. Eine weitere Ausgründung aus Würth ist die Firma Schäfer & Peters in Öhringen.

Insgesamt sind im Cluster über 8.000 Mitarbeiter beschäftigt, Tendenz steigend. Die jüngste Firmengründung datiert aus dem Jahre 2011, als Arndt Hermann die Fa. hego in Gommersdorf gründete. Verfolgt man deren Wurzeln im Entwicklungsbaum zurück, umfasst das Cluster mittlerweile sechs Unternehmer-Generationen.

Quelle: Kirchner, P. (2011): Die Cluster-Region Heilbronn-Franken. Ubstadt-Weiher.

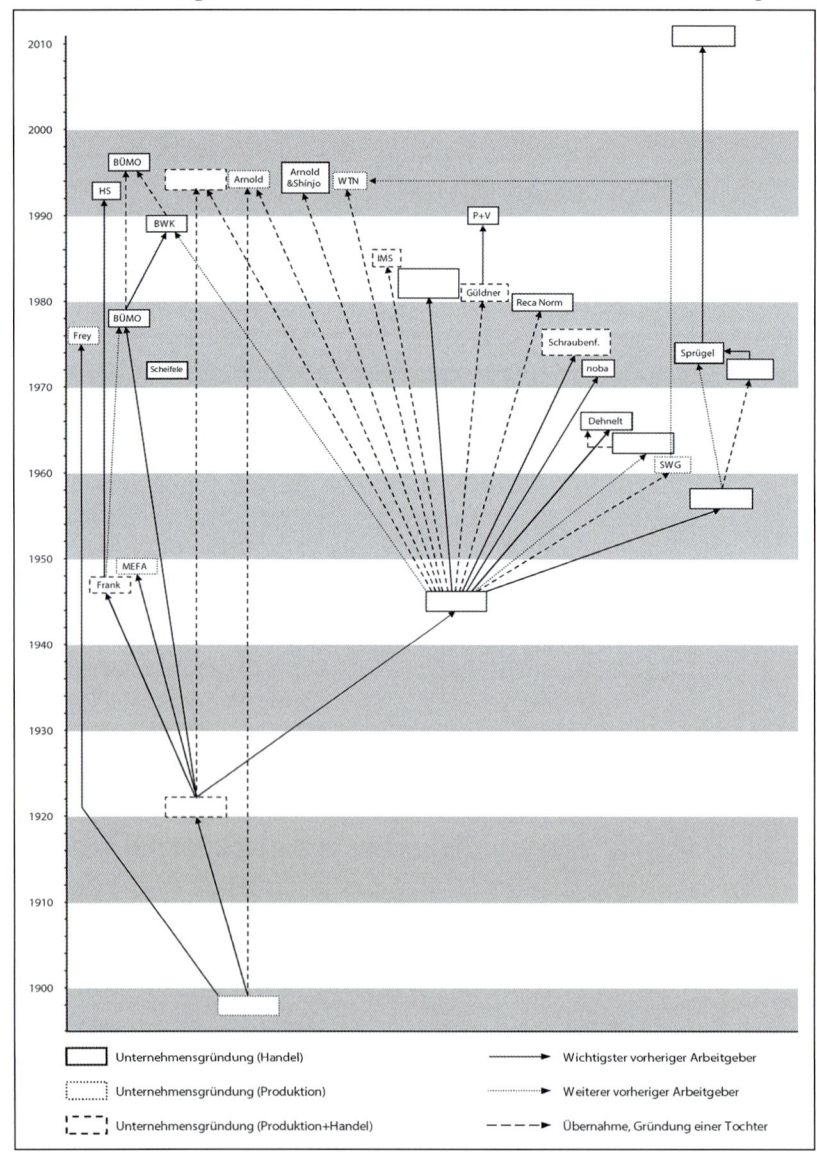

M3 Entwicklung des Montage- und Befestigungs-Clusters
Die ersten vorindustriellen Betriebsgründungen Hohenlohes gehen bis in das 16. und 17. Jahrhundert zurück, als versucht wurde, in Bergwerken Rohstoffe zu gewinnen. Allerdings waren die auffindbaren Vorkommen im Kochertal, im Vergleich zu anderen Regionen Deutschlands, eher bescheiden.

AUFGABEN

1. Fülle die Lücken des Entwicklungsbaumes mithilfe der im Text enthaltenen Information (M2 u. M3).
2. Übersetze und definiere die Begriffe Cluster und Spin-off (M3).
3. Markiere mit Post-its alle Clusterunternehmen auf einer geeigneten Karte. Beschreibe anschließend die Verteilung.

Zusatzmaterialien Heilbronn-Franken
37.2 Die Schlossmühle Künzelsau – Keimzelle der industriellen Entwicklung

M4 Schlossmühle Künzelsau

M5 Keimzelle der industriellen Entwicklung

Heute ist im Künzelsauer Stadtbild vom Gebäudekomplex der Schlossmühle längst nichts mehr zu erkennen, lediglich die Schlossmühlgasse entlang der Wertwiesen ist Zeuge der Vergangenheit. Dennoch hatte das Areal herausragende Bedeutung für die industrielle Entwicklung Hohenlohes.

Vor der einsetzenden Industrialisierung war die Stadt Künzelsau stark vom Handwerk geprägt, weshalb sie auch als „Klein-Nürnberg" bezeichnet wurde. Ein regelrechter Industrialisierungsschub setzte in der Mitte des 20. Jahrhunderts ein und steht in Zusammenhang mit dem Ende des Zweiten Weltkrieges.

Durch die verheerenden Kriegszerstörungen in den großen Städten waren zahlreiche Unternehmer gezwungen, ihre Produktionsstätten aufs Land zu verlegen. Häufig war damit auch ein Wohnortswechsel verbunden. So war die Familie Sigloch aus Stuttgart bereits im Jahre 1944 auf der Suche nach einem neuen Standort für ihre Buchbinderei. Da Albert Sigloch bereits mehrfach in Nagelsberg Urlaub gemacht hatte, kannte er die Region und trat mit der Stadt Künzelsau in Verhandlungen. Schließlich wurden er, wie auch die in Stuttgart bereits benachbarte Firma Stahl, in der Schlossmühle ansässig.

Weitere Unternehmen, die ebenfalls eine Zeit lang im Schlossmühlen-Areal beheimatet waren, sind die Firma Ziehl-Abegg SE, die Adolf Würth GmbH & Co. KG und die Firma Sperr & Lechner GmbH & Co. KG.

Bereits wenige Jahre später war der begrenzte Platz ausgeschöpft. Die ansässigen Firmen unternahmen daher unterschiedliche Anstrengungen, um zu expandieren.

Bereits 1951 entschlossen sich die Gebrüder Ziehl, ein neues Fertigungs- und Bürogebäude in der Zeppelinstraße zu errichten. 1952 entschied sich Adolf Würth für einen Neubau seiner Schraubenhandlung am Künzelsauer Bahnhof. Als dieser lediglich zwei Jahre später verstarb, übernahm der erst 19-Jährige Reinhold Würth das Unternehmen. Ebenfalls Mitte der 1950er Jahre erfolgte der Neubau der Firma Sigloch in unmittelbarer Nähe zur Schlossmühle und nicht, wie man vielleicht vermuten würde, in der alten Heimat Stuttgart.

M6 Adolf und Reinhold Würth beim Waldspaziergang

ZUSATZAUFGABEN

4. Begründe, weshalb die Schlossmühle Künzelsau als Keimzelle der industriellen Entwicklung des Hohenlohekreises bezeichnet werden kann.

LÖSUNGSHINWEISE

Hinweis: Das vorliegende AB lässt sich mit AB 10 „Clusterregion" und AB 26 „Automotive Cluster" kombinieren.

Aufgabe 1:
Textarbeit.
Die Inhalte der Lücken sind (*chronologisch geordnet*): Arnold Umformtechnik GmbH & Co. KG, Reisser Schraubentechnik GmbH, Adolf Würth GmbH & Co. KG, Albert Berner GmbH, Theo Förch GmbH & Co. KG, BTI Befestigungstechnik GmbH & Co. KG, Schäfer + Peters GmbH, Hego-Montagetechnik.

Aufgabe 2:
Cluster kann wortwörtlich mit „Haufen" oder „Gruppe" übersetzt werden. Neben der im Text erwähnten „engen" Definition (Unternehmen der gleichen Branche) kann der Begriff auch ausgeweitet werden (z.B. auf Wissensnetzwerke oder Wertschöpfungsketten).
Spin-off bedeutet „Ableger" oder „Abspaltung" und meint die Ausgründung eines neuen Unternehmens aus einem Bestehenden. Zentral dabei ist der Wissens- und Erfahrungstransfer des Firmengründers vom Mutterunternehmen auf das neue.

Aufgabe 3:
Hinweis: Die Aufgabenstellung lässt sich mit der ebenfalls in diesem Projekt erschienenen Übersichtskarte bearbeiten.
Bei der Verortung der 27 Unternehmen wird die Räumlichkeit des Clusters deutlich: Das Kochertal, mit Ernsbach als Keimzelle und Künzelsau als Zentrum, beherbergt einige der Cluster-Unternehmen. Zahlreiche Ausgründungen befinden sich in kurzer Distanz zu den Mutterunternehmen (z.B. Gaisbach, Kupferzell oder Garnberg).

Aufgabe 4:
Textarbeit.
Zusatzinformation: Verbunden mit der Entscheidung der Familie Sigloch, ihr Unternehmen bereits während des Zweiten Weltkrieges nach Künzelsau zu verlagern, waren einige günstige Entwicklungen: Ihr folgte die Fa. Stahl, die wiederum die Gebrüder Ziehl nach Künzelsau lockten. Zählt man noch die Firmen Würth und Reisser hinzu, haben drei Cluster ihren Ursprung im Schlossmühlen-Areal (das Montage- und Befestigungscluster, das Explosionsschutz-Cluster sowie das Ventilatoren- und Lüftungstechnik-Cluster).

Ein Projekt der IHK Heilbronn-Franken in Kooperation mit dem Pakt Zukunft, dem Regionalverband Heilbronn-Franken, der Akademie für Innovative Bildung und Management und der Pädagogischen Hochschule Ludwigsburg

38.1 Regenerative Energien im Hohenlohekreis

M1 Windkrafträder bei Ingelfingen-Stachenhausen

M2 Windkraft in Hohenlohe

Aktuell drehen sich im Hohenlohekreis die Rotorblätter von acht Windkraftanlagen. Auch wenn die Zahl auf den ersten Blick niedrig erscheinen mag, erwirtschaften die bestehenden Anlagen immerhin 15,3 % des regenerativ erzeugten Stroms im Hohenlohekreis. Der größte Anteil entfällt auf die Photovoltaik, die mit 47,7 % knapp die Hälfte des Stroms aus Erneuerbaren Energien ausmacht.

Insgesamt konnte im Jahr 2013 mit 36 % über ein Drittel des Stromverbrauchs des Hohenlohekreises aus nicht-konventionellen Quellen gewonnen werden.

Folgt man der Prognose von Dr. Eißen, Leiter des Kreisbüros der Bioenergieregion HOT, könnten in den nächsten 10 Jahren acht bis zehn neue Windräder hinzukommen. Momentan sind im gesamten Kreis einige Genehmigungsverfahren im Gange, jedoch stehen dem Bau der Windräder auch stets einige Einschränkungen gegenüber: Es gilt, den Artenschutz einzuhalten, Rotmilane sind beispielsweise besonders durch die sich drehenden Rotorblätter gefährdet. Weiterhin gelten strenge Richtlinien bezüglich des Luftverkehrs, so haben der Bundeswehrstützpunkt in Niederstetten und der Flugplatz Hessental streckenbezogene Einschränkungen zur Folge. Weiterhin lässt sich über den Mindestabstand zu Siedlungen streiten, Schattenschlag, Lärm oder deutliche Veränderungen der Landschaft können die Lebensqualität erheblich beeinflussen.

M3 Windintensität und Windkraftanlagen in Hohenlohe

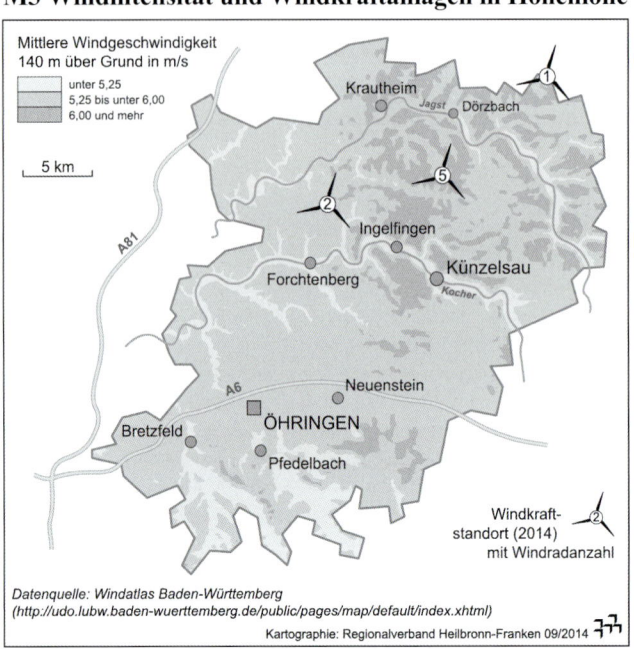

M4 Biogasanlage bei Öhringen-Untermaßholderbach

M5 Biogas in Hohenlohe

Energiepflanzen gehören mittlerweile zum Landschaftsbild in Hohenlohe: Vielerorts finden sich Anbauflächen von Raps, Mais oder des aus China stammenden Miscanthus-Grases.

Im Hohenlohekreis sind mittlerweile 19 Biogasanlagen errichtet worden, diese produzieren über ein Viertel (26,4 %) des Stroms aus Erneuerbaren Energien im Kreis. Ein Vergleich zur Wasserkraft macht die Dimension deutlich: 41 Wasserkraftanlagen entlang der Flussläufe produzieren lediglich 10,6 % des umweltfreundlich erzeugten Stroms.

Insbesondere wenn die in den Biogasanlagen erzeugte Wärme genutzt wird, arbeiten die Anlagen äußerst wirtschaftlich. So beispielsweise in Bieringen, wo die größte Biogasanlage des Kreises die Fa. Ziehl-Abegg mit Wärme versorgt.

Ein weiterer Vorteil, der Biogasanlagen im Vergleich zu anderen Formen der erneuerbaren Energien auszeichnet, ist die Speicherfähigkeit. Durch Lagerhaltung, bzw. kontrolliertes Abernten der Energiepflanzen lassen sich die Strom- und Wärmeproduktion steuern.

Negativ wird häufig der hohe Flächenverbrauch gesehen, der für den Anbau der Energiepflanzen notwendig ist. Insbesondere, wenn die Energiepflanzen mit Nahrungs- und Futtermitteln um mögliche Anbauflächen konkurrieren. Mögliche Folge ist eine Intensivierung der Landwirtschaft.

Über die Regionsgrenzen hinaus bekannt sind die sog. „Bioenergiedörfer" Hohenlohes, von denen es mittlerweile drei gibt. Die Ortschaften Füßbach, Siebeneich und Untermaßholderbach decken mindestens die Hälfte ihres Energiebedarfs mit vor Ort erzeugter regenerativer Energie ab. Kleine Nahwärmenetze werden mit Biogas, Hackschnitzel, Miscanthus oder anderen Energieträgern betrieben. Mit Photovoltaik erzeugter Strom verbleibt ebenfalls in den Ortschaften.

AUFGABEN

1. *Partnerpuzzle:* Erstellt arbeitsteilig für beide regenerativen Energien Listen mit Pro- und Contra-Argumenten. Tauscht euch anschließend aus. Ergänzt die Listen auch mit eigenen Argumenten.
2. Stelle die verschiedenen Anteile der regenerativen Energien im Hohenlohekreis graphisch, in einem Diagramm deiner Wahl, dar.
3. a. Nenne Standorte, an denen laut M3 hohe Windgeschwindigkeiten auftreten.
   b. Wähle mögliche Standorte für den Bau einer Windkraftanlage aus. Berücksichtige dazu aber auch einschränkende Faktoren (z.B. Siedlungen).

Zusatzmaterialien Heilbronn-Franken
38.2 Regenerative Energien im Hohenlohekreis

M6 Windkrafträder bei Oberginsbach

M7 Podiumsdiskussion

Podiumsdiskussionen finden vor allem im politischen Geschehen häufig Anwendung. Anlass zur Diskussion ist immer ein kontroverses Thema, d.h. es finden sich grundlegend verschiedene Ansichten zu ein und demselben Thema.
Wichtig bei der Durchführung von Podiumsdiskussionen im Unterricht ist, dass du bereit bist, andere Standpunkte zu übernehmen, auch wenn du nicht der Meinung deiner Rolle bist. Sieh es als eine Art Rollenspiel an, in dem gewisse Regeln gelten.
Im hier aufgeführten Beispiel ist ein geplanter Windpark oberhalb des Jagsttales der Grund für die Veranstaltung einer Diskussionsrunde.

M8 Teilnehmer der Podiumsdiskussion

Frauke Sommer (46) ist Chefredakteurin der Lokalzeitung und **moderiert** die Podiumsdiskussion:
„Das Thema Energiewende ist äußerst spannend. Mir ist es wichtig, dass die verschiedenen Positionen klar deutlich werden. Ich bin mir bewusst, dass es nicht den „einen Königsweg" gibt, sondern wir müssen demokratisch untereinander einen Konsens aushandeln."

Petra Beil (43) engagiert sich in einer **Umweltschutzorganisation**: „Ich finde es nicht akzeptabel, dass die Natur unter unserer Technik leidet. Es ist z.B. nachgewiesen, dass Bestände von Falken, Fledermäusen oder Rotmilanen durch Windkraftanlagen abnehmen können. Häufig gehen die bestehenden Naturschutzgutachten nicht weit genug. Die Richtlinien könnten verschärft werden."

Ernst Zarske (59), Vorsitzender der Windbürger GmbH:
„Unsere GmbH ist regional tätig. Im Umkreis von 50 km haben wir bereits mehrere Anlagen errichten können.
Meines Erachtens fehlt es der Windenergie noch an gesellschaftlicher Akzeptanz. Häufig entsteht bei den Bürgern ein völlig verzerrtes Bild der Realität. Eines unserer obersten Ziele ist deshalb die direkte Beteiligung der Bürger. Neben dem Mitspracherecht hat die vor Ort lebende Bevölkerung auch die Möglichkeit einer Kapitalanlage. Die solide Kalkulation ermöglicht häufig eine Auszahlung der Rendite nach wenigen Jahren."

Paul Däuble (54), Kommunalpolitiker in Krautheim: „Ich bin fest davon überzeugt, dass wir die Energiewende nur mit dezentralen Lösungen meistern werden. Dazu zähle ich auch die Windkraft. Schließlich gehören einige Bereiche unserer Gemeinde laut Windatlas zu begünstigten Gebieten. Die kommunale Politik muss sich deshalb auch für die Windenergie stark machen. Natürlich dürfen die Menschen nicht darunter leiden."

Dipl.-Ing. Peter Hilbert (39) engagiert sich in seiner Freizeit ehrenamtlich in der Bürgerinitiative **Windkraft 1000**: „Ich bin nicht von vornherein gegen die Windkraft! Aber in unserer wertvollen Kulturlandschaft hat diese Art der Energieerzeugung einfach nichts verloren. Wir Bürger müssen uns deshalb vor Ort engagieren. Das Mindeste, was wir fordern können, ist der Abstand von 1000 m zu bestehenden Siedlungen."

ZUSATZAUFGABE

4. Bereitet im Klassenzimmer eine Podiumsdiskussion mit dem Thema „Windkraft – Fluch oder Segen?" vor. Erarbeitet in Kleingruppen die Positionen der beteiligten Personen. Sammelt weitere Argumente für die jeweiligen Standpunkte.

LÖSUNGSHINWEISE

Hinweis: Das vorliegende AB lässt sich mit AB 29 „Energiewende im Landkreis Heilbronn" kombinieren.
Aufgabe 1: Die nachfolgende Tabelle beinhaltet mehr Argumente, als die im Text enthaltenen, erhebt aber keinen Anspruch auf Vollständigkeit.

	Vorteile	Nachteile
Windkraft	Regenerativ, geringer Platzverbrauch, schnelle Amortisierung, unerschöpflich	Unstetigkeit des Windes, erheblicher Eingriff in die Natur (Bau und Betrieb), Beeinträchtigung der Lebensqualität (Lärm, Schatten, Landschaftsbild, etc.), nicht speicherfähig
Biogas	Regenerativ, speicherfähig, dezentral, Wärme nutzbar, Verwertung seither ungenutzter Pflanzenteile	Flächenverbrauch, Intensivierung der Landwirtschaft, Unerwünschte Folgen durch unsachgemäßen Betrieb (Explosion, Erzeugung von Methan), große Menge an Gülle

Aufgabe 2: Streifendiagramm, Kreisdiagramm oder Balkendiagramm sind geeignete Diagrammtypen.
Aufgabe 3a: Für einen Vorhabenträger gelten Windintensitäten von >6 m/s in Nabenhöhe als günstige Voraussetzung. Laut Windatlas zeichnen sich besonders folgende Flächen dadurch aus:
Hangkanten der Waldenburger Berge
beidseits des Kochertals um Ingelfingen
beidseits des Jagsttales um Krautheim

Anzumerken ist, dass die Daten des Windatlas lediglich auf Rechenmodellen beruhen. Vor dem Baubeginn eines Windkraftrades werden in jedem Fall Windmessungen am Standort vorgenommen.
Aufgabe 3b: Die Nähe zu Siedlungen, Infrastruktur oder Kulturdenkmälern sind ebenso zu berücksichtigen wie der Arten- und Biotopschutz. Die konkrete Standortplanung kann nur auf kommunaler Ebene und einzelfallbezogen stattfinden. Hier ist mögliches ortsbezogenes Vorwissen der Schülerinnen und Schüler mit einzubeziehen.
Aufgabe 4: Aus didaktischer Sicht sind folgende Aspekte eines Rollenspiels wertvoll:
Gruppeneinteilung: Verschiedene Herangehensweisen möglich: Zufällige, interessenbezogene oder bereits den Schülerinnen und Schülern vertraute Einteilung der Gruppen.
Kooperative Erarbeitungsphase: Hier kann sämtliches Vorwissen mit eingebracht werden. Möglich sind auch weitere Recherchen. Die oben aufgeführten Aussagen dienen lediglich als Denkanstoß.
Durchführung der Diskussion als Rollenspiel: Zentral ist die Perspektivenübernahme der beteiligten Personen. Bei der Ausbildung einer eigenen Meinung ist es besonders wichtig, verschiedene Standpunkte gegeneinander abwägen zu können.
Reflexion: Die Schülerinnen und Schüler müssen sich aus ihrer Rolle lösen, durch Reflexion des Erlebten wird dies erreicht.

Ein Projekt der IHK Heilbronn-Franken in Kooperation mit dem Pakt Zukunft, dem Regionalverband Heilbronn-Franken, der Akademie für Innovative Bildung und Management und der Pädagogischen Hochschule Ludwigsburg

© 2016 IHK Heilbronn-Franken, Ferdinand-Braun-Str. 20, 74074 Heilbronn

39.1 Arbeitsmigration

M1 Zeitungsartikel (Auszug)

Arbeit in Spanish Hall
Wie spanische Fachkräfte in der Region Fuß fassen

Alt, unglaublich alt. So hat sich José Velasco gefühlt in den vergangenen zwei Jahren, zu Hause im spanischen Pamplona. „Ich war arbeitslos und teuer", sagt der 53-jährige spanische Ingenieur. „In Spanien war ich wertlos, weil keine Firma mich bezahlen wollte."

Quelle: Hohenloher Zeitung (04.11.2013)

M2 Zuwanderung in Deutschland und der Region

Im Jahr 2015 war die Zuwanderung nach Deutschland so hoch wie nie zuvor. Das Statistische Bundesamt verzeichnete insgesamt 2.137.000 Zuzüge. Dies sind 672.000 mehr Zuzüge als im Jahr 2014, was einer Steigerung von 46 %
5 entspricht. Insgesamt 998.000 Personen zogen im Jahr 2015 aus Deutschland fort, 83.000 mehr als im Vorjahr (+ 9 %). Damit ergibt sich mit einem Wanderungsüberschuss von 1.139.000 Personen aus der Bilanzierung der Zu- und Fortzüge (sog. Wanderungssaldo) über die Grenzen Deutschlands
10 ein neuer Höchststand seit Bestehen der Bundesrepublik. Der Hauptgrund für diese enorme Steigerung ist die Zuwanderung von Flüchtlingen aus Kriegs- und Krisengebieten (z. B. Syrien).

Aber nicht nur notleidende Menschen treten den Weg nach
15 Deutschland an, sondern auch Personen auf der Suche nach einem neuen Arbeitsplatz. So haben in den letzten Jahren vor allem Fachkräfte aus Südeuropa den Weg in die Region Heilbronn-Franken gefunden. Berufserfahrung und technisches Know-how sind gefragte Eigenschaften, unabhängig von
20 Sprachbarrieren oder Landesgrenzen.

Quelle: Statistisches Bundesamt (2016)

M3 „Lebendiges Diagramm"

1. **José Velasco** (M1) arbeitet bei der Fa. R. Stahl in Waldenburg. Seine Aufgabe ist es, elektronische Schaltpläne für die Produktion vorzubereiten.
2. Nach dem Mauerfall und dem Zusammenbruch der Sowjetunion ergriff **Ivan Hofmann** (29) die Gunst der Stunde und emigrierte nach Deutschland. In die Region kam er, weil Verwandte ein Jahr zuvor den Weg nach Öhringen fanden. Die Chancen auf dem Arbeits- und Wohnungsmarkt sind hier günstig.
3. **Miriam Halter** (35) hat Deutschland verlassen. Durch die Finanzkrise sanken ihre Chancen auf dem Arbeitsmarkt, deshalb hat sie ein Angebot einer niederländischen Bank angenommen. Eine Rückkehr nach Schwäbisch Hall schließt sie aber nicht aus.
4. Im Alter von 38 Jahren kam der Portugiese **Armando Rodrigues de Sá** nach Deutschland. Berühmt wurde er, weil er als der millionste Gastarbeiter geehrt wurde. Er bekam bei seiner Ankunft einen Strauß Nelken und ein Zündapp-Moped.
5. Bereits zum dritten Mal hat das Wanderungssaldo ein negatives Vorzeichen: Das liegt vor allem an Personen wie **Ines Maier** (47), die Deutschland in Richtung benachbartes Ausland verlassen.

M4 Wanderungen nach und aus Deutschland

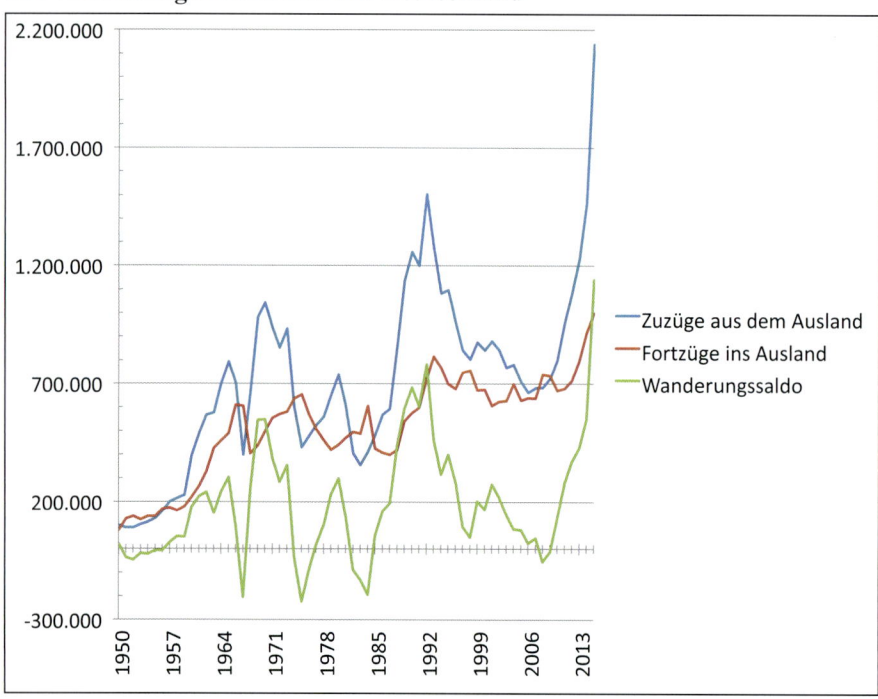

Quelle: Statistisches Bundesamt

AUFGABEN

1. Ordne die Aussagen in M3 dem Wanderungsdiagramm M4 zu. Trage dazu die Nummern der Aussagen mit Bleistift im Diagramm ein. Begründe deine Zuordnung.
2. Nenne Gründe, weshalb in den letzten Jahren ausländische Fachkräfte nach Heilbronn-Franken gekommen sind.

Zusatzmaterialien Heilbronn-Franken
39.2 Arbeitskräftemangel in Heilbronn-Franken

M5 Zeitungsartikel (Auszug)

Dem gelobten Land gehen die Fachkräfte aus

Eigentlich ist Hohenlohe so etwas wie das gelobte Land: Nirgendwo in Deutschland sind so viele Weltmarktführer auf einem Fleck vereint. Die Natur ist intakt, der Freizeitwert hoch, Mittelstädte wie Künzelsau, Öhringen oder Schwäbisch Hall sind durchaus attraktiv. Das Risiko, irgendwann mal keine Arbeit mehr zu finden, ist verschwindend gering. Und doch wollen viel zu wenige Fachkräfte von auswärts in den Nordosten Baden-Württembergs.

Quelle: Hohenloher Zeitung (20.10.2012)

M6 Fachkräftemangel

Laut einer Analyse der IHK Heilbronn-Franken fehlen der Region bereits heute 12.000 Fachkräfte. Im Jahr 2030 könnte jeder sechste technische Arbeitsplatz unbesetzt bleiben. Nicht nur akademische Berufe wie Ingenieure und Wirtschaftswis-
5 senschaftler, sondern auch nicht-akademische Fachkräfte wie Techniker, Betriebs- und Fachwirte sowie Meister seien dringend gesucht.
Der Fachkräftemonitor, eine interaktive Online-Anwendung veranschaulicht, was IHK-Hauptgeschäftsführerin Elke Döring
10 als „beunruhigend für die regionale Wirtschaft" bezeichnet. „Die Sicherung der Fachkräftebasis ist eine unserer zentralen Zukunftsaufgaben. Das Fachkräftebündnis Heilbronn-Franken zielt genau auf die Bewältigung dieser Aufgabe."

M7 Fachkräftemonitor der IHK

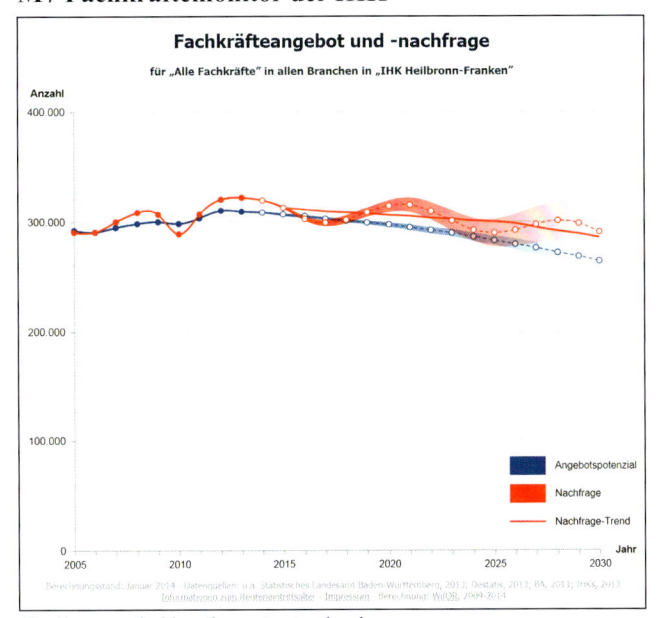

Quelle: www.fachkraeftemonitoring-bw.de

ZUSATZAUFGABEN

3. Versetze dich in die Lage von José Velasco (M1): Erstelle eine Liste mit Pro- und Kontra-Argumenten, die für ihn möglicherweise für oder gegen einen Umzug in den Hohenlohekreis gesprochen haben.
4. Beschreibe die Abbildung M7.
5. Entwickelt in Kleingruppen Strategien, die dem Fachkräftemangel entgegenwirken.

LÖSUNGSHINWEISE

Aufgabe 1:
Mithilfe der unten angegebenen Jahreszahlen lassen sich die Fallbeispiele im Diagramm (M3) verorten:
1. José Velasco – 2013
2. Ivan Hofmann – 1992
3. Miriam Halter – 2008
4. Armando Rodrigues de Sá – 1964
5. Ines Maier – 1984

Aufgabe 2:
Spektakuläre Folgen hatte zunächst ein Zeitungsartikel einer portugiesischen Journalistin, die die guten Chancen auf dem Arbeitsmarkt in der Region Heilbronn-Franken beschrieb. Infolge dessen trafen mehr als 2.500 Online-Bewerbungen in Schwäbisch Hall ein. Industrieunternehmen gehen aber auch gezielt auf die Suche nach ausländischen Fachkräften, z.B. über Annoncen oder Agenturen.
Die Beispiele belegen die Mobilität der europäischen Bevölkerung, ausgelöst durch die anhaltende Konjunkturkrise in den südeuropäischen Ländern. So wanderten alleine im Jahr 2013 über 44.000 Spanier nach Deutschland ein.

Aufgabe 3:
Die nachfolgende Tabelle hat keinen Anspruch auf Vollständigkeit.

Pro	Kontra
Gute Chancen auf dem Arbeitsmarkt, hoher Erholungswert, liebliche Kulturlandschaft, gute Infrastruktur	Unbekanntheit der Region, kaum spanisch sprechende Personen, Entfernung zu größeren Städten (Flughafen, Kultur, …), hohe Lebenshaltungskosten auf dem Land

Aufgabe 4:
Fachkräfteangebot und -nachfrage werden gegenübergestellt. Es lässt sich daraus unmittelbar ein Mangel, bzw. ein Überschuss ableiten. In den vergangenen Jahren ist, mit Ausnahme des Jahres 2010, ein Fachkräftemangel abzulesen.
Vor diesem Hintergrund lassen sich die auf der Vorderseite beschriebenen Wanderungsbewegungen in die Region erneut beleuchten.

Aufgabe 5:
Individuelle Lösungen.
Denkbare Strategien sind:
- Übernahme der Auszubildenden
- Stärkung der innerbetrieblichen Weiterbildung
- Einstellung von älteren Arbeitskräften
- Gezieltes Anwerben ausländischer Fachkräfte
- Wirtschaftsförderung (z.B. Fachkräftebündnis der IHK)
- Kooperation von kommunalen/regionalen Entscheidungsträgern und Vertretern der Wirtschaft
- Staatliche Förderprogramme für Qualifizierungsmaßnahmen

40.1 Kulturregion Hohenlohe

M1 Von Langeweile keine Spur – Hohenloher Museen

M2 Museum Würth in Künzelsau-Gaisbach

Was haben eine Bluejeans, die römische Göttin Minerva, ein 240 Millionen Jahre alter Dinosaurier und moderne Kunst gemeinsam? - *Die Antwort lautet*: Allesamt sind in Hohenloher Museen zu bestaunen!
Um den Stoff, aus dem die wohl meistgetragene Hose der Welt besteht, dreht sich alles im Mustang-Museum in Künzelsau. Das Weygangmuseum Öhringen beherbergt neben zahlreichen römischen Originalfunden und Nachbildungen auch Zinnkunst aus der Zeit vom 16. bis ins 20. Jahrhundert. Zurück in das Erdmittelalter führt die Zeitreise im Muschelkalkmuseum in Ingelfingen. Das in die Konzernzentrale der Adolf Würth GmbH & Co. KG in Gaisbach integrierte Museum Würth ist durch seine wechselnden, hochkarätigen Ausstellungen weit über die Grenzen der Region bekannt. Unvergessen ist die vollständige Verkleidung der Museumsräume durch die international bekannten Künstler Christo und Jeanne-Claude.

Aufgabe:
Überlegt, welches Museum in Hohenlohe sich besonders für einen Besuch mit eurer Schulklasse eignet. Begründet eure Entscheidung.

M3 Von Hohenlohe in die „Haute Cuisine" – Genießerregion Hohenlohe

M4 Hohenloher Weiderinder

Boeuf de Hohenlohe (Rind aus Hohenlohe), Hohenloher Lamm, Hohenloher Landgans, Schwäbisch-Hällisches Landschwein,…
Die Liste, die alleine Fleischerzeugnisse aus dem Hohenlohekreis umfasst, ist bereits lang und kann problemlos um weitere regionaltypische landwirtschaftliche Produkte erweitert werden (z.B. Wein, Obst, Gemüse, Getreide).
Begründbar ist dies durch einen Trend, der in den letzten Jahren zu beobachten ist: Die Nachfrage nach regionalen, qualitativ hochwertigen Lebensmitteln steigt. Dabei spielt auch die Besinnung auf die historischen Wurzeln eine Rolle. Das Beispiel Boeuf de Hohenlohe macht deutlich, dass die Bezeichnung Hohenlohe zu einer Marke geworden ist, deren Bekanntheitsgrad die Grenzen der Region längst verlassen haben.

Aufgabe:
Erstellt ein regionales Menü, in dem ausschließlich hohenloher Zutaten verwendet werden.

M5 Von großen und kleinen Meistern – Hohenloher Kultursommer

Das kulturelle Angebot Hohenlohes ist reichhaltig: Auf Freilichtbühnen wird ein buntes Theaterprogramm dargeboten, die zahlreichen Schlösser, Burgen und Kirchen sind beliebter Veranstaltungsort für Konzerte oder andere Aufführungen, nicht zuletzt bieten zahlreiche Museen Exponate von Weltformat.
Bei den Konzerten der Veranstaltungsreihe „Hohenloher Kultursommer" kommen vor allem Freunde der Klassischen Musik auf ihre Kosten. In ca. 70 eindrucksvollen Konzerten, verteilt auf 47 Spielstätten in den vier Landkreisen der Region erleben die Besucher einzigartige Momente. Besonderes Merkmal des Kultursommers sind die Veranstaltungsorte, so wird das Programm traditionell mit einem Konzert im imposanten Rittersaal des Neuensteiner Schlosses eröffnet, außerdem finden beispielsweise im Kloster Schöntal oder im Residenzschloss Weikersheim Veranstaltungen statt.

M6 Kloster Schöntal

Aufgabe:
Nennt Orte, an denen eurer Meinung nach Konzerte des Veranstaltungsprogramms „Hohenloher Kultursommer" stattfinden könnten. Begründet eure Wahl.

Zusatzmaterialien Heilbronn-Franken
40.2 Kulturregion Hohenlohe

M7 Von „Bredicher" und „Goldpaminerle" – Hohenloher Kulturlandschaft

Der Reiz der Hohenloher Kulturlandschaft entsteht durch ihre Vielfalt: Weinreben, Streuobstwiesen, Ackerflächen und Wälder wechseln sich häufig kleinräumig ab. Verantwortlich für die Ausbildung dieser vielseitigen Landschaft ist der Mensch, die Verbindung der beiden Worte „Kultur" und „Landschaft" bringt dies zum Ausdruck.

Ihren Ursprung hat die Kulturlandschaft in ihrer heutigen Form im ausgehenden Mittelalter. Durch Stadtgründungen, die häufig mit herrschaftlichen Residenzen in Verbindung stehen, entstanden auch im Hohenlohischen einige Märkte. Dort wurden der stetig wachsenden Bevölkerung Lebensmittel aus dem Umland feilgeboten.

In den vergangenen Jahrzehnten gingen vielerorts Teile der Kulturlandschaft verloren. Durch Intensivierung und Automatisierung der Anbaumethoden wurden Flächen umgestaltet.

M8 Streuobstwiese bei Neuenstein

Heute wird vielerorts aktiv am Erhalt der Kulturlandschaft gearbeitet. Die Bevölkerung hat vor allem den ökologischen Wert erkannt. So bieten Weinberge beispielsweise wertvolle Biotope, da Steinriegel, Trockenmauern oder Wasserstaffeln vielen Tieren und Pflanzen als Lebensraum dienen. In den Streuobstwiesen gedeihen mancherorts noch, bzw. wieder, alte Apfelsorten. Der Brettacher („Bredicher") oder der Goldpermäne („Goldpaminerle") wären vielleicht bereits heute aus dem Landschaftsbild verschwunden, hätten nicht engagierte Personen sich für deren Erhalt eingesetzt.

Neben den ökologischen Aspekten kann aber auch der Mensch direkt von einer intakten Kulturlandschaft profitieren. Beispielsweise hat der bewusste Konsum von regionalen Lebensmitteln in den letzten Jahren stark zugenommen.

M9 Weinberge im Untersteinbacher Tal

Aufgabe:
Begründet, weshalb die Hohenloher Kulturlandschaft erhaltenswert ist.

ARBEITSAUFTRAG

Gruppenpuzzle:
- Bearbeitet die einzelnen Bausteine arbeitsteilig in Kleingruppen (Expertengruppen).
- Tauscht anschließend die Ergebnisse in den Stammgruppen aus.
- Erstellt einen gemeinsamen Heftaufschrieb.

LÖSUNGSHINWEISE

Aufgabe „Hohenloher Museen":
Individuelle Lösungen.
Je nach Jahrgangsstufe und Interessen der Schülerinnen und Schüler bieten sich Lerngänge in die diversen Hohenloher Museen an. Eine Übersicht findet sich auf *www.hohenlohe.de* (→ „Kultur & Erlebnis" → „Museen").

Aufgabe „Genießerregion Hohenlohe":
Individuelle Lösungen.
Die Aufgabe eignet sich in besonderem Maße, die Alltagserfahrungen der Schülerinnen und Schüler miteinzubeziehen. Es gilt, die Schülerinnen und Schüler für regionale Lebensmittel zu sensibilisieren.

Aufgabe „Hohenloher Kultursommer":
Das von der Kulturstiftung Hohenlohe organisierte Veranstaltungsprogramm „Hohenloher Kultursommer" versucht, die Geschichte der Region mit Kulturereignissen zu verbinden. Dies wird insbesondere durch das Zusammenspiel von besonderen Veranstaltungsorten und klassischer Musik erreicht. Vielfältige Informationen finden sich unter *www.hohenloher-kultursommer.de.*

Aufgabe „Kulturlandschaft":
Die Hohenloher Kulturlandschaft ist historisch gewachsen und Ausdruck menschlicher Siedlungs- und Wirtschaftstätigkeiten. In Folge jahrhundertelanger Bewirtschaftung haben sich schützenswerte Ökosysteme etabliert. Neben dem ökologischen Aspekt dient der Erhalt der Kulturlandschaft aber auch ökonomischen Aspekten (z.B. regionale Lebensmittel) und sozialen Aspekten (z.B. Erholung). Demnach werden die drei Dimensionen der Nachhaltigkeit gefördert.

Hinweise zum Arbeitsauftrag „Gruppenpuzzle":
Durch die kooperative Erarbeitung in Form eines Gruppenpuzzles werden neben den fachlichen Lernzielen gezielt auch soziale und methodische Kompetenzen der Schülerinnen und Schüler gefördert.
Anstelle der Erstellung eines gemeinsamen Aufschriebs in den Kleingruppen kann diese Sicherungsphase auch lehrerzentriert im Klassengespräch erfolgen.

Ein Projekt der IHK Heilbronn-Franken in Kooperation mit dem Pakt Zukunft, dem Regionalverband Heilbronn-Franken, der Akademie für Innovative Bildung und Management und der Pädagogischen Hochschule Ludwigsburg

41.1 Flussgeschichten II

M1 Das mittlere Kochertal bei Braunsbach/Geislingen

M2 Das obere Jagsttal bei Stimpfach

M3 Die Zwillingsflüsse Kocher und Jagst

Der Kocher und die Jagst sind die beiden größten Gewässer des Landkreises Schwäbisch Hall. Vergleicht man ihren Verlauf über die Regionsgrenzen hinweg, fällt auf, dass die beiden Flüsse nahezu parallel verlaufen. Beide entspringen am Fuße der Ostalb, fließen dann in nordwestliche Richtung und münden nördlich von Heilbronn in den Neckar.

Am Oberlauf sind beide Flüsse nur geringfügig in die Gesteinsschichten des Keupers eingetieft. Zum einen führen die Flüsse hier noch relativ wenig Wasser, weshalb die Erosion auch weniger stark ist. Zum anderen bilden die Sandsteine des Keupers eher rundliche, weniger steile Talflanken aus.

Im Mittellauf haben sich Kocher und Jagst tief in die Gesteinspakete des Muschelkalks eingeschnitten. Durch Erosion haben die Flüsse im Laufe von tausenden von Jahren viel Gesteinsmaterial ausgeräumt. Die Kalkgesteine des Muschelkalks sind wasserdurchlässig, weshalb sie steile Talflanken ausbilden können.

Beleg hierfür ist eines der beeindruckendsten Bauwerke der Region, die Kochertalbrücke bei Braunsbach: Auf einer Höhe von 185 m und einer Länge 1128 m überspannt sie das Kochertal. Um die höchste Talbrücke Deutschlands fertigzustellen, war eine Bauzeit von drei Jahren notwendig (1976-1979).

Am Unterlauf der beiden Zwillingsflüsse wird deren paralleler Verlauf schließlich am deutlichsten. Beide fließen mit relativ niedriger Geschwindigkeit dahin und haben deshalb zahlreiche Mäander ausgebildet. Im Gegensatz zum Oberlauf überwiegt hier die Akkumulation. Die Folge ist die Ausbildung einer Talsohle. Diese besteht aus Material, das der Fluss heran transportierte

M4 Talformen

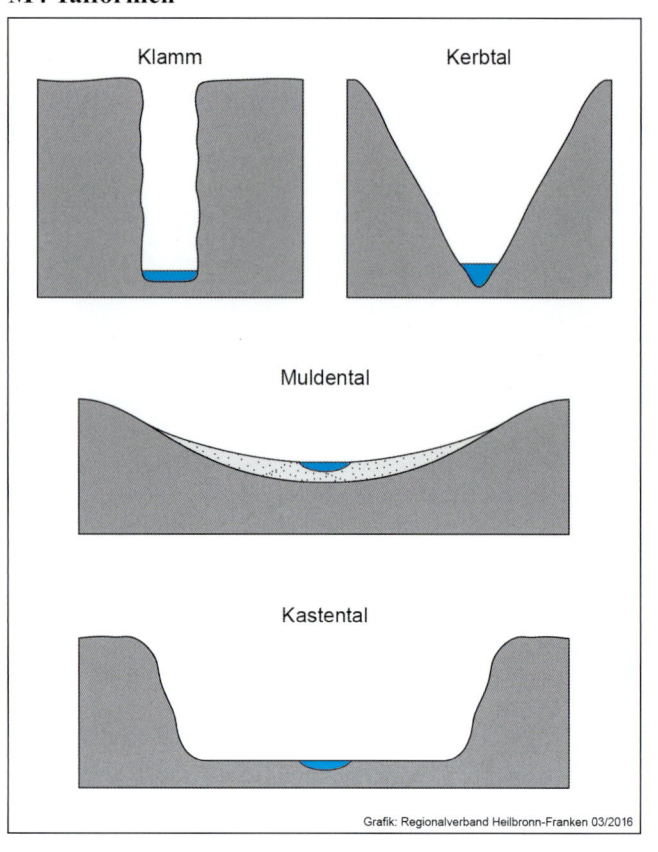

Klamm — Kerbtal — Muldental — Kastental

Grafik: Regionalverband Heilbronn-Franken 03/2016

M5 Glossar

Akkumulation: Stammt aus dem Lateinischen und bedeutet Ablagerung von Gesteinsmaterial durch fließendes Wasser (accumulare = anhäufen).

Erosion: Abtragung von Gesteinsmaterial durch fließendes Wasser (lateinisch: erodere = ausnagen).

Keuper: Die Gesteinsschichten des Keupers wurden in etwa vor 235 bis 200 Millionen Jahren vor heute abgelagert. Damals wechselten im heutigen Süddeutschland die Umweltbedingungen sehr häufig. Es kam zur Ausprägung ganz unterschiedlicher Gesteinsschichten wie Ton, Mergel oder Sandstein.

Mäander: Wenn Flüsse nur eine geringe Fließgeschwindigkeit aufweisen, kann es zur Ausbildung von Flussschlingen kommen, sog. Mäander. Das Wort Mäander leitet sich vom griechischen Namen Maiandros her, ein Fluss mit zahlreichen Windungen in der heutigen Türkei.

Muschelkalk: Die Gesteinspakete des Muschelkalks wurden in etwa vor 240 Millionen abgelagert. Sie entstanden in einem flachen Meeresbecken und sind reich an Fossilien.

AUFGABEN

1. *Bildervergleich* (M1 und M2):
   a. Verorte beide Bilder auf einer geeigneten Karte.
   b. Beschreibe beide Bilder, nenne dabei auch Unterschiede der Talformen.
   c. Um welche Talform handelt es sich jeweils? Begründe deine Zuordnung.
2. Nenne die Landschaften, die die Zwillingsflüsse Kocher und Jagst auf ihren Wegen von der Quelle bis zur Mündung durchfließen. Benutze dazu eine geeignete Karte.

Zusatzmaterialien Heilbronn-Franken
41.2 Flussgeschichten II

M6 Europäische Wasserscheide bei Crailsheim

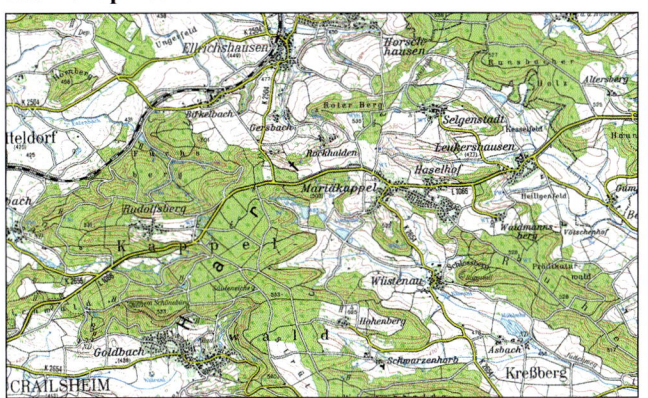

Grundlage: TK50 Ausschnitte aus der DVD Top50 - © Landesamt für Geoinformation und Landesentwicklung Baden-Württemberg (www.lgl-bw.de), Az.: 2851.3-A/623.

M7 „Stumme" Karte der Region Heilbronn-Franken

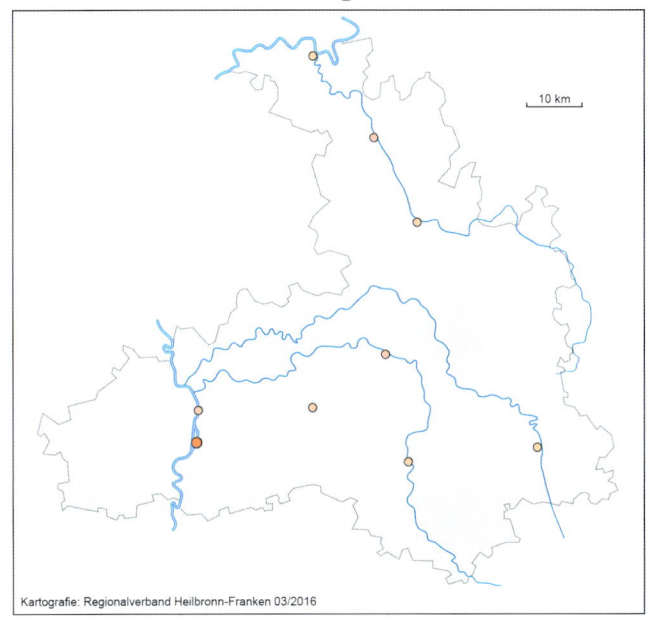

Kartografie: Regionalverband Heilbronn-Franken 03/2016

M8 Geologische Zeiträume

Um zu verstehen, dass im Laufe der Zeit Flüsse ihre Richtung ändern oder ein Fluss einem anderen das Wasser abgraben kann, muss in geologischen Zeiträumen gedacht werden.

Ein Beispiel für einen solchen Prozess ist die östlich von
5 Crailsheim verlaufende europäische Wasserscheide. Hier treffen das Einzugsgebiet des Rheins und der Donau unmittelbar aufeinander.

Im Vergleich zur Donau führt der Rhein in Südwestdeutschland mehr Wasser und hat einen kürzeren Weg zur Mündung.
10 Daraus ergibt sich eine niedrigere Erosionsbasis.

An der Wasserscheide kommt es durch die unterschiedliche Erosionsbasis des Rheins und der Donau zur Konkurrenz der Zuflüsse. Bezogen auf die bei Crailsheim verlaufende Wasserscheide bedeutet dies, dass sich deren Verlauf in den
15 nächsten zehntausend Jahren verändern könnte.

ZUSATZAUFGABEN

3. Beschrifte die Städte und Flüsse in der Karte M7.
4. Verorte den Ausschnitt der Topographischen Karte in M6 auf der Karte M7.
5. Zeichne in M6 zunächst die Fließrichtung der Gewässer und schließlich die europäische Wasserscheide ein.
6. Beurteile die Entwicklung des Verlaufs der Wasserscheide in geologischen Zeiträumen.

LÖSUNGSHINWEISE

Hinweis: Das vorliegende Arbeitsblatt kann in Verbindung mit AB 4 „Flussgeschichten" eingesetzt werden. Des Weiteren ist der Einsatz der im Rahmen des Projekts erschienenen Übersichtskarte sinnvoll.

Aufgabe 1:
M1 zeigt das tief eingeschnittene mittlere Kochertal zwischen Schwäbisch Hall und Künzelsau. Die Schichtpakete des mittleren Muschelkalks bilden hier die steilen Talflanken eines Kastentals. Im Vergleich dazu ist das obere Jagsttal südlich von Crailsheim nur flach in den Schichten des Keupers eingeschnitten. Die vergleichsweise geringe erosive Kraft des Flusses sowie die morphologisch weichen Keupersandsteine haben hier die Ausbildung eines Muldentals zur Folge.

Aufgabe 2:
Beide Flüsse entspringen der Mittelgebirgsschwelle am Fuße der Schwäbischen Alb, durchfließen dann das waldreiche Keuperbergland, durchschneiden die Hohenloher Ebene in tiefen Tälern und münden schließlich im Heilbronner Becken in den Neckar.

Aufgabe 3:
Städte: Heilbronn, Neckarsulm, Öhringen, Künzelsau, Schwäbisch Hall, Crailsheim, Wertheim, Tauberbischofsheim, Bad Mergentheim
Flüsse: Main, Neckar, Kocher, Jagst, Tauber

Aufgabe 4:
Der Kartenausschnitt ist zwischen Crailsheim und der Landesgrenze in Richtung Bayern zu verorten.

Aufgabe 5:
Durch die unterschiedliche Fließrichtung der Gewässer ergibt sich die Wasserscheide als nordost-südwest gerichtete Linie. Beispielsweise entwässert der Entenbach in Richtung Jagst (→ Neckar → Rhein), der Trutenbach südlich von Mariäkappel in Richtung Wörnitz (→ Donau).

Aufgabe 6:
An der europäischen Wasserscheide konkurrieren der Rhein und die Donau um ihr Einzugsgebiet. Durch die niedrigere Erosionsbasis des Rheins haben dessen Zuflüsse vergleichsweise mehr erosive Kraft als die der Donau. Im Kartenausschnitt besitzen die in Richtung Rhein entwässernden Gewässer ein stärkeres Gefälle und können daher den donauwärts gerichteten das Wasser „abgraben".

Ein Projekt der IHK Heilbronn-Franken in Kooperation mit dem Pakt Zukunft, dem Regionalverband Heilbronn-Franken, der Akademie für Innovative Bildung und Management und der Pädagogischen Hochschule Ludwigsburg

© 2016 IHK Heilbronn-Franken, Ferdinand-Braun-Str. 20, 74074 Heilbronn

42.1 Der heimische Wald im Wandel der Zeit

M1 Bild naturnaher Mischwald

M2 Schützenswerter Wald

Bei einem Spaziergang durch den Wald kann es jeder spüren: Die beruhigende, wohltuende und zugleich auch geheimnisvolle Anziehung des Waldes, die der deutsche Schriftsteller Theodor Fontane (1819-1898) treffend als „tiefe Stille der Natur" beschrieb.

Nicht nur deshalb ist der heimische Wald schützenswert, sondern auch wegen seines *Artenreichtums*: Schätzungsweise sind in ihm über 6.000 Pflanzenarten und über 14.000 Tierarten beheimatet, darunter sehr scheue und seltene Arten wie der Eisvogel oder der Waldkauz.

Der uns vertraute Mischwald gewährleistet das wertvolle Nebeneinander verschiedener Tier- und Pflanzenarten. So werden unterschiedliche Lebensräume geschaffen und das gesamte Ökosystem Wald ist weniger anfällig gegen Einflüsse von außen wie etwa Schädlinge oder Wetterextreme.

Als *Schutzmaßnahmen* für den heimischen Wald fordern Naturschützer zusammenhängende Waldflächen, Reduzierung von Luftschadstoffen, nachhaltige Bewirtschaftung des Waldes sowie Regulierung des Wildbestandes. Außerdem muss es geschützte Alt- und Totholzbereiche geben, in denen die Natur sich selbst überlassen wird.

Quelle: Wälder brauchen Vielfalt. Projekt Wald in Not. Deutsche Bundesstiftung Umwelt.

M3 Forstwirtschaft

Wer Wald besitzt, darf ihn auch wirtschaftlich nutzen. Das regelt das baden-württembergische Waldgesetz. Doch die Bewirtschaftung des Waldes hinterlässt Spuren: Zunächst müssen die gefällten Bäume über sogenannte Rückegassen bewegt werden, anschließend werden sie über die Waldwege abtransportiert.

Dass unter der Forstwirtschaft die Natur nicht allzu leidet, gilt für die Bewirtschaftung auch heute noch der *Grundsatz der Nachhaltigkeit*.

M4 Grundsatz der Nachhaltigkeit

Der sächsische Forst- und Bergmann Hans Carl von Carlowitz (1645-1714) schuf mit seinem Werk *Sylvicultura oeconomica* zum ersten Mal ein eigenständiges Werk über die Forstwirtschaft, in dem er auch den Grundsatz der Nachhaltigkeit festlegte: „Die Holznutzung darf den Holzzuwachs in der selben Zeit nicht übersteigen." In der Folge wurden vielerorts Wälder planmäßig angelegt, die den Holzertrag für die Zukunft sichern sollten. Viele der heute auffindbaren *Monokulturen* stammen aus dieser Zeit. Anstelle einer natürlichen Durchmischung verschiedener Baumarten wurden nur noch Fichten gepflanzt, weil sie schnellwüchsig ist und als beliebtes Bauholz galt.

Quelle: Von Carlowitz, H.C. (2013): Sylvicultura oeconomica. Nachdruck der Originalausgabe von 1713. München: Oekom.

M5 Aussichtsturm bei Sulzbach-Laufen

M6 Es bewegt sich wer im Wald

Längst ist der heimische Wald mehr als der Lebensraum von Pflanzen und Tieren. Der Mensch entdeckt den Wald zunehmend als *Erholungs- und Freizeitraum*. Egal ob zum Wandern, Mountainbiken oder Grillen – immer mehr zieht der Wald in seinen Bann.

Jedoch sind dabei häufig *Interessenkonflikte* vorprogrammiert. Wanderer wollen gut ausgeschilderte Wege in möglichst unberührter Natur. Die gleichen Wege werden jedoch häufig auch von jenen Fahrradfahrern benutzt, die mit ihren geländegängigen Mountainbikes abseits der befestigten Wege ihren Spaß suchen. Auch ein neues Hobby namens Geocaching erfreut sich zunehmender Beliebtheit. Dabei werden kleine „Schätze" an besonderen Orten versteckt und mittels eines GPS-Gerätes gesucht. Zahlreiche Rast- und Grillplätze in der Region sind bei den Erholungssuchenden seit jeher beliebt.

Dass unter diesen zahlreichen Aktivitäten das Ökosystem Wald mitunter leiden kann, ist naheliegend. Die Lösung könnte eine intelligente Waldnutzung sein, die verschiedenen Waldarealen unterschiedliche Nutzungen zuschreibt.

M7 Plakat der Windkraftgegner

M8 Es dreht sich was im Wald

Ein heiß diskutiertes und hoch aktuelles Thema sind die Pläne, bzw. die Realisierung für Bauvorhaben von Windrädern im Wald.

Einerseits soll im Rahmen der *Energiewende* immer mehr Strom aus regenerativen Energien stammen. Dieser soll vorzugsweise regional erzeugt und verbraucht werden. Auch im Landkreis Schwäbisch Hall sind einige der Waldflächen als geeignete Standorte ausgewiesen.

Andererseits finden sich auch zahlreiche *Nachteile der Windenergie*, die es gegenüber den Vorteilen klug abzuwägen gilt. Zu nennen sind hier beispielsweise die Verschandelung der Landschaft, die intensiven Baumaßnahmen als schwerwiegender Eingriff in ein Ökosystem oder die Gefährdung von schützenswerten Tierarten.

Quelle: Hohenloher Zeitung (04.10.2014).

AUFGABEN

Gruppenpuzzle: Bearbeitet die Aufgaben arbeitsteilig in einer Vierergruppe.
1. Erklärt euch gegenseitig die kursiv gedruckten Begriffe.
2. Überlegt euch, zu welchen Konflikten die verschiedenen Interessen führen können.
3. Legt gemeinsam eine Mindmap an, die die verschiedenen Interessenlagen veranschaulicht.

Zusatzmaterialien Heilbronn-Franken
42.2 Der heimische Wald im Wandel der Zeit

M9 Zeitungsschlagzeile

Der Wald verändert sein Gesicht
Heiße und trockene Sommer und immer wieder auftretende Stürme stellen die Anpassungsfähigkeit der Bäume und Waldgesellschaften auf eine harte Probe.

Quelle: Ministerium für Umwelt, Klima und Energiewirtschaft in Baden-Württemberg (2012): Klimawandel in Baden-Württemberg. Online-Publikation.

M10 Detailaufnahme Buche

M11 Der Klimawandel

Experten sind sich mittlerweile einig. Der durch menschliche Aktivitäten verstärkte natürliche Treibhauseffekt verursacht einen globalen Klimawandel.
In den letzten 100 Jahren ist die globale Durchschnittstemperatur um ca. 0,7°C gestiegen, davon alleine in den letzten 50 Jahren um ca. 0,6°C. Im Jahr 2100 könnte die Erwärmung gar 6°C betragen.
Doch der Klimawandel und seine Folgen sind nicht nur ein globales Problem, längst ist auch Baden-Württemberg davon betroffen. Ein Beispiel dafür sind unsere heimischen Wälder. Bäume und Kräuter blühen früher und tragen frühzeitiger Früchte. Durch diese Verlängerung der Vegetationsperiode kommt es zu einem schnelleren Wachstum der Bäume. Doch der Klimawandel bringt auch Nachteile, durch die höheren Temperaturen ist auch mit zunehmender Trockenheit und häufigeren Wetterextremen zu rechnen.

Quelle: Ministerium für Umwelt, Klima und Energiewirtschaft in Baden-Württemberg (2012): Klimawandel in Baden-Württemberg. Online-Publikation.

M12 Detailaufnahme Fichte

M13 Ausgewählte Baumarten

Während einige Baumarten von längeren Vegetationsperioden und zunehmender Trockenheit profitieren werden, ist damit zu rechnen, dass sich andere Baumarten zurückziehen.
Experten gehen davon aus, dass der Buchen- und Eichenanteil in den heimischen Wäldern zunehmen wird. Buchen und Eichen bevorzugen ein wintermildes Klima. Durch die tiefreichenden Wurzeln kommen diese Baumarten besser mit Trockenstress zu Recht als flachwurzlige Nadelbäume. Die heute noch vielerorts verbreiteten Fichten- und Kiefernwälder könnten dagegen zunehmend in höhere Lagen zurückgedrängt werden.
Dies hat zur Konsequenz, dass in der Forstwirtschaft ein Umdenken gefragt sein wird. Künftige Klimaveränderungen müssen Waldbesitzer bei der Auswahl geeigneter Baumarten mitbedenken. Allerdings ist längst nicht klar, wie sich der Klimawandel auf regionaler Ebene genau abzeichnen wird. Die Frage beispielsweise, wie Schädlinge auf die Veränderungen reagieren, ist nicht geklärt. Zu komplex sind die Zusammenhänge zwischen Wirtspflanzen, Schadorganismen und Klimabedingungen in einem Ökosystem.

ZUSATZAUFGABEN

4. Beschreibt die Angepasstheit an das Klima von Buchen und Fichten (M11 u. M13). Recherchiert dazu auch Informationen im Internet.
5. Plant einen Lerngang in einen nahe gelegenen Wald. Informiert euch über die dort vorkommenden Baumarten und bereitet Kurzreferate über diese vor.
6. Kartiert in „eurem" Wald die Baumarten und schätzt anschließend die durch den Klimawandel hervorgerufenen Veränderungen ein.

LÖSUNGSHINWEISE

Aufgabe 1:
Textarbeit.

Aufgabe 2:
Didaktischer Hinweis:
Die vier Textbausteine entsprechen vier möglichen Konfliktparteien eines Interessenkonflikts rund um den heimischen Wald (Naturschutz, Forstwirtschaft, Freizeit und Windkraft). Daraus sind vielfältige Interessenskonflikte ableitbar. Die Schülerinnen und Schüler sollten während der Diskussion dazu angehalten werden, bewusst einen Perspektivenwechsel zu vollziehen. Die von ihnen vorgetragenen Argumente müssen nicht ihrer eigenen Meinung entsprechen.

Aufgabe 3:
Individuelle Lösungen. Die angefertigte Mindmap kann neben den vier Konfliktparteien auch weitere Äste enthalten.

Aufgabe 4:
Buche: Die Buche ist mit 14 % der häufigste Laubbaum in den deutschen Wäldern. Laubmischwälder mit einem hohen Buchenanteil sind die potenzielle natürliche Vegetation weiter Teile Mitteleuropas. Buchen gelten daher auch als Indikator für ein feuchtgemäßigtes atlantisches Klima.
Fichte: Die Fichte weißt eine holarktische Verbreitung auf und ist im borealen Nadelwald bestandsbildend. In Mitteleuropa kommt sie flächendeckend in der Nadelwaldstufe der (Mittel-)Gebirge vor. Die Fichte ist besonders anfällig gegen Trockenheit. Auch Sturmschäden haben in den letzten Jahren den Bestand dezimiert. Hauptgrund für diese Anfälligkeiten ist ihr flach ausgebildetes Wurzelwerk.

Aufgabe 5 und 6:
Individuelle Lösungen. Literaturhinweis: Folgender Artikel liefert wertvolle Informationen: Brandt u. a. (2015): Wenn der Wald in „Stress" gerät. In: geographie heute, H. 322, S. 32-37.

Ein Projekt der IHK Heilbronn-Franken in Kooperation mit dem Pakt Zukunft, dem Regionalverband Heilbronn-Franken, der Akademie für Innovative Bildung und Management und der Pädagogischen Hochschule Ludwigsburg

© 2016 IHK Heilbronn-Franken, Ferdinand-Braun-Str. 20, 74074 Heilbronn

43.1 Landwirtschaftliche Vermarktungsstrategien

Unterrichtsmaterialien Heilbronn-Franken: Landkreis Schwäbisch Hall Autoren: Achim Meindel und Jan Hiller

M1 Werbeanzeige der Molkerei Schrozberg

M2 Molkerei Schrozberg

Im Jahr 2014 blickt die Molkerei Schrozberg auf eine über 100 jährige Geschichte als Molkereigenossenschaft zurück. Was aber das Besondere an dieser Firmengeschichte und der Schlüssel zum großen Erfolg heute ist, das ist die Entscheidung von Molkereileiter Hans Wechs im Jahre 1974. Wechs nahm damals zwölf Demeter-Milchbauern als Genossen auf und legte den Grundstein für das größte Sortiment an Milchprodukten in Demeter-Qualität.

Aus den zwölf Bauern damals sind heute über 100 Bauern geworden, die über 21 Millionen Kilogramm Demeter-Milch im Jahr 2014 lieferten.

Die Betriebe produzieren die Milchprodukte nach den strengen Regeln des Demeter-Verbandes. Dazu gehören unter anderem, dass die Tiere ihre Hörner behalten dürfen und dass im Sommer 50 % des Futters der Kühe aus frischem Gras bestehen.

Nicht nur für die Kühe ist das Leben als Demeter-Kuh ein anderes, auch die Herstellung der Milchprodukte unterliegt eigenen Richtlinien. So wird die Demeter-Milch nicht homogenisiert, was bedeutet, dass sich in der Flasche eine Rahmschicht absetzt, die Milch also so ursprünglich wie möglich bleibt.

Der Erfolg lässt sich 2014 in Zahlen fassen: Gesamtumsatz um 8,6 Prozent gesteigert, Anlieferung von Demeter-Milch mit einem Plus 7,2 Prozent erhöht, Demeter-Sahne plus 73 (!) Prozent. Allein das Demeter-Joghurt-Segment legte im vergangenen Jahr um 278 Tonnen zu, wobei sich vor allem die Einführung des 500-Gramm-Glases als Glücksfall erwiesen hat.

M3 Genossen und Milchmenge der Molkerei Schrozberg

Jahr	Anzahl der konventionellen Lieferanten	gelieferte konventionelle Milchmenge in t/Jahr	Anzahl der Demeter-Lieferanten	Gelieferte Demeter-Milchmenge in t/Jahr
1900	83	219		
1910	284	365		
1950	960	4.288		
1974	890	16.600	12	730
1980	733	19.068	18	1.788
1999	298	17.500.000	86	11.200.000
2014	216	33.000.000	100	21.000.000

M4 Schwäbisch Hällische Landschweine

M5 Die Bäuerliche Erzeugergemeinschaft Schwäbisch Hall (BESH)

Dass sich die Bäuerliche Erzeugergemeinschaft Schwäbisch Hall im Jahr 2014 als „Unternehmensgruppe" bezeichnen würde, hätte im Gründungsjahr 1988 kaum jemand für möglich gehalten. Gegründet wurde sie von acht Bauern mit dem Ziel, die Schweinerasse der „Schwäbisch Hällischen" (umgangssprachlich „Mohrenköpfle") zu erhalten und zu vermarkten. Heute sind in der BESH mehr als 1.400 Bauern der Region Heilbronn-Franken organisiert.

Die Richtlinien der BESH für die Schweineaufzucht sind streng: Es dürfen keine Antibiotika und keine gentechnisch veränderten Futtermittel zum Einsatz kommen. Die Schweineställe müssen großzügig sein, regelmäßig muss frisches Stroh eingestreut werden, außerdem sind sogenannte „Spaltenböden" verboten. Im Sommer müssen die Tiere im Freien auf der Weide gehalten werden.

Doch die Umsatzzahlen (siehe M6) und zahlreiche Auszeichnungen geben dem von der BESH verfolgten Konzept Recht. Auch das Produktangebot und die Vermarktungsstrategien der BESH konnten immer weiter ausgedehnt werden: Beispiele sind das weit über die Regionsgrenzen bekannte „Boeuf de Hohenlohe" (Hohenloher Weiderind), der Regionalmarkt in Ilshofen/Wolpertshausen oder die Präsenz in der Markthalle Stuttgart.

M6 Umsatzzahlen der BESH

Jahr	1990	1993	1996	1999	2002	2005	2008	2011	2014
Umsatz (in Mio. €)	3	6	16	21	35	61	77	88	119

Quelle: www.besh.de

AUFGABEN

1. *Partnerpuzzle:* Bearbeite mit einem Partner arbeitsteilig die beiden Spalten dieses Arbeitsblattes. Beschreibt euch gegenseitig die jeweilige Unternehmensentwicklung.
2. Stelle den Inhalt der Tabellen M3 und M6 in einer graphischen Darstellungsform eurer Wahl dar.
3. Stelle Vermutungen an, weshalb die Molkerei Schrozberg und die Bäuerliche Erzeugergemeinschaft Schwäbisch Hall derart erfolgreich sind.

Zusatzmaterialien Heilbronn-Franken
43.2 Landwirtschaftliche Vermarktungsstrategien

M7 Ernst Kilian, Milchfahrer der Molkerei Schrozberg

M8 Ein Milchfahrer erzählt

„Wir fahren *365 Tage im Jahr*. Es gibt unterschiedliche Touren. Zwischen 5 und 6 Uhr fahr ich mit dem Milchauto los […] Mit den Bauern kann ich super reden, ich hab lauter gute Bauern. Natürlich kenne ich die Bauern sehr gut. Ich bin das Bindeglied zwischen Molkerei und Hof. Ich bekomme alles mit, wer heiratet, wer stirbt, Freud und Leid. Sonntags steht Kuchen für mich da. Wenn der Milchpreis runtergeht bekomme ich das auch ab. Als ich zum ersten Mal zu einem neu umgestellten *Demeter-Bauern* auf den Hof kam, hat der Opa mich Langhaarigen angeschaut und ausgerufen „Was haben wir gemacht!" Ein halbes Jahr später hat er mich umarmt. Er sagt, er habe früher die Leute nach ihrem Äußeren beurteilt, das sei durch mich anders geworden. […]
Im Sommer sind sonntags oft Spaziergänger oder Sportler auf den kleinen Wegen unterwegs. Da wurde ich schon einmal angehalten und über das Sonntagsfahrverbot informiert. Ich muss dann erklären, dass ich nicht zum Spaß mit dem großen Auto durchs Gelände fahre, sondern dass das meine Arbeit ist und dass die Milch nicht aus dem Kühlschrank kommt, sondern ein frisches und sensibles Produkt ist, das die Bauern täglich ermelken müssen und dass ich die Milch abholen muss. Aber daran habe ich mich schon gewöhnt: wir fahren in der dritten Generation Milch, mein Opa Hans Kilian, mein Vater Ernst Kilian senior und ich jetzt. Wir fahren mit unserem eigenen Tankwagen, im Auftrag der Molkerei.
Ich fahre jetzt schon über 27 Jahre lang. Früher war ich der langhaarige Biomilchkutscher, wie oft mit einem abschätzigen Lächeln in den Dörfern gesagt wurde. Heut heißt es: Der fährt die gute *Demeter-Milch*. Der Umgangston ist anders geworden, der Demeter-Bereich wird heute wesentlich höher bewertet als früher. […] Die Arbeit als Milchkutscher macht mir Spaß, denn ich bin immer auf Achse."

Quelle: Jubiläumszeitung 2014 der Molkerei Schrozberg.

M9 Rudolf Bühler, Gründer der BESH

M10 Rudolf Bühler erzählt

„Das *Schwäbisch-Hällische Landschwein* galt in den 1980er Jahren als ausgestorben. Es war die älteste der 15 in Deutschland gehaltenen Hausschweinrassen. Mittlerweile gibt es von diesen Rassen 12 nicht mehr.
Die Gründe für das Aussterben sind vielfältig. Man kann es als eine Art ‚Zeitgeist' bezeichnen: Die Landwirtschaft wurde immer mehr *rationalisiert*, d.h. die Produkte mussten immer effizienter produziert werden, Tiere wurden dabei als Wirtschaftsgut betrachtet.
Zum Glück ist es uns im Jahre 1986 gelungen, einen kleinen Restbestand des Schwäbisch Hällischen einzusammeln und eine Züchtervereinigung zu gründen. Mit lediglich sieben Muttersauen und einem Eber haben wir eine neue Zucht begonnen.
Nach der Rettung der restlichen Schweine wurde mir bewusst, dass man die Bauern nicht alleine lassen konnte. Die Tiere hatten keinen Marktzugang, fanden keine Käufer. Deshalb gründeten wir mit der ‚BESH' eine *Vermarktungsorganisation*.
Das war gleichzeitig die Chance, sich etwas breiter aufzustellen, sodass diese Initiative ein Träger für ländliche Regionalentwicklung wurde."

Quelle: www.besh.de

ZUSATZAUFGABE

4. *Fortsetzung Partnerpuzzle:* Stellt euch gegenseitig den Inhalt der beiden Texte M8 und M10 vor, achtet dabei insbesondere auf die kursiv gedruckten Begriffe.

LÖSUNGSHINWEISE

Aufgabe 1:
Textarbeit
Hinweis: Das vorliegende Arbeitsblatt kann in Verbindung mit AB 24 „Kartoffel- und Spargelanbau" und AB 35 „Sonderkulturen" eingesetzt werden. Aus dem Partnerpuzzle der Vorderseite kann somit ein Gruppenpuzzle entstehen.

Aufgabe 2:
Hinweis: Die Tabellen lassen sich in Schaubilder überführen, die die Umsatzzahlen bzw. die Milchmenge im zeitlichen Verlauf visualisieren.

Aufgabe 3:
Individuelle Lösungen. Lösungsvorschläge: Qualitätsbewusstsein der Konsumenten, Regionalität und Saisonalität der Lebensmittel, ansprechende Vermarktung, gestiegenes Regionalbewusstsein der Bevölkerung, etc.

Aufgabe 4:
Textarbeit

Ein Projekt der IHK Heilbronn-Franken in Kooperation mit dem Pakt Zukunft, dem Regionalverband Heilbronn-Franken, der Akademie für Innovative Bildung und Management und der Pädagogischen Hochschule Ludwigsburg

44.1 Sigloch Distribution GmbH & Co. KG

M1 Sigloch Distribution in Blaufelden

M2 Unternehmenswandel: Von der Buchbinderei zum Fulfillment-Dienstleister

Der Wandel von einer Großbuchbinderei zu einem umfassenden Dienstleistungsunternehmen für verschiedene Branchen setzte bereits früh ein. Der langjährige Leiter des Unternehmens, Helmut Sigloch, berichtet: „Die ersten Entwicklungen haben eigentlich schon gleich nach dem Zweiten Weltkrieg angefangen, durch einen Münchner Verlag, der bei uns seine Bücher binden ließ. Der kam dann zu meinem Vater und hat gesagt, du, warum sollen wir die Bücher nach München fahren, können wir die nicht in Künzelsau lagern und du lieferst die dann für mich an die Buchhändler aus. Ich schicke dir die Bestellungen und die Rechnungen, und du schnürst das Päckchen für jeden Buchhändler und schickst es direkt aus Künzelsau fort. So hat die ganze Sache angefangen, als Serviceleistung für den Verleger. Und dann kamen weitere Verlage dazu."

Heute umfasst das Leistungsspektrum der Sigloch Distribution GmbH & Co. KG die gesamte Wertschöpfungskette in der Verlagslogistik. Am Anfang steht die Lagerlogistik, also die sachgerechte und systematische Lagerung der Bücher. Es folgt die Auftragsverwaltung für die Verlagskunden, z.B. in Form der Erstellung von Statistiken über den Verkauf von Büchern in bestimmten Zeiträumen. Die Finanzverwaltung mit der Erstellung von Rechnungen, Mahnungen und der Prüfung von Zahlungseingängen gehört ebenso zum Dienstleistungsangebot wie das Retouren-Management für die Rücksendung von Büchern und deren erneute Aufnahme in den Lagerbestand. Am Ende der Wertschöpfungskette steht dann die Distributionslogistik, also die schnellstmögliche Lieferung eines Buches an den Endkunden. Die Abwicklung all dieser Dienstleistungen als Komplett-Paket nennt man Fulfillment.

Als Fulfillment-Dienstleister tritt Sigloch z.B. auch für die Webshops vom Südwestrundfunk oder der Wochenzeitung DIE ZEIT auf. Ein weiterer Geschäftszweig ist die Logistikabwicklung für einen Werkzeughersteller inklusive von zusätzlichen Dienstleistungen (Value-added-services). Ein Beispiel ist das Konfektionieren (Zusammenpacken) von Handwerkerkoffern.

Quelle: Interview mit Helmut Sigloch und Christoph Schaupp am 16. Mai 2014.

M3 Standortentwicklung: Von Stuttgart über Künzelsau nach Blaufelden

Die Gründung des Unternehmens Sigloch erfolgte am Wohnort des Gründers August Sigloch in Stuttgart. Die kriegsbedingte Verlagerung nach Künzelsau geschah mehr oder weniger zufällig. Zwischen März und Juli 1944 verlagerte die Buchbinderei Sigloch ihre Buchherstellung in die Künzelsauer Schlossmühle am Kocher. Das beschauliche Landstädtchen Künzelsau war Albert Sigloch, dem Sohn des Firmengründers August Sigloch, durch mehrere dort verbrachte Sommerferien bekannt. Auf die Schlossmühle machte ihn der Künzelsauer Bürgermeister Georg Pflüger aufmerksam.

Die Entwicklung zu einem großflächigen Logistikunternehmen war in der Künzelsauer Talenge nicht möglich. Mit dem Bau eines Logistikzentrums in Blaufelden wurde dieser Prozess seit 1990 konsequent und in mehreren Ausbaustufen vorangetrieben. Trotz der Lage im ländlichen Raum verfügt Blaufelden über eine gute Bundesstraßen- und Autobahnanbindung. Die Depots bzw. Knoten der großen Paketdienstleister lassen sich von dort aus gut erreichen. Insgesamt hat Blaufelden eine zentrale Lage für den deutschsprachigen Raum. Im ländlichen Umland gibt es noch ausreichend viele Arbeitskräfte mit einer guten Arbeitsethik und großen Flexibilität.

Quelle: ebd.

M4 Unternehmensgeschichte

1881: Gründung einer Buchbinderei durch August Sigloch in Stuttgart
1920er u. 1930er Jahre: Entwicklung zur Großbuchbinderei
1944: Ausbombung aus Stuttgart und Verlegung der Buchbinderei nach Künzelsau
1970: Gründung eines Unternehmens für Buchbindemaschinen in Künzelsau
1971: Gründung des Sigloch Verlages
1978: Gründung des Sigloch Verlags-Service` in Künzelsau
1990: Aufbau eines Logistikzentrums in Blaufelden
2008: Schließung der Buchbinderei
2010: Verkauf des Buchbindemaschinenbaus
2015: Logistik- und Fulfillment-Dienstleister mit bisherigem Höchststand von 550 Beschäftigten in Blaufelden

AUFGABEN

1. Erstelle ein Fließdiagramm zum Fulfillment in der Verlagslogistik (M2).
2. Nenne und bewerte die Gründe für die Verlagerung des Unternehmens nach Künzelsau und Blaufelden (M1 u. M3).
3. Erläutere die Entwicklung von der Buchbinderei zum Fulfillment-Dienstleister (M2 u. M4).

Zusatzmaterialien Heilbronn-Franken
44.2 Sigloch Distribution GmbH & Co. KG

M5 Kleider-Lager

M6 Fashion Logistik

Seit 2013 baut Sigloch den neuen Geschäftszweig der Fashion-Logistik auf und vollzieht damit einen weiteren Schritt zur Diversifizierung (Erweiterung) seines Leistungsspektrums. Die Logistik für hochwertige Markenbekleidung erfordert einen besonders sauberen und pfleglichen Umgang sowohl in der Lagerung wie auch in der Beförderung.

Sicherer Transport auf Hängebügeln und termingenaue Zustellung organisiert Sigloch in dem Kompetenznetzwerk Fashion-Logistik mit verschiedenen Standorten in Deutschland und Partnern aus dem Ausland. Von Blaufelden aus werden neben Deutschland noch Österreich, die Schweiz, Italien und die Benelux-Länder beliefert.

Die Markenbekleidung stellt eine gute Ergänzung zum Konsumgut Buch dar, weil beide Gütergruppen geruchsfrei sind und trockene Lagerbedingungen erfordern. Die Jahressaisonverläufe sind komplett gegenläufig, so dass eine gleichmäßig hohe Auslastung der Mitarbeiter und Lagerflächen über das Jahr besteht.

Quelle: www.sigloch.de und Interview mit Christoph Schaupp am 16. Mai 2014.

M6 Wettbewerbsvorteile von Fulfillment-Unternehmen

In den letzten 20 Jahren sind immer mehr Fulfillment- und Logistikunternehmen entstanden und sehr schnell gewachsen. Diese Unternehmen profitieren von neuen Verkaufskanälen wie dem Tele-Shopping oder Online-Shopping, aber auch von den Vorteilen, die mit der Spezialisierung auf besondere Fulfillment- und Logistikdienstleistungen einhergehen. Der Geschäftsführer von Sigloch beschreibt diese Vorteile folgendermaßen: „Wir haben einzelne Geschäfte, da können sie sich vorstellen, dass sich die Arbeit von einem Tag auf den anderen verfünffacht. Das müssen sie irgendwie abgedeckt bekommen. Sie können die Mitarbeiter ja jetzt nicht fünf Mal so schnell arbeiten lassen, sondern sie müssen sie aus anderen Bereichen abziehen, in denen eben hoffentlich gerade an diesem Tag Flaute herrscht. Mit diesen starken, extremen Schwankungen umzugehen, das können wir Logistiker sehr gut."

Ein weiteres Argument für das Auslagern (Outsourcing) von Logistikaufgaben der Kunden an ein Logistikunternehmen ist die Konzentration auf die eigenen Kernkompetenzen, nämlich die Produktion oder den Handel. Die immer aufwändigere und komplexere Logistik überlassen immer mehr Industrie- und Handelsunternehmen den Logistikexperten, die über die entsprechenden Lagersysteme, IT-Systeme und kompetenten Mitarbeiter verfügen.

Quelle: Interview mit Christoph Schaupp am 16 Mai 2014.

ZUSATZAUFGABEN

4. Erkläre den Nutzen des Geschäftsfeldes Fashion-Logistik (M5).
5. Erläutere die Wettbewerbsvorteile eines Fulfillment- und Logistikunternehmens (M6).

LÖSUNGSHINWEISE

Aufgabe 1:
Lagerlogistik → Auftragsmanagement (z.B. Statistiken) → Finanzmanagement (z.B. Rechnungen, Mahnungen, Zahlungseingänge) → Retourenmanagement → Distributionslogistik

Aufgabe 2:
Zufall und Unversehrtheit gaben den Anstoß für die kriegsbedingte Verlagerung nach Künzelsau. Zu den im Text genannten Standortfaktoren kommen noch die im Bild deutlich zu erkennenden großzügigen Erweiterungsflächen. Flexible Arbeitskräfte, gute Verkehrsanbindung und eine zentrale Lage im deutschsprachigen Raum sind für die Unternehmensentwicklung günstige Faktoren.

Aufgabe 3:
Dienstleistungen wurden früh von den Kunden eingefordert. An die Stelle der schrumpfenden Geschäftsbereiche der Buchbinderei und der Herstellung von Buchbindemaschinen trat die konsequente Umstrukturierung in den wachstumsträchtigen Fulfillment- und Logistiksektor und führte zu einem Anstieg der Mitarbeiterzahl auf 550.

Aufgabe 4:
Diversifikation reduziert die Abhängigkeit von einzelnen Geschäftsfeldern und bringt aufgrund der unterschiedlichen Jahreszyklen von Büchern und Bekleidung eine Verbesserung der Auslastung.

Aufgabe 5:
Umgang mit extremen Auslastungsschwankungen, Spezialisierung führt zu Kompetenzvorsprung gegenüber den Kunden, die sich durch Outsourcing auf ihre Kernkompetenzen konzentrieren können.

45.1 Verpackungsmaschinen-Cluster im Landkreis Schwäbisch Hall

Autor: Peter Kirchner

M1 Stammbäume aus dem Jahr 1990

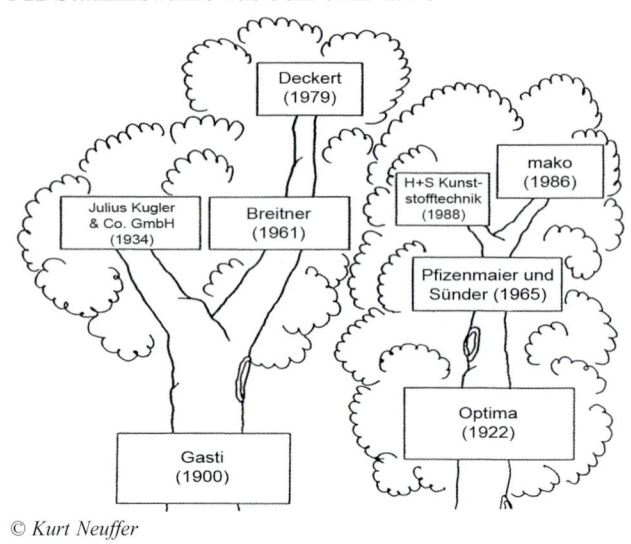

© Kurt Neuffer

M2 Wurzeln und Wachstum

Die Wurzeln der Verpackungsmaschinen-Industrie im Landkreis Schwäbisch Hall reichen bis ins Jahr 1900 zurück. Der erste von insgesamt drei bedeutenden Entwicklungssträngen hat seinen Ursprung in der von Karl Ganzhorn gegründeten Firma Gasti. Der technische Grundstein für dieses erste Unternehmen der Verpackungsmaschinen-Industrie entstand aus der Idee des Mechanikermeisters Ganzhorn, klebriges Lederfett nicht mehr von Hand, sondern mit einer Füllanlage in Dosen abzufüllen.

Die Gründung der Firma Optima 1922 als Wurzel des zweiten Entwicklungsstranges hängt mit den freundschaftlichen Beziehungen des Firmengründers Otto Bühler zu Herrn Stirn von der Firma Gasti zusammen. Otto Bühler war zunächst als Teilhaber einer Nudelfabrik in Schwäbisch Hall aktiv. Als die Firma nach dem Ersten Weltkrieg allerdings nicht richtig in Schwung kam, folgte er dem Rat seines Freundes Wilhelm Stirn, Waagen für die Abfüllung von Lebensmitteln zu bauen.

Anders als bei diesen beiden Keimzellen stammt das spezifische Know-How der Firma Strunck als Mutterunternehmen des dritten Entwicklungsstranges von außerhalb der Region. Die aus Köln stammende Firma Strunck (heute Bosch) war mit dem Füllen und Verschließen von Flaschen vertraut und wandte sich nach ihrer Umsiedlung nach Crailsheim dem wachsenden Pharma-Bereich durch die Produktion von Ampullen-Füllmaschinen zu.

Das in den drei Mutterunternehmen aufgebaute und weiterentwickelte Know-How sowie die sich bietenden Marktchancen bildeten seit den 1960er Jahren die Voraussetzung für die Entstehung einer Vielzahl von Ausgründungen (*Spin-Offs*). Dadurch ist der Verpackungsmaschinen-Cluster bis heute auf über 40 Unternehmen mit mehr als 8.000 Beschäftigen angewachsen.

Quelle: Kirchner, P. (2011): Die Cluster-Region Heilbronn-Franken. Ubstadt-Weiher.

M3 Ausgründungsdynamik

Diese Ausgründungsdynamik lässt sich am Beispiel eines vereinfachten Stammbaums der Firma Strunck nachvollziehen. In einem oder mehreren der bereits bestehenden Verpackungsmaschinen-Unternehmen erwarben die späteren Unternehmensgründer die notwendigen Kompetenzen. Das Motiv für die Ausgründung war meistens, seine Ideen in einem eigenen Unternehmen verwirklichen zu können. So sind mittlerweile aus dem Mutterunternehmen Strunck durch Ausgründung mehrere Generationen von Verpackungsmaschinen-Unternehmen entstanden.

M4 Vereinfachter Stammbaum der Firma Strunck

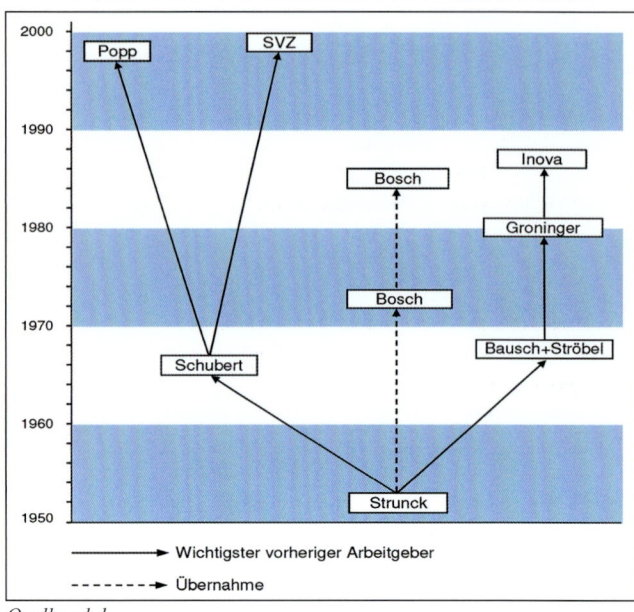

Quelle: ebd.

M5 Innovationsdynamik

Das ungebrochene Wachstum des Schwäbisch Haller Verpackungsmaschinen-Clusters verdankt seine Dynamik vor allem zwei Umständen. Zum einen gibt es einen nach wie vor aufnahmebereiten Markt. Zum anderen sichern sich die Tüftler-Unternehmer des Clusters durch immer wieder neue Ideen einen Technologievorsprung.

Durch zwei bedeutende Innovationen hat der Crailsheimer Gerhard Schubert die Verpackungsmaschinen-Industrie bereichert. Die Idee, ein Baukastensystem für Verpackungsmaschinen zu entwickeln, war ausschlaggebend für die Gründung eines eigenen Unternehmens im Jahr 1966. Eine zweite bahnbrechende Neuerung war der Bau eines Verpackungsroboters 1984.

Quelle: ebd.

M6 Zulieferverflechtungen

Aufgrund der hohen Zahl von spezialisierten Zulieferern im Landkreis Schwäbisch besteht für die Verpackungsmaschinenhersteller eine günstige Zuliefersituation. Der Anteil der von der Region bezogenen Zulieferteile beträgt mehr als 50 Prozent. Zu den klassischen Maschinenbau-, Kunststoff- und Metallbearbeitungszulieferern sind in den letzten 20 Jahren auch zunehmend Elektronikzulieferer und Softwaredienstleister getreten.

Da die überwiegende Zahl von Verpackungsmaschinen als Sondermaschinen nach individuellen Kundenanforderungen entsteht, besteht ein hoher Abstimmungsbedarf zwischen Herstellern, Zulieferern und Kunden. Dieses enge Zusammenspiel wird durch die räumliche Ballung der Verpackungsmaschinen-Industrie im Landkreis Schwäbisch Hall begünstigt.

Quelle: ebd.

AUFGABEN

1. Beschreibe die Entwicklung des Verpackungsmaschinen-Clusters (M1 bis M4).
2. Begründe die Wachstums- und Innovationsdynamik des Verpackungsmaschinen-Clusters (M2 bis M6).
3. Nenne Vor- und Nachteile des Verpackungsmaschinen-Clusters (M3 u. M6).

Zusatzmaterialien Heilbronn-Franken
45.2 Verpackungsmaschinen-Cluster im Landkreis Schwäbisch Hall

M7 Netzwerkbildung

2007 gründeten 15 Unternehmen des Verpackungsmaschinen-Clusters den Verein „Packaging-Valley" in Schwäbisch Hall. Bis 2015 wuchs die Mitgliedszahl auf 40, sodass fast alle Unternehmen des Clusters in dem Verein repräsentiert sind. Am Anfang der Vereinsarbeit standen Bildungsthemen.
Schnell vergrößerte sich das Angebots- und Aufgabenspektrum, welches folgende Aspekte umfasst:
- Ausbildungs- und Nachwuchsförderung
- Koordination des Erfahrungsaustausches unter den Mitgliedsunternehmen
- Gemeinsame Marketingmaßnahmen
- Interessensvertretung gegenüber Verbänden, Politik und Wirtschaft
- Förderung gemeinsamer Projekte
- Koordination der Zusammenarbeit mit FuE-Einrichtungen
- Koordination und Organisation gemeinsamer Messeauftritte
- Unterstützung der Kunden bei der Reiseplanung

Als Informationsplattform wird eine gemeinsame Internetpräsenz gepflegt. Von den vielfältigen Angeboten und Dienstleistungen profitieren vor allem die kleineren Unternehmen des Clusters. Die Teilnahme an nationalen und internationalen Messen in Nürnberg, Düsseldorf, Chicago, Buenos Aires und Peking ist durch die Organisation eines Gemeinschaftsstandes des Packaging Valleys auch für kleinere Unternehmen ohne entsprechende Ressourcen möglich. Die internationale Präsenz ist deshalb so wichtig, weil ca. 80 % des Umsatzes der Cluster-Unternehmen im Ausland erzielt wird. Neben der Förderung der Kooperation unter den Mitgliedsunternehmen pflegt das Packaging Valley auch überregionale Partnerschaften mit anderen Verpackungs-Netzwerken.

Quelle: www.packaging-valley.de, Kirchner, P. (2011): Die Cluster-Region Heilbronn-Franken. Ubstadt-Weiher.

M8 Die Verpackungsmaschinen-Cluster im Landkreis Schwäbisch Hall und Mittelhessen im Vergleich

Neben dem Landkreis Schwäbisch Hall gibt es auch in den beiden Landkreisen Gießen und Lahn-Dill in Mittelhessen ein Verpackungsmaschinen-Cluster. Seit 2009 besteht dort mit dem „Verpackungscluster Mittelhessen" ebenfalls eine Clusterinitiative, die aber von der Landesregierung veranlasst wurde und von den Unternehmern nicht mitgetragen wird.
Die Entwicklung in den beiden Clustern in den Jahren 1998 und 2010 ist unterschiedlich verlaufen. Die Unternehmen in Mittelhessen sind überwiegend in der Technologie der Schlauchbeutelmaschinen zu Hause und beliefern Kunden der Nahrungsmittelindustrie. Da aber diese Technologie ihre Wachstumsgrenzen erreicht hat und keine alternativen Technologien verfolgt wurden, schrumpft der Verpackungsmaschinen-Cluster in Mittelhessen. Bei einem Rückgang der Gesamtbeschäftigtenzahl um 15 % gab es sechs Unternehmensschließungen.
Im Gegensatz dazu sind im Verpackungsmaschinen-Cluster im Landkreis Schwäbisch Hall fast alle Unternehmen gewachsen, so dass die Gesamtbeschäftigtenzahl um 70 % zugenommen hat. Außerdem sind 11 Unternehmen neu entstanden. Grund dafür sind die drei unterschiedlichen Technologie- und Entwicklungsstränge, die im Cluster in Schwäbisch Hall neue Kombinationen, Ideen und Innovationen ermöglichten. Daraus entstand eine wesentlich größere technologische Vielfalt als im Cluster in Mittelhessen. Außerdem finden im Cluster in Schwäbisch häufiger Kooperationen und Zusammenarbeit statt als in Mittelhessen.

Quelle: Mossig, I./Schieber, L. (2013): Determinanten der Clusterentwicklung. In: Geographische Zeitschrift, Bd. 101, H. 2, S. 101-122.

ZUSATZAUFGABEN

4. Bewerte das Angebots- und Aufgabenspektrum des Vereins Packaging-Valley (M5).
5. Stelle die Unterschiede zwischen den Verpackungsmaschinen-Clustern in Mittelhessen und Schwäbisch Hall in einer Tabelle einander gegenüber. Begründe die unterschiedliche Entwicklung (M6).

LÖSUNGSHINWEISE

Aufgabe 1:
Drei Wurzeln/Entwicklungsstränge/Mutterunternehmen:
- Füllanlagen für klebriges Lederfett (Gasti)
- Abfüllanlagen für Lebensmittel (Optima)
- Ampullen-Füllmaschinen (Strunck/Bosch)

Die Clusterungsdynamik durch Ausgründungen in allen drei Strängen führt zu über 40 Unternehmen und 8.000 Beschäftigten.

Aufgabe 2:
Aufnahmebereiter Markt, Technologievorsprung durch innovative Tüftler-Unternehmer, Ausgründungsdynamik, günstige Zulieferersituation durch zahlreiche spezialisierte Zulieferer, räumliche Ballung erleichtert Zusammenarbeit.

Aufgabe 3:
Vorteile: Gemeinsamer Pool an Fachkräften, Konkurrenz beschleunigt die technologische Entwicklung, Problemlösungen durch umfassendes Know-How, Kooperationsmöglichkeiten.
Nachteile: Wettbewerb um Mitarbeiter, Know-How-Verlust bei Mitarbeiterwechsel, Löhne schaukeln sich hoch.

Aufgabe 4:
Da fast alle Clusterunternehmen Mitglied im Verein Packaging Valley sind und sich aktiv beteiligen, ergibt sich für den Wissens-/Erfahrungsaustausch, gemeinsames Marketing, FuE mit externen Partnern aus der Wissenschaft und die Nachwuchsförderung ein großer Nutzen für möglichst viele.
Das Ganze ergibt damit mehr als die Summe der Einzelunternehmen. Besonders profitieren die kleineren Unternehmen, die noch nicht über die notwendigen Kapazitäten oder Kompetenzen verfügen.

Aufgabe 5:

	Schwäbisch Hall	*Mittelhessen*
Technologie	vielseitig, Innovationen	einseitig, Stagnation
Kooperation	häufig	kaum
Clusterinitiative	bottom up, aktiv	top down, passiv
Beschäftigte	+70 %	-15 %
Unternehmen	+11	-6

Im mittelhessischen Cluster führt die stagnierende einseitige Technologieausrichtung zur Verdrängung und Schrumpfung. In Schwäbisch Hall ermöglichen Innovationen in verschiedenen und sich befruchtenden Technologiesträngen weiteres Wachstum.

46.1 Einkaufsstadt Schwäbisch Hall

M1 Einzelhandelsstandorte in Schwäbisch Hall

M2 Einzelhandelsstandort Marktplatz
Der Wochenmarkt findet immer mittwochs und samstags von 7 bis ca. 12:30 Uhr auf dem historischen Marktplatz statt. 26 Eigenanbaubetriebe bieten Gemüse und Obst aus heimischem Anbau an. Damit weiß die interessierte Kundschaft ganz genau, woher die Lebensmittel stammen. Unter den Marktbeschickern sind Mitglieder des Erzeugerrings Bioland, Obstbauern aus dem Steinbacher Tal, Gärtnereien mit Pflanzen und Blumen aus eigener Aufzucht sowie bäuerliche Betriebe, die Geflügel, Forellen, Eier, Wurstwaren und Käse aus eigener Erzeugung anbieten. Ergänzt wird das Angebot durch Obst- und Gemüsestände, die ihre Ware frisch vom Großmarkt beziehen. Neben dem frischen Einkauf für den kurzfristigen Bedarf ist es natürlich auch wichtig, „a Schwätzle" zu halten.

Quelle: www.schwaebischhall.de

M3 Einzelhandelsstandort Neue Straße und angrenzender Innenstadtbereich
Die Neue Straße mit ihren seitlich abgehenden Gassen bildet den Hauptgeschäftsbereich. Dort überwiegt der mittelfristige Bedarf, dieser umfasst vor allem Bekleidung, Schuhe und Sport. Der mittelfristige Bedarf nimmt etwa die Hälfte der Verkaufsfläche ein. Danach folgen mit jeweils einem Viertel der Fläche der langfristige Bedarf mit z.B. Elektrowaren und Hausrat sowie der kurzfristige Bedarf mit Nahrungsmitteln und Körperpflege. Es überwiegen kleinere Fachmarktgeschäfte mit einer Fläche bis 200 m².

Quelle: nach Aller, M. (2009): Das Shopping-Center als Bereicherung oder Bedrohung für die Innenstadt. BA-Arbeit. Duale Hochschule Baden-Württemberg. Stuttgart.

M4 Einzelhandelsstandort Kocherquartier
Auf dem ehemaligen Gelände der Vollzugsstrafanstalt besteht seit 2011 ein neues Stadtquartier in unmittelbarer Nachbarschaft zum historischen Stadtkern. Den Schwerpunkt dieses Quartiers bildet der Einzelhandel, der sich auf mehrere Gebäude verteilt. Neben dem wichtigen Textilbereich mit Filialisten wie z.B. C&A, New Yorker und Gerry Weber gibt es im Kocherquartier u.a. auch eine Drogerie, eine Parfümerie, einen Lebensmittelmarkt, aber auch Finanzdienstleister und Facharztpraxen.

M5 Einzelhandelsstandort „Kerz"
Das Einkaufszentrum „Kerz" besteht seit Mitte der 1990er Jahre als Erweiterung des Gewerbegebietes „Stadtheide" und liegt etwa drei Kilometer westlich von der Innenstadt. Neben verschiedenen Bekleidungs- und Schuhfilialisten gibt es u.a. auch Fastfood-Restaurants, eine Metzgerei, eine Apotheke, eine Facharztpraxis und eine Sparkassenfiliale. Alle Geschäfte verfügen über eigene Parkplätze. Durch das „Kerz" führt eine breite Straße.

AUFGABEN

1. Entscheide, welches Bild nicht zu den anderen passt und begründe deine Entscheidung (M1). Verschiedene Lösungen sind möglich.
2. Ordne die Bilder in M1 den Texten M2 bis M5 zu.
3. Beschreibe die Vor- und Nachteile der vier Einzelhandelsstandorte (M1 bis M5).

Zusatzmaterialien Heilbronn-Franken
46.2 Einkaufsstadt Schwäbisch Hall

M6 Panoramabild Kocherquartier und Altstadt Schwäbisch Hall

M7 Innerstädtische Shoppingcenter
Shoppingcenter sind räumliche Konzentrationen von Einzelhandels- und Dienstleistungsbetrieben. Seit den 1960er Jahren gibt es Shoppingcenter in Europa. Zunächst entstanden viele Zentren auf der grünen Wiese. In den letzten 20 Jahren hielten die Shoppingcenter verstärkt Einzug in den Innenstädten. Wenn es gelingt, Shoppingcenter behutsam in das bestehende städtebauliche Gefüge einzubetten und als sinnvolle Ergänzung des bestehenden Einzelhandels zu etablieren, können sie ein belebendes Element für die Innenstandentwicklung sein.

M8 Chancen und Risiken des Kocherquartiers
Durch das Kocherquartier konnte das Flächenungleichgewicht zwischen den wenigen innerstädtischen Einzelhandelsflächen und denjenigen in den dezentralen Gewerbegebieten z.B. im „Kerz" ausgeglichen werden. Außerdem ergänzt das Kocherquartier die bislang überwiegend kleinteilige Einzelhandelsstruktur in der Innenstadt durch großflächige Einzelhandelsgeschäfte. Durch das Kocherquartier bot sich die Chance, das Zentrum von Schwäbisch Hall zu stärken und auszubauen, seine Attraktivität zu erhöhen und seiner Versorgungsfunktion besser gerecht zu werden. Durch neue Marken und Filialisten erweitert das Kocherquartier das Einzelhandelsangebot. Die Innenstadt wird um eine zusätzliche Form des Einkaufens, den Erlebniseinkauf als Kombination aus „Window-Shopping" und anschließendem Café-Besuch bereichert. Neben diesen weichen Aspekten gibt es auch harte finanzielle Faktoren. Einerseits schöpft das Kocherquartier zusätzliche Kaufkraft aus dem Umland ab. Andererseits wird verhindert, dass vorhandene Kaufkraft nach Heilbronn oder Stuttgart abwandert.
Die Einzelhändler in der Neuen Straße und ihrer unmittelbaren Umgebung befürchten eine Umlenkung der Passantenströme und daraus resultierende Umsatzeinbußen. Zwischen dem Kocherquartier und der Hauptgeschäftslage um die Neue Straße besteht ein Übergangsbereich, durch den die Integration beider Einzelhandelsstandorte gestört werden könnte. Gleiches gilt für die über dem Kocherquartier verlaufende Gelbinger Straße, die nur über eine Hohe Treppe bzw. Rampe zu erreichen ist.

Quelle: nach Aller, M. a.a.O.

ZUSATZAUFGABE
4. Stelle die Chancen und Risiken des Kocherquartiers in einer Tabelle einander gegenüber und ziehe ein persönliches Fazit (M1, M4 u. M6 bis M8).

LÖSUNGSHINWEISE

Aufgabe 1:
Die Aufgabe sollte mit der Think-Pair-Share Methode durchgeführt werden. Mehrere Alternativen sind möglich. Wichtig ist jeweils die Begründung. Der Wochenmarkt ist ein ambulanter Handel, die anderen drei Beispiele gehören zum stationären Handel. Das „Kerz" ist ein dezentraler Einzelhandelsstandort mit großzügigem Parkplatzangebot vor den Geschäften. Die anderen drei Standorte liegen im Fußgängerbereich der Innenstadt. Das Kocherquartier unterliegt einem zentralen Management. Der Wochenmarkt bietet ein enges Sortiment an Waren des kurzfristigen Bedarfs. Die anderen drei Einzelhandelsstandorte bieten einen Mix aus Einzelhandel, Dienstleistungen und Gastronomie.

Aufgabe 2:
Bild oben links in M1 und M5, Bild oben rechts in M1 und M4, Bild unten links in M1 und M3, Bild unten rechts in M1 und M2.

Aufgabe 3:
Wochenmarkt: Frische, regionale Ware und „Schwätzle" mit anderen Kunden und Beschickern als Vorteil, höhere Preise als Nachteil. Neue Straße: Fachgeschäfte mit Beratung und altstädtisches Flair als Vorteile, weniger Auswahl sowie kleinere Geschäftsgröße und -anzahl als Nachteil. Kocherquartier: Räumliche Konzentration verschiedener Textilanbieter mit größerer Auswahl und moderne Architektur als Vorteil, Randlage als Nachteil. Kerz: Großzügige Zufahrt und Parkmöglichkeiten und Angebotsmix als Vorteil, 3 Kilometer Entfernung zum Stadtzentrum und fehlendes Flair als Nachteil.

Aufgabe 4:

Vorteile	Nachteile
Vergrößerung der im Vergleich zu dezentralen Standorten zu kleinen innerstädtischen Einzelhandelsflächen	Räumliche Trennung von Hauptgeschäftslage durch Übergangszone und von Gelbinger Straße durch Höhenunterschied
Ergänzung der kleinflächigen Einzelhandelsstruktur um großflächige Einzelhandelsgeschäfte	Umlenkung Passentenströme und Umsatzeinbußen in der Hauptgeschäftslage
Stärkung des Zentrums durch bessere Versorgung und Erlebniseinkauf	
Erweiterung des Einzelhandelsangebots	
Sicherung bestehender und Gewinnung zusätzlicher Kaufkraft	

47.1 Stadtgeographie: Fliegerhorst Crailsheim

M1 Torhaus des ehemaligen Fliegerhorstes

M4 Eventlocation Hangar Crailsheim

M2 Fliegerhorst Crailsheim

Der Fliegerhorst Crailsheim stammt aus der Zeit des Nationalsozialismus. Im Jahr 1935 wurde mit dem Bau begonnen. Errichtet wurden unter anderem mehrere Flugzeughangars, eine Flugleitung, eine Feuerwehr, die Kompanie-Unterkünfte und ein KFZ-Hof. Vor und während des Zweiten Weltkrieges wurde der Fliegerhorst unterschiedlich genutzt. Zunächst waren in Crailsheim ein Fliegerausbildungsregiment und eine Flugzeugführerschule beheimatet. Auch unmittelbar am Krieg beteiligte Einsatzverbände waren zeitweise in Crailsheim stationiert.

Nach dem Ende des Zweiten Weltkrieges wurden die Gebäude durch wohnungslose Crailsheimer und durch den Krieg Vertriebene bewohnt.

Anfang der 1950er Jahre erhoben die USA Anspruch auf die Flächen des Fliegerhorstes, um dort Bodentruppen stationieren zu können. Auf dem ehemaligen Flugplatz entstand eine neue Kaserne. Von den Gebäuden der „McKee-Barracks" ist allerdings heute nichts mehr zu erkennen, da Gewerbeflächen auf dem Flugfeld entstanden sind.

Bis in die 1990er Jahre beheimatete das Gelände des ehemaligen Fliegerhorstes auch ein Depot der Bundeswehr.

Quelle: www.fliegerhorste.de/crail.htm

M3 Glossar

Sanierung: Renovieren oder Modernisieren eines alten Gebäudes, bei der die vorherige Nutzungsform (z.B. Wohnen) erhalten bleibt.

Konversion: Nutzungsänderung oder Wiedereingliederung ehemalig militärisch genutzter Flächen oder Brachen. Vor allem in den 1990er Jahren wurden in Deutschland durch Truppenabzug zahlreiche Flächen zur Umnutzung frei.

Gentrifizierung (gentrification): Stadtteilbezogener Aufwertungsprozess, der auf der Verdrängung unterer Einkommensgruppen durch den Zuzug wohlhabender Schichten basiert. Neben der Aufwertung der Bausubstanz (Stadtsanierung) kommt es häufig auch zur funktionalen (neue Geschäfte, mehr Angebote) und symbolischen Aufwertung (verbesserte Kommunikation über einen Stadtteil, Medienpräsenz).

Quelle: Lexikon der Geographie, Spektrum Verlag.

M5 Von der Flugzeughalle zur Eventlocation

Aus Sicht der Crailsheimer Stadtplaner war es eine echte Chance, als Mitte der 1990er Jahre das gesamte Gelände des ehemaligen Fliegerhorstes zur Umnutzung frei wurde.

In attraktiver Lage zwischen der Crailsheimer Kernstadt, dem Stadtteil Roßfeld und der Bahnlinie Stuttgart-Nürnberg boten sich der Stadt nun verschiedene Entwicklungsmöglichkeiten.

Ein Beispiel für die Umnutzung der vormals militärisch genutzten Fläche ist die „Eventlocation Hangar". Der ehemals als „Halle 2" bezeichnete Flugzeughangar steht heute für die unterschiedlichsten Veranstaltungen zur Verfügung. Dank der frei tragenden Decke sind in dem knapp 2.000 m² großen Innenraum Messen, Parties, Konzerte oder Theaterabende möglich.

Quelle: www.hangar-crailsheim.de

M6 Veranstaltungen im Hangar (Auszug)

- WM Public Viewing
- Empfang der Wirtschaft
- Mannfred Mann's Earth Band
- Oper Schwanensee
- Hannes und der Bürgermeister
- Florian Schroeder (Kabarett)
- Messe Vitawelt
- Gerd Dudenhöffer spielt Heinz Becker
- SWR 3 Live Lyrix
- Volksfest
- Hochzeitsmesse
- Mathias Richling (Kabarett)

Quelle: www.hangar-crailsheim.de

AUFGABEN

1. Verorte die beiden Bilder M1 und M4 auf einem geeigneten Stadtplan der Stadt Crailsheim.
2. Wende die Begriffe des Glossars auf die Flächen des ehemaligen Fliegerhorsts Crailsheim an.
3. Beschreibe, wie das Gelände des ehemaligen Fliegerhorstes heute genutzt wird. Informiere dich dazu auch im Internet.

Zusatzmaterialien Heilbronn-Franken
47.2 Stadtgeographie: Fliegerhorst Crailsheim

M7 Übersicht Fliegerhorst

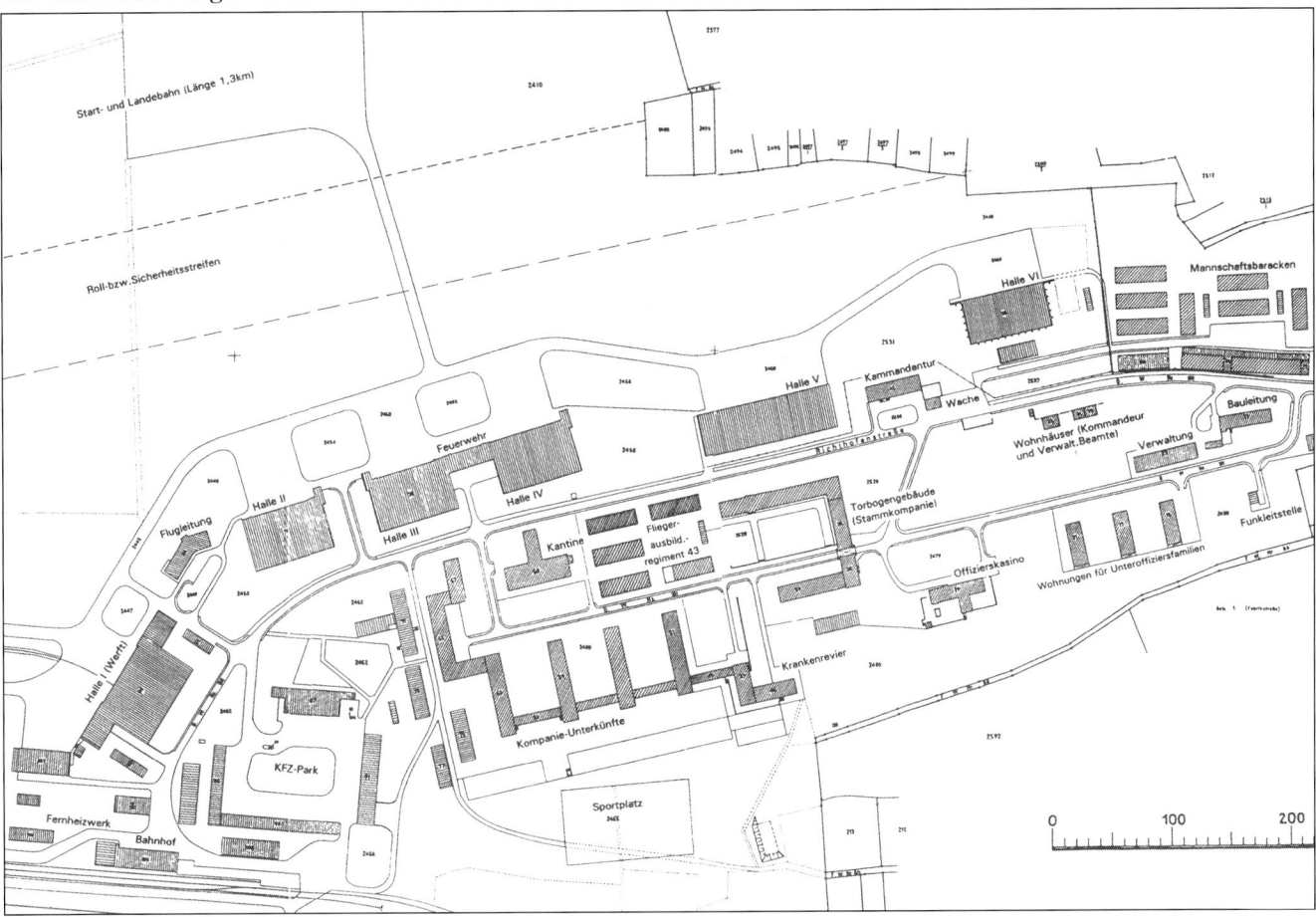

Quelle: Badal, R. (1997): Fliegerhorst Crailsheim. Baier-Verlag. Crailsheim.

M8 Legende

ZUSATZAUFGABEN

Außerschulischer Lernort Industriegebiet „Fliegerhorst":
4. Verorte die beiden Bilder M1 und M4 auf der Karte M7.
5. Kartiere die heutige Situation des ehemaligen Militärgeländes mithilfe der Karte M7. Lege dazu auch eine Legende an, die die heutige Nutzung der Gebäude zeigt (M8).

LÖSUNGSHINWEISE

Aufgabe 1:
Beide Gebäude sind beispielsweise mit Google Earth oder Google Maps auffindbar. Adresse Torhaus: Burgbergstraße, Adresse Hangar: Im Fliegerhorst 2, 74564 Crailsheim.

Aufgabe 2:
Der Begriff der *Konversion* beschreibt die städtebaulichen Veränderungsprozesse rund um den Fliegerhorst Crailsheim am treffendsten. Davon abzugrenzen ist der Begriff der *Gentrifizierung*, der an sozioökonomische Aufwertungsprozesse (z.B. moderne Lebensstile/„yuppies") geknüpft ist. Die Verwendung des Begriffs der *Modernisierung* fällt den Schülerinnen und Schülern vermutlich am leichtesten, da er im Alltag gebräuchlich ist.

Aufgabe 3:
Neben dem in M5 und M6 thematisierten Veranstaltungsort wird das Gelände sehr unterschiedlich genutzt. Große Teile des ehemaligen Flugplatzes und der McKee-Barracks sind durch Gewerbeflächen überbaut (z.B. Voith Turbo GmbH & Co. KG). In den ehemaligen Kompanieunterkünften finden sich heute Wohnungen, diverse Bildungseinrichtungen (Kindergarten, Musikschule, Waldorfschule, Sprachheilschule), eine Feuerwache und Flächen für den Einzelhandel (z.B. Getränkemarkt).

Aufgabe 4 und 5:
Als Grundlage für die Kartierung bietet sich die Arbeit mit unterschiedlichen Signaturen an: Flächensignaturen für das Vorhandensein von Gebäuden (z.B. grün = noch existierende Gebäude, rot = abgerissene Gebäude), Textsignaturen für die heutige Nutzungsform (z.B. W = Wohnen, FW = Feuerwehr, E = Eventlocation).

Didaktischer Hinweis: Alternativ zur Arbeit vor Ort kann die Aufgabe auch mit einer Software zur Fernerkundung (z.B. Google Earth) bearbeitet werden. Allerdings erschließt sich aus der Software nicht zwingend die heutige Nutzung der Gebäude.

Ein Projekt der IHK Heilbronn-Franken in Kooperation mit dem Pakt Zukunft, dem Regionalverband Heilbronn-Franken, der Akademie für Innovative Bildung und Management und der Pädagogischen Hochschule Ludwigsburg

48.1 Kulturstadt Schwäbisch Hall

M1 Zeitungsartikel

London zu Gast in Schwäbisch Hall

Achtklässler einer Schwäbisch Haller Schule besuchen gemeinsam mit ihren Austauschschülern aus London die historischen Sehenswürdigkeiten und Ausflugsziele in der Kulturstadt Schwäbisch Hall. Bei einem vorbereiteten Stadtrundgang erfahren so die englischen Schülerinnen und Schüler Interessantes über die Heimatstadt ihrer deutschen Austauschpartner.

M2 Historischer Stadtkern von Schwäbisch Hall

M3 Kulturstadt Schwäbisch Hall

Kulturstadt darf sich jede Stadt nennen, die eine Vielzahl an kulturellen Aktivitäten, Einrichtungen und Veranstaltungen zu bieten hat. Die Salzsiederstadt Schwäbisch Hall vereint Museen, Kunst, Theater und vieles mehr im städtischen Angebot:
5 Wer sich für international renommierte Kunstwerke interessiert, ist in der Kunsthalle Würth herzlich willkommen. Das 2001 eröffnete Museum präsentiert Wechselausstellungen auf der Basis der Sammlung Würth und gilt als architektonisches Highlight im Stadtbild.
10 Mit insgesamt fünf Kirchen hat ein Kirchenliebhaber die Möglichkeit, eine ganze Reihe an beeindruckenden Kirchengebäuden zu besichtigen.
Das Hällisch-Fränkische Museum für Kunst- und Kulturgeschichte gibt in sieben historischen Gebäuden Einblicke in die
15 Geschichte und Kultur der Region.
Für Freiluftfanatiker bieten die Freilichtspiele eine großartige sommerliche Kulisse: Theaterdarbietungen sind auf der „Großen Treppe" vor St. Michael zu sehen. Seit 1925 werden hier zwischen Juni und August berühmte Stücke aufgeführt.
20 Auch für kleine Besucher ist mit dem Marionettentheater das Tagesprogramm gesichert. Das Theater im Schafstall existiert ebenfalls bereits seit 1925 und zeigt neben Jim Knopf, Schneewittchen und Räuber Hotzenplotz viele Marionettenspiele für Groß und Klein.
25 Eine Zeitreise beginnt in dem etwas außerhalb der Stadt gelegenen Freilandmuseum Wackershofen. In originalgetreuen historischen Gebäuden kann man sich in das Leben der Menschen von früher hineinversetzen.
Wer Musik und Unterhaltung liebt, kann sich neben Musik-
30 clubs, Kabarett und Kino den visuellen und akustischen Künsten an zahlreichen weiteren Veranstaltungsorten hingeben.

Quelle: Kulturbüro Schwäbisch Hall.

M4 Stadtplan Schwäbisch Hall

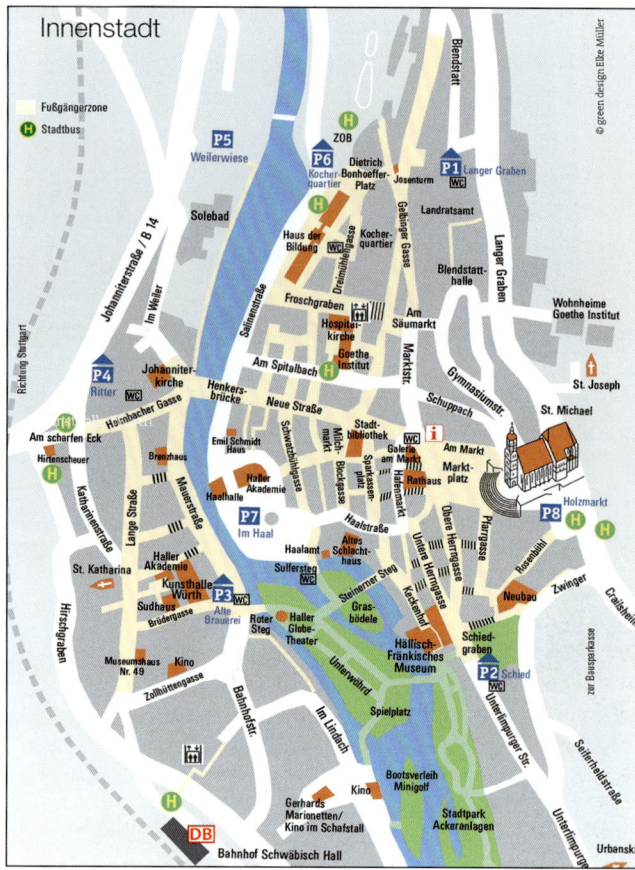

Quelle: Kulturbüro Schwäbisch Hall.

M5 Mögliche Programmpunkte für einen Tagesausflug

Freilandmuseum Wackershofen, Eintritt 2,50 Euro, Dauer 1,5 h, *Achtung: außerhalb gelegen*	Picknick am Kocher, kostenlos, Dauer 1 h
St. Michaelskirche, Besichtigung mit Turmaufstieg, kostenlos, Dauer: 30 Min. *Achtung: Anmeldung erforderlich*	Kunsthalle Würth, kostenlos, Dauer 1 h, *montags geschlossen*
Kloster Großcomburg Kosten 2 Euro, Dauer ca. 1 h, *Anmeldung erforderlich*	Shopping in der Innenstadt und im „Kocherquartier", *Geldbeutel nicht vergessen!*
Bringe gerne auch eigene Ideen in die Ausflugsplanung mit ein!	Hällisch-Fränkisches Museum, Besichtigung inklusive Führung „Die Stadt im Mittelalter" Eintritt: 4,50 Euro, Dauer: 2 h, *montags geschlossen*

AUFGABEN

1. Erkläre den Begriff „Kulturstadt" in eigenen Worten und begründe, weshalb Schwäbisch Hall eine „Kulturstadt" ist (M3).
2. Plane einen Tagesauflug nach Schwäbisch Hall. Fertige dazu eine Tabelle an, in der du verschiedene Standorte, benötigte Zeiten und kurze Beschreibungen einträgst (M3, M4, M5).
3. Ergänze deinen Tagesplan mithilfe des Internets. Nenne dazu auch die verwendeten Internetseiten.

Zusatzmaterialien Heilbronn-Franken
48.2 Kulturstadt Schwäbisch Hall

M6 Theaterinszenierung auf der Großen Treppe

© Freilichtspiele Schwäbisch Hall

M7 Szene des Theaterstücks „Don Juan"

© Freilichtspiele Schwäbisch Hall

M8 Außenansicht Haller Globe Theater

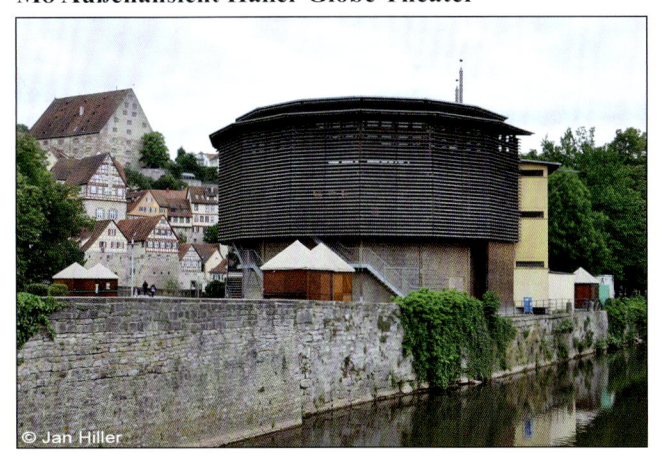

© Jan Hiller

M9 Freilichtspiele Schwäbisch Hall

„Die Welt wird zur Bühne auf der einzigartigen Treppe". Die Freilichtspiele auf der Großen Treppe zu St. Michael gehören untrennbar zur Identität von Schwäbisch Hall. Bereits seit 1925 wird auf der mehr als 500 Jahre alten Freitreppe Theater gespielt. Damit sind die Freilichtspiele Schwäbisch Hall das älteste professionelle Freilichttheater Baden-Württembergs.

Zunächst war »Jedermann« von Hugo von Hofmannsthal das einzige Stück. Heute bilden drei Inszenierungen auf der Großen Treppe den Kern der weithin bekannten Freilichtspiele. Dabei ist die Große Treppe mächtiger Schauplatz für die großen Klassiker der Weltliteratur, aber auch inspirierende Showtreppe für mitreißendes Musiktheater *made in* Schwäbisch Hall: einzigartig und unverwechselbar.

Seit dem Jahrtausendwechsel im 75. Jubiläumsjahr gibt es jährlich auch zwei Inszenierungen im Haller Globe Theater, einem einzigartigen Rundbau aus Holz auf der mitten in der Stadt gelegenen Kocherinsel. Eine dreistöckige Bühne lässt die Zuschauer und die Akteure eng zueinander rücken. Im wahrsten Sinne des Wortes wird „die Welt hier zur Bühne". Beim Haller Globe Theater handelt es sich nicht um eine historische Rekonstruktion des Londoner Globe-Theatre, sondern um eine moderne Weiterentwicklung dieses Theatertypus.

Ein besonderes Anliegen der Freilichtspiele ist es, Jugendliche für das Theater zu begeistern. Es gibt einen Jugendclub, Klassenzimmerstücke, Projekte mit Schulen und alle zwei Jahre ein Internationales Jugendtheaterfestival mit Jugendtheatergruppen aus aller Welt.

Quelle: www.schwaebischhall.de/kulturstadt/theater

ZUSATZAUFGABEN

Arbeitet in Kleingruppen zusammen:

4. Plant einen Theaterbesuch der Freilichtspiele Schwäbisch Hall mit euren Austauschschülern. Stellt Informationen zu Programm, Anfahrt und Gesamtkosten zusammen.
5. Verfasst einen Zeitungsartikel über euren Besuch in Schwäbisch Hall. Der Artikel soll die Stadt Schwäbisch Hall, ihre Sehenswürdigkeiten und die besuchten Standorte beschreiben.

LÖSUNGSHINWEISE

Aufgabe 1:
Eine „Kulturstadt" weist zahlreiche Kulturangebote wie Theater, Museen, Kunstgalerien oder musikalische Veranstaltungen auf. Die kulturellen Freizeitangebote haben häufig überregionale, nationale oder sogar internationale Bedeutung.

Aufgabe 2:
Individuelle Lösungen.
Umsetzungsvorschlag für die tabellarische Tagesplanung:

Zeitbedarf	Programmpunkt	Beschreibung

Aufgabe 3:
Individuelle Lösungen.
Hilfreiche Informationen finden sich auf der Internetseite
www.schwaebisch-hall.de/erlebnisstadt.html

Aufgabe 4
Individuelle Lösungen.
Hilfreiche Informationen finden sich auf der Internetseite
www.freilichtspiele-hall.de

Aufgabe 5
Individuelle Lösungen.
Als Hilfestellung für die Schülerinnen und Schüler können die in M5 beschriebenen Programmpunkte dienen, die Gegenstand des Zeitungsartikels sein können.

Ein Projekt der IHK Heilbronn-Franken in Kooperation mit dem Pakt Zukunft, dem Regionalverband Heilbronn-Franken, der Akademie für Innovative Bildung und Management und der Pädagogischen Hochschule Ludwigsburg

© 2016 IHK Heilbronn-Franken, Ferdinand-Braun-Str. 20, 74074 Heilbronn

49.1 Aufbrechen – Auf dem Jakobsweg durch den Landkreis SHA

M1 Jakobusfigur Rothenburg von Ernst Steinacker

Quelle: Dr. Oliver Gußmann, Rothenburg

M2 Warum heute auf einen Pilgerweg?

Warum tun sich die Leute bloß solche Strapazen mit Regen, Hitze und Blasen an den Füßen an? – Es gibt die unterschiedlichsten Beweggründe, die einen aufbrechen lassen. Ich bin einem Familienvater begegnet, der sich etappenweise mit Frau und Kindern auf den Weg macht und immer wieder mal nach Hause zurückkehrt. Letzten November flatterte mir eine Postkarte aus Santiago ins Haus: Von einer frischgebackenen Abiturientin, die erst einmal die Lernstrapazen hinter sich gelassen hatte und im Juni in Rothenburg Rast gemacht hatte. Ich habe mit einem früher Krebskranken gesprochen, der aus Dankbarkeit über das wieder gewonnene Leben den Weg auf sich nahm. Und ich bin dem Finanzmanager einer Universität begegnet, der nach einem Burnout einfach ausgestiegen ist und nach einem Arbeitsleben rund um die Uhr nun entdeckt, was Freiheit von Terminen bedeuten kann.

Wer nach Südwesten geht, hat morgens immer seinen Schatten vor sich auf dem Weg. Für mich ist das Pilgern eine Begegnung und eine Auseinandersetzung mit sich selbst. Mit Schattenseiten eben und Sinnfragen. Und eine Auseinandersetzung mit Gott. Und ein Nachdenken über zwischenmenschliche Beziehungen. Der Weg bringt Menschen ins Gespräch, die sich vielleicht nie begegnet wären. Der Weg macht alle gleich. Und er ist ein Abenteuer voller Überraschungen, die in einem durchgeplanten Alltag so selten geworden sind.

Text: Pfarrer Dr. Oliver Gußmann, www.tourismus.rothenburg.de

M3 Der Weg von Rothenburg nach Rottenburg – 3 Etappen führen durch den Landkreis Schwäbisch Hall

| Etappe 1: Rothenburg – Schrozberg (19 km) |
| Etappe 2: Schrozberg – Langenburg (18 km) |
| Etappe 3: Langenburg – Schwäbisch Hall (23 km) |

Jakobsweg: Rothenburg ob der Tauber – Schrozberg – Langenburg – Schwäbisch Hall – Murrhardt – Rottenburg

Kartografie: Regionalverband Heilbronn-Franken 02/2016

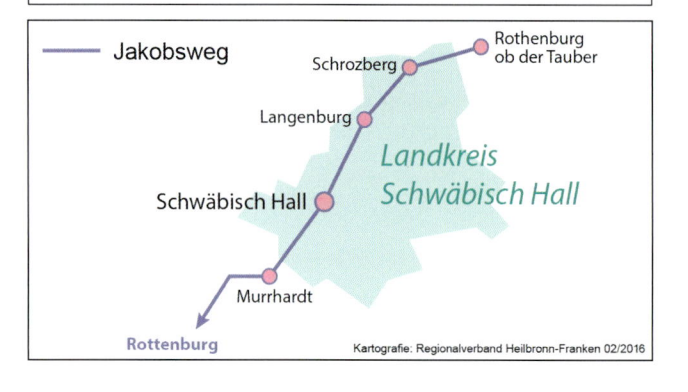

M4 Vorbereitung eines Pilgertages

Den Weg erleben, erleben wie Schülerinnen und Schüler sich auf den Weg machen und wie sich das Verhältnis und die Themen ändern. In M3 sind drei Etappen durch den Kreis Schwäbisch Hall beschrieben, die nach den eigenen Bedürfnissen in längere oder kürzere Etappen unterteilt werden können.

Geklärt werden muss im Vorfeld die Länge der Gesamt- und der Tagesstrecke und eine dem Wetter und dem Weg entsprechende Ausrüstung. Klar muss auch sein, dass es kein gewöhnlicher Wandertag ist. Reisesegen und Übungen sind wichtig, wie zum Beispiel, eine Strecke des Weges schweigend zu gehen oder einen Stein als Symbol für Belastendes ein Wegstück mitnehmen und dann auch bewusst abzulegen. (Schweigen, Wahrnehmungsübungen). Symbole wie z.B. Wasser oder die Muschel können betrachtet werden und ganz entscheidend ist es zu zeigen, dass das Pilgern in unserem Kulturkreis eine große Tradition hat.

Wer Texte und Anregungen braucht, findet in den angegebenen Links genügend Hinweise.

M5 Warum der Mensch sich aufmacht

Das Wort „pilgern" geht zurück auf das lateinische „pergere/ per agere" und bedeutet „in der Fremde". Pilgern ist eine längere, religiös motivierte Reise. Die großen Pilgerziele in der christlichen Tradition sind dabei das Heilige Land, Rom und Santiago de Compostela.

Der Glaube und die Vorstellung des Menschen, dass er an besonderen Orten dem Heil und seinem Gott näher ist, ist treibende Kraft der Menschen, sich auf den Weg zu machen. Auch finden sich in der Bibel zahlreiche Hinweise auf Menschen, die auf dem Weg sind (Jesus der Weg zum Vater, Johannes 14 oder Die Emmausjünger, Lukas 14, 13f). Dem Weg und dem Unterwegssein kommt in der christlichen Tradition eine besondere Bedeutung zu.

M6 Internetadressen
- www.jakobswege-nach-burgund.de
- www.pilgern-bayern.de
- www.pilgern-bewegt.de

AUFGABEN

1. Beschreibe die Abbildung der Jakobusfigur (M1).
2. Kläre mit Hilfe der oben stehenden Internetadressen und Text M2, warum Menschen heute auf Pilgerreise gehen und vergleiche mit den Motiven der Menschen früher.
3. Plane einen Pilgertag im Kreis Schwäbisch Hall mit deiner Klasse. Benutze dazu eine Wanderkarte und beschreibe den Weg genau. Worauf musst du achten? Welche Übungen eigenen sich für deinen Wegabschnitt?

Zusatzmaterialien Heilbronn-Franken
49.2 Aufbrechen – Auf dem Jakobsweg durch den Landkreis SHA

M7 Pilger und Muscheln aus Schrozberg

© Georg Leiberich, Schrozberg

M8 Jakobsmuscheln, ein Pilger und die Geschichte einer schwierigen Freundschaft

Die Neuausschilderung des Jakobswegsabschnitts von Rothenburg ob der Tauber nach Rottenburg am Neckar und der dazu erschienene Pilgerführer bescherte dem kleinen Städtchen Schrozberg einen neuen Kreis von Durchgangs- und Übernachtungsgästen.

Im Pilgerführer und auf den Websites war Schrozberg auf dem Weg nach Santiago nun Ziel einer 19 Kilometer langen Tagesetappe von Rothenburg ob der Tauber her. Kein Wunder, dass immer mehr Menschen mit Rucksack, Muschel und Pilgerstab zu sehen waren. Die Menschen, die sich die Kirche ansehen wollten wurden mehr und selbst die Übernachtungssituation im Ort änderte sich durch die gestiegenen Gastzahlen zum Guten.

Als dann im Jahr 2009 die Umgestaltung des Marktplatzes inklusive des Kirchplatzes anstand, war schnell klar, dass das Thema „Jakobspilger" zur Gestaltung des Kirchplatzes genügend Anhaltspunkte bot. Stadtplaner, Gemeinderat und Kirchengemeinde waren sich einig: Eine Pilgerfigur und Muscheln sollen den Platz zieren.

Bei der feierlichen Eröffnung waren dann auch alle ganz stolz auf die Jakobmuscheln aus Stein und die Holzskulptur des Creglinger Künstlers Johannes Stahl. Direkt vor der Kirche, wurden nun alle Besucher auf den Bezug zum Jakobsweg aufmerksam gemacht. Pilger und Muscheln bildeten einen Weg direkt auf die Kirchentür zu, was aber einige Passanten so sehr abgelenkt hat, dass sie stolperten und schmerzliche Erfahrungen machten. Die gute Laune war dahin.

So häuften sich die Beschwerden und kritischen Stimmen. Höhepunkt war dann ein Beitrag beim Schrozberger Jacobi Fest, als beim Festumzug eine Gruppe daran ging, symbolisch Muscheln zu Muschelmehl zu verarbeiten um die Leute vor der Stolperfalle zu schützen. Die Diskussion war entbrannt und doch war eine Lösung nahe.

Das Ergebnis war ein neuer Platz am Rande des Kirchplatzes und damit das Ende der Diskussion. Der heilige Jakobus prägt seither noch mehr das Denken der Schrozberger, ohne dass es dazu schmerzlicher Denk-Anstöße bedarf.

ZUSATZAUFGABEN

4. Beschreibe das Foto M7.
5. Spielt eine Diskussion, die sich für und gegen eine Versetzung der Skulptur und der Muscheln ausspricht.

LÖSUNGSHINWEISE

Aufgabe 1:
Der Pilger weist mit Hand in Richtung Santiago. Er trägt einen Hut und einen Pilgerstab. Das Bein zeigt, dass er aufbricht und sich auf den Weg macht. Er unterscheidet sich von heutigen Pilgern, die sich mit moderner Ausrüstung auf den Weg machen.

Aufgabe 2:
Heute:
- Suche nach Gott und Lebenssinn
- Weg vom Stress
- Neuorientierung an Lebensübergängen
- Dankbarkeit
- Sportliche Herausforderung
- Krisen bewältigen

Früher:
- Ausdruck des Glaubens
- Angst vor den Strafen der Hölle
- Buße
- Dank für erhaltene Gnade
- Einlösung eines Gelübdes
- Körperliche Heilung
- Pilgern für jemand anderes

Aufgabe 3:
Bei der Planung auf die Kartenarbeit achten. Tipp: Arbeit mit GPS Geräten wäre eine Bereicherung.
Auf Anreisemöglichkeit mit dem öffentlichen Nahverkehr achten!

Aufgabe 4
- Besondere Form des Pilgers
- Farbgebung
- Lage vor der Kirche

Aufgabe 5
Auf eine gut vorbereitete Diskussion achten. Eine Gruppe ist für den Verbleib mit Argumenten wie „Pilgern war immer beschwerlich", „Pilgern ist eine zentrale Tradition"
Die andere Gruppe fordert die Verlegung der Muscheln: Sicherheit geht vor, Pilgern hat kaum eine evangelische Tradition, Pilger gefällt nicht.

Literaturhinweise:
- Bahmüller, H.-J./Buchegger, O./Burkhardt, B./Florl, R. (2014): Der Jakobsweg von Rothenburg ob der Tauber bis Rottenburg am Neckar. Dresden. Winnenden. Jakobs-Team.
- Kath. Bibelwerk Suttgart (2004): Der Jakobsweg. Pilgern nach Santiago de Compostela. Reihe: Welt und Umwelt der Bibel, H. 3/2004. Verlag Kath. Bibelwerk e. V. Stuttgart.
- Müller, Peter (2010): Wer aufbricht, kommt auch heim. Vom Unterwegssein auf dem Jakobsweg. 7. Auflage. Verlag am Eschbach. Eschbach.

50.1 Kulturlandschaft an Kocher und Jagst

M1 Kulturlandschaft im Jagsttal

M2 Entstehung der heutigen Kulturlandschaft

Streuobstwiesen, vielseitig genutzte Ackerflächen, Dauergrünland der Weidewirtschaft, zwischendurch Waldparzellen und Weinreben entlang der Talhänge von Kocher und Jagst – der Reiz der einheimischen Kulturlandschaft entsteht durch ihre Vielfalt.

Diese kleinräumig differenzierte Landschaft wäre ohne das Wirtschaften der Menschen nicht denkbar. Die Verbindung der beiden Worte „Kultur" und „Landschaft" bringt dies zum Ausdruck.

Die Kulturlandschaft, die heute im Wesentlichen das Erscheinungsbild des Landkreises Schwäbisch Hall prägt, hat ihren Ursprung im ausgehenden Mittelalter. Das unmittelbare Nebeneinander von reichsfreien Städten, Grafschaften, Ritteradel, Herzogtümern und geistlichen Hoheitsgebieten hatte eine Kleinkammerung der Herrschaftsgebiete zur Folge. In jener Zeit wurden auch einige Städte neu gegründet, die mit herrschaftlichen Residenzen in Verbindung standen. Außerdem wurden zahlreiche Märkte eingerichtet, um den Austausch von Waren sicherzustellen und die stetig wachsende Bevölkerung mit Lebensmitteln zu versorgen.

Die Folge war die Ausbildung einer agrarisch geprägten Kulturlandschaft, durchsetzt von Wirtschaftswäldern und ländlichen Siedlungsformen, wie sie weitgehend bis heute noch Bestand hat.

M3 Steinriegel bei Braunsbach/Döttingen

M4 Die Vielfalt liegt im Detail

M5 Schützenswerte Vielfalt

„Keltergasse" oder „Weinsteige" – wer sich heute in dem kleinen Braunsbacher Teilort Döttingen umschaut, kann einige Spuren entdecken, die auf Weinbau hinweisen. Und das, obwohl sich rund um den Ort kein einziger Weinberg mehr findet.

Vom 17. bis ins 19. Jahrhundert prägte der Weinbau weite Teile des mittleren Kocher- und Jagsttals. So auch in Döttingen: Entlang der in Richtung Kupferzell verlaufenden „Weinsteige" sind in historischen Dokumenten zahlreiche Weinberge verzeichnet. Nach der Invasion der amerikanischen Reblaus im frühen 20. Jahrhundert kam es jedoch zu schweren Schäden am Rebenbestand der Weinberge. In den Folgejahren gaben viele Winzer den Weinanbau auf, denn auch vor der Reblaus-Epidemie war dieser in weiten Teilen des Landkreises Schwäbisch Hall nicht rentabel. Durch niedrige Niederschlagsmengen und häufige Frostschäden gab es des Öfteren Ernteeinbußen. Auch waren die steilen Talhänge nur sehr mühsam per Handarbeit zu bewirtschaften.

Heute sind Steinriegel, Weinbergterrassen oder Trockenmauern typische Zeugen dieser ehemaligen landwirtschaftlichen Nutzungsform. Vielerorts haben sich an diesen Standorten wertvolle Ökosysteme entwickelt, in denen seltene Tiere und Pflanzen beheimatet sind. Beispiele sind die Echte Schlüsselblume, der goldglänzende Rosenkäfer (siehe M4) oder die Zauneidechse - allesamt in Deutschland streng geschützte Arten.

Würde der Mensch die Landschaft nicht fortwährend bewirtschaften oder zumindest pflegen, würde sie nach und nach verwildern, mit der Folge, dass Ökosysteme unwiederbringlich verloren gingen.

Quelle: Staatsarchiv Ludwigsburg - Historisches Ortslexikon.

AUFGABEN

1. Beschreibe die unterschiedlichen landwirtschaftlichen Nutzungsformen in M1.
2. Definiere den Begriff Kulturlandschaft in deinen eigenen Worten.
3. Begründe, weshalb die heimische Kulturlandschaft schützenswert ist.

Zusatzmaterialien Heilbronn-Franken
50.2 Projekt: Unsere Streuobstwiese

M6 Streuobstwiese bei Braunsbach/Döttingen

M7 Projekt: Unsere Streuobstwiese

Eine eigene Streuobstwiese?
Nur für eure Klasse?
Dadurch die Klassenkasse aufbessern?

Mit Sicherheit finden sich in der näheren Umgebung eurer Schule Streuobstwiesen, bei deren Bewirtschaftung ihr selbst mit Hand anlegen könnt.
In einem Schülerprojekt erfahrt ihr beispielsweise, welche einheimischen Arten auf Streuobstwiesen beheimatet sind, welche Arbeitsschritte im Jahresverlauf zu erledigen sind, oder wie eigentlich Apfelsaft hergestellt wird.
Und dass sich bei gemeinschaftlichen Aktionen draußen in der Natur euer Klassenklima fördern lässt, versteht sich von selbst!
Steckt euch gemeinsam Ziele, die sich realistisch innerhalb eines Schuljahres erreichen lassen. Orientiert euch anschließend an den drei Projektphasen (siehe M9).

ZUSATZAUFGABEN

4. Teilt euch in Kleingruppen auf und versucht, eine der Fragen in M10 zu beantworten. Präsentiert eure Lösungen anschließend in der Klasse.
5. Plant mit eurer Klasse die Projektdurchführung.

M8 Apfelsaft - selbst gemacht

M9 Projektverlauf in drei Phasen

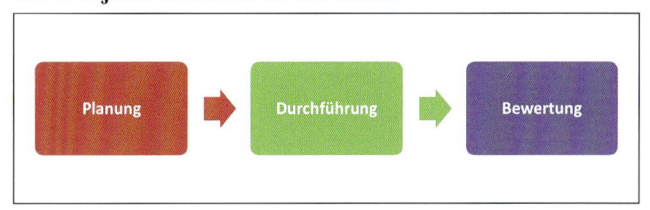

Planung → Durchführung → Bewertung

M10 Projektphase 1: Anregungen zur Projektplanung

→ *Wo befinden sich geeignete Streuobstwiesen in unserer unmittelbaren Umgebung?*

→ *Welche Arbeitsschritte sind zur Bewirtschaftung einer Streuobstwiese im Jahresverlauf notwendig?*

→ *Wie wird Apfelsaft (Most) hergestellt?*

→ *Wie können wir unseren Apfelsaft vermarkten?*

LÖSUNGSHINWEISE

Aufgabe 1:
Die heute auffindbare Kulturlandschaft ist nicht zuletzt durch das kleinräumige Nebeneinander unterschiedlicher landwirtschaftlicher Nutzungsformen entstanden. Auf dem Bild sind Forstwirtschaft, Wiesen der Dauergründlandwirtschaft, Streuobstwiesen und kleinere Ackerflächen zu erkennen.

Aufgabe 2:
Individuelle Lösungen.
Lösungsvorschlag. Der Begriff der Kulturlandschaft lässt sich als „die vom Menschen dauerhaft geprägte Landschaft" definieren.

Aufgabe 3:
Die einheimische Kulturlandschaft ist historisch gewachsen und Ausdruck menschlicher Siedlungs- und Wirtschaftstätigkeiten. In Folge jahrhundertelanger Bewirtschaftung haben sich schützenswerte Ökosysteme etabliert. Neben dem ökologischen Aspekt dient der Erhalt der Kulturlandschaft aber auch ökonomischen Aspekten (z.B. regionale Lebensmittel) und sozialen Aspekten (z.B. Erholung). Bezüge zum Konzept der Nachhaltigkeit sind somit herstellbar.

Aufgabe 4 und 5:
Individuelle Lösungen.
Je nach Entwicklung kann die Komplexität der Projektmethode variiert werden. M9 dient dazu, den Schülerinnen und Schülern den Verlauf des Projektes transparent zu machen. Unten stehende Abbildung formuliert die Projektphasen differenzierter aus.

Quelle: www.lehrerfortbildung-bw.de

Planung
- Themeneingrenzung
- Ziele
- Projekt strukturieren
- Zeitrahmen, Meilensteine
- Einzelpläne für Teilgruppen

Durchführung
- Arbeit im Team organisieren
- Methoden, Techniken festlegen
- Informationen beschaffen
- Dokumentation
- Präsentation

Bewertung
- Bewertung der Dokumentation
- Bewertung der Präsentation
- Bewertung des Kolloquiums
- Bewertung des Arbeitsprozesses
- Gesamtreflexion

Ein Projekt der IHK Heilbronn-Franken in Kooperation mit dem Pakt Zukunft, dem Regionalverband Heilbronn-Franken, der Akademie für Innovative Bildung und Management und der Pädagogischen Hochschule Ludwigsburg

© 2016 IHK Heilbronn-Franken, Ferdinand-Braun-Str. 20, 74074 Heilbronn

51.1 Buntsandstein: Vom Flussbett zum Haus

M1 Die Entstehung von Sand
Sand entsteht durch die Zerkleinerung (Verwitterung) von bestehenden Gesteinen. Meistens ist Granit das Ausgangsgestein für Sand. Granit besteht aus den drei Mineralen Feldspat, Quarz und Glimmer („die vergess ich nimmer"). Glimmer sind kleine schwarze flache Körner, der Quarz ist meistens hellgrau und die Feldspäte können verschiedene Farben haben, z. B. rosa. Wenn bei der Zerkleinerung von Granit durch Frost und Wasser Körner von weniger als 2 Millimeter Durchmesser entstehen, spricht man von Sand. Quarz kann nicht weiter zerkleinert werden. Deshalb ist Quarz der Hauptbestandteil von Sand.

M2 Transport, Ablagerung und Verbackung
Die Sandkörner werden vom Regen in Bäche und Flüsse gespült und können dann über viele Hundert Kilometer hinweg transportiert werden. Dort, wo die Flüsse kein Gefälle mehr haben oder in ein Meer münden, bleiben die Sandkörner einfach liegen (Ablagerung).
Vor 250 Mio. Jahren haben sich viele Sandschichten in Südwestdeutschland übereinander abgelagert, so dass eine mehrere Hundert Meter hohe Ablagerung entstand. Die untersten Sandschichten gerieten dabei unter hohen Druck. Dadurch wurden Luft und Wasser ausgepresst. Der Druck und die Erhöhung der Temperatur wandelten die Feldspäte in Ton um. Der Ton wirkte als Zement und verbackte den verdichteten Sand zu einem festen Gestein.

M3 Abbau
Buntsandstein wird heute noch im Steinbruch der Natursteinwerke Franz Zeller in Dietenhan abgebaut. Zunächst müssen die Bodenschicht und die nicht nutzbaren Gesteinsschichten entfernt werden (Abraum). Der abbauwürdige Sandstein lagert in mehreren Metern mächtigen Schichten (Bänke). Da es auch senkrechte Klüfte/Spalten gibt, müssen die Sandsteinblöcke nur an ihrer Rückseite herausgesprengt werden. Dazu bohrt man senkrechte Löcher, die mit Sprengstoff gefüllt werden.

M4 Verarbeitung
Früher wurden die Sandsteine mit Hammer und Meißel bearbeitet. Heute stehen dafür Maschinensägen zur Verfügung. Mit computergesteuerten Fräsen können alle möglichen Formen in beliebiger Zahl aus dem Buntsandstein herausgearbeitet werden.

M5 Bau- und Kunstwerke aus Buntsandstein
Wegen seiner Gleichmäßigkeit und Härte eignet sich der Dietenhaner Buntsandstein sehr gut als Bausandstein und für Steinmetzarbeiten. Z. B. das Schloss in Mannheim, der Winterpalast in St. Petersburg und das Union League Gebäude in Philadelphia wurden mit Dietenhaner Buntsandstein gebaut. Heute wird der Buntsandstein hauptsächlich für die Ausbesserung bestehender Sandsteingebäude verwendet (Restaurierung).

Quelle: Landesamt für Geologie, Rohstoffe und Bergbau (Hg. 2013): Naturwerksteine aus Baden-Württemberg. S. 185ff.

M6 Entstehung und Verwendung von Buntsandstein

AUFGABEN
1. Ordne die Bilder in M6 den richtigen Textabschnitten M1-5 zu.
2. Erstelle ein Fließdiagramm mit den wichtigsten Begriffen zur Entstehung und der Verwendung von Buntsandstein.

Zusatzmaterialien Heilbronn-Franken
51.2 Buntsandstein: Vom Flussbett zum Haus

M7 Verwitterung

Viele Buntsandsteinbauwerke sind bereits mehrere Hundert Jahre alt wie z. B. die Burg Wertheim mit ihren mehr als 800 Jahren. Aber sobald der Buntsandstein den äußeren Witterungsverhältnissen ausgesetzt ist, beginnt dessen allmähliche
5 Zerstörung und schließlich Zerlegung in seine ursprünglichen Bestandteile, den Sand.
Im Sommer führen die täglichen Temperaturschwankungen zu einem Wechsel von Ausdehnung und Zusammenziehen der Körner. Als Folge kommt es zur Lockerung und schließlich bilden sich Risse. Diese Form der Verwitterung nennt man
10 *Temperaturverwitterung*.
Zwischen die gelockerten Sandkörner können Wasser und Salzlösungen vordringen. Beim Übergang von Wasser zu Eis vergrößert sich das Volumen um bis zu 9 % und entfaltet dadurch in den Rissen eine erhebliche Sprengkraft auf die Kör-
15 ner. Dieser Form der Verwitterung wird als *Frostsprengung* bezeichnet und tritt im Gegensatz zur Temperaturverwitterung des Sommers nur im Winter auf.
Entlang von vielbefahrenen Straßen kommt es durch den Streusalzeinsatz im Winter zu einer beschleunigten Verwitte-
20 rung in Form der mit der Frostsprengung vergleichbaren Salzsprengung. Nach dem Verdunsten des Wassers in einer salzhaltigen Lösung kommt es zur Bildung von Salzkristallen, die durch ihr größeres Volumen Druck auf die Risse ausüben. Hier spricht man von *Salzsprengung*.
25 Besonders stark setzen dem Buntsandstein die Autoabgase zu. Die in den Abgasen enthaltenen Stoffe verbinden sich mit Regenwasser zu Säuren. Wenn diese in Mauerrisse eindringen, können sie dort den Ton als Bindemittel zwischen den Sandkörnern zerstören. Diese Verwitterung heißt *Rauchgas-
30 verwitterung*.

M8 Vom Sandstein zum Sandstein
Die Verwitterungsreste in Form von kleinen Quarzkörnern können bei starkem Regen in die Kanalisation gespült werden. Gelangen die Sandkörner aber in einen Fluss, so können sie weit wegtransportiert und zur Ablagerung kommen. In ferner
5 Zukunft bilden sie dann die Grundlage für die erneute Verbackung zu einem Sandstein. So entsteht und vergeht Buntsandstein in einem immerwährenden Kreislauf.

M9 Woher kommt die rote Farbe?
Die Quarzsandkörner waren zuerst grau. Bei einem trockenen und heißen Wüstenklima stieg aus dem Boden eine eisenhaltige Wasserlösung an die Oberfläche. Die Eisenlösung floss dabei um die Sandkörner. Während das Wasser verdunstete,
5 wurden die Sandkörner mit einer roten oder braunen Eisenhaut überzogen. Man könnte sagen, dass die Sandkörner „verrostet" sind.

ZUSATZAUFGABEN
3. Stelle die vier Verwitterungsformen des Buntsandsteins in einer Tabelle zusammen (M7).
4. Erstelle eine Skizze zum immerwährenden Kreislauf der Entstehung und Zerstörung von Buntsandstein (M8).
5. Erstelle eine Skizze und erkläre damit die Rotfärbung von Buntsandstein (M9).

LÖSUNGSHINWEISE

Aufgabe 1:
Von l.o. nach r.u.: M3 Abbau, M2 Transport, Ablagerung und Verbackung, M1 Entstehung von Sand, M5 Bau- und Kunstwerke aus Buntsandstein, M4 Verarbeitung.

Aufgabe 2:
Entstehung von Sand, z. B. durch die Zerkleinerung von Granit → Sandtransport durch Flüsse → Ablagerung in Ebenen oder bei Mündung ins Meer → Verdichtung und Verbackung, z. B. durch Ton → Abbau entlang von Klüften und Fugen sowie mit Sprengstoff → Verarbeitung mit Maschinensägen und Fräsen → Verwendung als Mauer- oder Bildhauersandstein.

Aufgabe 3:

Temperaturverwitterung	Frostsprengung	Salzsprengung	Rauchgasverwitterung
Ausdehnung u. Zusammenziehen der Körner führt zur Lockerung	Wasser in den Poren vergrößert bei Eisbildung sein Volumen und löst Körner ab	Salzkristalle haben ein größeres Volumen uns lösen Körner ab	Rauchgase verbinden sich mit Wasser zu Säuren, die das Bindemittel zerstören

Aufgabe 4: Kreislauf: Sandstein → (Verwitterung) → Sand → (Verbackung) → Sandstein

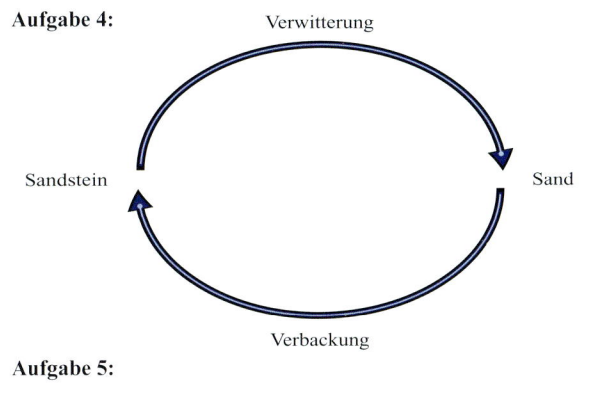

Aufgabe 5: 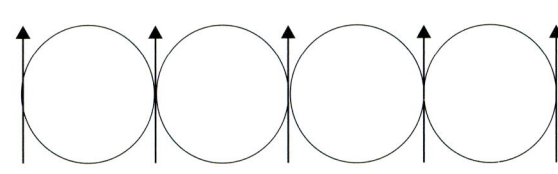 Eisenhaltiges Wasser

Ein Projekt der IHK Heilbronn-Franken in Kooperation mit dem Pakt Zukunft, dem Regionalverband Heilbronn-Franken, der Akademie für Innovative Bildung und Management und der Pädagogischen Hochschule Ludwigsburg

52.1 Klöster, Burgen und Schlösser im Taubertal

M1 Schrägluftbild Kloster Bronnbach

Quelle: Eigenbetrieb Kloster Bronnbach.

M2 Aufgaben eines Klosters

Ora et labora. Mit der einfachen Formel vom Beten und Arbeiten lassen sich die Aufgaben der Mönche eines Klosters zusammenfassen. Von größter Bedeutung war im Mittelalter und der frühen Neuzeit die Rolle der Klöster als Ort der Sicherung und Weiterentwicklung von bestehendem sowie der Schaffung von neuem Wissen. Ihr Wissen gaben die Mönche in eigenen Klosterschulen an ihren Nachwuchs weiter. Besonders wichtig war die Leistung der Klöster für die Verbesserung der Landwirtschaft und die Erschließung neuer Siedlungsgebiete. Aber auch im Bereich des Handwerks und der Verarbeitung von Rohstoffen durch Sägemühlen oder Hammerwerke waren die Klöster sehr erfolgreich und Vorbild für die übrige Bevölkerung.

M3 Entstehung und Entwicklung des Klosters Bronnbach

Der Name des Zisterzienser-Klosters Bronnbach bezeichnet seine Lage in einem Tal und an einem Gewässer, dem unteren Taubertal. Das 1153 erstmals urkundlich erwähnte Kloster Bronnbach wurde von einer Gruppe von Niederadeligen aus der Umgebung gestiftet. Als Neugründung war Bronnbach dem Mutterkloster Maulbronn zugeordnet. 1157 erfolgte die Grundsteinlegung für die Klosterkirche, deren Fertigstellung bis 1222 dauerte. Der Adel der Umgebung und besonders die Grafen von Wertheim unterstützten und förderten von Anfang an die Entwicklung des Klosters Bronnbach. Vom Zisterzienserorden war die Eigenbewirtschaftung des Klosterbesitzes vorgeschrieben. Im Umfeld des Klosters bauten die Mönche landwirtschaftliche Musterbetriebe (Grangien) auf. Außerdem entwickelten sie spezielle Produktionsrichtungen wie den Weinbau sowie die Schaf- und Fischzucht. Um 1250 dürfte die Zahl der Mönche bei 30 bis 40 und die der Laienbrüder (Konversen) bei 60 bis 120 gelegen haben. Die Überschüsse aus der Landwirtschaft, vor allem Wein und Getreide, wurden in klostereigenen Stadthöfen u. a. in Wertheim und Würzburg verkauft.

Es folgte eine wechselvolle Geschichte mit Krisen und Wiederaufbauphasen. Nach einem ersten wirtschaftlichen Niedergang in der zweiten Hälfte des 13. Jahrhunderts traten an die Stelle der Eigenbewirtschaftung verstärkt die Verpachtung und das Einziehen der Erträge. Im Dreißigjährigen Krieg wurde das Kloster verwüstet. Im 18. Jahrhundert erlebte das Kloster eine Blütezeit mit der architektonischen Umgestaltung zu einem repräsentativen barocken Herrschaftssitz (Residenz). U. a. entstanden in dieser Phase der prächtige Josephssaal mit seiner reich verzierten Stuckdecke sowie als komplett neues Gebäude die Orangerie (Gewächshaus).

Mit der Säkularisation als Verstaatlichung von Kirchenbesitz fiel das Kloster Bronnbach in die Hände des Fürstenhauses von Löwenstein-Wertheim-Rosenberg. 1803 verfügten sie die Aufhebung des Klosters. Die neuen Eigentümer nutzen die Klostergebäude fortan ausschließlich für wirtschaftliche Zwecke, u. a. mit einer Milchviehhaltung und Schweinemast sowie einer Brauerei. Da diese Betriebe zu wenig Ertrag für die aufwändige Erhaltung der vielen Klostergebäude abwarfen, verkaufte die fürstliche Familie 1986 das gesamte Klosterareal an den Main-Tauber-Kreis.

Nach: Scherg, L. (2003): Zur Geschichte der Zisterzienserabtei Bronnbach. In: Müller, P. (Hg.): Kloster Bronnbach 1153-1803. Neustadt an der Aisch. S. 11-35.

M4 Funktionswandel der Klostergebäude

Seit dem Verkauf an den Main-Tauber-Kreis erfuhr das ehemalige Kloster Bronnbach nach und nach eine großzügige Sanierung. Die Klostergebäude erfreuen sich seither neuer Nutzungen.

Im ehemaligen Krankenhaus (Spital) ist seit 1992 der Archivverbund Main-Tauber mit dem Archiv der Großen Kreisstadt Wertheim und dem Archiv des Main-Tauber-Kreises untergebracht.

Der Bernhard- und Josephssaal im ehemaligen Refektorium (Speisesaal) und die Orangerie dienen heute als attraktive „Location" für Tagungen und Feiern.

Im ehemaligen Bursariat (Klosterverwaltung) stehen 17 moderne Gästezimmer für Tagungs- und Festgäste zur Verfügung.

Im ehemaligen Stallgebäude betreibt das Fraunhofer-Institut für Silikatforschung (Würzburg) seit 1995 eine Außenstelle. Die Themen dieses Forschungsinstituts sind u. a. die Bereiche Umweltbeobachtung und Kulturgüterschutz. Außerdem bietet die Außenstelle für die Wertheimer Glasindustrie Test- und Analysedienstleistungen.

AUFGABEN

1. Beschreibe das Bild in M1 und überlege, welche Funktion die einzelnen Gebäude haben und wie ein Kloster aufgebaut ist.
2. Erkläre die Aufgaben eines Klosters (M2).
3. Erstelle ein Flussdiagramm zur Entwicklung des Klosters Bronnbach (M3).
4. Erstelle eine Legende mit der früheren und heutigen Nutzung der im Bild (M1) nummerierten Gebäude im Kloster Bronnbach (M4). *Internetrecherche:* Finde weitere Gebäudenutzungen und ergänze Bild und Legende (www.kloster-bronnbach.de).

Zusatzmaterialien Heilbronn-Franken
52.2 Klöster, Burgen und Schlösser im Taubertal

M5 Die Burg Wertheim früher und heute

Bei der auf einem Sporn (Bergnase) zwischen Main und Tauber thronenden Burgruine Wertheim handelt es sich um eine der größten Burganlagen Deutschlands. Die Baugeschichte der Wertheimer Burg begann wohl schon vor der ersten urkundlichen Erwähnung im Jahr 1183. Zu den ersten Gebäuden gehören der quadratische Bergfried mit seinen staufischen Buckelquadern und der Palas als mehrstöckiges Wohngebäude. Um diesen Kern entstanden in den folgenden Jahrhunderten drei Ringmauern und verschiedene Befestigungsanlagen für den Stammsitz der Wertheimer Grafen. Die im bergseitigen Burggraben abgetragenen Buntsandsteine wurden sehr wahrscheinlich für den Burgbau verwendet.

Im 16. Jahrhundert erfolgte der Ausbau der Burg zum Schloss mit verschiedenen Wohn-, Verwaltungs- und Wirtschaftsgebäuden im Stil der Renaissance. Zu der Verteidigungsfunktion traten in dieser Phase zunehmend die Ansprüche einer repräsentativen Hofhaltung. Die Zerstörungen im Dreißigjährigen Krieg versetzten weite Teile der Wertheimer Burg in einen Dornröschenschlaf. Nach der Sanierung 1982 ist die Burgruine wieder zum Leben erweckt worden.

Ein Restaurant bietet neben dem regulären Betrieb verschiedene Räumlichkeiten für Festgesellschaften. Im Burggraben vor dem Zehntringturm finden im Sommerhalbjahr seit vielen Jahren Freiluftkonzerte statt.

Nach: Kleinehagenbrock, F. u. a. (2013): Burg Wertheim. Regensburg.

M6 Das Schloss Weikersheim früher und heute

Im Mündungswinkel von Vorbach und Tauber wurde 1156 zum ersten Mal eine Wasserburg als Vorläufer des heutigen Schlosses in Weikersheim erwähnt. Von dieser Burganlage sind heute noch der aufgestockte Bergfried und Teile des nördlichen Gebäudetraktes erhalten. Sie gilt als Stammsitz des Adelsgeschlechts Hohenlohe.

Als Weikersheim im 16. Jahrhundert Herrschaftssitz (Residenz) wurde, musste die alte Burganlage durch ein repräsentatives Schloss ersetzt werden. Geplant war ein gleichschenkliges Dreieck, von dem aber nur der Südflügel vollständig zur Umsetzung kam. Die fast das gesamt 17. Jahrhundert dauernde Bauzeit hatte eine dreiflügelige Schlossanlage im Renaissancestil zur Folge.

Unter dem letzten in Weikersheim residierenden Herrscher Graf Carl Ludwig erfolgte in der ersten Hälfte des 18. Jahrhunderts der Ausbau des Schlosses im barocken Stil. Südlich der Schlossanlage entstand in dieser Zeit ein barocker Schlossgarten mit strenger Symmetrie. Mit dem Tod von Carl Ludwig erlosch die Weikersheimer Linie des Hohenloher Adelsgeschlechts und das Schloss versank in einen Dornröschenschlaf. Deshalb blieb die barocke Innenausstattung erhalten und lockt zusammen mit dem sanierten Schlossgarten viele Touristen an. Darüber hinaus gibt es für viele Themen rund um das Schloss und den Schlossgarten ein umfassendes Programm für Schulklassen. Außerdem ist im Schloss Weikersheim eine der größten Musikakademien Deutschlands beheimatet. Sie wird vor allem von Jugendlichen besucht.

Nach: Gräter, C./Lusin, J. (2005): Schlösser in Hohenlohe. Tübingen.

ZUSATZAUFGABEN

5. *Partnerpuzzle*: Bearbeite mit einem Partner arbeitsteilig die Burg Wertheim und das Schloss Weikersheim (M5 u. M6). Stellt eure Ergebnisse zu den Überbegriffen *Entstehung/Bauphasen*, *Nutzung früher* und *Nutzung heute* in einer Tabelle zusammen.

LÖSUNGSHINWEISE

Aufgabe 1:
Zweiteilung des Klosterareals in den inneren Klosterbezirk oberhalb der Straße mit Klosterkirche. Von der Klosterkirche sind im Uhrzeigersinn der Konventbau mit Kapitelsaal und Schlafsaal (Dormitorium), der Speisesaal (Refektorium, 2) und der Laienbrüder-Trakt (Prälatur) um den Kreuzgang gruppiert. Zum äußeren Klosterbezirk unterhalb der Straße gehören neben der Klosterverwaltung (Bursariat, 3) eine Vielzahl von Wirtschaftsgebäuden, u. a. eine Stallung (4), Scheune, Schreinerei, Bäckerei und Mühle.

Aufgabe 2:
- Sicherung, Weiterentwicklung von bestehendem und Schaffung von neuem Wissen
- Bildung in Klosterschulen
- Verbesserung der Landwirtschaft und Neulanderschließung
- Rohstoffverarbeitung und Verbesserungen im Handwerk

Aufgabe 3:
1153 Stiftung des Klosters durch Adelige aus der Umgebung → bis 1250 Aufbau des Klosters mit Kirche und landwirtschaftlichen Spezialzweigen Weinbau, Schaf- und Fischzucht → Verwüstung im Dreißigjährigen Krieg → Ausbau zur barocken Residenz und Blütezeit im 18. Jahrhundert → Säkularisierung und Aufhebung 1803 → bis 1986 im Besitz der Fürsten von Löwenstein-Wertheim-Rosenberg und Nutzung als Landwirtschaftsbetrieb und Brauerei

Aufgabe 4:

	Früher	Heute
1	Krankenhaus (Spital)	Archiv
2	Speisesaal (Refektorium)	Location für Tagungen u. Feiern
3	Klosterverwaltung (Bursariat)	Gästehaus
4	Stallgebäude	Fraunhofer Forschungsinstitut
...	...	...

Aufgabe 5:

	Burg Wertheim	Schloss Weikersheim
Entstehung/ Bauphasen	12. Jh. als Burg der Grafen von Wertheim. Bis ca. 1500 drei Ringmauern und versch. Befestigungsanlagen. 16. Jh. Ausbau zum Renaissance-Schloss. Zerstörung im Dreißigjährigen Krieg	12. Jh. Wasserburg der Herren von Hohenlohe. 17. Jh. Bau eines dreiflügeligen Renaissance-Schlosses. 18. Jh. Ausbau zum Barock-Schloss mit symmetrischer Gartenanlage
Nutzung früher	Burg zur Verteidigung, Schloss für repräsentative Hofhaltung	Herrschaftssitz der Herren von Hohenlohe, Schloss für repräsentative Hofhaltung
Nutzung heute	Tourismusmagnet, Restaurant und Freiluftkonzerte	Tourismusmagnet, Lernort für Schulklassen, Musikakademie für Jugendliche

53.1 Stadtentwicklung Bad Mergentheim

M1 Historische Altstadt in Bad Mergentheim

M2 Die Stadtentwicklung nachvollziehen
Architekturstile können Auskunft über die Stadtentwicklung geben, weil Gebäude aus verschiedenen Zeiten die Jahre bis heute häufig überdauert haben und beispielhaft für Epoche und Stadtplanung stehen.
Eine Stadtentwicklungsphase kann bestimmt werden, wenn sich ein Architekturstil in einem bestimmten Bereich einer Stadt häuft.

M3 Der Klassiker über Jahrhunderte: Fachwerk
Vom Mittelalter bis ins späte 19. Jahrhundert
Das Fachwerkhaus ist in Deutschland eines der häufigsten Gebäude seit dem Mittelalter. Das typische Merkmal ist eine Holzbalkenkonstruktion, deren Lücken mit unterschiedlichen „Gefachfüllungen" geschlossen wurden, beispielsweise mit einem Lehm-Stroh-Gemisch.
Wohlhabende Erbauer konnten sich Balken mit Holzschnitzereien oder Verzierungen leisten. Die Balkenkonstruktionen geben Hinweise auf das Alter des Gebäudes. Verblattungen weisen auf eine Erbauung vor dem 16. Jahrhundert hin, Verzapfungen sind meist jünger.

M4 Verblattete und verzapfte Holzbalken

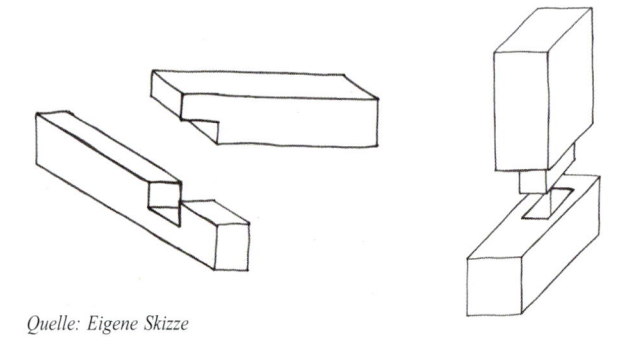

Quelle: Eigene Skizze

M5 Baustile des Mittelalters: Romanik und Gotik
Romanik: ca. 1000-1250, Gotik: 1150-1400
Die Baustile aus dem Mittelalter lassen sich gut über Fenster und Türen bestimmen: Für die Zeit der Romanik sind Rundbögen, für die Gotik Spitzbögen typisch. Auch die Größe der Fenster ist meist unterschiedlich, sie sind in gotischen Gebäuden erheblich größer, weshalb auch mehr Licht ins Innere der Gebäude treten kann.
Da die technischen Kenntnisse der romanischen Baumeister noch nicht so weit fortgeschritten wie die der gotischen waren, sind romanische Mauern deshalb deutlich dicker als gotische.

M6 Deutschordenschloss in Bad Mergentheim

M7 Aufbruch in die Moderne: Renaissance und Barock
Renaissance: ca. 1400-1680, Barock: 1600-1780
Die Gebäude der Renaissance und des Barock sind meist typische Schlossanlagen oder Kirchen. Erstmals wurden die Gebäude außen verputzt. An den rechteckigen Fenstern finden sich ebenso symmetrische Verzierungen wie an den Dachgiebeln.
Typisch für die Renaissance sind außerdem runde oder mehreckige Treppentürme mit Rautenfenstern und Kuppeln. Der barocke Baustil zeichnet sich vor allem durch seine Symmetrie aus. Zudem sind Verzierungen in Form von Schnörkeln, Schnecken, Engelchen oder Vasen sowie Zwiebeltürme und prächtige Gartenanlagen ein Markenzeichen des Baustils. Erstmals wurden auch runde oder ovale Fenster in die Mauern eingelassen.

M8 Nachgemacht: Klassizismus und Historismus
Klassizismus: ca. 1770-1840, Historismus: 1850-1920
Die Baustile des Klassizismus und des Historismus sind nicht einfach zu erkennen, denn sie greifen Merkmale alter Baustile auf. Typisch sind Säulen und Dreiecksgiebel. Sie werden deshalb auch Neo-Gotik, Neo-Barock usw. genannt.
Um zu erkennen, welche Stilelemente ein bestimmtes Gebäude aufweist, kann es auch hilfreich sein, nach dem Sinn des Gebäudes zu fragen. Beispielsweise passen Bahnhöfe, historische Fabriken oder Vorstadtviertel nicht in die Zeit der Gotik oder der Renaissance.
Außerdem kann es sich auch lohnen, Gebäude auf deren Baumaterial zu untersuchen.

M9 Zeitgemäß: Moderne Architektur
Ab 1920 bis heute
Beton, Stahl und aufwändige Glasfensterkonstruktionen sind Ausdruck der Moderne. Die Häuser sind nun wesentlich vielfältiger gebaut, besitzen Flachdächer, ragen weit in die Höhe oder sind in Fertigbauweise konstruiert.

AUFGABEN
1. Ordne den Bauwerken in M1 und M6 die passenden Baustile zu.
2. *Internetrecherche:* Suche Bilder von Bauwerken der Innenstadt von Bad Mergentheim und ordne sie den verschiedenen Epochen zu.
3. Plane einen Tagesausflug mit deiner Schulklasse zur Stadtentwicklung von Bad Mergentheim.

Zusatzmaterialien Heilbronn-Franken
53.2 Stadtentwicklung Bad Mergentheim

M10 Karte von Bad Mergentheim

Legende:

☐ Fachwerk
(_____)

☐ Romanik / Gotik
(_____)

☐ Renaissance
(_____)

☐ Barock
(_____)

☐ Historismus / Klassizismus
(_____)

☐ Moderne
(_____)

Grundlage: TK25 Ausschnitt – © Landesamt für Geoinformation und Landentwicklung Baden-Württemberg (www.lgl.-bw.de), Az.: 2851.3-A/623.

ZUSATZAUFGABEN

Außerschulischer Lernort: Innenstadt Bad Mergentheim

4. *Beobachten und Zeichnen*
   Arbeitet in Kleingruppen zusammen. Jede Gruppe bekommt einen Architekturstil zugeteilt. Sucht ein markantes Gebäude eures Architekturstils. Jedes Gruppenmitglied fertigt davon eine Zeichnung an, die insbesondere die architektonischen Stilelemente des Gebäudes darstellt.

5. *Fotografieren*
   Haltet verschiedene Architekturstile fotografisch fest. Ihr solltet zu jedem auf der Vorderseite erwähnten Stil mindestens ein Foto gemacht haben. Welche Baustile kommen in Bad Mergentheim besonders häufig vor? Welche kaum?

6. *Kartieren*
   Markiert farbig in der Karte M8, in welchen Stadtteilen ihr eine Häufung eines jeweiligen Baustils erkennen könnt. Wählt dazu eine Farbe pro Baustil, ergänzt daraufhin auch die Legende mit Farbangaben und Jahresangaben der Epochen.

7. *Stadtentwicklung*
   Wie hat sich die Stadt entwickelt? Zieht Schlüsse aus der farbigen Gestaltung eurer Karte, indem ihr verschiedene Entwicklungsschritte von Bad Mergentheim beschreibt. Dabei können euch auch Hinweistafeln an Häusern dienen, die auf das Alter der Gebäude hinweisen.

LÖSUNGSHINWEISE

Aufgabe 1:
M1: Mittelalterliche Fachwerkhäuser rund um den historischen Marktplatz, historisches Rathaus (linker Bildrand): Renaissance.
M6: Deutschordensschloss: Die mittelalterliche Burg wurde bereits im 12., 13., und 14. Jahrhundert mehrfach erweitert. Im 16. und 17. Jahrhundert wurde die Wasserburg zum Schloss umgebaut. In der heutigen Form sind verschiedenste Stilelemente zu erkennen, vom Mittelalter über die Renaissance bis hin zum Barock.

Aufgabe 2:
Individuelle Lösungen.
Mittelalterliche Bauten (z. B. „Johanniterhof") überwiegen bei weitem, aber auch Gebäude aus der Gotik (z. B. „Marienkirche"), der Renaissance (z. B. „altes Rathaus") oder des Klassizismus (z. B. „Zwillingshäuser") sind auffindbar.

Aufgabe 3:
Individuelle Lösungen.

Aufgabe 4 und 5
Individuelle Lösungen, da projektorientiertes Arbeiten möglich.

Aufgabe 6 und 7:
Im Kartenausschnitt zeichnet sich eindrücklich der mittelalterliche Stadtkern ab. Auch Straßennamen können Hinweise liefern (z. B. „Oberer Graben": ehemalige Befestigungsanlage).
Wesentliche Impulse für die Siedlungsausdehnung in der Neuzeit sind mit Wiederentdeckung der Heilquelle (1826), dem Eisenbahnanschluss (1869) und der Industrialisierung verbunden. Klassizistische und historistische Gebäude sind Zeugen dieser Zeit.
Die jüngste städtebauliche Entwicklungsphase bildet die fortwährende Erschließung von Wohnbaugebieten seit der Nachkriegszeit.

54.1 Quellen, Brunnen, Leitungen: Wasser und Heilwasser in Bad Mergentheim

M1 Milchlingsbrunnen Bad Mergentheim

M2 Ohne Wasser kein Leben und keine Siedlungen

Menschen siedeln seit ältesten Zeiten an den Plätzen, an denen ausreichend Wasser vorhanden ist, in der Nähe von Quellen, Bächen und Flüssen. Die Siedlungen waren so weit vom Ufer entfernt, dass sie vor Überschwemmungen geschützt waren,
5 jedoch so nah an Quellen, dass Menschen, Pflanzen und Vieh günstige Lebensbedingungen hatten.
Bad Mergentheim hat eine solche Gunstlage. Die ersten Ackerbauern im Raum Mergentheim, die Bandkeramiker, siedelten etwa um 2000 vor Christus an den Quellen am Eisenberg.
10 Nach ihnen kamen die Kelten bis 200 nach Christus, die von den Alemannen verdrängt wurden. Mehrere Jahrhunderte lang siedelten die Alemannen unweit dieser Quellen. Die Franken kamen im 6. Jahrhundert und ließen sich auch in dieser verkehrsgünstigen Lage, an den günstigen Plätzen im Quellen-
15 und Uferbereich nieder. Zum ersten Mal urkundlich erwähnt wird Mergentheim, *Merginthaim,* aber erst im Jahr 1058, obwohl schon Jahrtausende vorher Menschen hier lebten.

M3 Topographische Karte Raum Bad Mergentheim

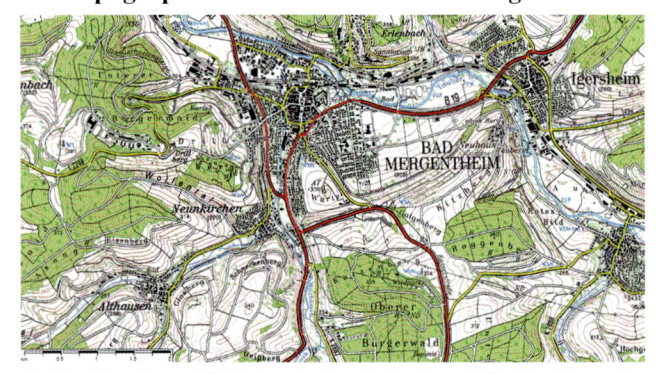

Quelle: Grundlage: TK50 Ausschnitt – © Landesamt für Geoinformation und Landentwicklung Baden-Württemberg (www.lgl.-bw.de), Az.: 2851.3-A/623.

M4 Wasserversorgung und -entsorgung früher

Der tägliche Wasserbedarf der Bewohner wurde zumeist aus dem Fluss oder privaten Brunnen gedeckt. In Mergentheim stößt man schon in 3-5 Metern auf Grundwasser. Eine Urkunde aus dem Jahr 1250 erwähnt bereits eine erste Trinkwasserleitung.
5 Das ist im Vergleich mit anderen Städten „ein sensationell früher Zeitpunkt". Wenn Mergentheim schon früh eine Trinkwasserleitung besaß, so war andererseits die Abwasserbeseitigung ein großes Problem. Es gab keine Toiletten und der Unrat und die
10 Fäkalien wurden, wie in jeder Stadt im Mittelalter, einfach auf die Straße gekippt. Ungeziefer jeder Art, Läuse, Flöhe und Wanzen gehörten zum Alltag. Besonders schlimm waren die Ratten, denn durch sie wurden viele Krankheiten verbreitet, vor allem die Beulenpest. In Mergentheim herrschten gleich viermal zwi-
15 schen 1458 und 1666 Pestepidemien. Erst spät erkannte man die Gefahr für die Gesundheit durch verschmutztes Wasser.
Fast 300 Jahre nach dem Bau der ersten Wasserleitung hat der Deutsche Orden, die Jahrhunderte langen Herrscher im Schloss, den Bau einer Wasserversorgungs- und Entsorgungsleitung an-
20 geordnet. Die Mergentheimer haben sie in Fronarbeit gebaut. Heute gibt es noch Reste dieser alten Leitung. Auf dem Mergentheimer Marktplatz steht der Milchlingsbrunnen, angeblich benannt nach dem Deutschmeister, der den Bau der Wasserleitung angeordnet hat. Es wird aber bezweifelt, dass der Mann auf dem Brunnen wirklich den Bauherrn Wolfgang Schutzbar darstellt.

M5 Vom Brunnen zum Hochbehälter

Jahrhunderte lang waren die Ziehbrunnen in Mergentheim die Regel. Diese waren jedoch unhygienisch. Es war ein Riesenfortschritt, als 1812 diese durch Pumpbrunnen ersetzt wurden. Nachdem die Heilquellen entdeckt waren, wurde 1897 in Mergentheim eine moderne Hochdruckwasserleitung gebaut. Doch schon bald reichte auch die nicht mehr aus. Der Wasserbedarf der Mergentheimer Bürger stieg immer mehr. Es mussten weitere Hochbehälter gebaut werden.

Hochbehälter in der Nähe von Herbsthausen

M6 Überregionale Wasserversorgung

Als auch die Errichtung weiterer Hochbehälter für den wachsenden Wasserverbrauch der „Bade-Stadt" nicht ausreichte, wurde die Wasserversorgung Bad Mergentheims auf ein zweites Standbein gestellt. Bad Mergentheim trat 1974 dem Zweck-
5 verband Wasserversorgung **N**ord**o**st**w**ürttemberg (NOW) bei. Das ist ein Verbund aus 100 Städten und Gemeinden für die öffentliche Wasserversorgung mit einem 779 km langen Leitungsnetz. Durch die Stadtwerke Tauber-Franken, zu denen Bad Mergentheim gehört, wird die Wasserversorgung der
10 Stadt sichergestellt. 2016 entstand ein neues Wasserwerk.
Quellen M4-M6: nach Carle 1957, Gibson 1994, Renz 1938, Wagner 1985.

AUFGABEN

1. Fahre in der Karte M3 alle eingezeichneten Bäche und Flüsse nach und finde heraus, wie sie heißen.
2. Suche auf einer topographischen Karte deines Schulortes die Gewässer. Vergleiche sie mit dem Kartenausschnitt in M3. Hat dein Schulort auch eine Gunstlage? Begründe.
3. Erstelle ein Flussdiagramm zur Entwicklung der Wasserversorgung in Bad Mergentheim.
4. Suche Brunnen in deiner Stadt. Recherchiere und finde heraus, was die Brunnenfiguren darstellen und ob es eine Geschichte dazu gibt.
5. Informiere dich, seit wann es in deinem Schulort eine Wasserleitung gibt. Recherchiere auf der Homepage deiner Stadtwerke. Finde heraus, wie hoch der Wasserverbrauch an deinem Schulort ist und berechne den Verbrauch pro Kopf.

Zusatzmaterialien Heilbronn-Franken
54.2 Quellen, Brunnen, Leitungen: Wasser und Heilwasser in Bad Mergentheim

M7 Kurbad

Wenn bisher einmal von Mergentheim und dann wieder von **Bad** Mergentheim gesprochen wurde, so hat das etwas mit einer wichtigen Entdeckung im Jahr 1826 zu tun, und zwar mit der Entdeckung der Heilquellen.

Auf der Homepage der Stadt kann man folgendes lesen:
„Ein Schäfer entdeckt die Quelle: Am Morgen des 13. Oktobers 1826 weidete der Schäfer des Johanniterhofes Franz Gehrig seine Herde rechts der Tauber beim heutigen Pavillon der Wilhelmsquelle. Ein heißer Sommer, ein trockener Herbst hatten den Wasserspiegel des Flusses gesenkt. Gehrig bemerkte, dass sich seine Schafe gierig um ein Rinnsal am Hang drängten, das bis dahin unbemerkt in die Tauber gesickert war..."

M8 Die Gesundheitsstadt Bad Mergentheim

Bad Mergentheim ist mit mehr als 100.000 Gästen im Jahr eines der größten von insgesamt 22 Heilbädern in Baden-Württemberg. Das Prädikat „Bad" erhielt die Stadt 1926. Seither hat sich eine Infrastruktur aus Kliniken, Kurhotels, Sanatorien und Hotelbetrieben für Kurgäste entwickelt. Der Gesundheitssektor ist damit zu einem wichtigen Wirtschaftszweig in Bad Mergentheim geworden. Einen Dämpfer erfuhr diese Entwicklung durch die Gesundheitsrefom in den 1990er Jahren. Trotzdem bleibt der Gesundheitsbereich ein Wachstumsmarkt, der durch verschiedene Trends angetrieben wird.

Der Kurgast entwickelt sich immer mehr zum „Kurpatienten", der eine medizinische Vollversorgung auf hohem Niveau benötigt. Gleichzeitig steigt die Nachfrage nach sogenannten „Wellness"-Angeboten. Hier bietet Bad Mergentheim mit der Solymar Therme eine Mischung aus Gesundheits- und Erholungsbad. Die Grenzen zwischen Kur und Tourismus verschwimmen immer stärker. Bad Mergentheim besitzt das Potenzial, das weite Feld gesundheitsrelevanter Themen zwischen medizinischer Kur, Rehabilitation und Wohlfühltourismus abdecken zu können.

Quelle: nach http://www.bad-mergentheim.de/de/gesundheit/l [eingesehen am 12.08.2016]

ZUSATZAUFGABEN

6. Erläutere die Entstehung und Entwicklung des Gesundheitssektors in Bad Mergentheim (M7 u. M8).

7. Projekt „Wasser, ein wertvolles Gut im Heimatort"
Das Thema Wasser, Wasserversorgung und -entsorgung, Wasser als Lebensgrundlage und wichtigstes Lebensmittel, aber auch zum Entspannen und Spielen, eignet sich sehr gut für ein Vorhaben in der Freizeit mit Freunden oder in einer Projektwoche in der Schule.

Ideen zum Experimentieren
- Wie funktioniert ein Brunnen? Überlege dir, wie du eine Quelle oder einen Brunnen in einem Versuch nachbauen kannst.
- Wie kommt das Wasser in die dritte Etage? Erkläre wie ein Hochbehälter funktioniert. Baue ein Modell. Wie weit schaffst du es, das Wasser die Treppen hochsteigen zu lassen?
- Wie bekomme ich verschmutztes Wasser wieder sauber? Experimentiere mit unterschiedlichen Stoffen und Geräten und besuche eine Kläranlage.

Wasser, ein kostbares Gut
Die Trinkwasserversorgung aller Menschen auf der ganzen Welt ist eine große Herausforderung für uns alle. In vielen Gebieten herrscht Trinkwasserknappheit. Suche dir einen Schwerpunkt, recherchiere im Internet dazu und überlege, welches dein Beitrag zum Thema „Wasser sinnvoll nutzen und nicht verschmutzen" ist. Wichtige Links dazu sind:
- Nachhaltigkeit lernen: www.bne-bw.de/service/publikationen/pseite/2.html
- Stadtwerke Bad Mergentheim: www.stadtwerk-tauber-franken.de/fileadmin/user_upload/Trinkwasserwerte_SWTF_2016-04-11.pdf
- BDEW-Wasserlexikon: www.wasser-macht-schule.com
- Forum Trinkwasser: www.forum-trinkwasser.de
- Globales Lernen: www.globaleslernen.de/de/search/node/wasser

Wasserversorgung im Heimatort
- Geh auf „Wasser-Spurensuche" im Heimatort: Suche Quellen, Brunnenstuben, Hochbehälter, Bäche, Flüsse.
- Befrage ältere Menschen zur Wasserversorgung im Ort in früheren Zeiten.
- Recherchiere, woher euer Wasser kommt? Suche deinen Heimatort auf der Karte der Wasserversorgung Nordostwürttemberg (http://now-wasser.de/das-unternehmen/verbandsgebiet.html).

LÖSUNGSHINWEISE

Aufgabe 1:
Der Wachbach fließt westlich von der Altstadt und mündet in die Tauber. Der Althäuser Bach mündet in Neunkirchen in den Wachbach. Der Harthauser Talbach mündet in Igersheim in die Tauber.

Aufgabe 2, 4, 5, 7:
Individuelle Lösungen.

Aufgabe 3:
Wasserentnahme aus Flüssen/Bächen und privaten Brunnen (Ziehbrunnen) → 1250 erste Trinkwasserleitung → 1550 erste Wasserentsorgungsleitung → ab 1812 Pumpbrunnen → 1897 Hochdruckwasserleitung → Bau von Hochbehältern → 1974 Beitritt zum Zweckverband Wasserversorgung Nordostwürttemberg → 2016 Bau eines neuen Wasserwerks

Aufgabe 6:
1826 Entdeckung der Heilquellen → 1926 Prädikat „Bad" → Entwicklung der Kur-Infrastruktur → 1990er Jahr Dämpfer durch Gesundheitsreform → Erweiterung der Gesundheits-Dienstleistungen um Wellness- und Tourismus-Angebote

Literaturhinweise:
Carle, Walter (1957): Bad Mergentheim – Deutschordenstadt und Heilbad. Mergentheim.
Gibson, Carl (1994): Bad Mergentheim und das Trinkwasser – Geschichte der Mergentheimer Wasserversorgung. Oldenbourg. München.
Renz, Gustav (1938): Geschichte des Heilbades Mergentheim. Bad Mergentheim.
Wagner, Ulrich (1985): Tauberbischofsheim und Bad Mergentheim – eine Analyse der Raumbeziehungen zweier Städte in der frühen Neuzeit. Geographisches Institut Heidelberg.

55.1 Landwirtschaft

M1 Weinort Beckstein

M2 Weinbau im Taubertal

Nicht überall auf der Welt gedeihen Weinreben in so nördlich gelegenen Ländern wie in Deutschland. Das milde mitteleuropäische Klima verdanken wir dem Golfstrom, einer warmen Meeresströmung im Atlantik.

Die Weinrebe ist eine wärmeliebende Pflanze, die einige *Anforderungen an das Klima* stellt: Sie benötigt mindestens 1.300 Sonnenstunden pro Jahr, eine Durchschnittstemperatur von mindestens 18 °C während der Vegetationszeit und eine jährliche Niederschlagsmenge von 400 bis 500 mm.

Aus diesen Anforderungen ergibt sich, dass in Deutschland Wein vor allen Dingen in geschützten Tallagen und an süd- bzw. südwest-ausgerichteten Hängen betrieben wird.

Auch der sich abzeichnende *Klimawandel* geht nicht spurlos an den Weinreben vorüber. Vor allem zunehmende Extremwetterereignisse machen den Winzern zu schaffen, wenn beispielsweise die Reben in manchen Jahren besonders früh blühen und anschließend Frostschäden haben.

Prinzipiell profitieren aber die Winzer von den gestiegenen Durchschnittstemperaturen der letzten Jahre. Die Gefahr, dass spätreifende Sorten nicht die optimale Reife erlangen, besteht schon lange nicht mehr. Zudem finden sich immer mehr Anbauflächen von Rebsorten aus dem Mittelmeerraum in Deutschland.

Neben der Rebsorte und dem Klima ist auch die Beschaffenheit des Bodens entscheidend für den Charakter eines Weines, da die Weinrebe ein „*Sprachrohr des Bodens*" ist. Insgesamt verfügt das Weinbauland Deutschland über ganz unterschiedliche Böden. Während der Wein im Main-Tauber-Kreis vorwiegend auf flachgründigen Muschelkalk-Böden gedeiht, wächst er andernorts auf Sand-, Schiefer- oder Vulkangestein.

M3 Arbeit im Weinberg

M4 Erntereife Dinkelähren bei Boxberg

M5 Grünkernanbau im Bauland

„*Der Grünkern ist eine Erfindung des Hungers*" – entdeckt wurde er im ausgehenden Mittelalter, die erste urkundliche Erwähnung stammt aus dem Jahr 1660. Laut historischen Dokumenten drückten damals häufig schwere Unwetter mit Hagel und Sturm bereits im Frühsommer das unreife Getreide zu Boden.

Um verdorbenes Getreide und Hunger zu verhindern, ernteten die Bauern ihren Dinkel vorzeitig ab und trockneten ihn über dem Feuer. Zwar war das Brot aus den getrockneten grünen Körnern (daher der Name Grünkern) nicht besonders schmackhaft, doch ließ sich daraus eine köstliche Suppe kochen. Eine Spezialität war geboren, Grünkern wurde in der Folge immer gezielter angebaut.

Heute weiß man, dass die Entdeckung der Grünkerngerichte kein Zufall war: Die *Anbaubedingungen für Getreide* sind im Bauland im Gegensatz zu benachbarten Regionen weniger günstig. Rund um Boxberg ist das Klima vergleichsweise rau. Die lang anhaltenden Winter sind etwas kälter, in den Sommermonaten können Starkregenfälle die Ernte gefährden. Hinzu kommt, dass sich im Bauland auf Muschelkalkgestein nur magere Böden entwickelt haben.

Als besonders robuste, winterharte Unterart des Weizens eignet sich deshalb der Dinkel seit jeher besonders gut für den Anbau im Bauland. Der sog. Spelz schützt das Getreidekorn und macht es dadurch weniger krankheitsanfällig (M4).

Das Image als „*Arme-Leute-Essen*" hat der Grünkern bereits erfolgreich hinter sich gelassen. Besonders die vegetarische und vegane Küche schätzt die regionale Spezialität aufgrund des hohen Gehalts an B-Vitaminen, Eiweiß und Eisen.

Seit 2015 ist die Bezeichnung „Fränkischer Grünkern" eine „geschützte Ursprungsbezeichnung". Der Anbau unterliegt deshalb festen Qualitätskriterien, da alle Produktionsschritte in einem abgegrenzten Gebiet erfolgen müssen.

AUFGABEN

1. *Partnerpuzzle*: Bearbeite mit einem Partner arbeitsteilig die beiden Spalten dieses Arbeitsblattes (M1, M2/M4, M5). Beschreibt euch gegenseitig die kursiv gedruckten Begriffe.
2. Beschreibe, wo im Main-Tauber-Kreis Wein und Grünkern angebaut werden. Arbeite dazu mit einer geeigneten Karte.

Zusatzmaterialien Heilbronn-Franken
55.2 Landwirtschaft

M6 Bei der Weinlese
© Klaus Weißmann

M9 Blick in eine Grünkerndarre bei Dainbach
© Jan Hiller

M7 Arbeitsschritte eines Winzers im Jahresverlauf

	J	F	M	A	M	J	J	A	S	O	N	D
Rebschnitt	■	■	■									■
Biegen und Binden			■	■								
Bodenbearbeitung				■	■							
Pflanzenschutz					■	■	■	■				
Laubarbeiten					■	■	■					
Weinlese									■	■		
Bodenbearbeitung										■	■	
Weinbereitung									■	■	■	■

M10 Arbeitsschritte eines Grünkernbauers im Jahresverlauf

	J	F	M	A	M	J	J	A	S	O	N	D
Bodenvorbereitung								■	■			
Aussaat									■	■		
Düngung			■	■	■							
Pflanzenschutz			■	■	■	■						
Ernte						■	■					
Weiterverarbeitung							■	■				

M8 Vom Weinberg in die Flasche

Wenn die Trauben in der Kellerei angekommen sind, werden die Beeren zunächst maschinell vom Stielgerüst getrennt und zerdrückt, sodass ein dickflüssiges Gemisch aus Fruchtfleisch, Schalen, Traubenkernen und Saft entsteht (*Einmaischen*).
Eine Weinpresse trennt anschließend die Traubenrückstände vom süßen Traubensaft (*Keltern*). Die dabei entstehenden Rückstände nennt man Trester.
In den Traubenmost eingeleiteter Schwefel verhindert das Wachstum von Kleinstlebewesen und schützt den Saft vor dem Verderben (*Schwefelung*).
Um aus dem im Most enthaltenen Zucker Alkohol herzustellen, wird Hefe hinzugegeben (*Gärung*). Nach dem sich die abgestorbene Hefe am Boden abgelagert hat, wird der Wein von oben abgesaugt und umgelagert (*Abstich*).
Über den Winter ruht der Jungwein in der Regel drei bis sechs Monate in Stahltanks oder Holzfässern (*Reifung*).
Je nach persönlicher Geschmacksempfindung und Weinqualität kann der Wein nun gelagert werden (*Lagerung*). Lichtgeschützt, luftdicht und bei konstanter Temperatur kann er mehrere Jahre überstehen, ohne dass mit Geschmacksveränderungen zu rechnen ist. Je mehr Alkohol, Säure und Gerbstoffe ein Wein hat, desto länger ist er haltbar.

M11 Vom Feld auf den Teller

Unmittelbar nach dem letzten Arbeitsschritt auf dem Getreidefeld erfolgt das Trocknen (*Darren*) der noch feuchten Dinkelkörner. Ursprünglich wurde in kleinen Hütten, die außerhalb der Ortskerne gelegen waren, über offenem Feuer gedarrt (M9). Heute übernehmen moderne Heißluftöfen bei Temperaturen von 110-150 °C das Trocknen.
Die *lange Lagerfähigkeit* von gedarrtem Grünkern von bis zu einem Jahr machten sich die Menschen bereits vor mehreren hundert Jahren zu nutzen.
Die weiteren Arbeitsschritte verrichten Getreidemühlen. Beim *Entspelzen* (*Gerben*) wird die „Hülle" des Getreidekorns entfernt, da anders als bei Weizen der Spelz bei Dinkel fest mit dem Korn verwachsen ist.
Schließlich entstehen durch mehrmaliges *Schroten* und *Mahlen* aus den Getreidekörnern die gewünschten Endprodukte. Je nachdem, wie fein das Mahlprodukt ist, wird nach Schrot, Grieß, Dunst, Vollkornmehl und Mehl unterschieden.

ZUSATZAUFGABEN

3. *Fortsetzung Partnerpuzzle*: Stellt euch gegenseitig die Inhalte der Tabellen (M7/M10) und der Texte (M8/M11) vor.
4. Recherchiere, wie die regional erzeugten Produkte nach ihrer Herstellung vermarktet werden.

LÖSUNGSHINWEISE

Aufgabe 1:
Textarbeit M2/M5.
Hinweis: Das vorliegende Arbeitsblatt kann in Verbindung mit AB 24 (Kartoffel- und Spargelanbau), AB 35 (Sonderkulturen) und AB 43 (Landwirtschaftliche Vermarktungsstrategien) eingesetzt und somit zu einem Gruppenpuzzle erweitert werden.

Aufgabe 2:
Hinweis: Die Aufgabe kann mithilfe der begleitenden Projektkarte „Region Heilbronn-Franken – Übersichts- und Themenkarte" bearbeitet werden.
Der Grünkernanbau hat seinen räumlichen Schwerpunkt im Bauland rund um Boxberg. Der Weinanbau zieht sich durch das gesamte Taubertal von Creglingen bis Wertheim. Da der Main-Tauber-Kreis Anteil an drei Weinbaugebieten hat (Württemberg, Baden und Franken), resultiert daraus eine große Sorten- und Traditionsvielfalt.

Aufgabe 3:
Textarbeit M7-M11.

Aufgabe 4:
Individuelle Lösungen.
Hier kann das Konzept der (regional organisierten) Wertschöpfungskette thematisiert und in Form eines Fließdiagramms veranschaulicht werden. Die Wertschöpfungskette stellt die einzelnen Produktionsschritte als geordnete Reihenfolge dar und endet jeweils beim Verbraucher (hier Privathaushalte).

56.1 Clusterstadt Wertheim

M1 Halle 6 Reinhardshof 1949

M2 Keimzellen Halle 6 auf dem Reinhardshof und Glashütte Wertheim-Bestenheid

Bis zum Zweiten Weltkrieg gab es kaum Industrie in Wertheim. Mehr oder weniger zufällig führte die Flucht von zwei Laborglasunternehmen aus Thüringen in die Halle 6 des zerstörten Fliegerhorstes Reinhardshof oberhalb von Wertheim. Drei Thüringer Laborglasunternehmen fanden nach ihrer Flucht ebenfalls in der Halle 6 eine erste neue Produktionsstätte. Gemeinsam mit Hans Löber und drei weiteren Partnern trieb der Unternehmer Rudolf Brand den Bau einer Glashütte in Wertheim-Bestenheid voran. Die erste Glasschmelze 1950 und damit die Sicherstellung der Versorgung mit dem notwendigen Rohstoff Glas bildete den Startschuss für die Flucht zahlreicher Laborglasunternehmen und ihrer Mitarbeiter von Thüringen nach Wertheim. In Thüringen drohten damals die Enteignung und Verhaftung von Unternehmern. Das bereits seit vielen Jahrzehnten florierende Thüringer Laborglas-Cluster erfuhr durch diese Fluchtwelle nach Wertheim eine Zellteilung

M3 Clusterentwicklungsphasen

Parallel zur der Ansiedlung verlagerter Laborglasunternehmen aus Thüringen begann der Aufbau verschiedener Unterstützungsorganisationen für den Laborglas-Cluster in Wertheim:
- Eichamt für Glasmessgeräte
- Interessengemeinschaft der Wertheimer Glasindustrie e. V.
- Forschungsgemeinschaft Technik und Glas e. V.
- Bundesfachschule für Glasinstrumententechnik

Bis in die 1970er Jahre wuchs der Wertheimer Laborglas-Cluster auf 80 Unternehmen mit 2.200 Beschäftigten. Zwischen den Unternehmen bestand eine kleinschrittige Arbeitsteilung mit einer Spezialisierung auf bestimmte Arbeitsgänge, z. B. das Schleifen oder Beschriften von Glas. Die Zulieferverflechtungen zwischen den Unternehmen liefen wie die Rädchen eines Uhrwerks ineinander. Wegen des hohen Grades an Zulieferverflechtungen lässt sich der Wertheimer Laborglas-Cluster für diese Zeit als Industriedistrikt charakterisieren.

In den 1980er Jahren sah sich der Wertheimer Laborglas-Cluster einem Strukturwandel ausgesetzt. Die Digitalisierung, der Austausch des Glases durch Kunststoff und die Konkurrenz aus Billiglohnländern führten zu Schrumpfungs- und Umstrukturierungsprozessen. Die Beschäftigtenzahl fiel auf 1.700 in 25 Unternehmen. 1994 wurde die Glasschmelze in der Bestenheider Glashütte eingestellt. Angesichts der Stagnation im Bereich des Laborglases hat bei einigen Wertheimer Unternehmen eine Umorientierung in Richtung Geschenkartikel und Glaskunst stattgefunden. In den 1990er Jahren fand z. B. der von Wertheimer Glasunternehmen produzierte Galileo Thermometer reißenden Absatz.

Bei bestimmten Segmenten des Laborglases, insbesondere den Spezialthermometern, verfügen die Wertheimer Laborglasunternehmen weiterhin über einen Qualitäts- und Präzisionsvorsprung gegenüber der Konkurrenz aus Billiglohnländern.

Nach: Kirchner, P. (2011): Von Ilmenau nach Wertheim. In: Geographie und Schule, H. 194, S. 25-33.

M4 BRAND – das größte Unternehmen des Wertheimer Laborglas-Clusters

Rudolf Brand übernahm Ende der 1920er Jahre das Ilmenauer Einkaufsbüro des Hamburger Exporthandelshauses Hermann Paulsen. In den 1930er Jahren baute er dieses Büro zum produzierenden Unternehmen für Laborgeräte aus Glas und wissenschaftliche Thermometer aus. Nach dem Krieg geriet er in Konflikt mit den Kommunisten. Nachdem bereits mehrere seiner Mitarbeiter verhaftet worden waren, wurde er gewarnt und floh 1948 in den Westen. Sein Weg führte ihn zunächst zu seinem Bruder, der in der Nähe von Braunschweig, seinem Geburtsort, eine Gärtnerei betrieb. Von da aus streckte Rudolf Brand seine Fühler aus. Einer dieser Fühler reichte zu einem früheren Vertreter nach Wertheim. Dieser stellte die Verbindung zum Betreiber einer mehr schlecht als recht arbeitenden Glasbläserei in der Halle 6 auf dem Reinhardshof oberhalb von Wertheim her. Rudolf Brand kaufte diese strauchelnde Glasbläserei und begann am 1. April 1949 mit dem Neuaufbau der Firma BRAND Glasinstrumenten- und Thermometerfabrik in Wertheim.

Die Entwicklung des Unternehmens verlief überaus erfolgreich. Bereits 1950 erfolgte der Umzug in ein eigenes Fabrikgebäude in unmittelbarer Nachbarschaft zur gerade erst fertig gestellten Glashütte. Die Erschließung wichtiger Exportmärkte schuf in der Folgezeit die Grundlage für ein schnelles Wachstum des Unternehmens. Seit den 1960er Jahren wurde diese Wachstumsdynamik durch die Aufnahme von Laborgeräten aus Kunststoff und Liquid Handling (Flüssigkeitsförderung) Geräten weiter verstärkt. Seit 1982 sind alle Aktivitäten der Firma Brand in der neuen Werksanlage an der Otto-Schott-Straße vereinigt. Die Glasbläserei-Erzeugnisse sind seit den 1980er Jahren an die nur wenige Meter entfernt auf der anderen Straßenseite gelegene Firma Lenz Laborglas ausgelagert.

Durch die Inbetriebnahme eines Spritzgusswerks für Laborgeräte aus Kunststoff 1993 gehört die Firma Brand zu den größten Kunststoff verarbeitenden Unternehmen in Wertheim. Bei anspruchsvollen Kunststoffprodukten für das Labor, bei Volumenmess- und Dosiergeräten zählt das Unternehmen heute zu den Weltmarktführern. Mit 400 Beschäftigten ist die Firma Brand das größte Unternehmen des Wertheimer Laborglas-Clusters.

Quelle: ebd.

AUFGABEN

1. Begründe, weshalb die Halle 6 auf dem Reinhardshof und die Glashütte in Wertheim-Bestenheid als die Keimzellen des Wertheimer Laborglas-Clusters bezeichnet werden können (M1 u. M2)
2. Beschreibe die Entwicklungsphasen des Wertheimer Laborglas-Clusters mit Stichworten und finde eine passende Überschrift für die einzelnen Phasen. Formuliere eine Prognose für die zukünftige Entwicklung (M3).
3. Erstelle ein Flussdiagramm zur Entwicklung der Firma BRAND. Vergleiche mit der Gesamtentwicklung des Laborglas-Clusters (M3 u. M4).

Zusatzmaterialien Heilbronn-Franken
56.2 Clusterstadt Wertheim

M5 Löttechnik-Cluster

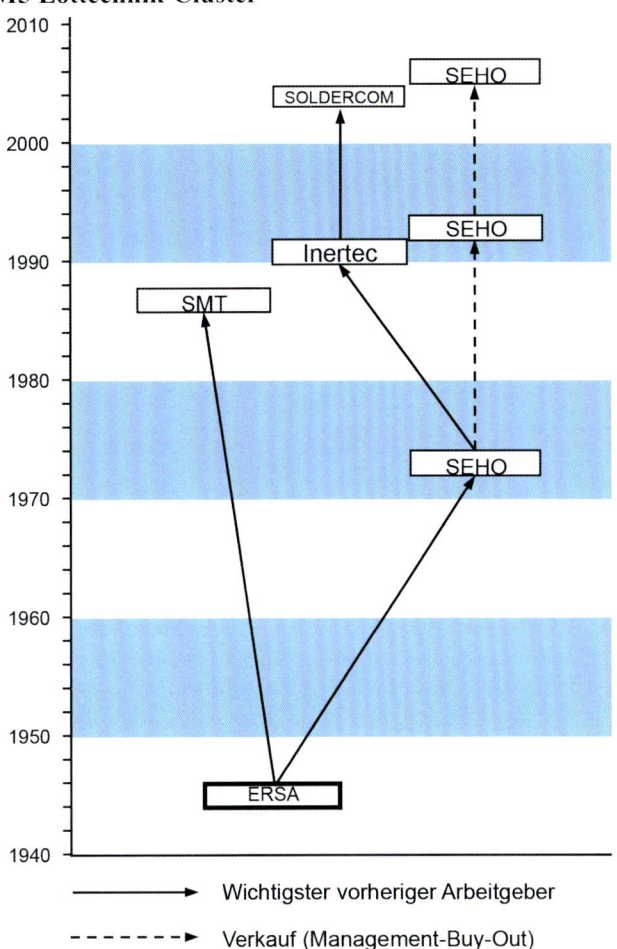

Die Entwicklung des Löttechnik-Clusters in Wertheim geht zurück auf die Firma ERSA. Die Grundlage schuf Ernst Sachs 1921 mit der Konstruktion eines neuartigen Hammer-Lötkolbens. In Berlin gründete er daraufhin die „Erste Spezialfabrik elektrischer Lötkolben". Im Zweiten Weltkrieg wurde die Fabrik durch Bomben zerstört. Die Flucht aus Berlin führte die Familie Sachs schließlich nach Wertheim, wo 1945 die Firma ERSA (Ernst Sachs) neu ins Leben gerufen wurde. Aus dem Mutterunternehmen ERSA sind mittlerweile durch Ausgründungen vier weitere Löttechnikunternehmen entstanden. Insgesamt sind im Wertheimer Löttechnik-Cluster ca. 600 Mitarbeiter beschäftigt.

M6 Vakuumtechnik-Cluster

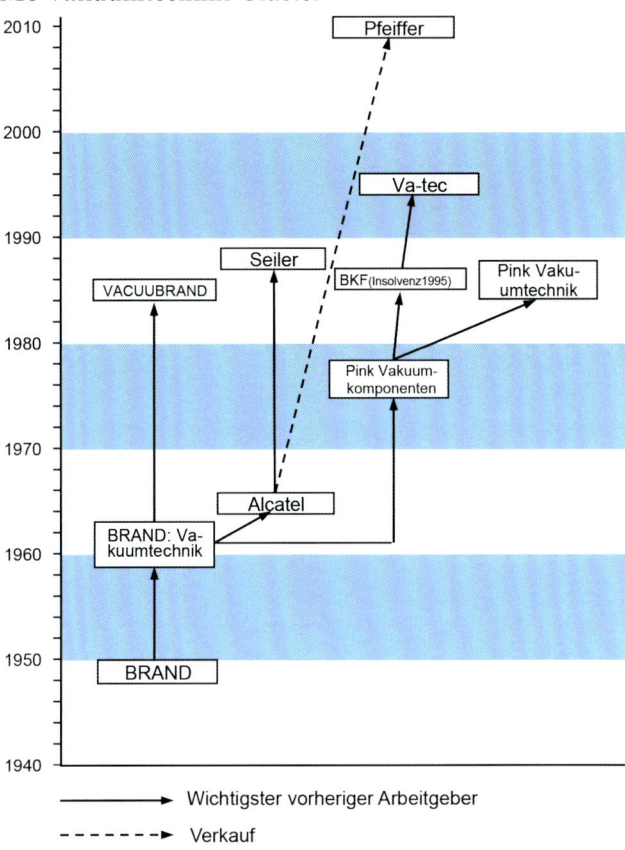

Die Vakuumtechnik ist ebenso wie die Glasindustrie aus Thüringen nach Wertheim gekommen, und zwar in Person von Herbert Bürger. Er hatte in Ilmenau eine neuartige Vakuumpumpe entwickelt und floh kurz vor dem Mauerbau 1961 nach Wertheim. Dort traf er auf den Laborglasunternehmer Rudolf Brand, der ihm die Mittel zum Bau von Vakuumpumpen zur Verfügung stellte. Durch Ausgründungen aus dem Geschäftsbereich Vakuumtechnik der Firma BRAND und die Überführung dieses Geschäftsbereiches in das eigeständige Unternehmen VACUUBRAND ist der Vakuumtechnik-Cluster in Wertheim auf fünf Unternehmen mit ca. 500 Beschäftigten gewachsen.

ZUSATZAUFGABEN

4. *Partnerpuzzle*: Bearbeite mit einem Partner arbeitsteilig die beiden Cluster (M5 u. M6). Erklärt euch gegenseitig die Entstehung und das Wachstum der Cluster.

LÖSUNGSHINWEISE

Aufgabe 1:
Die Halle 6 war die erste Produktionsstätte von fünf geflohenen Thüringer Laborglasunternehmen.
Die Glashütte stellte die Rohstofflieferung sicher und löste eine Flüchtlingswelle von zahlreichen Laborglasunternehmen und -fachkräften nach Wertheim aus.

Aufgabe 2:
Clusteraufbau (1949 -1979)
Aufbau intensiver und vielfältiger Zulieferverflechtungen (Industriedistrikt) und Unterstützungsorganisationen.
Strukturwandel (1980-1994)
Schrumpfungs- und Umstrukturierungsprozesse (z. B. Geschenkartikel und Glaskunst) ausgelöst durch die Digitalisierung, den Austausch des Glases durch Kunststoff und die Konkurrenz aus Billiglohnländern.
Konsolidierung/Bestandssicherung (seit 1995)
Konzentration auf Qualitäts- und Präzisionsprodukte wie z. B. Spezialthermometer.

Aufgabe 3:
1920er Jahre: Rudolf Brand leitet Einkaufsbüro Hermann Paulsen in Ilmenau → 1930er Jahre: Ausbau zum Produktionsunternehmen für Laborglas und wissenschaftliche Thermometer → 1949: Flucht nach Wertheim und Neuaufbau der Firma BRAND Glasinstrumenten- und Thermometerfabrik → 1960er Jahre: Aufnahme von Laborgeräten aus Kunststoff und Liquid Handling Geräten → 1980er Jahre: Auslagerung (outsourcing) Glasbläserei → 1990er Jahre: Spritzgusswerk für Laborgeräte aus Kunststoff und Entwicklung zum Weltmarktführer.
Die Erweiterung der Produktpalette um Kunststoff-Laborgeräte und Liquid Handling Geräte sicherte der Firma BRAND im Vergleich zu den reinen glasverarbeitenden Unternehmen eine günstigere Unternehmensentwicklung.

Aufgabe 4:
Am Anfang beider Cluster steht ein Mutterunternehmen mit einer bahnbrechenden Technologie. Durch die Ausgründung begabter Mitarbeiter entstehen neue Unternehmen in räumlicher Nähe und der Cluster wächst.

57.1 Die Wittenstein AG und Industrie 4.0

M1 Dewitta-Doppelkettenstichmaschine

M2 Von Damenhandschuhen zu Planetengetrieben

Die Entwicklung der Wittenstein AG beginnt in der Nachkriegszeit, als Walter Wittenstein und Bruno Dähn 1949 ihre Firma Dewitta in Heidenheim an der Brenz gründen. Mit geliehenen Gerätschaften produzierten sie Nähmaschinen zur Herstellung von Damenhandschuhen (M1).

Aufgrund beengter Platzverhältnisse verlegten die Unternehmer bereits 1952 ihren Betrieb nach Bad Mergentheim, als Produktionsstätte diente eine alte Baracke. Die ohnehin nur als Zwischenlösung bezogene Unterkunft beherbergte die junge Firma elf Jahre, ebenfalls wegen Platzmangel fand dann der Umzug ins benachbarte Igersheim, dem heutigen Hauptsitz der Wittenstein AG, statt.

Vergleicht man das heutige Produktportfolio der Wittenstein AG mit den Erzeugnisse von Dewitta, wird deutlich, wie sehr sich das Unternehmen gewandelt hat. Als die Nachfrage nach Damenhandschuhen in den 1970er Jahren stark zurückging, reagierten die Unternehmer flexibel und entwickelten neue Produkte. Mit dem vorhandenen technischen Knowhow konnten beispielsweise Schussapparate für Stahlnägel oder Maschinen zum Befüllen und Verschließen von Tuben entwickelt werden. Zum Erfolg trug auch die kontinuierliche Verbesserung der Produktionstechnik unter Zuhilfenahme der Informationstechnologie bei.

Maßgeblichen Anteil an dieser Entwicklung hatte auch der Sohn des Firmengründers, Manfred Wittenstein. Seit seinem Einstieg im Jahr 1979 änderte sich immer mehr das Fertigungs- und Produktprogramm.

Auf der Suche nach Produkten mit Alleinstellungsmerkmal und Marktchancen erkannte er schnell das Potenzial sog. Planetengetriebe. Das auf der Hannover Messe 1983 präsentierte spielarme Planetengetriebe war das erste seiner Art weltweit und ermöglichte neue präzise Anwendungen in der Servotechnik. Diese Innovation war derart erfolgreich, dass die Produktion in der Folge nach und nach umgestellt wurde. 1984 folgte die Gründung des ersten Tochterunternehmens, der alpha Getriebebau GmbH.

Heute belegen die Firmenzahlen den wirtschaftlichen Erfolg der Wittenstein AG: Bei einer Exportrate von über 60 % erwirtschaften rund 2.000 Mitarbeiter in 60 Tochtergesellschaften weltweit jährlich über 250 Millionen Euro Umsatz.

M3 Innovationsfabrik in Bad Mergentheim-Igersheim

M4 Industrie 4.0 – Was ist das eigentlich?

Die Verschmelzung von realer und virtueller Welt macht auch vor der industriellen Produktion nicht halt. Die Wirtschaft steht an der Schwelle zur vierten industriellen Revolution, die mit dem Begriff „Industrie 4.0" bezeichnet wird.

Die in Igersheim neu entstandene Innovationsfabrik (M3) der Wittenstein AG kombiniert deshalb zwei unterschiedliche Zielsetzungen unter einem Dach: Die Entwicklung neuer mechatronischer Produkte und die Umsetzung neu strukturierter Arbeitsprozesse gemäß Industrie 4.0.

Die Idee, die hinter dieser modernen „Smart Factory" steckt ist, dass den Mitarbeitern mittels modernster IT- und Kommunikationstechnik stets maßgeschneiderte Informationen zur richtigen Zeit an den richtigen Ort geliefert werden.

Die gesamte Produktion ist dabei als ein intelligentes und komplexes System aufzufassen. Die einzelnen Geräte kommunizieren selbständig untereinander, weshalb die vierte industrielle Revolution gerne auch als das „Internet der Dinge" beschrieben wird. Ziel dieses grundlegenden Umbruchs der Produktionstechnik ist die flexiblere und effizientere Gestaltung der Produktion.

Aber nicht nur Effizienz ist für Prof. Dr.-Ing. Dieter Spath, Vorstandsvorsitzenden der Wittenstein AG, Kennzeichen von Industrie 4.0, sondern auch, dass der Mensch stärker in den Mittelpunkt rückt: „Der Mensch wird vom Bediener zum Bedienten. Der Mitarbeiter von morgen ist Planer und Entscheider in einem komplexen Umfeld." In industriellen Produktionsanlagen wird der Mensch künftig vor allem da sein, um Probleme zu lösen, da auch die modernsten Werkzeuge und Prozesse nicht fehlerfrei funktionieren werden.

Quelle: Hiller, J. (2015): Industrie 4.0 – Hineinbohren in ein komplexes Thema mithilfe einer Lernspirale. In: geographie heute, H. 323, S. 32-35.

AUFGABEN

1. Nenne wichtige Meilensteine in der Entwicklung der Wittenstein AG (M1 u. M4).
2. Erkläre die Funktionsweise von Industrie 4.0 in deinen eigenen Worten (M4).
3. Begründe den anhaltenden wirtschaftlichen Erfolg der Wittenstein AG.

Zusatzmaterialien Heilbronn-Franken
57.2 Die Wittenstein AG und Industrie 4.0

M5 Unternehmenszentrale der Wittenstein AG

M6 Der Computer hält Einzug
Die dritte industrielle Revolution gelang durch die erfolgreiche Verbindung von Informationstechnik und Maschinenbau. Produktionsschritte konnten durch speicherprogrammierbare Steuerungen (SPS) automatisiert werden.
Die Mikroelektronik verändert die Arbeitswelt bis heute und wird dies auch noch in den kommenden Jahrzehnten tun. Laut Experten gibt es in den industriellen Produktionshallen nach wie vor erhebliches Potenzial, die Fertigungsschritte effizienter und kostengünstiger zu gestalten.

M7 Massenproduktion
Die zweite industrielle Revolution wird eng mit der Errungenschaft verbunden, Produkte in großen Stückzahlen herstellen zu können. Möglich wurde dies durch geschickte Umorganisation der Fertigungsschritte und unter Zuhilfenahme der elektrischen Energie.
Eingeführt wurde die Fließbandproduktion in einem Schlachthof in Cincinnati/USA. Henry Ford perfektionierte später die Fließbandproduktion, um das sog. Ford T-Modell kostengünstig in seiner Automobilfabrik zu produzieren.

M8 Industrie 4.0 am Beispiel „Milkrun"
Als Umsetzungsbeispiel der Industrie 4.0 kann der sog. „Milkrun" der Wittenstein AG in der Urbanen Produktion in Fellbach dienen: Noch im Jahr 2014 steuerte ein Mitarbeiter einen kleinen Zug, der durch die Fertigungshallen fuhr und zu versendende Aufträge abholte. Die Reihenfolge und die einzelnen Arbeitsschritte wurden also vom Mensch festgelegt, weil nicht sichtbar war, welche Produkte an welchem Ort in welchem Zustand waren.
Im Sinne von Industrie 4.0 erfolgte dann die Einführung einer Software in Verbindung mit Barcode-Scannern. So entstand ein intelligentes System, das wesentlich flexibler und effizienter arbeitet, weil es den gesamten Materialfluss innerhalb der Fertigung abbildet. Der Logistikmitarbeiter kann auf dem Bildschirm seines Tablets stets den Status der Aufträge und die schnellste Wegstrecke entnehmen.

M9 Dampfmaschine und Webstuhl
Ihren Anfang nahm die erste industrielle Revolution in England. Durch die technischen Errungenschaften wie dem mechanischen Webstuhl oder den ersten Dampfmaschinen konnten Waren zum ersten Mal in der Geschichte der Menschheit industriell hergestellt werden.
Infolge der dauerhaften Umgestaltung der wirtschaftlichen Verhältnisse kam es auch zu einem tiefgreifenden Wandel der sozialen Verhältnisse. So führten die Land-Stadt-Wanderungen und das rasante Wachstum der Bevölkerung zu einem Übergang von der Agrar- zur Industriegesellschaft.

Quelle: Hiller, J. (2015): Industrie 4.0 – Hineinbohren in ein komplexes Thema mithilfe einer Lernspirale. In: geographie heute, H. 323, S. 32-35.

ZUSATZAUFGABEN
4. Erstelle einen Zeitstrahl, der die wichtigsten Aspekte der vier industriellen Revolutionen chronologisch darstellt.
5. *Internetrecherche:* Füge dem Zeitstrahl Jahresangaben und typische Bilder zu.

LÖSUNGSHINWEISE

Aufgabe 1:
Textarbeit M2
Als wichtige Meilensteine sind sicherlich die Unternehmensgründung, die zweimalige Verlagerung, die ständige Ausdifferenzierung und Weiterentwicklung des Produktportfolios, der Eintritt von Manfred Wittenstein, die Gründung des ersten Tochterunternehmens, die Internationalisierung und zuletzt die konsequente Umsetzung von Industrie 4.0 zu nennen.

Aufgabe 2:
Folgende Schlagworte umschreiben Industrie 4.0:
Internet der Dinge, Verschmelzung von Informations- und Fertigungstechnik, Flexibilisierung der Produktion bei gleichzeitiger Effizienzsteigerung, Kommunikation zwischen Mensch und Maschine.

Aufgabe 3:
Die Fa. Dewitta als Ursprung des Unternehmens ist ein typisches Beispiel eines schwäbischen „Tüftlerunternehmens".
Die Entwicklung hin zu einem globalisierten Unternehmen ist zum Teil auf folgende Faktoren zurückzuführen:
- Innovationskraft und Flexibilität der Produktion: Bestehendes Knowhow auf neue Produktfelder anwenden
- Marktorientierung
- Kundenorientierung
- Hohe Investitionen in Forschung und Entwicklung, ca. 10 % des Umsatzes und 12 % der Mitarbeiter. *(Dieser Aspekt ist nicht im Text enthalten.)*

Aufgabe 4:
Textarbeit M6-M9 (Die Texte sind absichtlich nicht in der chronologischen Reihenfolge angeordnet.)
Die wiederkehrende Umwälzung der Produktionslogik geht auf verschiedene Basisinnovationen (z. B. Dampfmaschine) zurück, die den vier industriellen Revolutionen zugeordnet werden können.

Aufgabe 5:
Wichtige Jahreszahlen (Liste beliebig erweiterbar):
1712: Tomas Newcomen entwickelt funktionierende Dampfmaschinen.
1785: Inbetriebnahme des mechanischen Webstuhls „Power Loom".
1870: Fließbandarbeit im Schlachthof von Cincinnati.
1913: Henry Fords Fließbandproduktion beginnt.
1970: Der Computer hält in die Werkshallen Einzug.
2011: Der Begriff „Industrie 4.0" wird ins Leben gerufen.

58.1 FOC Wertheim Village

M1 Shopping im Wertheim Village

M2 Das Konzept FOC

Ein Factory-Outlet-Center (FOC) ist eine Ansammlung vieler Ladeneinheiten innerhalb einer räumlich zusammenhängenden Anlage. Häufig werden dabei Gesamtverkaufsflächen von 10.000 m² überschritten.

FOCs sind analog zu Shopping-Centern gestaltet, d. h. sie besitzen eine einheitliche Architektur, sind mit ausreichend Pkw-Stellplätzen versehen und bieten den Kunden neben Einkaufsmöglichkeiten auch gastronomische Vielfalt und Freizeiteinrichtungen.

In FOCs setzen die Hersteller ihre Waren direkt an die Endverbraucher (z.B. private Haushalte) ab, der klassische Einzelhandel wird dabei umgangen. Das Angebot umfasst typischerweise Auslaufmodelle, Zweite-Wahl-Produkte oder Überschussproduktionen.

Einer der bedeutendsten Outlet-Standorte Deutschlands ist das FOC Wertheim Village. Seit seiner Eröffnung im Jahr 2003 wurde es schrittweise erweitert, jährlich besuchen in etwa 2,5 Millionen Kunden die 110 Boutiquen, die ihre Waren auf etwa 27.000 m² anbieten.

Quelle: Beck, G./Wagner, M. (2011): Auswirkungsanalyse zur Erweiterung des FOC Wertheim Village. Ludwigsburg. GMA.

M3 Das FOC Wertheim Village und seine Folgen

„Das Wertheim Village ist ein Glücksfall für Wertheim." Dieser Überzeugung ist Oberbürgermeister Stefan Mikulicz zehn Jahre nach Eröffnung des FOC. „Die Entwicklung seitdem hat unsere Erwartungen sogar übertroffen." Die Zahl der Arbeitsplätze ist auf rund 850 gestiegen, das am Standort verbaute Investitionsvolumen beträgt rund 95 Millionen Euro.

Es werden jedoch nicht nur positive sondern auch negative Folgen der FOC-Ansiedlung diskutiert, insbesondere die Auswirkungen auf den (innerstädtischen) Einzelhandel. Während Investoren und Betreiber des FOC niedrige Werte der Umsatzumverteilungen angeben, beklagt der betroffene Einzelhandel negative Auswirkungen in hohem Maße (M5).

Wissenschaftliche Gutachten zur Umsatzumverteilung haben jedoch für das regionale Umfeld ergeben (M6), dass weitaus geringere Auswirkungen auf den örtlichen Einzelhandel feststellbar sind, als angenommen: 21 % des FOC-Umsatzes werden aus den Zentren der Standortregion umgelenkt, hohe Umsatzanteile stammen aus weiter entfernten Oberzentren (z. B. Frankfurt).

Quelle: Fränkische Nachrichten (Ausgabe vom 12.11.2013)

M4 Karikatur „Der Stärkere gewinnt"

M5 Zeitungsartikel (Auszug)

Alles muss raus
Auch Designer haben ihre Resterampen

Der Einzelhandel in der Wertheimer Altstadt zeigt sich von der Etablierung des FOCs nicht begeistert. Zehn bis 15 Prozent weniger Umsatz macht Andrea Schöffer in ihrem Laden Sportivo. „Denn die Ware im Outlet stammt nicht immer aus der Vorsaison", behauptet sie. Der Geschäftsführer eines Modehauses, das bald schließen muss, klagt: „Der Kunde sieht nur die durchgestrichenen Preise. Aber er kann nicht kontrollieren, ob der Originalpreis auch stimmt. Und ob es sich bei der Ware nicht um Extra-Anfertigungen fürs Outlet handelt."

Quelle: Stern (Ausgabe vom 6. Oktober 2005)

M6 Regionale Umsatzverteilung durch das FOC Wertheim Village (2005)

	Absolute Umsatzverteilung p. a. in €	Umsatzumlenkung in % vom sortimentsspezifischen Umsatz
Aschaffenburg	1.733.247	0,8
Marktheidenfeld	253.352	0,9
Miltenberg	196.686	0,7
Tauberbischofsheim	142.213	0,6
Wertheim	403.608	1,5
Würzburg	4.944.927	1,7
Gesamt	7.674.032	1,3

Quelle: Hüttner, T. (2006): Fachgutachten FOC Wertheim Village. Regensburg. iq-Projektgesellschaft.

AUFGABEN

1. Erstelle eine Liste mit Merkmalen von FOC (M2).
2. Beschreibe und interpretiere die Karikatur (M4).
3. Stelle mögliche positive und negative Folgen einer FOC-Ansiedlung in einer Tabelle gegenüber.

Zusatzmaterialien Heilbronn-Franken
58.2 FOC Wertheim Village

M7 Luftbild Wertheim Village

M8 Wertheim – ein idealer Standort für ein FOC?

Dass die Standortwahl beim Bau eines neuen FOC auf Wertheim fiel, ist kein Zufall:

Das Luftbild (M7) zeigt bereits die verkehrsgünstige Lage in Autobahnnähe. Auch, dass das FOC für Autofahrer, die
5 auf der A3 zwischen Frankfurt und Würzburg unterwegs sind, kaum zu übersehen ist, war von den Planern durchaus gewollt. Der Großteil der Kunden steuert das FOC nämlich mit dem privaten Pkw an, weshalb auch die Parkplatzflächen großzügig dimensioniert sind.
10 Die Analyse der Kundenherkunft hat ergeben, dass für den Einkauf in einem FOC beträchtliche Strecken zurückgelegt werden (M9, M10).

Während ihres Besuchs verweilen die Besucher mehrere Stunden im FOC, mittlerweile hat sich ein regelrechter „Shopping-
15 Tourismus" etabliert. Insbesondere sog. „Stop-over-Besuche" im Rahmen von privaten Urlaubsreisen haben an Bedeutung gewonnen.

Betrachtet man den Standort Wertheim im Standortsystem der umliegenden Oberzentren fällt auf, dass sich die Hauptein-
20 kaufslagen der größeren Städte in einiger Entfernung befinden. Dennoch ist die Bevölkerungsdichte im Einzugsgebiet des FOC vergleichsweise hoch, was sich auch in einem hohen Kaufkraftniveau niederschlägt.

M9 Einzugsgebiet des FOC Wertheim Village

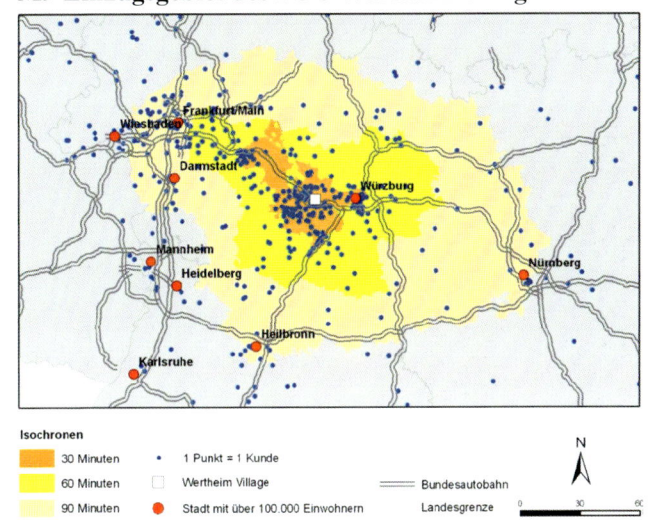

Quelle: Schmude, J./Hüttner, T. (2010): Kundenherkunftsanalyse. LMU München. iq-Projektgesellschaft.

M10 Herkunft der Kunden des FOC Wertheim Village

Herkunft	2004 in %	2010 in %
Zone 1 (bis 30 min)	27,8	24,1
Zone 2 (30 bis 60 min)	21,1	19,6
Zone 3 (60 bis 90 min)	21,0	19,3
Touristische Umsätze (> 90 min)	30,1	37,0
Summe	100,0	100,0

Quelle: ebd.

ZUSATZAUFGABEN

4. Stelle die Standortfaktoren, die zur Ansiedlung des FOC Wertheim Village geführt haben, in einer Tabelle dar. Unterscheide dabei zwischen harten und weichen Standortfaktoren (M7 bis M10).
5. Analysiere das Einzugsgebiet (M9) und die Kundenherkunft (M10) des FOC Wertheim Village.

LÖSUNGSHINWEISE

Aufgabe 1:
Textarbeit, s. M2
Die Verkaufsfläche des FOC kann mit einem Vergleich zu einem Fußballfeld verdeutlicht werden, das in etwa eine Fläche von 7.000 m² hat.

Aufgabe 2:
Individuelle Lösungen.
Didaktischer Hinweis: Die Interpretation einer Karikatur kann schrittweise erfolgen: Beschreibung, Dekodierung und Symbolverständnis, Erarbeitung der Zusammenhänge, Diskussion der Aussagen.

Aufgabe 3:
In Wertheim sind die negativen Auswirkungen auf den Einzelhandel gering. Wissenschaftlich quantifizierbar ist eine Umsatzumverteilung von insgesamt 21 % des FOC-Umsatzes aus den umliegenden Zentren. Einzeln betrachtet, verlieren die Innenstädte der Region jeweils unter 2 %. Zu betonen ist allerdings, dass die subjektive Empfindung von lokalen Akteuren davon deutlich abweichen kann (s. Zeitungsartikel). Als positive Folgen sind die Schaffung von Arbeitsplätzen und die Stärkung der regionalen Wirtschaft, insbesondere als touristische Attraktion, zu nennen.

Aufgabe 4:
Folgende Tabelle enthält einige wichtige Standortfaktoren, erhebt aber keinen Anspruch auf Vollständigkeit:

Harte Standortfaktoren	Weiche Standortfaktoren
Flächenangebot	Personenbezogene Faktoren: Angebot, Attraktivität des Standortes, Einkaufsmöglichkeiten, Freizeitangebot
Verkehrsinfrastruktur (A3)	
Arbeitskräfte	
Kaufkraftpotenzial/Absatzmarkt: Hohe Bevölkerungsdichte innerhalb der „1h-Pkw-Distanz", räumlicher Abstand zu Haupteinkaufslagen größerer Städte, Nähe zu hochfrequentierten Freizeiteinrichtungen/Verkehrsachsen (unmittelbare Einsehbarkeit!)	Unternehmensbezogene Faktoren: Wirtschafts- bzw. Konsumklima, Image der Region

Eine eigenständige Internetrecherche kann ggf. weitere Ergebnisse liefern: Z. B. zeigen sich in Deutschland im Vergleich zu anderen wichtigen FOC-Märkten (Großbritannien oder Italien) noch keine Marktsättigungs- und Verdrängungstendenzen. Werden Indikatoren wie Kaufkraft, Umsatzpotenzial und Siedlungsstruktur verglichen, weist Deutschland eine vergleichsweise geringe FOC-Dichte auf.

Aufgabe 5:
Es ist festzuhalten, dass viele Konsumenten weite Anfahrten in Kauf nehmen. Das FOC Wertheim Village besitzt überregionale Strahlkraft, sodass das touristische Potenzial („Shopping-Tourismus", „Stop-over-Tourismus") in den letzten Jahren zugenommen hat.

59.1 Migration – Auf der Suche nach einem guten Leben

M1 Zeitungsbericht Stuttgarter Zeitung

„Stuttgart - Eine Flüchtlingskrise hat Europa fest im Griff. Eine riesige Zahl von Wirtschaftsflüchtlingen macht sich auf eine äußerst ungewisse Reise in der Hoffnung auf eine bessere Zukunft. Die einen wagen die beschwerliche Etappe zu Fuß, andere mit dem Schiff. Auf den Booten brechen Krankheiten aus und fordern viele Opfer. Im Flüchtlingslager von Ismajil an der Donau angekommen, müssen sich die Auswanderer direkt in Quarantäne begeben. Im Lager herrschen erschreckende hygienische Zustände, zahlreiche Epidemien wüten. Ein Teil der Flüchtlinge wird ihr gelobtes Land nie erreichen. Die, die es aber schaffen, schicken denen, die diesen Schritt noch nicht gewagt haben, beinahe enthusiastische Nachrichten aus der neuen Heimat."

Quelle: Ingmar Volkmann, Stuttgarter Zeitung 27. Juli 2016

Aufgabe 1: Bespreche mit einem Partner/einer Partnerin ob und wo du ähnliche Berichte gehört oder gelesen hast.

M2 Weltweit 60 Millionen Flüchtlinge 2016

Quelle: Manfred Kiesel

Aufgabe 2: Vermute welche Ursachen dazu führen, dass Menschen ihre Heimat verlassen müssen.

M3 Ein Vulkanausbruch und die Folgen

Auch wenn der Zeitungsbericht aus der Stuttgarter Zeitung so ähnlich klingt wie die Berichte, die wir täglich in den Medien hören, so beschreibt er doch eine Zeit von vor genau 200 Jahren: In der Zeit vom 5. bis 11. April 1815 brach auf der Insel Sumbawa (Indonesien) der Vulkan Tambora aus. Es war der größte Vulkanausbruch der letzten Jahrtausende. Die Explosion war so gewaltig, dass Experten sie mit 170.000 Atombomben verglichen haben. Die Aschesäule war über 40 km hoch und der Berg „schrumpfte" von 4.300 m auf 2.850 m.

Aufgabe 3: Suche im Atlas Indonesien und den Vulkan Tambora. Wie weit ist er von Baden-Württemberg entfernt? Vermute, welche Auswirkungen der Vulkanausbruch hatte und was dies mit unserer Region zu tun hat. Wie wirkte sich der Ascheregen auf die Landwirtschaft aus?

M4 Hungersnot in Europa

In Europa waren zu dieser Zeit die Napoleonischen Kriege zu Ende gegangen. In den Dörfern herrschte Not. In Baden und in Württemberg hatten durchziehende Truppen die Vorräte geplündert. Die Menschen waren bereits arm und ausgehungert als diese Naturkatastrophe über sie hereinbrach. Die gewaltige Aschewolke des Tambora breitete sich in der Erdatmosphäre aus und verdunkelte die Sonne. Fünfzehn Monate später hatte die „Katastrophe" Europa erreicht. Es war das Jahr 1816, das „Jahr ohne Sommer". Geschichtsschreiber berichteten, dass es in acht Monaten nur 29 Tage ohne Regen gab, davon nur 15 Sonnentage. Ernteausfälle führten zu verheerenden Hungersnöten. Die Menschen damals wussten allerdings nichts von dem Vulkanausbruch. Sie dachten es sei eine Gottesstrafe.

M5 Auswanderung nach Südosteuropa

Schon im Jahrhundert vor dem „Jahr ohne Sommer" wanderten viele Menschen aus dem Taubertal aus. Südosteuropa war 150 Jahre lang unter türkischer Besatzung. Im Jahr 1718 siegten die kaiserlichen Truppen, unterstützt von den deutschen Fürsten, gegen die Türken. Nach dem Krieg waren viele Gebiete entvölkert. Der Deutsche Kaiser erließ ein Gesetz, um diese sumpfigen und dünn besiedelten Gebiete zu bevölkern. Er ließ im ganzen Reich Werber umherziehen, die den Auswanderern Land und ein gutes Leben versprachen.

In der Heimat herrschte oft Hungersnot. Viele Bauern wurden von ihren Grundherren ausgebeutet. Sie ließen sich gerne in die neue Heimat, in die Gebiete an der Donau rufen, Dort versprach man ihnen Steuervorteile, eigenes Land sowie ein Haus und Arbeit. Zwischen 1720 und 1799 wanderten z. B. aus Königheim 60 und Külsheim 85 namentlich bekannte Personen aus. Viele wanderten jedoch heimlich aus, weil sie das Geld nicht hatten, um sich aus der Leibeigenschaft freizukaufen (Manumission). In Königheim waren es 23 Familien mit 114 Personen, davon im Jahr 1771 allein 82 Personen.

Aufgabe 4: Nenne die Gründe für die Auswanderung der Menschen im Taubertal im 18. Jahrhundert?

M6 Ulmer Schachtel auf dem Ulmer Rathaus

M7 Wege der Auswanderer nach Südosteuropa

Auf dem Landweg, mit Pferdekarren und einem Bündel Habseligkeiten zogen viele Menschen aus allen Gebieten der Deutschen Fürstentümer bis nach Ulm. In Ulm wurden sie auf die sogenannten „Ulmer Schachteln" eingeschifft. Das waren kleine leichte Holzschiffe, ca. 20 m lang und 4 m breit, mit nur 30 bis 40 cm Tiefgang. Der lange Weg auf der Donau war sehr beschwerlich. Die Männer mussten beim Rudern mithelfen. Unterwegs wurden die Auswanderer oft auch überfallen, manchmal auch verschleppt. In Apatin (heute Serbien) war die Endstation der Ulmer Schachteln. Von dort ging es wieder hunderte Kilometer auf dem Landweg weiter, z. B. nach Temeswar in Rumänien. In den Heimatchroniken werden oft als Zielländer Ungarn, Österreich, österreichische Erblande oder Banat angegeben.

M8 Leben in der neuen Heimat Südosteuropa

Den Siedlern in Südosteuropa, wurde ein besseres Leben versprochen. Doch zunächst mussten Sümpfe trocken gelegt sowie Kanäle und Straßen gebaut werden. Viele Menschen starben am Sumpffieber. Die Siedler arbeiteten fleißig, nach und nach wuchsen ihre Orte und es entwickelten sich die Landwirtschaft, das Handwerk und der Handel. Jahrzehntelang herrschte Frieden. So konnten sich die Dörfer und Städte gut weiterentwickeln und wurden zu einer „Kornkammer" Europas. Die Entwicklung der ersten drei Siedlergenerationen kann man durch folgende Formel zusammenfassen: „Die Ersten fanden den Tod, die Zweiten litten die Not, die Dritten hatten das Brot."

Aufgabe 5: Verfolge den Weg der Auswanderer nach Südosteuropa. Schreibe die Länder auf und berechne, wie weit der Auswanderungsweg war. Benutze dabei den Atlas oder einen Routenplaner im Internet. Gib den Zielort Temeschburg (Temeswar) oder Apatin ein.

Aufgabe 6: Recherchiere im Heimatbuch deines Heimatortes und unter www.leo-bw.de nach Auswanderern im 18. und 19. Jahrhundert.

Quelle M3-M8: nach Behringer 2015, Gehrig/Kappler 1987, Pretz 1988.

Zusatzmaterialien Heilbronn-Franken
59.2 Migration – Auf der Suche nach einem guten Leben

M9 Vertreibung nach dem Zweiten Weltkrieg

Nachdem Deutschland 1945 den Zweiten Weltkrieg verloren hatte, wurden die Ländergrenzen in Europa verändert. Ungefähr 12,3 Millionen Deutsche aus den Gebieten, die nach dem Krieg zu Polen, der Tschechoslowakei, der Sowjetunion, zu Ungarn oder Serbien gehörten, wurden in die Bundesrepublik Deutschland oder die DDR vertrieben. Sie waren „Vertriebene" oder „Heimatvertriebene". Sie mussten ihre frühere Heimat zwangsweise verlassen. Viele Menschen flohen auch vor der Unterdrückung. In Deutschland angekommen, wurden die Vertriebenen und Flüchtlinge auf die einzelnen Landkreise verteilt. Doch in den Dörfern waren bereits viele „Evakuierte", das waren Bewohner aus den zerstörten Städten. Da die Menschen im zerbombten Deutschland selbst sehr arm waren, war das eine große Herausforderung für alle.

M10 Anteil der Flüchtlinge nach dem Zweiten Weltkrieg

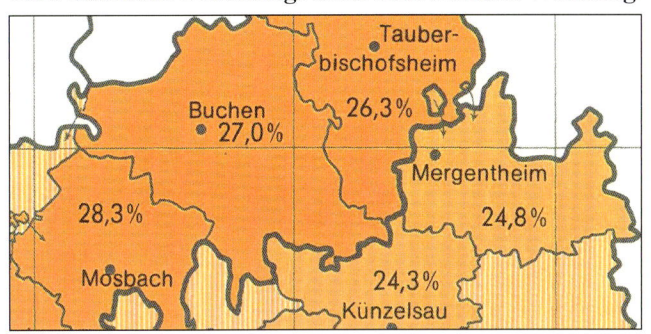

Tauberbischofsheim 26,3%
Buchen 27,0%
Mergentheim 24,8%
Mosbach 28,3%
Künzelsau 24,3%

Quelle: generiert aus www.leo-bw.de

Einwohner Külsheim 1950	Absolut	Prozent
Altbürger	1540	64
Flüchtlinge	617	25
Evakuierte	247	11

Quelle: Weiss, Elmar/Lauff, Helmuth/Edelmann, Irmtraut (1992): Geschichte der Brunnenstadt Külsheim. Külsheim.

M11 Siedlungshäuser aus der Nachkriegszeit

In vielen Orten kann man heute noch die Siedlungshäuser der Vertriebenen und Flüchtlinge sehen. Sie wurden nach dem Krieg am Rande der Orte erbaut. Die Gemeinschaft hielt fest zusammen. In den neu angelegten Straßen wurde mit dem Bau des ersten Hauses begonnen, alle Menschen halfen mit. War ein Haus aufgebaut, wurde das nächste gemeinsam begonnen. In Külsheim z. B. entstanden um 1950 die Siedlungshäuser der gemeinnützigen Wohnungsbaugesellschaft „Neue Heimat". Vertriebene und Aussiedler sind rechtlich gesehen keine Migranten.

M12 Migrationsgründe

Die Gründe für Aus- und Einwanderungen werden als „Push- und Pullfaktoren" der Migration zusammengefasst. Der Begriff Migration kommt von „migratio" (lat.), was so viel wie „Wanderung" bedeutet. Er umschreibt einen dauerhaften Umzug von einem Ort zum anderen (Wanderung). *Emigration* nennt man das Verlassen eines Landes, die Auswanderung, und *Immigration* die Einwanderung.

Das Wort „push" kommt aus dem Englischen und ebenso das Wort „pull". (Druck und Zug oder besser Sog).

Die Migrationsgründe können sehr unterschiedlich sein:
- wirtschaftlich (ökonomisch): Wie kann man seinen Lebensunterhalt verdienen oder erarbeiten?
- politisch: Wer hat die Macht? Wer bestimmt die Gesetze? Werden die Rechte der Menschen beachtet?
- gesellschaftlich (sozial): Wie geht es den Menschen im Alltag? Wie leben sie zusammen? Wie geht es den Alten, Kranken, Armen?
- Umwelt bedingt (ökologisch): Wie sind die Natur- und Umweltbedingungen?

M13 Flüchtlingswelle nach Deutschland 2015

Im Jahr 2015 sind laut Bundesamt für Migration und Flüchtlinge in Deutschland mehr als eine Million Flüchtlinge eingetroffen. Davon haben 476.649 Menschen Asylanträge gestellt. Im Main-Tauber-Kreis waren am Stichtag 29.11.2015 offiziell 1.015 Flüchtlinge gemeldet, darunter 115 Kinder. Die meisten Flüchtlinge stammen aus Syrien (394), Irak (148), Eritrea (89), Kosovo (76), Afghanistan (55), Somalia (49), Albanien (33) und Serbien (30).

Quelle: Ministerium für Integration, Drucksache 15/7719.

ZUSATZAUFGABEN

7. Recherchiere über ehemalige Vertriebene und Flüchtlinge in deinem Heimatort.
8. Wähle aus M13 ein Herkunftsland von Flüchtlingen aus und finde die Gründe für deren Flucht nach Deutschland heraus (M12). Vergleiche mit deinen Ergebnissen aus Aufgabe 4.

LÖSUNGSHINWEISE

Aufgabe 1, 2, 7, 8:
Individuelle Lösungen.

Aufgabe 3:
Die Entfernung zwischen dem Tambora und Tauberbischofsheim beträgt ca. 11.000 Km. Die Auswirkungen werden in M4 beschrieben: kalte und feuchte Sommer → Ernteausfälle → Hungersnöte

Aufgabe 4:
Pushfaktoren: Hungersnot in der Heimat/Ausbeutung durch Grundherren
Pullfaktoren Südosteuropa: Steuervorteile/eignes Land/eigenes Haus/Arbeit/Freiheit (Weitere Push-Faktoren: Im 16. und 17. Jh. kamen Hugenotten und Waldenser wegen religiöser Verfolgung nach Baden und Württemberg/Bei der Auswanderungswelle in die USA nach der 1848er Revolution war die politische Unterdrückung der wichtigste Push-Faktor)

Aufgabe 5:
Der Weg von Ulm führte entlang der Donau durch die heutigen Länder Deutschland, Österreich, Ungarn bis nach Apatin im Nordwesten von Serbien. Das waren ca. 1.200 km Flussstrecke. Von Apatin nach Temeswar im Südosten von Rumänien ging es noch einmal ca. 200 km über Land.

Aufgabe 6:
Das Internetportal „Landeskunde entdecken online" www.leo-bw.de enthält viele Dokumente, Karten und Auswandererlisten. Eine zusätzliche Recherche unter www.leo-bw.de kann für Personen mit dem eigenen Familiennamen erfolgen. Hier lässt sich herausfinden, wann und wohin diese Personen ausgewandert sind.

Literaturhinweise:
Behringer, Wolfgang (2015): Das Jahr ohne Sommer, wie ein Vulkan die Welt in die Krise stürzte. Beck. München.
Gehrig, Franz/Kappler, Helmut (1987) Königheim. Alter Marktflecken und Weinort. Königheim.
Pretz, Franz (1988): Auswanderungen aus dem Odenwald und Bauland nach Südosteuropa. In: Der Wartturm, H. 3, S. 2-6.

60.1 Von der Wirklichkeit aufs Papier – Karten von Tauberbischofsheim

M1 Vorstellungen vom Schulort
Seit jeher war es ein Bestreben der Menschen, den Raum in dem sie leben, arbeiten, wirtschaften oder den sie bereisen zu beschreiben.

Aufgabe 1: Stelle dir deinen Schulort vor. Geh in Gedanken den Weg zur Schule, zu deinem Lieblingsplatz. Wenn du dich besser konzentrieren kannst, schließe dazu die Augen. Wenn du eine genaue Vorstellung vom Ort hast, öffne wieder die Augen und zeichne dein inneres Bild vom Schulort auf.

Aufgabe 2: Stellt euch in Partnerarbeit eure Zeichnungen gegenseitig vor. Vergleicht eure Zeichnungen mit einer Topographischen Karte.

Aufgabe 3: „Lese" die topographische Karte deines Schulortes, d. h. finde so viele Informationen wie möglich heraus. Lese die Legende erst danach. Wenn du keine topographische Karte zur Verfügung hast, recherchiere im Netz unter www.leo-bw.de. Dort findest du unter „Kartensuche" die passenden Karten.

M2 Alte Ansichten – Satellitenbilder
Den untenstehenden Kupferstich der Stadt „Bischofsheim" hat Jakob Heinrich Zürner 1792 angefertigt.

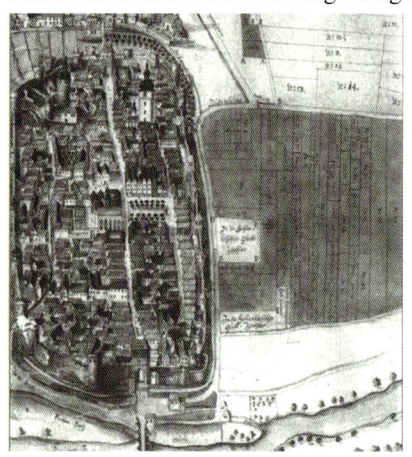

Quelle: Schneider, Alois (2005): Tauberbischofsheim, Archäologischer Stadtkataster Baden-Württemberg, Band 29. Stuttgart.

Das untenstehende Orthobild von Tauberbischofsheim ist ein Satellitenbild, das mit dem Computer so bearbeitet wurde, dass es keine Verzerrungen enthält und deckungsgleich mit einer Karte, d. h. maßstabgerecht ist. Das Wort „ortho" kommt von „Orthographie"=Rechtschreibung. Orthobild bedeutet also „rechtes Bild", d. h. richtiges Bild.

Quelle: generiert aus www.leo-bw.de

Aufgabe 4: Vergleiche die beiden Bilder. Finde Unterschiede und Gemeinsamkeiten.

M3 Die Oberflächenformen des Raumes werden sichtbar
A Topographische Karte

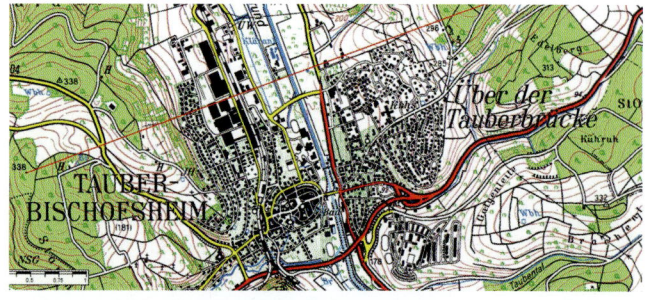

B Topographische Karte mit Schummerung

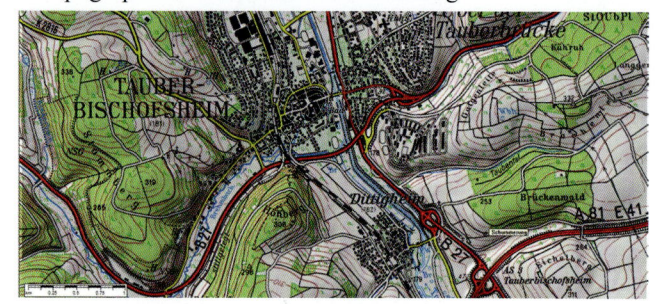

C Topographische Karte mit Höhenschichten

D Relief auf der Grundlage der topographischen Karte

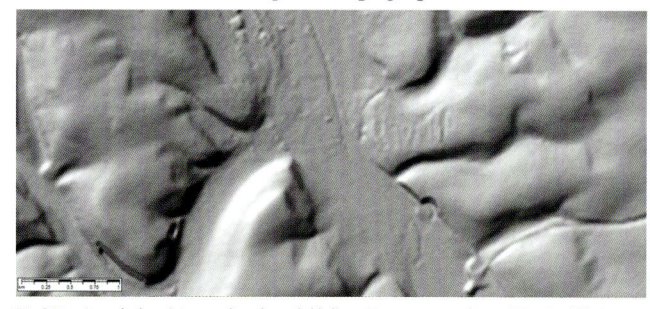

E 3D-Ansicht (Anaglyphenbild) - Benutze eine 3D-Brille!

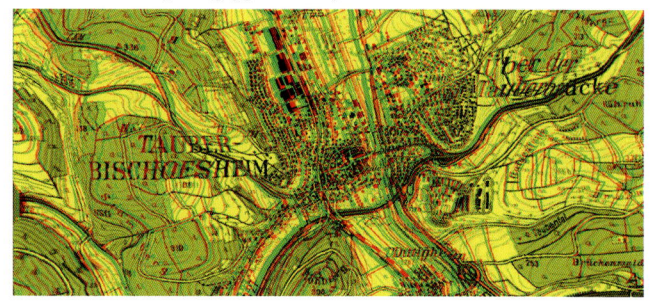

Quelle: Grundlage: TK50 Ausschnitte – © Landesamt für Geoinformation und Landentwicklung Baden-Württemberg (www.lgl-bw.de), Az.: 2851.3-A/623.

Aufgabe 5: Vergleiche die Karten. Suche mit einem Partner/einer Partnerin Vorteile und Nachteile der unterschiedlichen Darstellung. Für welchen Zweck würdet ihr welche Karte verwenden?

Zusatzmaterialien Heilbronn-Franken
60.2 Von der Wirklichkeit aufs Papier – Karten von Tauberbischofsheim

M4 Karten vergleichen – Entwicklungen erkennen

In der rechten Ecke befindet sich eine historische Übersichtskarte. Tauberbischofsheim hieß früher nur „Bischofsheim" und gehörte zum Großherzogtum Baden (gelbe Farbe). Die linke Hälfte der gekoppelten Karte zeigt die heutige Situation. Man erkennt die Ausdehnung der Stadt. Die rechte Kartenhälfte ist eine alte Karte, das Relief, die Oberflächenformen sind geschummert. Beide Karten haben denselben Maßstab.

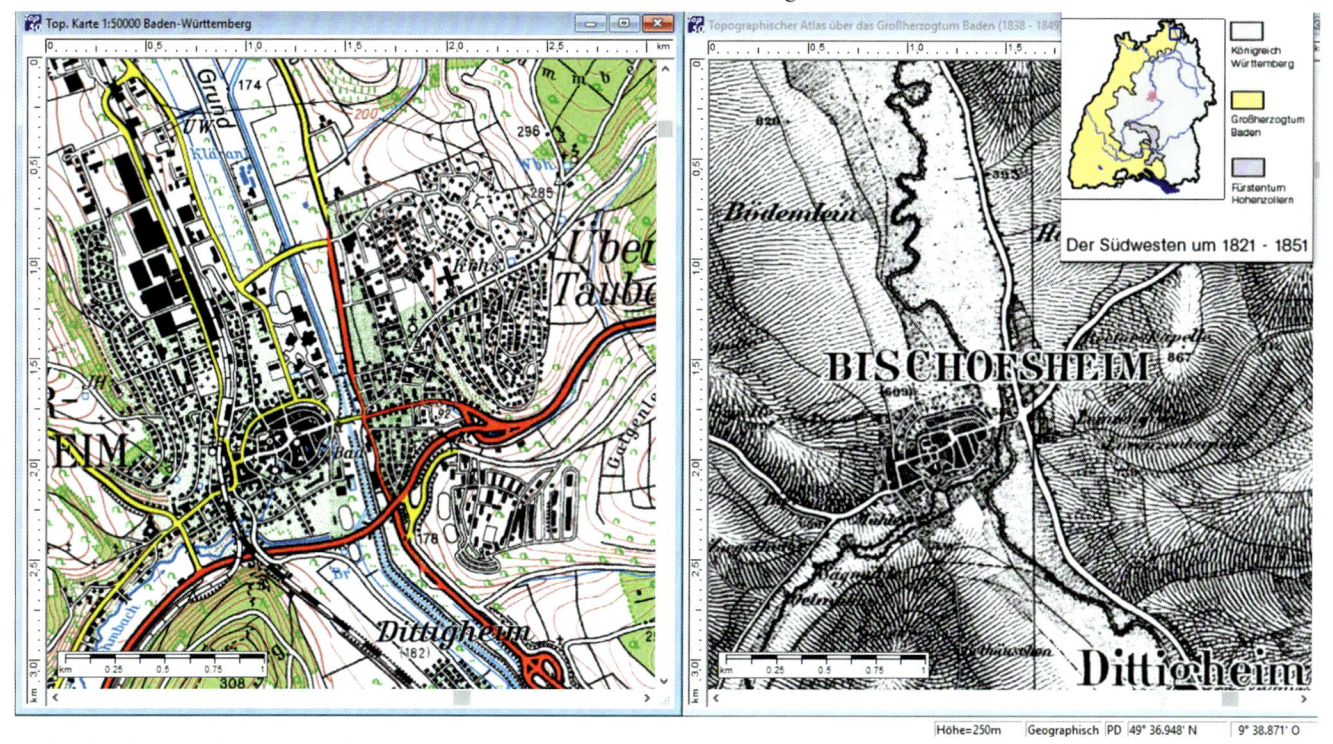

Quelle: Grundlage: TK50 Ausschnitt – © Landesamt für Geoinformation und Landentwicklung Baden-Württemberg (www.lgl.-bw.de), Az.: 2851.3-A/623.

Aufgabe 6: Zeichne in die heutige Karte die Ausdehnung der Stadt im Jahr 1851 ein. Finde heraus, welche Ausdehnung die Stadt in der Ost-West Richtung früher hatte und welche in der Nord-Süd Richtung. Welches ist ihre heutige Ausdehnung. Beschreibe die Veränderungen.

M5 Thematische Karten

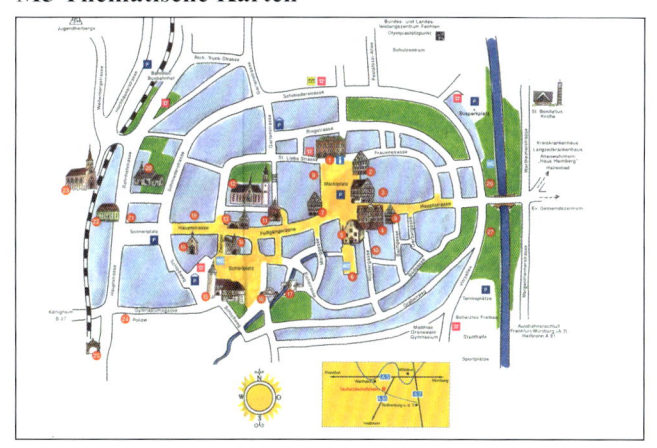

Quelle: Gehrig, Franz/Müller, Hermann (1997): Beiträge zur Stadtchronik. Tauberbischofsheim. Einband hinten.

Wollen Menschen einen bestimmten Sachverhalt zu einem bestimmten Zeitpunkt in einem bestimmten Raum darstellen, dann erstellen sie eine thematische Karte.

Aufgabe 7: Finde heraus, an wen sich die thematische Karte in M5 wendet. Vermute, was die Nummern auf der Karte bedeuten. Wo könntest du nachschauen?

Aufgabe 8: Besorgt euch einen Plan eures Heimatortes. Wählt ein spannendes Thema wie z. B. Freizeitmöglichkeiten, Verschmutzung, Behindertengerechte Einrichtungen, sehr alte Gebäude usw. und recherchiert im Heimatort. Tragt die Ergebnisse in die Karte ein, vergesst das Datum nicht, denn die Räume sind immer in Veränderung.

LÖSUNGSHINWEISE

Aufgabe 1, 2, 3, 8:
Individuelle Lösungen.

Aufgabe 4:
Unterschiede: Der Kupferstich ist nicht genordet (Tauber ist unten) und ein Schrägbild. Im Gegensatz zur Draufsicht des Orthobildes kann man Gebäudefassaden und -höhen (Kirchtürme) erkennen. Der Grundriss ist beim Kupferstich fast rechteckig, beim Orthobild oval.
Gemeinsamkeiten: Dichte Bebauung und eine deutlich erkennbare Hauptstraße entlang der Längsachse.

Aufgabe 5:
A: Je dichter die Höhenlinien zusammenliegen, desto steiler ist ein Hang.
B: Stark geneigte Hänge erscheinen dunkler als flache.
C: Durch die Farben wird die Höhenschicht hervorgehoben.
D: Durch die Reliefdarstellungen kann man Talverläufe und -profile erkennen.
E: Die 3D-Ansicht lässt die Oberflächenformen plastisch werden.

Aufgabe 6:
1851: O-W: ca. 600 m, N-S: ca. 350 m
2016: O-W: ca. 3,2 km, N-S: ca. 2,5 km
Im Norden erstreckt sich ein großes Industrie- und Gewerbegebiet, im Südosten liegt das Konversionsgebiet der ehemaligen Kurmainz-Kaserne. Die größten Flächen sind durch neue Wohngebiete dazugekommen.

Aufgabe 7:
Die Karte mit den Sehenswürdigkeiten richtet sich an Touristen. Auf der Homepage der Stadt Tauberbischofsheim findet man die entsprechenden Informationen.

Kochertal bei Niedernhall

5. Unternehmensfallstudie Tekrob GmbH

Einleitung

Weshalb eignet sich die in Neckarsulm ansässige Tekrob GmbH für den Einsatz im Schulunterricht?

Nach welchen Kriterien ist eine Unternehmensfallstudie als Unterrichtsmethode zu gestalten?

Wie lassen sich weitere Unternehmen finden, die sich für den Einsatz im Schulunterricht eignen?

Fragen, auf die das vorliegende Teilkapitel Antworten liefern möchte.

Fallstudiendidaktik

Als Teil des Geographie- und Ökonomieunterrichts besitzen Fallstudien den Charakter einer Unterrichtsmethode. Nach Meyer (2011, 109) sind Unterrichtsmethoden Formen und Verfahren, mit denen sich Schülerinnen und Schüler die sie umgebende natürliche und gesellschaftliche Wirklichkeit unter Beachtung der institutionellen Rahmenbedingungen der Schule aneignen. Um die unterschiedlichen Unterrichtsmethoden differenziert betrachten zu können, werden sie nach ihrem Umfang bzw. ihrer Reichweite unterschieden. Meyer (2011, 116) untergliedert nach Mikro-, Meso- und Makromethoden, wobei Fallstudien in die mittlere Komplexitätsebene einzuordnen sind und deshalb als Lehr-Lernformen charakterisiert werden. „Sie haben einen definierten Anfang, eine definierte Rollenverteilung, einen bestimmten Spannungsbogen und einen erkennbaren Abschluss" (ebd. 116).

> „Die Fallstudie ist eine spezifische Form des Problemlösens im Kontext des situierten Lernens."
> (Meier 2013, 171)

Im Zentrum der Fallstudie als Unterrichtsmethode steht das Lösen eines konkreten Problems (Meier 2013), weshalb sie in das lerntheoretische Paradigma des Konstruktivismus einzuordnen ist (Weitz 2007, Gmelch 2001). Um der Entstehung „trägen Wissens" vorzubeugen, soll Unterricht anwendungsbezogen und kognitiv aktivierend erfolgen. Im Rahmen von Unternehmensfallstudien können somit Lernwege angelegt werden, die das zur Bewältigung von Problemen benötigte Wissen vermitteln und damit Zugriff auf Theorie(n) und Konzepte schaffen (Gmelch 2001, 102). Aufgrund der Denkrichtung vom konkreten Beispiel zur abstrakten Theorie wird diese Art von Lernprozess als induktives Lernen bezeichnet.

> „Lernen wird nach konstruktivistischer Auffassung als ein aktiver, selbstgesteuerter, konstruktiver, emotionaler, sozialer und situativer Prozess betrachtet."
> (Mandl 2006, 29)

Wie überhaupt geeignete Fälle für den Einsatz in der Unterrichtsmethode gefunden werden können, kann mit den Argumenten Exemplarität, Anschaulichkeit und Handlungsorientierung beantwortet werden (Gmelch 2001, Weitz 2007). Damit sind auch bereits Gestaltungsempfehlungen für die Konzeption von Lernumgebungen formuliert.

- Das Kriterium der *Exemplarität* besagt, dass die zu behandelnden Fälle stets beispielhaft sein müssen. Die damit verbundenen Aspekte subjektive Bedeutsamkeit, subjektive Adäquanz, situative Repräsentation und wissenschaftliche Repräsentation belegen, dass das Kriterium der Exemplarität das Lernsubjekt und das Lernobjekt gleichermaßen betrifft (Gmelch 2001, 117).
- Das Kriterium der *Anschaulichkeit* sorgt für eine umfassende und ganzheitliche Darstellung der Fallsituation bei gleichzeitiger Nachvollziehbarkeit der handelnden Akteure im Fallgeschehen. Weiterhin können visuelle Hilfen (Fotos, Grafiken, Schaubilder) das Fallgeschehen veranschaulichen. Um die Problemlösung zu bereichern, können ergänzende Informationen beschafft werden.
- Das Kriterium der *Handlungsorientierung* impliziert das Bild des „ganzheitlichen Lernens". Zwischen Denken und Handeln ist keine Grenzziehung zulässig, Lernen ist nicht nur die Ausführung von Handlungsvollzügen sondern initiiert konkretes, eigenständiges Handeln. Weiterhin sind die Lösungswege offen anzulegen.

Ist ein geeigneter Fall aus der Realität gefunden, der sich prinzipiell für den unterrichtlichen Einsatz in einer Fallstudie eignet, ist zu klären, welchen didaktischen Anforderungen der zu behandelnde Fall zu genügen hat:

1. Der Fall sollte lebens- und wirklichkeitsnah sein (…).
2. Der Fall sollte eine Interpretation aus Sicht der Teilnehmerrolle eröffnen.
3. Der Fall sollte problem- und konflikthaltig sein.
4. Der Fall sollte überschaubar und unter den zeitlichen Rahmenbedingungen und individuellen Voraussetzungen der Kenntnisse, Fähigkeiten und Fertigkeiten der Schüler lösbar sein.
5. Der Fall sollte mehrere Lösungsmöglichkeiten zulassen.

Abb. 5.1: Didaktische Anforderungen an einen Fall (Kaiser/Kaminksi 2012, 127)

Um dem Lernen in Fallstudien Struktur zu verleihen, lässt sich der Lernprozess als Entscheidungs- und Problemlösungsprozess organisieren:

1. *Konfrontation:* Erfassen der Problem- und Entscheidungssituation
2. *Information:* Selbständiges Erschließen der Information als Grundlage einer Entscheidungsfindung, Bewertung der Information
3. *Exploration:* Diskussion alternativer Lösungsmöglichkeiten
4. *Resolution:* Treffen der Entscheidung, Gegenüberstellung und Bewertung der Lösungsvarianten
5. *Disputation:* Verteidigung der Gruppenentscheidungen
6. *Kollation:* Vergleich der Gruppenlösungen mit der in der Wirklichkeit getroffenen Entscheidung, abwägen der Interessenzusammenhänge

Abb. 5.2: Verlaufsstruktur einer Fallstudie (Kaiser/Kaminski 2012, 112)

Die Unternehmensfallstudie als Unterrichtsmethode

Als besondere Form der Fallstudie ist die Unternehmensfallstudie im Wirtschaftsgeographieunterricht anzusiedeln. Der geographiespezifische Blickwinkel betrachtet dabei die wirtschaftlichen Aktivitäten des Menschen unter einer räumlichen Perspektive. So ist beispielsweise eine „Geographie des Unternehmens" (Bathelt/Glückler 2012) in der Lage, anhand des exemplarischen Einzelfalls raumwirksame ökonomische Praktiken zu identifizieren.

Das zentrale Charakteristikum der Unternehmensfallstudie ist die Kombination der bereits erwähnten Ansätze der Fallstudiendidaktik (insbesondere Kaiser/Kaminski 2012) mit aktuellen postmodernen Ansätzen der wissenschaftlichen Wirtschaftsgeographie (insbesondere Bathelt/Glückler 2012).

Übertragen auf den Geographieunterricht bedeutet dies, dass wirtschaftsgeographische Konzepte anhand eines exemplarischen Unternehmens auf einem induktiv angelegten Erkenntnisweg erlernt werden können (Hiller/Kirchner 2015). Zusammen mit dem Prinzip der regionalen Verankerung (Kap. 3) ergeben sich aus den bislang angestellten Überlegungen folgende Gestaltungsprinzipien für die Konstruktion von Unternehmensfallstudien (s. Abb. 5.3).

Abb. 5.3: Gestaltungsprinzipien für Unternehmensfallstudien, eigener Entwurf

Akteurszentrierung: Das Gestaltungsprinzip berücksichtigt Ansätze einer postmodernen Wirtschaftsgeographie. Die Argumentation beruht auf einer mikroökonomischen Betrachtungsebene, die das handelnde Subjekt in den Fokus der schulischen Lernprozesse rückt. Subjekte können dabei Individuen, Unternehmen oder Institutionen sein.

Regionale Verankerung: Es ist davon auszugehen, dass regional verankerte Bildungsinhalte einen Mehrwert besitzen (Kap. 3). Als regionale Verankerung wird die Einbettung von Bildungsinhalten im Raum regionaler Reichweite rund um den Schulstandort bezeichnet.

Problemorientierung: Das Gestaltungsprinzip Problemorientierung basiert auf dem Ansatz des Problem-Based Learning (Weber 2012). Problemorientiertes Lernen wird als interessant und herausfordernd von den Lernern wahrgenommen und führt zu einer höheren Zufriedenheit als bei herkömmlichen Lernformen.

Situiertes Lernen: Ansätze des Situierten Lernens (Gräsel/Parchmann 2004) haben das Ziel, schulischen Unterricht stärker verstehens- und anwendungsorientiert zu gestalten. Komplexe Ausgangsprobleme sollen den

Startpunkt der Lernprozesse bilden. Durch die unmittelbare Situationsgebundenheit entsteht Authentizität, Bezüge zur Erfahrungswelt der Schülerinnen und Schüler sind möglich und erwünscht. Multiple Kontexte gewährleisten den Transfer der Problemsituation und unterstreichen damit den „Werkzeug-Charakter" des erworbenen Wissens. Gezielte Artikulations- und Reflexionsprozesse regen das Nachdenken an und erzeugen einen transparenten Wissenserwerb. Das Lernen im sozialen Austausch erfordert die situationsgebundene Aushandlung des Lernprozesses. Schließlich erzeugt selbstgesteuertes Lernen Individualisierung und verlagert dabei die Lernverantwortung in Richtung der Schülerinnen und Schüler.

Die Tekrob GmbH

Wenn die in Neckarsulm ansässige Tekrob GmbH Gegenstand einer Unternehmensfallstudie sein soll, ist zunächst die Frage zu beantworten, weshalb die Tekrob GmbH ein geeignetes Unternehmen darstellt.

Hierfür kann das Kriterium der Exemplarität herangezogen werden (Kap. 3). Wenn die Unternehmensentwicklung der Tekrob GmbH exemplarische Meilensteine enthält, die sich als Bildungsinhalte eignen, legitimiert dies die Wahl.

Wird die Tekrob GmbH aus einer evolutionären Perspektive betrachtet, sind es folgende Meilensteine der Unternehmensentwicklung, die im Einklang mit den Vorgaben der Bildungspläne (z. B. MKJS Baden-Württemberg 2016) und der Bildungsstandards Geographie (DGFG 2014) stehen:

- *Erstens* ist die Unternehmensgründung der Tekrob GmbH in enger Beziehung zur regionalen Wirtschaftsstruktur zu sehen. Die Region Heilbronn-Franken kann als „wachsende Region" (Glückler u. a. 2015, 181) charakterisiert werden. Vor allem die enge Verschränkung von produzierendem Gewerbe und Dienstleistungsgewerbe fungiert als Wachstumsmotor. Insbesondere bei unternehmensnahen Dienstleistungen ist eine hohe Dynamik und Spezialisierung feststellbar.
- *Zweitens* ist das sog. Automotive-Cluster um Neckarsulm ausschlaggebend für die Firmenentwicklung der Tekrob GmbH. Rund um den Produktionsstandort der Audi AG haben sich zahlreiche Zuliefer- und Dienstleistungsfirmen angesiedelt, die direkt mit dem Produktionszentrum verbunden sind. Aufgrund der Architektur dieser Unternehmenskonzentration kann auch von einem „Hub-and-Spoke Cluster" gesprochen werden.
- *Drittens* steht die Unternehmensverlagerung der Tekrob GmbH aus den beengten Büroräumen im Süden von Heilbronn nach Neckarsulm exemplarisch für eine unternehmerische Standortentscheidung. Die Argumentation auf der mikroökonomischen Ebene des Einzelfalls zeigt, dass Standortentscheidungen nicht immer mit den klassischen raumwissenschaftlichen Theorien der Wirtschaftsgeographie zu erklären sind. Eine akteurszentrierte Perspektive deckt auf, dass auch bei unternehmerischen Entscheidungen individuelle Persönlichkeitsmerkmale und Bewertungsmuster eine Rolle spielen.
- *Viertens* hat die Tekrob GmbH mit der Gründung zweier Tochterunternehmen in der Türkei und in Mexiko erfolgreich erste Schritte der Internationalisierung durchlaufen. Beide Standortentscheidungen sind in Zusammenhang mit den örtlichen Produktionsnetzwerken zu sehen. In Puebla/Mexiko existiert rund um das VW-Werk ein Verbund mit knapp 16.000 Mitarbeitern und Produktionskapazitäten von über einer halben Million Automobilen pro Jahr. Neben VW sind auch weitere namhafte Automobilhersteller in der näheren Umgebung ansässig. In Gölcük/Türkei produziert Ford Otosan nahe der Metropole Istanbul jährlich 320.000 Fahrzeuge. Ford Otosan ist ein Zusammenschluss der türkischen Koc Holding und der Ford Motor Company.

Unterrichtsmaterial

Folgende Unterrichtsziele korrespondieren mit den eben beschriebenen Meilensteinen der Firmenentwicklung:

Die Schülerinnen und Schüler können ...
... anhand einer Unternehmensfallstudie die Wirtschaftsstruktur der Heimatregion beschreiben und analysieren.
... Cluster als raumprägende Struktur erkennen und deren Auswirkungen auf menschliches Handeln aufzeigen.
... Unternehmerische Standortentscheidungen als Zusammenspiel vielschichtiger Faktoren erkennen und aus der Sicht der beteiligten Akteure nachvollziehen.
... aufgrund des Globalisierungsprozesses entstandene wirtschaftliche Verflechtungen erklären.

Abb. 5.4: Lernziele der Unternehmensfallstudie

Entsprechend der Lernziele umfasst das Unterrichtsmaterial der Unternehmensfallstudie insgesamt vier Bausteine. Werden für jeden Baustein separate Einstiegs- und Sicherungsphasen eingeplant, eignen sie sich prinzipiell für den Einsatz in 45-minütigen Einzelstunden. Insgesamt sollten für die Unternehmensfallstudie mindestens 120 Minuten Unterrichtszeit zur Verfügung stehen.

Als Einstieg in die erste Unterrichtsstunde erfolgt die Konfrontation der Schülerinnen und Schüler mit der „Geschichte des Baris Tekdogan". Als narrativer Anker konzipiert, lernen die Schülerinnen und Schüler den Fall und die Hauptfigur der Rahmenhandlung kennen. Das sich anschließende Unterrichtsgespräch ist als Problematisierungsphase zu gestalten, indem die Hauptfragestellung „Wird Baris Tekdogan erfolgreich sein?" aufgeworfen wird. Um das Vorwissen der Schülerinnen und Schüler zu aktivieren, können bereits Vermutungen geäußert werden. Dabei kann insbesondere die regionale Wirtschaftsstruktur in den Mittelpunkt rücken.

Die Geschichte des Baris Tekdogan beginnt in der Türkei. Dort wurde er in einem kleinen Vorort von Istanbul im Jahr 1971 geboren. Schon früh interessiert er sich für technische Details. Sein Hang zur Technik zieht sich durch seine ganze Schulzeit. Nach seinem Schulabschluss studiert Baris Tekdogan an der Universität in Istanbul. Im Jahre 1996 schließt er sein Studium als Elektroingenieur ab und arbeitet in den Folgejahren in seinem gelernten Beruf.

Den Weg in die Region Heilbronn-Franken fand er durch Zufall. Herr Tekdogan schildert dies so: „Als ich über Technisches Zeichnen im Internet recherchierte, habe ich meine Frau kennengelernt. Sie war letztendlich der Grund dafür, dass ich im Jahre 2002 nach Heilbronn kam."

Abb. 5.5: Unterrichtseinstieg „Die Geschichte des Baris Tekdogan", eigener Entwurf

Während der kooperativen Erarbeitungsphase setzen sich die Schülerinnen und Schüler weitgehend selbständig mit den Materialien auseinander. Wenn nötig, können Phasen der Zwischensicherung eingebaut werden. Im Rahmen des Wissenserwerbs sind qualitative und quantitative Differenzierungsmöglichkeiten vorgesehen: *Erstens* entsprechen die jeweils letzten Arbeitsaufträge der Bausteine einem erweiterten Niveau, erfordern somit eine tiefere Durchdringung seitens der Schülerinnen und Schüler. *Zweitens* kann die Lernumgebung um den vierten Baustein gekürzt werden, um die Stofffülle zu reduzieren. Zentrale Erkenntnisse der Firmenentwicklung werden auch durch die Bausteine 1 bis 3 abgebildet.

Zum Ende der Unternehmensfallstudie wird der Bogen zurück zur Problematisierungsphase geschlagen, indem die anfangs aufgeworfene Hauptfragestellung beantwortet wird.

Abschließend gilt es zu betonen, dass die hier vorgestellte prototypische Unternehmensfallstudie anhand der aufgezeigten Charakteristika transferierbar ist. An fast allen Schulstandorten der Region lassen sich geeignete Unternehmens- bzw. Unternehmerfallstudien für die unterrichtliche Umsetzung nutzbar machen. Des Weiteren gibt es die Möglichkeit, dass nicht die Lehrperson eine Fallstudie konstruiert und didaktisiert, sondern die Schülerinnen und Schüler. Dabei schlüpfen sie in die Rolle von Forschern und entdecken beispielsweise über Unternehmerinterviews spannende Geschichten (Kirchner 2015).

Literatur

Bathelt, Harald/Glückler, Johannes (³2012): Wirtschaftsgeographie. Ulmer UTB. Stuttgart.

(DGfG) Deutsche Gesellschaft für Geographie (Hg. 2014): Bildungsstandards im Fach Geographie für den Mittleren Schulabschluss mit Aufgabenbeispielen. Selbstverlag des DGfG. Bonn.

Glückler, Johannes/Schmidt, Anna Mateja/Wuttke, Christian (2015): Zwei Erzählungen regionaler Entwicklung in Süddeutschland – vom Sektorenmodell zum Produktionssystem. In: Zeitschrift für Wirtschaftsgeographie, Jg. 59, H. 3, S. 171-187.

Gmelch, Andrea (2001): Fallmethode. In: Schweizer, Gerd/Selzer, Helmut Maria (Hg.): Methodenkompetenz lehren und lernen – Beiträge zur Methodendidaktik in Arbeitslehre, Wirtschaftslehre und Wirtschaftsgeographie. J.H. Röll. Dettelbach. S. 113-119.

Gräsel, Cornelia/Parchmann, Ilka (2004): Die Entwicklung und Implementation von Konzepten situierten, selbstgesteuerten Lernens. In: Lenzen, Dieter/Baumert, Jürgen/Watermann, Rainer/Trautwein, Ulrich (Hg.): PISA und die Konsequenzen für die erziehungswissenschaftliche Forschung. Beiheft der Zeitschrift für Erziehungswissenschaften, S. 171-184.

Hiller, Jan/Kirchner, Peter (2015): Vernetzte und systemische Wirtschaft – Perspektiven für eine ganzheitliche und akteursbezogene Wirtschaftsgeographie. In: geographie heute, H. 323, S. 2-11.

Kaiser, Franz-Josef/Kaminski, Hans (⁴2012): Methodik des Ökonomieunterrichts – Grundlagen eines handlungsorientierten Lernkonzepts mit Beispielen. Klinkhardt. Bad Heilbrunn.

Kirchner, Peter (2015): Oral Economic Geography – Unternehmerinterviews als Zugang zu lokalen wirtschaftlichen Entwicklungspfaden. In: geographie heute, H. 323, S. 40-43.

Mandl, Heinz (2006): Wissensaufbau aktiv gestalten. Lernen aus Konstruktivistischer Sicht. In: Friedrich Verlag (Hg.): Schüler 2006 – Lernen. Wie sich Kinder und Jugendliche Wissen und Fähigkeiten aneignen. S. 28-30.

Meier, Bernd (2013): Wirtschaft und Technik unterrichten lernen. Oldenbourg. München.

Meyer, Hilbert (2011): Unterrichtsmethoden. In: Kiper, Hanna/Meyer, Hilbert/Topsch, Wilhelm (Hg.): Einführung in die Schulpädagogik. Cornelsen. Berlin. S. 109-121.

(MKJS) Ministerium für Kultus, Jugend und Sport Baden-Württemberg (2016): Bildungsplan 2016. Online-Dokument: http://www.bildungsplaene-bw.de (zuletzt eingesehen am 18.07.16).

Weber, Agnes (2012): Problemorientiertes Lernen – Was ist das, und wie geht das? In: Pädagogik, H. 7/8, S. 32-35.

Weitz, Bernd O. (2007): Fallstudien im Ökonomieunterricht. In: Retzmann, Thomas (Hg.): Methodentraining für den Ökonomieunterricht. Wochenschau. Schwalbach. S. 101-120.

Die Geschichte des Baris Tekdogan (1)

Der Start in der Region

Quelle: Tekrob GmbH

Der Start in Deutschland war für Baris Tekdogan äußerst mühsam, er stand gleich vor einer Reihe von Problemen: Weder hatte er eine Familie, die ihn unterstützen konnte, noch waren Freunde oder Bekannte in der Nähe. Er hatte gerade einmal 50 Euro in der Tasche, als er in ein Land reiste, dessen Sprache er nicht einmal in Ansätzen verstand.

Gelingt Baris Tekdogan der Start in Heilbronn?

„Zunächst lernte ich die deutsche Sprache über verschiedene Kurse und versuchte, meinen Abschluss als Elektroingenieur anerkannt zu bekommen. Es verging kein Tag, an dem ich nicht bei den Behörden vor der Türe stand. Zum Glück hatte ich wenigstens die Unterstützung meiner Frau."

Anschließend versuchte er, in seinem erlernten Beruf eine Arbeitsstelle zu finden. Schließlich arbeitete er vier Jahre lang in einem Ingenieurbüro als Programmierer. Als Ingenieursdienstleister war er dafür zuständig, Roboter für verschiedene Arbeitsschritte der Automobilproduktion zu programmieren.

Hintergrundinformation: Wirtschaftsregion Heilbronn-Franken

Die Wirtschaftsregion Heilbronn-Franken zählt zu den wirtschaftsstärksten Gebieten in ganz Deutschland. Laut einer aktuellen Statistik des Magazins „Focus" (Mai 2015) ist der Landkreis Heilbronn bundesweit auf Rang zwei der wirtschaftsstärksten Stadt- und Landkreise platziert. Insgesamt umfasst die Liste alle 402 Stadt- und Landkreise.

Gründe für das gute Abschneiden sind ein leichtes Bevölkerungswachstum, bei gleichzeitig niedriger Arbeitslosenquote. Dies wird durch die Schaffung vieler neuer Arbeitsplätze in den letzten Jahren ermöglicht. Viele dieser Arbeitsplätze finden sich im produzierenden Gewerbe (Industrie). Seit jeher ist die hohe Anzahl an Beschäftigten in der Industrie ein Merkmal der Region Heilbronn-Franken.

Demgegenüber ist der Anteil an Dienstleistungen relativ gering. Die Region verfügt mit der Großstadt Heilbronn nur über einen größeren Dienstleistungsstandort. Experten sagen sogar, der Region mangele es insgesamt an höherwertigen Dienstleistungen (z. B. Unternehmensberatung, Forschung und Entwicklung) mit akademischer Qualifikation (z. B. Hochschulabschluss). Insbesondere die großen Industriekonzerne (z. B. die Audi AG) setzen immer mehr auf die Arbeit von Experten, die nicht selbst im Konzern tätig sind, sondern sich auf einen ganz bestimmten Bereich spezialisiert haben. Beispiele hierfür sind die Optimierung von Arbeitsabläufen oder komplizierte Computerprogramme.

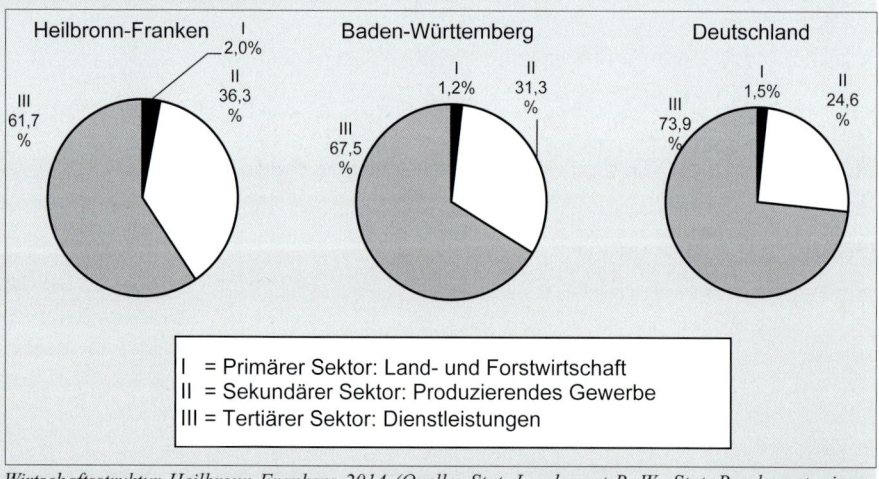

Heilbronn-Franken: I = 2,0%; II = 36,3%; III = 61,7%
Baden-Württemberg: I = 1,2%; II = 31,3%; III = 67,5%
Deutschland: I = 1,5%; II = 24,6%; III = 73,9%

I = Primärer Sektor: Land- und Forstwirtschaft
II = Sekundärer Sektor: Produzierendes Gewerbe
III = Tertiärer Sektor: Dienstleistungen

Wirtschaftsstruktur Heilbronn-Frankens 2014 (Quelle: Stat. Landesamt B.-W., Stat. Bundesamt, eigene Berechnungen)

AUFGABEN

1. Beschreibt die Wirtschaftsstruktur in der Region Heilbronn-Franken (Text und Grafik).

2. Begründet, weshalb Baris Tekdogan in der Region Heilbronn-Franken gute Chancen hatte, eine Anstellung in dem von ihm erlernten Beruf zu finden.

Die Geschichte des Baris Tekdogan (2)

Wer nicht wagt, der nicht gewinnt!

Nach einiger Zeit als Angestellter kam Baris Tekdogan eine Idee: *„Warum nicht sein eigener Chef sein und mit selbst entwickelten Programmen für Roboter auf den Markt gehen?"*

Positiv gestimmt, gründete er im Jahre 2006 seine Firma namens „Tekrob". Er erkannte, dass in den Produktionshallen der Automobilindustrie großes Potenzial zur Optimierung der Abläufe steckte. Ziel war es deshalb von Anfang an, Programme für die vielseitig einsetzbaren Roboter zu entwickeln.

Quelle: Tekrob GmbH

Wird der Start des Unternehmens erfolgreich sein?

Auch in dieser Phase seines Lebens hatte es Herr Tekdogan nicht immer leicht. Er bekam z. B. keine staatliche Förderung für seine Firmengründung. Trotzdem scheiterte sein Vorhaben nicht, ganz im Gegenteil. Schnell knüpfte Baris Tekdogan Kontakte zu namhaften Firmen der Automobilbranche, die er allesamt als „sehr verlässliche Partner" schätzen lernte. So erhielt er in den Jahren 2006 bis 2012 eine Reihe großer Aufträge, sodass bereits zügig neue Mitarbeiter notwendig waren. 2012 beschäftigte die Fa. Tekrob über 20 Angestellte und arbeitet beispielsweise für Mercedes und Porsche, Hauptkunde ist nach wie vor die Audi AG am Standort Neckarsulm.

Quelle: Tekrob GmbH

Hintergrundinformation: Cluster

Der Begriff **Cluster** stammt aus dem Englischen und bedeutet so viel wie „Haufen" oder „Gruppe". Als Cluster wird in der Wirtschaft die räumliche Ansammlung von Unternehmen und Institutionen verstanden. Teil des Clusters können unterschiedliche Partner sein, z. B. große Unternehmen, Zulieferer, Handwerker, Dienstleister oder Forschungseinrichtungen. In diesen Netzwerken bestehen Austauschbeziehungen, an deren Ende ein Wertschöpfungsprodukt (z. B. ein Pkw) steht.

In der Region Heilbronn-Franken bildet der Standort Neckarsulm der **Audi AG** das Zentrum des sogenannten **Fahrzeugbau-Clusters**. So lässt sich rund um Neckarsulm eine Vielzahl von Unternehmen finden, die dem Cluster zugerechnet werden können. Beispiele sind:

- **Kolbenschmidt Pierburg** stellt Kolben für Pkw-Motoren in direkter Nähe des Audiwerkes her.
- **ThyssenKrupp System Engineering** ist eine Tochter der ThyssenKrupp AG und produziert im Heilbronner Norden diverse Produkte für die Automobilindustrie.
- Entlang der Autobahnen 6 und 81 haben sich mehrere **Logistikzentren** entwickelt. Die in der Produktion benötigten Autoteile müssen kurzfristig verfügbar sein.
- Südöstlich von Heilbronn befinden sich zwei neuere Ansiedlungen: In Untergruppenbach baute der Getriebehersteller **Getrag** 2001 ein Innovationszentrum. In Abstatt entstand im Jahre 2003 ein Technisches Zentrum der Firma **Bosch**.
- Die **Hochschule Heilbronn** sorgt mit zahlreichen technischen und betriebswirtschaftlichen Studiengängen für gut ausgebildeten Nachwuchs.

AUFGABEN

1. Markiert auf einer geeigneten Karte die im Text erwähnten Unternehmen. Verwendet dazu beschriftete „post-its".
2. Erklärt den Cluster-Begriff mithilfe eurer Eintragungen auf der Karte.
3. Entwerft ein einfaches Modell des Fahrzeugbau-Clusters. Fertigt dazu eine Skizze an.
4. Erklärt, weshalb das Unternehmen Tekrob günstige Startbedingungen hatte.

Die Geschichte des Baris Tekdogan (3)

Planen und Entscheiden

In den vergangenen Jahren hat die Fa. Tekrob eine rasante Entwicklung durchlaufen. Ihre bisher angemieteten Räumlichkeiten im Heilbronner Süden bieten nicht mehr genügend Platz. Geschäftsführer Baris Tekdogan ist bereit, in ein neues Gebäude zu investieren.

Wo soll der neue Standort liegen?

Am neuen Standort sollen mindestens 30 Arbeitsplätze zur Verfügung stehen. Die Möglichkeit einer Erweiterung des Gebäudes in der Zukunft wäre außerdem von Vorteil. Für Baris Tekdogan zählen nicht nur „harte Faktoren", sondern er möchte auch seine familiäre Situation in die unternehmerische Entscheidung miteinbeziehen:

- Die Tekdogans leben mittlerweile in einem Einfamilienhaus in Leingarten westlich von Heilbronn. Der Fahrweg sollte auch im Berufsverkehr unter 30 min betragen.
- Die Kinder gehen mittlerweile alle auf weiterführende Schulen in Heilbronn. Als Familienvater genießt es Baris Tekdogan, ab und zu seine Kinder zur Schule zu bringen oder abzuholen.

Quelle: Tekrob GmbH

Folgende drei Standorte stehen in der engeren Auswahl:

Heilbronn-Süd

Nicht weit entfernt vom bisherigen Standort wird ein kleines Gewerbegebiet erschlossen. Der zu planende Umzug wäre also zügig zu meistern. Auch die mögliche Größe des Bauplatzes sprechen für diesen Standort: Die Stadt Heilbronn reagiert auf die Wünsche der Kunden und kann das Gewerbegebiet entsprechend der Vorstellungen einteilen. So könnte die Zukunftsvision einer eigenen kleinen Produktionshalle direkt neben dem Bürogebäude realisiert werden.
Außerdem ist der Wohnort von Familie Tekdogan, Leingarten, nicht allzu weit entfernt. Es gäbe somit kaum Änderungen im Alltag der Tekdogans. Auch die Mitarbeiter könnten ihre alltäglichen Gewohnheiten beibehalten.
Gegen den Heilbronner Süden sprechen allerdings die sehr hohen Grundstückspreise (150 €/m²) sowie die hohe Gewerbesteuer der Stadt Heilbronn.

Neckarsulm

Ein wichtiger Vorteil vom Standort Neckarsulm ist die Nähe zum Hauptkunden der Fa. Tekrob, der Audi AG. Auch Kolbenschmidt-Pierburg befindet sich in unmittelbarer Nachbarschaft. Mitarbeiter der Fa. Tekrob wären schnell vor Ort, wenn z. B. Störfälle bei Robotern auftreten. Für Konferenzen müssten keine Anfahrtswege in Kauf genommen werden.
Zudem hat Herr Tekdogan gute Gespräche mit dem Neckarsulmer Bürgermeister geführt: Er wäre bereit, der Fa. Tekrob einen Preisnachlass auf den Grundstückspreis zu gewähren (110 €/m² anstatt 130/m²).
Die Verkehrsanbindung in Neckarsulm ist ebenfalls günstig: Der neue Standort liegt unweit des Weinsberger Kreuzes, seit neuestem gibt es in der Nähe einen Stadtbahnanschluss.
Einziger Nachteil des Standortes Neckarsulm ist der etwas eingeschränkte Platz: Zwar könnte das neue Gebäude Arbeitsplätze für 35 Mitarbeiter bieten, eine zukünftige Erweiterung würde allerdings nur wenige Quadratmeter umfassen.

Abstatt

Vor ein paar Jahren haben sich mit der Fa. Bosch in Abstatt und der Fa. Getrag in Untergruppenbach zwei potenzielle Kunden der Fa. Tekrob in der Nähe des neuen Abstatter Gewerbegebiets niedergelassen. Die Preise für das etwas abseits gelegene Gewerbegebiet sind vergleichsweise niedrig (100 €/m²). Auch die Lage im Grünen könnte den Mitarbeitern gefallen: Hier hätten sie malerische Weinberge direkt vor ihren Bürofenstern. Als weiterer Vorteil kann die Nähe zur A 81 angesehen werden. Die in Stuttgart sitzenden Unternehmen Mercedes-Benz und Porsche wären außerhalb des Berufsverkehrs in 40 Minuten zu erreichen.
Nachteilig am Standort Abstatt wäre die etwas längere Pendelstrecke nach Heilbronn. Außerdem gibt es dort wenig Infrastruktur: Angebote für den alltäglichen Bedarf finden sich leider keine. Auch die Anbindung an den öffentlichen Personennahverkehr ist dürftig, da das Gewerbegebiet ab Heilbronn mit dem Bus nur über einen Umstieg möglich ist.

AUFGABE

Eure Aufgabe ist es, einen neuen Standort für die Fa. Tekrob zu finden.
Lest zunächst die Texte, vergleicht die Standorte, analysiert die Karte und fällt dann eine Entscheidung.
Tragt in die Lösungshilfe alle Gründe ein, die für oder gegen einen Standort sprechen.

Unterrichtsmaterialien Heilbronn-Franken
Die Geschichte des Baris Tekdogan (4)

Auf in die weite Welt

Um auch international bestmöglich auf individuelle Kundenwünsche eingehen zu können, steht die Tekrob GmbH vor der Entscheidung Tochtergesellschaften im Ausland zu gründen. Das dreiköpfige Geschäftsführungsteam um Baris Tekdogan steht erneut vor der Entscheidung, geeignete Standorte für den nächsten Schritt der Unternehmensexpansion zu finden.

„Stumme" Weltkarte

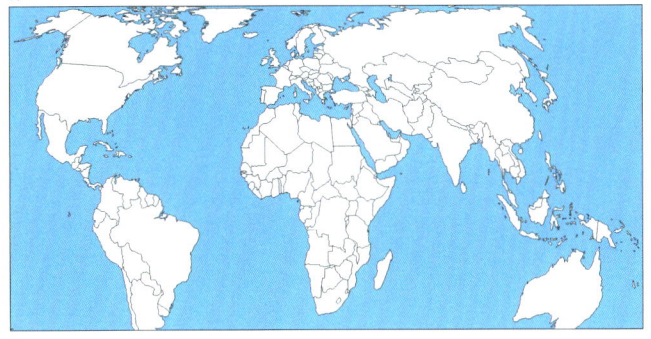

Quelle: d-maps

Die erste Tochtergesellschaft der Neckarsulmer Tekrob GmbH wird im zentralmexikanischen Puebla gegründet, Hauptkunden sind Volkswagen und General Motors.

Werksgelände von Ford Otosan in Gölcük

Quelle: Ford Motor Company

Die zweite Tochtergesellschaft entsteht in der Türkei in Gölcük unweit der Metropole Istanbul. Auch hier ist die Tekrob GmbH Zulieferer eines namhaften Automobilherstellers, der Ford Motor Company.

Hintergrundinformationen zu den internationalen Standorten der Tekrob GmbH:

Puebla (Mexiko)

Das VW-Werk in Puebla gehört einem Produktionsverbund an, in dem von knapp 16.000 Mitarbeitern über 500.000 Fahrzeuge pro Jahr hergestellt werden.

In einem Radius von 50 km befinden sich über 50 Zulieferfirmen, 20 der wichtigsten Zulieferer sind in einem Industriepark in unmittelbarer Nähe des Werkes angesiedelt, um innerhalb kürzester Lieferzeiten die Produktionslinien versorgen zu können (just-in-time).

Auch in der Region Heilbronn-Franken bekannte Unternehmen zieht es nach Mexiko: ThyssenKrupp eröffnete 2015 ein Werk in Puebla. Für 2016 ist die Eröffnung eines Audiwerks in San José Chiapa geplant, wo jährlich 150.000 Q5 für den amerikanischen Markt entstehen.

Am Standort in Mexiko schätzen die Unternehmen insbesondere die Nähe zum wichtigen US-Markt, die relativ niedrigen Lohnkosten sowie ein gut ausgebautes Zuliefernetz. Außerdem gehört Mexiko einer Freihandelszone an, was zollfreie Exporte in über 40 Staaten ermöglicht. Zudem sichert der Standort im Dollar-Raum das Unternehmen vor Wechselkursschwankungen ab.

Gölcük (Türkei)

Ford Otosan ist ein türkischer Hersteller von Automobilen, der zu gleichen Teilen der Ford Motor Company und der türkischen Koc Holding gehört.

Bereits im Jahr der Firmengründung (1959) wurden Verträge mit Ford ausgehandelt, um Ford-Pkws unter dem Markennamen Otosan zu produzieren.

Heute produziert Ford Otosan an insgesamt fünf Produktionsstätten in der Türkei. Das größte Werk liegt in Gölcük, wo jährlich 320.000 Fahrzeuge produziert werden. Ein Großteil der Fertigung entfällt auf die Modelle Transit und Transit Connect.

Aufgrund der direkten Küstenlage am Marmarameer können vom werkseigenen Hafen aus die neu produzierten Pkws direkt verschifft werden.

Die Vorteile des Standortes Gölcük für die Tekrob GmbH liegen auf der Hand: Es existiert keine sprachliche Barriere, die Türkei gilt als Sprungbrett für den lukrativen vorderasiatischen Markt, zudem zeichnet sich der Standort durch die Nähe zur Metropole Istanbul durch eine hervorragende Infrastruktur aus.

AUFGABEN

1. Verorte die im Text erwähnten Standorte der Tekrob GmbH auf einer geeigneten Weltkarte und zeichne sie anschließend in der „stummen Karte" ein.
2. Begründe, weshalb sich die Tekrob GmbH in Puebla (Mexiko) und Gölcük (Türkei) niedergelassen hat.
3. Entwickle Vorschläge, an welchen Standorten die Tekrob GmbH in Zukunft Tochtergesellschaften gründen könnte.

Weiler Untermühle bei Waldenburg

6. Kommentierte Auswahlbibliographie zur Region Heilbronn-Franken

Übersichtswerke Region

Burkhardt, Hermann u. a. (1988): Hohenlohe-Franken. – In: Dies. (Hg.): Baden-Württemberg. Eine Heimat- und Landeskunde. Klett. Stuttgart. S. 218-253.
Das Kapitel beginnt mit einem kompakten Überblick zu den Landschaften, der Geologie und den Flüssen als gestaltenden Kräften der Region. Die historische Betrachtung kontrastiert die Arbeit und das Leben im Bauernland mit den Residenzen der Fürsten, Grafen und Ritter. Ein Schwerpunkt liegt auf der Entwicklung von Schwäbisch Hall als Salzstadt.

Kunstverlag Josef Bühn (Hg. 2002): Wachstumsregion Heilbronn-Franken. München.
Der Informations- und Bildband betrachtet die Region aus einer wirtschaftlichen Perspektive und bedient sich dazu zahlreicher Unternehmensdarstellungen sowie plakativer Aussagen regionaler Unternehmerpersönlichkeiten und Handlungsträger. Die politische Region wird mit ihrem Stadt- und ihren Landkreisen vorgestellt. Zum Abschluss präsentiert der Band Kultur, Kunst und Sport in der Region.

Übersichtswerke Teilgebiete/Landkreise

Bauschert, Otto (Hg. 1993): Hohenlohe. (=Schriften zur politischen Landeskunde Baden-Württembergs, Bd. 21). Kohlhammer. Stuttgart.
Ausgehend vom Bedeutungswandel des Begriffs Hohenlohe beschreibt dieser Sammelband die historische Entwicklung, die Geographie, Politik, Verwaltung, Wirtschaft und Kultur von Hohenlohe aus der Sicht der jeweiligen Expertenautoren.

Borcherdt, Christoph (Hg. 1986): Geographische Landeskunde von Baden-Württemberg. (=Schriften zur politischen Landeskunde Baden-Württembergs, Bd. 8). Kohlhammer. Stuttgart. Darin:
Dörrer, Ingrid: Kraichgau und Heilbronner Land. S. 235-255.
Höhl, Gudrun: Hohenloher Land und Keuperwaldberge. S. 209-234.
Kühne, Ingo: Odenwald, Bauland und Tauberland. S. 192-208.
Die klassisch landeskundlichen Darstellungen der Großlandschaften der Region verknüpfen jeweils die naturräumliche Ausstattung und historische Entwicklung mit der Siedlungs- und Wirtschaftsstruktur.

Geyer, Siegfried/Gräter, Carlheinz (2006): Flug über Hohenlohe und Tauberfranken. Silberburg. Tübingen.
Ein Bild sagt mehr als tausend Worte. Die Schrägluftbilder dieses Bildbandes vermitteln ein aussagekräftiges Porträt der Gäu- und Tal-Kulturlandschaften in Hohenlohe und dem Tauberland.

Kallhardt, Axel/Meissner, Gunter (Hg. 1990): Kennzeichen TBB. Heimatkunde für den Main-Tauber-Kreis. Lutz. Wiesbaden. Klett. Stuttgart.
Mit einer Vielzahl von kurzen Sachtexten und didaktischen Bildern bietet die Darstellung ein Kaleidoskop der Landschaften, Geschichte, Politik, Kultur und Wirtschaft des Main-Tauber-Kreises.

Landesarchiv Baden-Württemberg (Hg. 2010). Der Landkreis Heilbronn. 2 Bände. Thorbecke. Ostfildern.

Landesarchiv Baden-Württemberg (Hg. 2006). Der Landkreis Hohenlohekreis. 2 Bände. Thorbecke. Ostfildern.

Landesarchiv Baden-Württemberg (Hg. 2005). Der Landkreis Schwäbisch Hall. 2 Bände. Thorbecke. Ostfildern.
Alle Landkreisbeschreibungen fassen zunächst die Strukturen und Entwicklungen des jeweiligen Landkreises in Form von wissenschaftlich fundierten Kapiteln zu den Themen Lebensgrundlagen und natürliche Einheiten, Herrschaft und Verfassung, Raumerschließung und Siedlung, Wirtschaft und Bevölkerung sowie Religion, Sozialfürsorge und Bildung zusammen. Für jede Gemeinde folgt dann ein in die Unterpunkte Topographie und Umwelt, Vielfalt der alten Ordnung sowie Werden und Gestalt der modernen Gemeinde gegliedertes Einzelporträt.

Naturräume, Geologie und Morphologie

Bachmann, Gerhard H./Brunner Horst (1998): Nordwürttemberg. Stuttgart, Heilbronn und weitere Umgebung. (=Sammlung geologischer Führer, Bd. 90). Bornträger. Stuttgart.
Im ersten Teil beschreibt der für Experten geschriebene Band die Gesteinsabfolge vom Grundgebirge bis zum Holozän für die südliche Hälfte der Region. Der viel umfassendere zweite Teil bietet eine Vielzahl von Exkursionsvorschlägen mit geologischen Aufschlüssen.

Barth, Hans-Karl (1971): Morphologie und Landschaftsgeschichte des Strom-Heuchelberg-Gebietes. (=Tübinger Geographische Studien, Bd. 46). Tübingen. S. 23-39.
Dieser geomorphologische Expertenaufsatz erläutert die heutigen Oberflächenformen des Keuper-Zeugenbergkomplexes Strom- und Heuchelberg sowie die erdgeschichtlichen und aktuellen Formungsprozesse. Die Abtrennung dieses Komplexes von der Keuperstufe ist die Folge einer tektonisch bedingten Reliefumkehr. Während der niedrigere Heuchelberg von einem Plateau aus Schilfsandstein abgeschlossen wird, weisen die höheren Strombergzüge eine kuppige Oberfläche aus Stubensandstein auf.

Cloß, Hans-Martin (2000): Natur- und Kulturlandschaft von Baden-Württembergisch Franken. Ein geographischer Überblick. In: Schiffer, Peter (Hg.): Wasserrad und Dampfmaschine. (=Forschungen aus Württembergisch Franken, Bd. 47). Thorbecke. Stuttgart. S. 9-20.
Das Kapitel fasst die Naturräume unter Berücksichtigung der Reliefenergie, des Klimas und der Bodengüte zusammen. Auf dieser Basis erfolgt eine kurze Zusammenfassung der Voraussetzungen für die Landwirtschaft und der Entwicklung der Agrarstrukturen in der Region.

Geyer, Otto F./Gwinner, Manfred P. (⁴1991): Geologie von Baden-Württemberg. Schweizerbart. Stuttgart.
Im Gegensatz zur fünften Auflage (2011) dieses Standardwerks zur Geologie von Baden-Württemberg weist die vierte Auflage noch einen regionalen Teil auf. Im Kapitel D.V. zum Neckarland werden die zur Region Heilbronn-Franken gehörenden geologisch-tektonischen Teilgebiete auf nur wenigen Seiten kompakt beschrieben. Detaillierte Profilabbildungen stellen die Entstehung des Stromberg-Heuchelberg-Komplexes durch Reliefumkehr dar.

Hagdorn, Hans/Simon, Theo (1985): Geologie und Landschaft des Hohenloher Landes. (=Forschungen aus Württembergisch Franken, Bd. 28) Thorbecke. Stuttgart.
Die regionale Geologie von Hohenlohe fasst zunächst die Schichtenfolge der Gesteine mit dem Schwerpunkt auf der Trias und ihren Fossilien zusammen. Darüber hinaus werden die Schichtlagerung, Hydrogeologie und Karsterscheinungen sowie die Entstehung der Landschaft erläutert. Eine Betrachtung der Bodenschätze und Exkursionsvorschläge schließt die Darstellung ab.

Meynen, Erich/Schmithüsen, J. (Hg. 1955): Handbuch der naturräumlichen Gliederung Deutschlands. Zweite Lieferung. Bundesanstalt für Landeskunde. Remagen.
Kompakte Beschreibung der bis heute gültigen naturräumlichen Einheiten der Region Heilbronn-Franken mit dem Schwerpunkt Geomorphologie und Geologie. Darüber hinaus werden auch kurze Hinweise zum Klima, dem Wald und dem Ackerbau gegeben.

Simon, Theo (1995): Salz und Salzgewinnung im nördlichen Baden-Württemberg. (=Forschungen aus Württembergisch Franken, Bd. 42). Thorbecke. Sigmaringen.
Am Anfang dieser umfangreichen Monographie stehen die Erläuterung der Entstehung von Salzlagerstätten und der Technik der Salzgewinnung. Der Hauptteil widmet sich allen Salzgewinnungsstäten der Region Heilbronn-Franken: Schwäbisch Hall, Niedernhall, Gerabronn, Offenau, Bad Wimpfen, Bad Friedrichshall, Jagstfeld, Kochendorf, Bad Rappenau und Heilbronn.

Flusslandschaften

LUBW Landesanstalt für Umwelt, Messungen und Naturschutz Baden-Württemberg (Hg. 2007): Der Neckar. Das Land und sein Fluss. Regionalkultur. Ubstadt-Weiher.
Der Sammelband bietet einen Überblick der geologischen, geomorpholoischen und geographischen Vielfalt des Neckars. Auf dieser Grundlage werden Naturschutzgebiete, Städte und Naturerlebnistouren vorgestellt, darunter die ehemalige Neckarschleife Lauffen, der Altneckar Horkheim, Heilbronn, Neckarsulm und Bad Wimpfen.

Mattern, Hans (1995): Das Jagsttal von Crailsheim bis Dörzbach. Baier. Crailsheim.

Mattern, Hans (2005): Das untere Jagsttal. Von Dörzbach bis zu Mündung. Baier. Crailsheim.
In seinen beiden Büchern liefert Hans Mattern eine umfassende Analyse des mittleren und unteren Jagsttales mit seinen Nebentälern. Im Sinne einer traditionellen Landeskunde reicht die Bandbreite seiner Perspektiven von der Geologie, Tektonik, Morphologie und Flussgeschichte über die Kulturlandschafts- und Siedlungsgeschichte bis zur Beschreibung der reichen Pflanzenwelt sowie dem Natur- und Landschaftsschutz.

Siedlungsgeschichte einzelner Orte

Stadt Lauffen a. N. (Hg. 1984): Heimatbuch anlässlich des Stadtfestes 1984. WALTER. Brackenheim.
Dieses als Sammelband konzipierte Heimatbuch bietet

auf der Grundlage von umfassenden Ausgrabungen in Lauffen und Umgebung wissenschaftlich fundierte Beiträge zu den Besiedlungsphasen der Bandkeramiker, Kelten, Römer, Alemannen und Franken bzw. Merowinger. Die für Lauffen dargestellten Entwicklungen haben exemplarischen Charakter.

Landesamt für Denkmalpflege im Regierungspräsidium Stuttgart (Hg. 2016): Vicus Aurelianus. Das römische Öhringen. (=Archäologische Informationen aus Baden-Württemberg 74). Stuttgart.
Der Band fasst die Ergebnisse archäologischer Forschungen im Gebiet des ehemaligen römischen Öhringen zusammen. Dazu gehören neben den beiden limeszeitlichen Kastellen und den Resten der einstigen Grenzanlage auch Spuren des Lebens der Familien, Händler und Handwerker im Umfeld der Kastelle.

Krüger, Eduard (1982): Schwäbisch Hall. Ein Gang durch Geschichte und Kunst. Eppinger. Schwäbisch Hall.
Die aus dem Jahr 1953 stammende Darstellung macht durch ihre Vielzahl von eigenen Zeichnungen des Autors die verschiedenen städtischen Entwicklungsphasen Schwäbisch Halls von der Keltenzeit bis ins Spätmittelalter sehr gut nachvollziehbar.

Stadtarchiv Heilbronn/Städtische Museen Heilbronn (Hg. 2013): Heilbronn historisch! Entwicklung einer Stadt am Fluss. (=Kleine Schriftenreihe des Archivs der Stadt Heilbronn, Bd. 62/=Veröffentlichungen der Städtischen Museen Heilbronn, museo 26). Heilbronn.
Das Begleitbuch zur Dauerausstellung über die Kultur und Geschichte der Stadt Heilbronn reicht bis in die Jungsteinzeit zurück und bezieht die natürlichen Voraussetzungen für die Entstehung der ersten Siedlungsorte ein. Die Entwicklung der Stadt Heilbronn wird nicht nur durch zahlreiche Bilder, sondern auch durch Karten veranschaulicht.

Wirtschaft Region

Haas, Hans-Dieter (1970): Junge Industrieansiedlung im nordöstlichen Baden-Württemberg. (=Tübinger Geographische Studien, Bd. 35). Tübingen.
Die Monographie bietet eine flächendeckende Analyse der kriegsbedingten Verlagerung von Industrie in die Region Heilbronn-Franken nach dem Zweiten Weltkrieg. Ein besonderer Fokus liegt auf Wertheim, auf das mit der Verlagerung der Thüringer Laborglasindustrie die meisten nachkriegsbedingten Unternehmensansiedlungen entfielen.

Kirchner, Peter (2001): Industriedynamik in der Wirtschaftsregion Heilbronn-Franken. (Forschen – Lehren – Lernen, Beiträge aus der Fakultät für Gesellschafts- und Geisteswissenschaften der Pädagogischen Hochschule Heidelberg, Bd. 15). Schulz-Kirchner. Idstein.
Trotz der generellen Tertiärisierung der Wirtschaft ist die Region Heilbronn-Franken durch eine wachsende Industrie gekennzeichnet. Die Dissertation erläutert die genetischen, strukturellen, ökonomischen und räumlichen Aspekte der Industriedynamik in der Wirtschaftsregion Heilbronn-Franken und zeigt Handlungsfelder für die Förderung von Industriedynamik auf.

Kirchner, Peter (2011): Cluster-Region Heilbronn-Franken. Regionalkultur. Ubstadt-Weiher.
Illustriert durch Stammbäume fasst die Monographie die Entstehungs- und Entwicklungsgeschichte von 12 Clustern in der Region Heilbronn-Franken zusammen. Vorgeschaltet sind ein räumlicher und wirtschaftlicher Überblick der Region sowie eine Analyse der Wirtschaftsentwicklung in Eppingen.

Schiffer, Peter (Hg. 2000): Wasserrad und Dampfmaschine. (=Forschungen aus Württembergisch Franken, Bd. 47). Thorbecke. Stuttgart.
Die 12 Beiträge dieses Sammelbandes fassen verschiedene Aspekte der Anfänge der Industrialisierung der Region Heilbronn-Franken zusammen. Themen sind u. a. die Industrialisierung der Salzproduktion, die Mühlen als Basistechnologie für die Industrialisierung, die eisenverarbeitenden Industrie am Beispiel von Ernsbach. Darüber hinaus wird aber auch die Entwicklung der Infrastruktur am Beispiel der Eisenbahn, des Bankwesens sowie der Gas- und Stromversorgung beleuchtet.

Wirtschaft Sektoren und Einzelstandorte

Heuss, Theodor (^{2}2009): Weinbau und Weingärtnerstadt in Heilbronn am Neckar. (=Kleine Schriftenreihe des Archivs der Stadt Heilbronn, Bd. 50). Stadtarchiv Heilbronn.
In der 1906 erstmals erschienenen Dissertation handelt es sich um eine wirtschaftshistorische und wirtschaftspolitische Studie über die herausragende Bedeutung des Weinbaus in Heilbronn. Darüber hinaus ist dieses Werk aber auch eine soziokulturelle Bestandsaufnahme des 360 Einzelfamilien umfassenden Weingärtnerstandes, der um 1900 in Heilbronn das „kulturell konservative Element in der aufblühenden Handels- und Industriestadt" bildete.

Kahl, Hans-Rudi (1994): Beiträge zur Wirtschaftsgeschichte der Reichsstadt Heilbronn im Spätmittelalter. (=Quellen und Forschungen zur Geschichte der Stadt Heilbronn, Bd. 5). Stadtarchiv Heilbronn.
Über den Weinbau und Weinhandel als mit Abstand wichtigstem Wirtschaftszweig Heilbronns im Spätmittelalter liefert diese Dissertation aus dem Jahr 1948 auch eine Bestandsaufnahme des Nahrungsmittel- und Textilgewerbes, des lederverarbeitenden und metallverarbeitenden Gewerbes, des Baugewerbes sowie der Mühlen der Reichsstadt Heilbronn.

Klagholz, Bernd (1986): Die Industrialisierung der Stadt Heilbronn von den Anfängen bis zum Jahr 1914. (=Kleine Schriftenreihe des Archivs der Stadt Heilbronn, Bd. 17). Stadtarchiv Heilbronn.
Nach einer Darstellung der natürlichen, ökonomischen und politischen Voraussetzungen gibt diese industriegeschichtliche Dissertation einen Überblick zur strukturellen Entwicklung der Heilbronner Industrie in verschiedenen Industrialisierungsphasen. Im zweiten Teil wird anhand von Fallbeispielen gezeigt, wie die Unternehmer und ihre Unternehmen in den verschiedenen Industriezweigen die industrielle Entwicklung Heilbronns vorangetrieben haben.

Kugler, Eberhard (1998): Vom Bauern- zum Industriedorf. Dargestellt an der Entwicklung Ernsbachs am Kocher. (=Forschungen aus Württembergisch Franken, Bd. 46). Thorbecke. Sigmaringen.
Die Dissertation zeichnet die Entwicklung des Dorfes Ernsbach in enger Verknüpfung mit den verschiedenen Industrialisierungsphasen der ortsansässigen Mühle nach. Am Ende einer bewegten Geschichte u. a. als Papiermühle, Kupferhammerschmiede, Pottaschensiederei und Ölmühle steht die Schraubenfabrik Arnold als erstes Industrieunternehmen in Hohenlohe.

Meidinger, Götz (1986): Die Entwicklung der Heilbronner Industrie. Vom Ersten Weltkrieg bis zum Beginn der Achtziger Jahre. (=Veröffentlichungen des Wirtschaftsarchivs Baden-Württemberg, Bd. 3). Scripta Mercaturae. St. Katharinen.
Die industriegeschichtliche Dissertation analysiert die Industrieentwicklung Heilbronns in einer chronologischen Abfolge wichtiger Epochen wie der Weimarer Republik und dem Nationalsozialismus. Die Analysegrundlage bilden jeweils die vorherrschenden politischen und wirtschaftspolitischen Rahmenbedingungen. Die sekundärstatistischen Ergebnisse für die einzelnen Epochen bieten jeweils einen Gesamtüberblick des Entwicklungsstandes der Industrie. Die wiederkehrende Betrachtung wichtiger Industriezweige wie der Nahrungsmittelindustrie und der Metallverarbeitung ermöglicht aber auch eine sektorale Längsschnittbetrachtung.

Schmid, Ernst (1993): Die gewerbliche Entwicklung in der Stadt Heilbronn seit Beginn der Industrialisierung. (=Quellen und Forschungen zur Geschichte der Stadt Heilbronn, Bd. 3). Stadtarchiv Heilbronn.
Der Betrachtungszeitraum dieser Dissertation aus dem Jahr 1939 reicht vom Beginn des 19. Jhs. bis zum Vorabend des Zweiten Weltkriegs. Der Schwerpunkt liegt auf einer sehr differenzierten Darstellung der Entwicklung der einzelnen Industriezweige. Belegt wird diese Entwicklung durch zahlreiche Beispielunternehmen. Wichtige Industrialisierungsvoraussetzungen bzw. -folgen wie Verkehr und Finanzen sowie Handel und Speditionsgewerbe runden die Überblicksdarstellung ab.

Schmidt, Frieder (1994): Von der Mühle zur Fabrik. Die Geschichte der Papierherstellung in der württembergischen und badischen Frühindustrialisierung. (=Schriften des Landesmuseums für Technik und Arbeit in Mannheim, Bd. 6). Regionalkultur. Ubstadt-Weiher.
In den Kapiteln 7 und 8 wird in dieser Dissertation auf ca. 150 Seiten die Entwicklung des Papiermaschinenbaus in Heilbronn detailliert dargestellt. Im Mittelpunkt stehen die beiden Pionierunternehmen Gebrüder Rauch und Gustav Schaeuffelen.

Schrenk, Christhard/Weckbach, Hubert (1994): „… für Ihre Rechnung und Gefahr". Rechnungen und Briefköpfe Heilbronner Firmen. (=Kleine Schriftenreihe des Archivs der Stadt Heilbronn, Bd. 30). Stadtarchiv Heilbronn.
Über die Briefköpfe mit ihren historischen Firmenansichten hinaus liefert dieser Band 60 historische Kurzbiographien von Heilbronner Industrieunternehmen. Die meisten der vorgestellten Unternehmen existieren heute nicht mehr.